TEORIA COMUNICACIONAL DO DIREITO:

Diálogo entre Brasil e Espanha

CIP-BRASIL. CATALOGAÇÃO NA PUBLICAÇÃO
SINDICATO NACIONAL DOS EDITORES DE LIVROS, RJ

T29 v.2

Teoria comunicacional do direito: diálogo entre Brasil e Espanha v. 2/ organização Lucas Galvão de Britto; coordenação Paulo de Barros Carvalho, Gregorio Robles – São Paulo: Noeses, 2017.

624 p. ; 23 cm.

Inclui bibliografia

ISBN: 978-85-8310-081-2

1. Direito. I. Britto, Lucas Galvão de. II. Carvalho, Paulo de Barros. III. Robles, Gregório.

17-41268

CDU: 34

Coordenação:
GREGORIO ROBLES E
PAULO DE BARROS CARVALHO

Organização:
LUCAS GALVÃO DE BRITTO

TEORIA COMUNICACIONAL DO DIREITO:

Diálogo entre Brasil e Espanha

VOLUME II

2017

Copyright © 2017
Fundador e Editor-chefe: Paulo de Barros Carvalho
Gerente de Produção Editorial: Rosangela Santos
Arte e Diagramação: Renato Castro
Revisão: Georgia Evelyn Franco
Designer de Capa: Aliá3 - Marcos Duarte

TODOS OS DIREITOS RESERVADOS. Proibida a reprodução total ou parcial, por qualquer meio ou processo, especialmente por sistemas gráficos, microfílmicos, fotográficos, reprográficos, fonográficos, videográficos. Vedada a memorização e/ou a recuperação total ou parcial, bem como a inclusão de qualquer parte desta obra em qualquer sistema de processamento de dados. Essas proibições aplicam-se também às características gráficas da obra e à sua editoração. A violação dos direitos autorais é punível como crime (art. 184 e parágrafos, do Código Penal), com pena de prisão e multa, conjuntamente com busca e apreensão e indenizações diversas (arts. 101 a 110 da Lei 9.610, de 19.02.1998, Lei dos Direitos Autorais).

2017

Editora Noeses Ltda.
Tel/fax: 55 11 3666 6055
www.editoranoeses.com.br

SUMÁRIO

Presentación – Gregorio Robles.................................. VII

Prefácio – Paulo de Barros Carvalho.......................... XV

Adolfo J. Sánchez Hidalgo – Decisión, institución y norma. A propósito de los derechos fundamentales en la teoría comunicacional del derecho................................ 01

Angelo Anzalone – Derecho subjetivo y teoría comunicacional del derecho.. 37

Arturo Cadenas Iturriozbeita – Consideraciones sobre la justicia y los juegos en la teoría comunicacional del derecho.. 59

Aurélio de Prada – Retórica y Democracia: dos cuestiones para la teoría comunicacional del derecho 99

Cecilia Priscila de Souza e Fernando Gomes Favacho – Intertextualidade entre subsistemas jurídicos: a experiência tributária brasileira sobre "receita", "tributo" e "insumos".. 117

Diego Medina Morales – Un enfoque del derecho más allá del positivismo – Ensayo sobre la teoría comunicacional del derecho.. 171

Eliane A. Dorico Washington – Teoria comunicacional do direito e semiótica 201

Fabiana del Padre Tomé – O direito como linguagem criadora da realidade jurídica: a importância das provas ... 239

Félix Francisco Sánchez Díaz – La validez como pertenencia.. 261

Fernando Galindo – La teoría comunicacional del derecho y el concepto comunicativo del derecho: una comparación ... 317

Flávia Holanda – Ordenamento, sistema e âmbito jurídicos: categorias de teoria comunicacional do direito de Gregorio Robles 345

Gregorio Robles – Ordenamiento, sistema, ámbito: la función comunicacional de la dogmática jurídica............ 367

Guilherme Lopes de Moraes – Teoria comunicacional do direito e informatização fiscal.. 439

Henrique Mello – Teoria comunicacional do direito e tipologia da legitimidade jurídica 461

José J. Albert Márquez – Método y dogmática jurídica en la TCD 481

Napoleón Conde Gaxiola – La teoría comunicacional del derecho y la hermenéutica jurídica............................. 505

Pedro Henrique de Araújo Cabral – Norma jurídica como *Inference Ticket* – Ausência de representação de intencionalidade pela norma jurídica geral e abstrata e sua função inferenciadora.. 525

Tácio Lacerda Gama – Competência tributária e a sua estrutura normativa 559

PRESENTACIÓN

Este volumen recoge por segunda vez un conjunto de estudios sobre la Teoría Comunicacional del Derecho y su relación con el Constructivismo Lógico-Semántico, en un diálogo fructífero entre juristas brasileños y españoles. Constituye la continuación del volumen publicado en 2011: Gregorio Robles & Paulo de Barros Carvalho (Coordenaçao), *Teoría Comunicacional do Direito:* Diálogo entre Brasil e Espanha, São Paulo: Noeses, 2011; 649 pp.

Deseo, ante todo, expresar mi profundo agradecimiento al profesor Paulo de Barros Carvalho así como al "Grupo do Estudos" que dirige, por impulsar y mantener abierto el mencionado diálogo y acoger en la Editora Noeses sus aportaciones más relevantes. También agradezco de todo corazón los trabajos que en ambos libros se recogen, resultado de un esfuerzo considerable de lecturas y de reflexión personal. Particularmente, me siento muy honrado por el interés y la generosidad que sus autores han demostrado al ocuparse de mi obra.

****

La Teoría Comunicacional del Derecho (en adelante, TCD) se presenta a sí misma como una concepción jurídica global, pero al mismo tiempo de perspectiva limitada. ¿Cómo es posible esta aparente paradoja? Considera lo primero porque trata de responder a todas las cuestiones teóricas que plantea el fenómeno jurídico. Afirma también lo segundo en cuanto que se limita a las cuestiones internas al Derecho, esto es, al punto de vista de los juristas. De ahí que establezca una separación y, al mismo tiempo, un paralelismo entre Teoría del Derecho y Sociología del Derecho. La TCD es una Filosofía del Derecho *para juristas*.

El jurista adopta el punto de vista interno, ve el Derecho desde dentro. El sociólogo mantiene una perspectiva externa, lo contempla desde fuera. Es una diferencia de posición similar a la que existe entre el jugador, que juega en el terreno de juego, y el espectador, que no juega sino que contempla el juego desde fuera.

Similar posición a la del sociólogo es la que adoptan el psicólogo, el economista o el antropólogo.

La investigación del Derecho puede abordarse desde cualquiera de estas ciencias (Sociología, Psicología, Economía, Antropología), esto es, desde un prisma externo. La TCD ha elegido, sin embargo, la perspectiva interna o inmanente. Eso no quiere decir que no aprecie las investigaciones de las ciencias factualistas. Al revés, lo que hace su enfoque precisamente es dejar a dichas disciplinas su propio espacio. Su razonamiento de base es el siguiente: si la Teoría del Derecho se limita a la perspectiva interna, no impide que la Sociología jurídica tenga su propio campo: el socio-jurídico; y lo mismo sucede con la Psicología jurídica, el Análisis económico del Derecho y la Antropología jurídica. Los autores que mezclan elementos propios de la perspectiva interna con elementos propios de la perspectiva externa impiden el desarrollo coherente tanto de la Teoría del Derecho como de las demás disciplinas mencionadas.

La TCD, al adoptar el punto de vista interno, se pregunta de inmediato cómo ha de desarrollar dicho punto de vista. Esto es, se pregunta por el método adecuado.

Todo método requiere un punto de partida. De ordinario, la Teoría del Derecho adopta como punto de partida esta cuestión: ¿*Qué es* el Derecho? La TCD, por el contrario, adopta como punto de partida esta otra cuestión: ¿*Cómo se manifiesta* el Derecho?

A esta cuestión responde: Todo fenómeno jurídico se manifiesta, desde el punto de vista interno, como un acto o conjunto de actos de comunicación; como un conjunto de procesos comunicacionales. Esto desemboca en la tesis de que el Derecho se manifiesta en lenguaje, puesto que los procesos comunicacionales no son otra cosa que procesos lingüísticos. La TCD no defiende que el Derecho *es* comunicación o lenguaje; sino que *se manifiesta* como comunicación, como lenguaje.

Ahora bien, debido a que el mundo cultural en su conjunto de manifiesta en lenguaje (tesis hermenéutica por excelencia), es preciso acotar el campo lingüístico: la TCD vierte su investigación sobre el lenguaje de los juristas. De ahí que se autodefina como *Análisis del lenguaje de los juristas*. Dicho Análisis no puede limitarse a la descomposición del fenómeno jurídico-lingüístico en sus elementos simples y al descubrimiento de la estructura que los conecta, sino que va mucho más allá al incorporar la Hermenéutica para comprender la construcción jurídica (en este aspecto sustancial encuentra su punto de contacto con el Constructivismo Lógico-Semántico, desarrollado por Paulo de Barros Carvalho, sobre todo en su obra *Direito Tributário*: Linguagem e Método, 3ª edição, São Paulo: Noeses, 2009, 992 pp.). De ahí que la TCD se autodefina también como *Teoría hermenéutico-analítica del Derecho*.

Su conexión con la Filosofía hermenéutica le permite manejar un concepto amplio de texto, aplicable lo mismo a las proferencias lingüísticas (actos de habla), a los escritos, a los signos, y a los símbolos de cualquier clase, así como a las acciones (actos) de base físico-psíquica. Esto último, porque define la acción como el *significado* o *sentido* de un conjunto de movimientos físico-psíquicos. Si el Derecho se manifiesta en comunicación, o sea, en lenguaje, no puede dudarse de que sea expresable en textos. Por eso, a la TCD se la puede considerar como una *Teoría de los Textos jurídicos*.

Así, las diversas denominaciones dan la pauta para comprender el planteamiento. Teoría Comunicacional del Derecho: la perspectiva es la comunicación, o sea, el lenguaje. Análisis del lenguaje de los juristas: concreta la perspectiva, al destacar los creadores y principales emisores de los mensajes jurídicos, los operadores que interactúan en el ámbito jurídico. Teoría de los textos jurídicos: entendidos éstos en sentido amplio, englobante de los actos, los textos jurídicos constituyen el objeto de la investigación teórica. Teoría hermenéutico-analítica del Derecho: apunta al método, el método hermenéutico-analítico que combina la construcción interpretativa (o interpretación constructiva) y el análisis.

El método hermenéutico-analítico despliega su actividad sobre los tres niveles clásicos de la investigación del lenguaje: la Pragmática, la Semántica y la Morfo(sintaxis). La TCD las denomina, respectivamente, Teoría de las Decisiones jurídicas, Teoría de la Dogmática jurídica, y Teoría formal del Derecho.

La Pragmática tiene prioridad sobre las otras dos, pues no se puede entender el sentido o significado (investigado por la Semántica) si no se tiene en cuenta la situación comunicacional y el uso del lenguaje (objeto de la Pragmática), y no puede analizarse los elementos componentes y la estructura que forman (tarea de la Morfosintaxis) si previamente no se entiende el sentido o significado.

Aplicado ese esquema a la TCD, quiere decir que la prioridad lógica corresponde a la Teoría de las Decisiones jurídicas, seguida de la Teoría de la Dogmática jurídica y de la Teoría formal del Derecho.

Sin embargo, el planteamiento lógico no tiene por qué coincidir necesariamente y punto por punto con el planteamiento pedagógico, que puede empezar por la Teoría formal, seguir por la Teoría de la Dogmática y concluir por la Teoría de las Decisiones jurídicas. Este es precisamente el orden que sigo en mi obra *Teoría del Derecho. Fundamentos de Teoría Comunicacional del Derecho*, cuyo volumen 1º (Ed. Civitas, 6ª ed. 2015, 956 pp.) está dedicado sustancialmente a la Teoría formal (aunque con una amplia introducción que aborda en parte la Teoría de las Decisiones jurídicas), y cuyo volumen 2º (Ed. Civitas, 1ª ed. 2015, 636 pp.) aborda la Teoría de la Dogmática y del Método jurídico. Falta, por tanto, completar la tercera parte de la obra sobre Teoría de las Decisiones jurídicas.

Como ha señalado algún autor, la TCD es una *work in progress*. No sólo, añado yo, porque es un trabajo que está haciéndose desde hace más de treinta años, sino porque además, y esto es lo más importante, porque plantea un método y unas perspectivas imposibles de cerrar en el breve lapso temporal de una vida. Por eso, la TCD supone una llamada a la colaboración intelectual, no sólo entre los teóricos y filósofos del Derecho sino también entre éstos y los tratadistas de las disciplinas dogmáticas y asimismo con los prácticos del Derecho. La TCD implica una apertura a la interdisciplinariedad entre juristas teóricos, dogmáticos y prácticos.

Buena prueba de ello es el interés y los trabajos de juristas que trabajan en el campo de las disciplinas dogmáticas y que ejercen la profesión de abogados, como son los componentes del "Grupo do Estudos" de Paulo de Barros Carvalho, maestro en el Derecho Tributario y en la Teoría del Derecho con gran influencia en numerosos discípulos.

Para mí, es un honor y una satisfacción muy especial el ver reconocida la TCD como un instrumento de trabajo intelectual de los juristas. Pues precisamente ha sido construida con ese propósito.

Dentro del marco señalado es como hay que situar y entender las aportaciones recogidas en este volumen (y también las que aparecen en el volumen del año 2011, antes citado).

Tenemos, en primer lugar, un conjunto de estudios sobre el encuadre que merece la TCD en el pensamiento filosófico-jurídico. Diego Medina titula su estudio "Un enfoque del Derecho más allá del positivismo" y se adentra en cuestiones de epistemología general. Eliane Dorico conecta la TCD con la Semiótica. Siguiendo una línea similar Guillherme de Moraes vincula los aportes de la Lingüística con la TCD y el Constructivismo Lógico-Semántico, para encontrar aplicación a la informatización fiscal. Fabiana Tomé se introduce en el gran tema del lenguaje jurídico como creador de la realidad del Derecho. Fernando Galindo reflexiona sobre "la TCD y el concepto comunicativo del Derecho". Napoleón Conde se adentra en la relación entre la TCD y la Hermenéutica. Henrique Mello analiza la TCD en su relación con lo que denomina "Topología de la legitimidad jurídica". Aurelio de Prada se plantea la conexión de la TCD y su tesis sobre el lenguaje de los juristas con la Retórica y la legitimación democrática del Derecho.

Dentro del marco de la TCD pertenecen a la Teoría formal del Derecho varios estudios, unos referentes a las normas jurídicas y otros a los derechos subjetivos, y dentro de éstos a los derechos fundamentales.

Estudian la concepción de las normas jurídicas propia de la TCD los siguientes autores: Félix F. Sánchez, sobre la validez. José Albert, quien analiza mi libro *Las Reglas del Derecho y las Reglas de los Juegos"* (Palma de Mallorca, 1984; en portugués, *As Regras do Direito e as Regras dos Jogos.*

Tradução de Pollyana Mayer, São Paulo: Noeses, 2011; 294 pp.). Asimismo, se centran en el estudio de las normas del Derecho los trabajos de Pedro H. Cabral y de Tácio L. Gama.

Sobre los derechos subjetivos en la TCD escribe Angelo Anzalone. Sobre los derechos fundamentales en la TCD reflexiona Adolfo Sánchez Hidalgo.

También en el aspecto de la elaboración de los conceptos jurídicos tenemos el trabajo que presentan conjuntamente Cecília de Souza y Fernando Favacho, sobre "receita", "tributo" e "insumos".

Arturo Cadenas se aventura en el aspecto sustancialmente material de la Teoría de las Decisiones jurídicas, comentando mi librito *La Justicia en los Juegos*. Editorial Trotta, Madrid 2009; 94 pp.)

Por último, Flávia Holanda y yo mismo presentamos sendos estudios sobre tres conceptos básicos en la TCD: ordenamiento, sistema y ámbito; siendo este último concepto una aportación original de la TCD.

Nada más. Desearte, amable lector, una feliz travesía a lo largo de estos textos, e invitarte a que te animes a formar parte de esta gran familia que gusta tratar y debatir de estos problemas y de otros similares.

Gregorio Robles

PREFÁCIO

Em 2011, veio à luz o primeiro volume do *"Teoria Comunicacional do Direito: diálogo entre Brasil e Espanha"*, livro que tem prestado inestimável serviço como fonte legítima das proposições básicas desse movimento intelectual tão relevante para o direito contemporâneo. A contribuição de juristas espanhóis e brasileiros, lado a lado, provocou efeitos dialéticos interessantes, como se aqueles autores estivessem conversando mesmo, face a face, para tecer comentários sobre a concepção do direito enquanto fenômeno comunicacional. E a experiência foi alentadora, tendo aumentado a qualidade e o volume de questionamentos sobre o assunto, já por si tão abrangente. Daí a insistência no sentido de ver editado o segundo tomo, agora com a presença de outros seguidores, igualmente empenhados na discussão e na difusão da Teoria.

Em função das estreitas relações com o *Constructivismo Lógico-Semântico*, nesta obra, os temas se encontram interligados, fazendo crer as enormes afinidades que os aproximam em termos de fundamentos filosóficos, assim como sob o ponto de vista metodológico. Todavia, chama a atenção do leitor o magnífico texto de apresentação do Professor Gregorio Robles sobre a *Teoria Comunicacional do Direito*, interpretação autêntica de sua concepção, desenvolvimento e estrutura. Ninguém melhor do que o mestre espanhol para elucidar-lhe o perfil. Há aspectos da composição teórica que se querem passados e repassados, tal a importância que assumem no contexto geral dessa proposta inovadora. Além do mais, lembro-me sempre do aforismo "*a repetição gera o novo*". Reiterar ideias, excluindo, por certo, as enunciações desnecessárias, é sempre dizê-las de outro modo; é apresentá-las com roupagens diferentes, o que significa inová-las de maneira especial para quem lida com a realidade invariavelmente manifestada em textos. E é assim que, entre outras considerações de grande valia, o jusfilósofo esclarece três pontos que faço questão de salientar:

i) A TCD (Teoria Comunicacional do Direito) se situa numa perspectiva *interna* ao Direito, participando das ações do jogo, ao passo que outras propostas cognoscentes o veem do ângulo *externo* (Sociologia Jurídica, Psicologia Social do Direito, Antropologia Jurídica, Economia, entre outras), observando-o de fora. Trata-se de opção do agente com referência ao objeto de análise, de tal sorte que haverá espaço para todas elas, que poderão se encontrar em conversação ampla nos estudos interdisciplinares.

ii) Por manifestar-se o fenômeno jurídico, invariavelmente, pela linguagem, a TCD se automenciona: *Análise da linguagem dos juristas; Teoria dos Textos Jurídicos e Teoria hermenêutico-analítica do Direito*. Nessa região do saber, o "*cerco inapelável da linguagem*" é algo muito forte e significativo.

iii) Em função desse último enfoque, a TCD se ocupa dos três níveis da investigação semiótica: lógico, semântico e pragmático, fazendo-os corresponder à *Teoria Formal do Direito, à Teoria da Dogmática Jurídica e à Teoria das Decisões Jurídicas*.

Prosseguindo em seu texto e antes de mencionar a distribuição das matérias ao longo do livro, Gregorio Robles chama a atenção para um traço sobremaneira importante: A Teoria Comunicacional do Direito, oferecendo novas perspectivas ao estudo do Jurídico, não é obra a ser concluída no lapso temporal de uma vida. Acentua, portanto, que a TCD é uma *"work in progress"*, conclamando a todos os interessados para um regime de intensificação dos diálogos. Tendo em vista a obtenção do objetivo, penso que a produção deste escrito aparece como passo relevante, levando-se em conta a discussão e o aprofundamento dos temas envolvidos direta ou indiretamente com a matéria, colaborando, desse modo, na sua divulgação.

São Paulo, 03 de maio de 2017.

Paulo de Barros Carvalho
Professor Emérito e Titular de Direito Tributário da PUC/SP e da USP

que el Derecho se caracteriza por su textualidad – este triple diagnóstico es el sintáctico, semántico y pragmático. El análisis sintáctico trasladado al Derecho significa el diagnóstico formal del fenómeno jurídico, por ello su elemento central es la norma (forma pura del Derecho) y las diferentes clases de normas. El análisis semántico en el Derecho supone el diagnóstico del sentido y *ratio* de las normas, lo que conduce al teórico al estudio de la dogmática jurídica y las instituciones. El análisis pragmático nos conduce por una senda diferente, observando el Derecho como un conjunto de actos de voluntad, decisiones creadoras de normas, el filósofo deberá encontrar los motivos o razones últimas de dichas decisiones para comprender la dinámica reproductiva del Derecho.

El primer volumen de la *Teoría Comunicacional del Derecho* ha sido dedicado a trazar y desarrollar minuciosamente una visión formal del fenómeno jurídico, intentando escudriñar e identificar las formas puras del Derecho, es decir, el conjunto de formas universales presentes en todo ordenamiento jurídico, señalando la lógica formal inherente a toda manifestación jurídica.

El segundo volumen de la magna obra del prof. Robles se ha ocupado de desarrollar sistemáticamente una teoría de la dogmática jurídica, que concibe el ordenamiento jurídico como un texto bruto en un continuo proceso de elaboración hermenéutica dirigido a su perfección, que, llegados al extremo, significa su aplicabilidad a las circunstancias concretas de la vida social. Con esta finalidad adaptativa, la ciencia jurídica de corte dogmático va elaborando conceptos e instituciones que contribuyen a dotar de sentido y vitalidad a la norma y conjunto de normas que componen el ordenamiento jurídico.

El tercer volumen, aún inédito, lo dedicará Robles a desarrollar una teoría de la decisión jurídica que contribuya a cohonestar la dimensión formal y dogmática, mediante la explicación de la primacía genética de la voluntad en el fenómeno jurídico. Hasta ahora, los estudiosos de la TCD contamos con su obra *La justicia en los juegos*, aquí nuestro autor desarrolla la idea de justicia procedimental como barrera formal a los caprichos de la voluntad.

En este capítulo intentaré trasladar esta metodología característica de la TCD al estudio de los derechos fundamentales, para observar la oportunidad y coherencia de la propuesta iusfilosófica del prof. Robles.

1. Los derechos fundamentales frente a los pseudo-derechos

Al proponernos un estudio teórico siempre debemos comenzar por individualizar el objeto de estudio y señalar los perfiles del mismo a fin de distinguirlo de otras figuras afines. Nuestro objeto de estudio serán los derechos fundamentales, pero antes de entrar en el estudio, en sentido estricto, de los mismos, debemos diferenciarlos de otras figuras afines, que puedan perturbar o nublar su naturaleza. Es decir, con carácter previo a fijar qué son los derechos fundamentales, debemos señalar qué no son los derechos fundamentales. Para ello, será preciso separar su estudio de otros pseudo-derechos (derechos constitucionales y derechos humanos).

En este sentido, Robles afirma: *"los derechos humanos o derechos del hombre, llamados clásicamente derechos naturales y en la actualidad derechos morales, no son, en verdad, auténticos derechos"*.[3] Son tres las razones que conducen a nuestro autor a negar la categoría de derecho a los derechos humanos:

---

3. ROBLES MORCHÓN. G., *Los derechos fundamentales y la ética en la sociedad actual*, edit. Civitas, Madrid, 1992, p. 19.

Los derechos humanos se presentan en el plano de *lege ferenda*, como criterios morales o pautas éticas del obrar político, incluso son objeto de argumentación y deliberación en orden a la elaboración de la ley, pero no han sido incorporados al ordenamiento positivo y nadie puede hacerlos valer procesalmente.[4] Es decir, no pertenecen al ordenamiento jurídico, elemento central desde el que se construye la teoría del derecho.[5] Dicho de otro modo, los derechos humanos auxilian la deliberación legislativa y judicial, constituyen *per se* un desiderátum para la praxis política y judicial, pero no determinan la misma en la medida que adolecen de positividad.

Desde la perspectiva de la dogmática jurídica, de acuerdo con el esquema de la TCD, los derechos humanos al encontrarse fuera del ordenamiento escapan de la labor de la dogmática jurídica, cuyo ámbito de estudio se encuentra limitado por las fronteras del mismo.[6] El objetivo de la dogmática jurídica es resolver las imperfecciones del ordenamiento, otorgándole coherencia y racionalidad.[7] No es menos cierto que los juristas desempeñan su función dentro de un contexto social y a éstos no les son ajenas las aspiraciones morales de los individuos ni los valores dominantes en la sociedad. Ahora bien, desde el prisma de la TCD esta visión se corresponde más con un análisis sociológico[8]

---

4. Idem.

5. ROBLES MORCHÓN. G., *El derecho como texto*. Cuatro estudios de teoría comunicacional del derecho, segunda edición, edit. Civitas, Madrid, 2006, p. 194.

6. ROBLES MORCHÓN. G., *Teoría del derecho*. Fundamentos de teoría comunicacional del derecho, Vol. I., quinta edición, edit. Civitas, Thomson-Reuters, Aranzadi, Madrid, 2013, p. 139. "[...] su tarea consiste en interpretar el texto jurídico en bruto y presentarlo sistematizadamente y de manera depurada en un texto jurídico elaborado que se llama sistema".

7. Ibidem, p. 140.

8. ROBLES MORCHÓN. G., *Los derechos fundamentales...*, op. cit., p. 69.

del obrar jurídico que con la construcción hermenéutica del ordenamiento que realiza la dogmática jurídica.[9]

En último lugar, desde un plano formal o lingüístico los derechos humanos no son verdaderos derechos subjetivos, en el mejor de los casos piensa Robles, habrían de denominarse pseudo-derechos por faltar en ellos la nota de positividad y la acción procesal que los realice.[10] Son aspiraciones morales, exigencias éticas del individuo con vocación de positividad; formalmente, sólo se admitiría un análisis de los derechos humanos en tanto derechos subjetivos posibles.[11]

En suma, concluye Robles que los derechos humanos adquieren su razón de ser dentro del juego retórico de la acción política y dentro del debate moral. Bien sea como principios programáticos de la acción política, porque la política está llamada a dar cumplida satisfacción de las reivindicaciones sociales y morales de los ciudadanos, o, porque puedan servir como propaganda de las buenas intenciones de sus representantes.[12] Bien sea porque es objeto de la ciencia moral despejar los interrogantes acerca de lo que es bueno y justo en el sistema de valores que se presume óptimo.[13] Únicamente, los derechos humanos encontrarían lugar dentro de la teoría de la decisión jurídica en la medida que informan al constituyente en su cometido de dar nacimiento a la constitución, pero si éste definitivamente

---

9. ROBLES MORCHÓN. G., *Teoría del derecho...*, op. cit., p. 144. "La ciencia jurídica no es descriptiva, porque no puede serlo, sino constructiva o interpretativa. Empleando una palabra ya vieja, pero que está muy de moda últimamente: la ciencia jurídica es hermenéutica".

10. *Ibidem*, p. 699.

11. ROBLES MORCHÓN. G., *Los derechos fundamentales...*, op. cit., p. 24.

12. ROBLES MORCHÓN. G., *Teoría del derecho...*, op. cit., p. 700.

13. ROBLES MORCHÓN. G., *Los derechos fundamentales...*, op. cit., p. 32.

los constitucionaliza y protege estaríamos ya ante los denominados derechos fundamentales.[14]

Conforme he ido reflejando los argumentos que el profesor Robles expone para negar la juridicidad de los derechos humanos, no he podido dejar de recordar aquellas palabras del filósofo parisino Michel Villey, quien definía los derechos humanos como *"libertés en l'air du faux monde idéaliste objectivé"*.[15] Según la Teoría Comunicacional del Derecho, haciendo un ejercicio de imaginación, podríamos cambiar la palabra *libertés* por derechos subjetivos; sea así, pues los derechos humanos son derechos subjetivos en el aire, porque carecen de garantía y de positividad.

A mitad de camino entre estas exigencias morales y políticas que denominamos derechos humanos y los derechos subjetivos privilegiados[16] que calificamos de fundamentales, se encuentran los derechos constitucionales. Bajo esta rúbrica el profesor Robles encuentra una clasificación genérica de derechos en función de su recepción constitucional.[17] *Derechos constitucionales son aquellos derechos mentados de una u otra forma en la constitución*,[18] es decir, todas aquellas libertades morales, exigencias éticas y prerrogativas sociales e individuales que el constituyente ha incorporado en la constitución.

Como ha quedado reflejado la expresión derechos constitucionales sólo ofrece una clasificación genérica, estrictamente formal, pues atiende únicamente al dato de su mención constitucional. En ella entrarían, en principio,

---

14. ROBLES MORCHÓN. G., *Teoría del derecho...*, op. cit., p. 701.

15. VILLEY. M., *Reflexions sur la philosophie et le droit*, edit. Puf, Paris, 1995, p. 453.

16. ROBLES MORCHÓN. G., *Los derechos fundamentales...*, op. cit., p. 22. "Los derechos fundamentales son derechos subjetivos privilegiados".

17. ROBLES MORCHÓN. G., *Teoría del derecho...*, op. cit., p. 697.

18. Ibidem, p. 701.

tanto los derechos humanos carentes de protección efectiva, pero mencionados en la constitución; como los auténticos derechos subjetivos privilegiados que calificamos de fundamentales. ¿Cuál puede ser la utilidad de su uso?

De acuerdo con la TCD, el problema tiene solución asumiendo un análisis pragmático del lenguaje constitucional, esto es, Robles acepta el uso de la expresión derechos constitucionales para aquellas exigencias morales, políticas y principios programáticos que el constituyente decide incorporar al texto, pero carentes de protección efectiva (por ejemplo, el artículo 47 cuando señala el derecho de todos los españoles a disfrutar de una vivienda digna y adecuada). En cambio, debe reservarse la expresión derechos fundamentales sólo para aquellos derechos constitucionales encuadrados en el Título Primero, Capítulo II de la Constitución española. Más exactamente, sólo estos derechos tienen acceso al recurso de amparo recogido en el art. 53. 2 de la Constitución española y, en consecuencia, sólo estos derechos son efectivamente garantizados, es decir, pueden hacerse valer mediante un proceso judicial o acción de tutela. Reseñando a nuestro autor: *"derechos fundamentales son aquellos derechos constitucionales a los que la constitución o las leyes prestan una protección especial"*.[19]

2. El carácter tridimensionista de la Teoría Comunicacional del Derecho

Robles señala que el método de la TCD es hermenéutico-analítico,[20] si es así debemos investigar qué clase de razón informa el mismo y su adecuación al fin perseguido, esto es, la explicación racional del derecho. Si el objeto de la TCD

---

19. Idem.

20. Ibidem, p. 32.

es ofrecer una explicación racional, debemos preguntarnos qué es el mismo. Robles construye su visión teórica desde una premisa fundamental: el derecho se manifiesta en texto, la realidad fenoménica del derecho es que éste es texto o potencialmente texto y se manifiesta exteriormente por medio del lenguaje de los juristas.[21] Por esta razón, Robles también denomina la TCD como teoría de los textos jurídicos, y análisis del lenguaje de los juristas.[22]

Llegados a este punto, lo siguiente es proceder con el establecimiento del método apropiado para el análisis de los textos y no puede ser otro que el hermenéutico-analítico, es decir, Robles parte de la idea de que los tres posibles análisis de todo texto (pragmático, semántico y sintáctico) son perfectamente trasladables al texto jurídico. El análisis pragmático configura el nivel de la llamada teoría de la decisión jurídica, el análisis semántico será denominado teoría de la dogmática jurídica y el análisis sintáctico determina la teoría formal del derecho.[23]

La teoría de la decisión jurídica emplea una metodología crítico-reflexiva, pues, se cuestiona por los valores inherentes al ordenamiento jurídico, las decisiones que lo componen, desarrollan y, en última *ratio*, la finalidad de toda decisión jurídica: la justicia.[24]

La teoría de la ciencia jurídica o dogmática jurídica emplea una metodología constructiva o hermenéutica: idea fórmulas de comprensión, relaciones de sentido, depura el lenguaje del texto, elimina contradicciones, colma lagunas;

---

21. ROBLES MORCHÓN. G., *Teoría del derecho...*, op. cit., p. 91. "Todo ordenamiento jurídico es, en definitiva, un texto".

22. ROBLES MORCHÓN. G., *La justicia en los juegos. Dos ensayos de teoría comunicacional del derecho*, edit. Mínima Trotta, Madrid, 2009, p. 56.

23. ROBLES MORCHÓN. G., *Teoría del derecho...*, op. cit., p. 32.

24. ROBLES MORCHÓN. G., *La justicia en los juegos...*, op. cit., p. 15.

en definitiva, transforma la realidad compleja y desordenada que es el ordenamiento jurídico bruto en el producto ordenado de la razón, que es el sistema.[25]

La teoría formal del derecho emplea una metodología analítica: se limita a señalar las condiciones formales de existencia del derecho y los conceptos jurídicos formales o universales que acompañan a todo derecho posible.[26] Más aún, será objeto de la teoría formal del derecho el análisis lógico-lingüístico de los elementos formales del ordenamiento jurídico, especialmente, la norma jurídica.[27]

El elemento central de la construcción de Robles, donde convergen estas tres metodologías no puede ser otro que el ordenamiento jurídico, puesto que no puede existir realidad jurídica ajena al mismo. Las tres se implican recíprocamente formando la espiral hermenéutica que nos presenta el ordenamiento jurídico de forma plena: como conjunto de decisiones generadoras de textos jurídicos, como sistema orgánico o conjunto de instituciones y como orden normativo de carácter lógico-formal.

La *"primacía genética,*[28]*"* señala Robles, corresponde a la teoría de la decisión jurídica, después la teoría de la ciencia dogmática del derecho y, por último, la teoría formal del derecho. Y cada una de estas partes de la TCD se ocupa de un concepto básico: la decisión jurídica, la institución jurídica y la norma jurídica.[29]

---

25. *Ibidem*, p. 57.
26. Ibidem, p. 57.
27. Ibidem, p. 68.
28. Ibidem, p. 58. En mi opinión, el autor quiere expresar con "primacía genética" el hecho de que la génesis del ordenamiento jurídico es necesariamente un acto de decisión.
29. Idem.

Considera Robles que respetando los tres niveles de análisis es posible distinguir nítidamente entre el objeto que se conoce y la perspectiva desde la que se acomete su conocimiento, venciendo las polémicas y debates estériles de las diferentes posiciones filosóficas como el ius-naturalismo y el positivismo, que tienden a confundir su visión con la realidad del objeto. En este sentido, la TCD se adecua perfectamente al objeto de su estudio.[30]

Toda vez que está sintetizada la estructura de la TCD, llega el momento de ocuparse de los derechos fundamentales siguiendo el método hermenéutico de la teoría ideada por Robles. A continuación, examinaremos los derechos fundamentales a la luz de la TCD, es decir, estos derechos serán comprendidos desde cada uno de los niveles de análisis que la TCD propone.

3. Los derechos fundamentales y la teoría de la decisión

La decisión jurídica es el acto de habla en virtud del cual se generan las normas, sin decisión no habría normas ni instituciones, el ordenamiento jurídico no es sino el resultado del conjunto de decisiones jurídicas.[31] Además, como afirma Robles, desde la teoría de la decisión jurídica asumimos una visión dinámica del ordenamiento, pues lo observamos como una realidad viva y cambiante, no como un orden estático y cerrado.[32]

Ahora bien, resulta obligado recordar la distinción introducida por Robles entre decisión extraordinamental y decisiones intraordinamentales, también se puede diferenciar entre decisión extrasistémica y decisiones intrasistémicas.

---

30. Ibidem, p. 88.
31. ROBLES MORCHÓN. G., *Teoría del derecho...*, op. cit., p. 104.
32. Ibidem, p. 105.

La decisión extraordinamental es aquella que se realiza fuera del ordenamiento jurídico, es decir, sin tener un marco normativo como referencia. Este tipo de decisión no puede ser otra que la *decisión constituyente*, esto es, la decisión llamada a generar un nuevo ordenamiento, bien porque no exista ordenamiento, o bien, porque se pretenda crear uno nuevo.[33] Con el adjetivo extrasistémica Robles recalca que dicha decisión se encuentra fuera de todo sistema, en un estadio anterior a la aparición del mismo.[34]

Las decisiones intraordinamentales son todas aquellas decisiones jurídicas que se toman dentro del ordenamiento jurídico, es decir, en el marco competencial (decisional) dibujado en el mismo. Se utiliza el plural decisiones para remarcar que no se tratará de una única decisión, como en el caso anterior, sino de todo el conjunto de decisiones jurídicas (legislativas, judiciales, administrativas, etc.) tomadas de acuerdo con los oportunos procedimientos reglados en el ordenamiento jurídico.[35] Si empleamos el adjetivo intrasistémico se añade la nota de proximidad a un sistema jurídico, es decir que se trata de una decisión jurídica situada dentro del complejo relacional ordenamiento y sistema, de modo que la decisión contará con el auxilio de la dogmática desarrollada al hilo del ordenamiento.[36]

Escribía al comienzo de este escrito que el ordenamiento jurídico es el elemento central de la Teoría Comunicacional, donde convergen decisiones, normas e instituciones. Así mismo, afirmaba que los derechos humanos escapan de dicha Teoría en la medida que no pertenecen al ordenamiento jurídico. En cambio, los derechos fundamentales

---

33. Idem.
34. Idem.
35. Ibidem, p. 106.
36. Idem.

son materia propia de la TCD, precisamente, dada su pertenencia al ordenamiento.

Bien, será una consecuencia lógica afirmar que la decisión constituyente, extraordinamental, no puede versar sobre derechos fundamentales, sino únicamente sobre derechos humanos, pues aún no existe un ordenamiento de referencia. De modo que sólo en la decisión constituyente pueden encontrar su lugar los denominados derechos humanos, siendo la misión del constituyente recoger estos principios de justicia dentro de la constitución con la finalidad de garantizar un mínimo de justicia en la comunidad política.[37] Este acto decisional originario supondrá la transfiguración de aquellos ambiguos derechos humanos en concretos derechos fundamentales, siempre que se establezca un procedimiento que los haga efectivos. La decisión constituyente, remarca Robles, supone el *fiat* del ordenamiento,[38] pues antes de ella no existe nada con rigor jurídico y la libertad de su poder creativo no encuentra fronteras ni obstáculos.

Toda vez que este catálogo de principios morales y de justicia han sido recogidos en la constitución y efectivamente garantizados mediante un procedimiento para hacerlos valer, nos encontramos ante los derechos fundamentales. Éstos se incardinan, ya sí, dentro del ordenamiento jurídico y, más aún, en el marco de la norma primera que es la constitución. En este sentido, delimitan el contenido de las decisiones jurídicas de grado inferior y es posible afirmar que las decisiones jurídicas intraordinamentales tendrán como marco de referencia obligado el contenido de estos derechos fundamentales. Dicho de otro modo, los

---

37. ROBLES MORCHÓN. G., *Los derechos fundamentales...*, op. cit., p. 129.
38. ROBLES MORCHÓN. G., *Teoría del derecho...*, op. cit., p. 105.

principios de justicia material recogidos en la constitución, configurados como derechos fundamentales, son el marco de justicia en el que se desenvuelven las decisiones jurídicas intraordinamentales.[39]

Robles considera que el lugar propio de una teoría de la justicia debe ser el de la decisión jurídica, pues es en este momento cuando la idea de justicia despliega toda su carga axiológica, ya sea en el momento de la decisión legislativa o judicial.[40] Así mismo, estoy de acuerdo con Robles, interrogarse acerca de la justicia no sólo supone cuestionar el contenido material de justicia; sino, también, el conjunto de condiciones en el que ha de llevarse a efecto la justicia material. Condiciones para la actuación de la justicia y justicia material van íntimamente unidas en la justicia decisional.[41]

Sentada esta premisa, llega el momento de examinar los dos tipos de decisiones (extraordinamental e intraordinamental) a la luz de la idea de justicia en la TCD. Debo señalar que no son pocas las dificultades que surgen en este intento, porque nuestro autor aún no ha ultimado sus ideas sobre este punto, aunque el próximo volumen de su Teoría Comunicacional del Derecho sí lo desarrollará. No obstante, cuento con el esbozo que dibuja acerca de la justicia en su obra *La justicia en los juegos. Dos ensayos de teoría comunicacional del derecho.*

---

39. ROBLES MORCHÓN. G., *La justicia en los juegos...*, *op. cit.*, pp. 15-17.

40. Ibidem, p. 15.

41. Ibidem, p. 62. "Toda teoría de la justicia implica, pues, dos aspectos sustanciales: el procedimental y el material. El primero se refiere a las condiciones en que ha de llevarse a cabo la reflexión teórica, condiciones que afectan tanto al sujeto o sujetos que la realicen como a la situación en que ha de hallarse para lograr su objetivo. El segundo exige la determinación de los principios de justicia y su fundamentación razonada".

3.1 La decisión constituyente como *fiat* del ordenamiento

Antes de la existencia del ordenamiento jurídico, *ex nihilo*, aparece la decisión constituyente que es el primer motor, o, causa primera de toda la realidad convencional, que es el Derecho. Con la decisión constituyente se genera el ámbito jurídico o *cosmos* jurídico, un cosmos racionalmente ordenado en virtud de la relación dinámica ORD+SIS, una relación circular, en espiral, que permite la reproducción y actualización caso a caso del Derecho. El ORD un conjunto bruto de disposiciones o preceptos, que mediante la acción de los dogmáticos se actualiza en un conjunto normativo racionalmente construido, ya sí, directamente aplicable.[42] Progresivamente, las elaboraciones sistémicas de los dogmáticos penetrarán en el ORD y así *ad aeternitatis*.

En consecuencia, tenemos esbozada racionalmente una metafísica jurídica, una ontología jurídica y una física jurídica. En primer lugar, nos encontramos con la realidad metafísica (metajurídica si se prefiere) de la decisión constituyente, la potencia creadora sin límites que genera la realidad jurídica. En segundo lugar, aparece la realidad jurídica, esto es, la ontología jurídica, que Robles define como una realidad convencional. Una realidad aleatoria, no anclada en el mundo físico, cuya existencia depende de la voluntad creadora: el misterio del ser jurídico convencional es su aleatoriedad *a priori*, su indefinibilidad previa a la decisión jurídica. Finalmente, creado el micro-cosmos jurídico (AMB), Robles observa que posee una dinámica propia, una racionalidad ínsita o una física jurídica: las decisiones jurídicas generan ORD, disposiciones brutas que están llamadas a dirigir y configurar el espacio jurídico,

---

42. ROBLES MORCHÓN. G., *Teoría del Derecho. Fundamentos de Teoría Comunicacional del Derecho*. Vol. II, Thomson-Reuters, Aranzadi, Madrid, 2015, p. 220

pero, de suyo no pueden hacerlo, necesitan para su perfección de la acción hermenéutica constructiva de la dogmática jurídica, es entonces, cuando aparece la verdadera norma jurídica aplicable (SIS).[43] Aristóteles definía la naturaleza de la cosa, como esa misma cosa una vez alcanzada su perfección, pues bien, la naturaleza de la norma jurídica es ser un constructo sistémico. Siguiendo con el relato naturalista, la *physis* o naturaleza es la fuerza ordenadora ORD+SIS redefiniendo a cada instante la realidad jurídica convencional (AMB).

La decisión constituyente al ser el *fiat* del ordenamiento jurídico, su elemento originario, cuenta con una libertad o poder creativo mucho más amplio que el resto de decisiones jurídicas. En este sentido, la idea de justicia se despliega con mucha mayor intensidad que en el resto de decisiones jurídicas, pues será el poder constituyente quien delimitará el contenido material de la misma en la comunidad política.[44] Ahora bien, siguiendo a Robles, esto no significa que no deban señalarse unas condiciones mínimas en las que dicha delimitación tenga lugar.

Estas condiciones mínimas son apuntadas en su obra *Los derechos fundamentales y la ética en la sociedad actual*, donde nuestro autor – en mi opinión – señala dos fundamentales: el pluralismo y el consenso político. La primera de naturaleza sociológica y la segunda procedimental.

Efectivamente, una teoría de la decisión no puede desdeñar el contexto social en el que dicha decisión es tomada, si bien este análisis corresponde más a la sociología del derecho que a la teoría del derecho.[45] Siendo así, frente al carácter moral monolítico de las sociedades primitivas, las

---

43. Ibidem, p. 247.
44. ROBLES MORCHÓN. G., *La justicia en los juegos...,op. cit.*, p. 62
45. Ibidem, p. 59.

sociedades modernas se caracterizan por la diversidad de posturas morales.[46] El individuo posee una suerte de libertades religiosas y políticas que le garantizan una posición propia frente al Estado, pero el proceso de socialización que estas libertades experimentaron ha conllevado la sustitución del individuo por los partidos políticos. De modo que los partidos se han convertido en los actores de la vida política, a lo que habría que sumar los llamados movimientos sociales (ecologistas, feministas, pacifistas, etc.) en la medida que actúan dentro de la vida política.[47] Paralelamente, la vida económica también ha sufrido una polarización acusada: intereses capitalistas nacionales y transnacionales, la conversión del individuo en consumidor, los movimientos obreros y sindicatos, etc.[48] En definitiva, la decisión constituyente no puede abstraerse del marco social en el que se encuentra, de modo que esta polarización moral, política y económica constituye el contexto en el que el debe delimitarse el contenido material de justicia.

El consenso lo utiliza Robles como diálogo superador del pluralismo desintegrador en que viven nuestras sociedades,[49] es más, Robles afirma: *"la teoría del discurso o diálogo racional constituye un patrón constante que hay que aplicar a todo proceso de decisión racional"*.[50]

Con la idea de consenso, Robles nos remite a unas condiciones ideales del diálogo que redujeran a cero las posibilidades de engaño, ocultamiento e irracionalidad de los participantes.[51] Cómo nuestro autor precisa: *"es una teoría*

---

46. ROBLES MORCHÓN. G., *Los derechos fundamentales...*, op. cit., p. 155.

47. Ibidem, p. 141.

48. Ibidem, pp. 143-151.

49. Ibidem, p. 155.

50. Ibidem, p. 160.

51. Ibidem, p. 159. "El diálogo ideal supone la participación de dialogantes

procedimental del discurso y como tal no tiene por objeto el desarrollo de los contenidos materiales de la idea de justicia, sino el aspecto formal o procedimiento de ésta".[52]

Sin embargo, rara vez las condiciones del diálogo ideal se cumplen en el diálogo político real, que se encuentra contaminado por múltiples interferencias.[53] Será misión de la teoría de la decisión y, más exactamente, de su teoría de la justicia construir una plantilla lo más ajustada posible a este diálogo ideal y examinar a la luz de la misma, las condiciones en que se ha desarrollado el diálogo político real.[54] Si el procedimiento seguido se ajusta a estas condiciones procedimentales fundamentales, se alcanzará un consenso satisfactorio.[55]

A continuación, señala Robles estas condiciones procedimentales sobre las que debe orbitar el diálogo real para asemejarse al modelo ideal: un núcleo irrenunciable de valores sobre los que no cabe discusión; ante la imposibilidad de que todos los individuos sean interlocutores, la intervención de todos los actores sociales (partidos políticos, movimientos sociales, empresas y sindicatos); unos medios de comunicación independientes de las estructuras de poder; una clase de intelectuales independientes; y un modelo de democracia cuyo sentido de la justicia vaya más allá del procedimiento de toma de decisiones y profundice en el sentido de éstas.[56]

---

plenamente racionales, no movidos en principio por ningún otro interés que no sea el bien de la sociedad, y cuya facticidad dialogante se lleva a cabo con las máximas garantías contra el error o la simplificación".

52. Ibidem, p. 160.

53. Ibidem, p. 161.

54. Idem.

55. Ibidem, p. 163.

56. Ibidem, pp. 163-169.

Finalmente, el contenido material de justicia dependerá en gran medida del grado de fidelidad del diálogo real respecto de las condiciones ideales del mismo, en la medida que el proceso constituyente se ajuste a estas condiciones procedimentales mayor será el grado de justicia política.[57] El núcleo de valores acordado como indiscutible en este diálogo, constituirá el núcleo axiológico de una determinada comunidad, de modo que la constitución no tendrá sólo un carácter formal, sino, también un contenido material axiológico.[58]

Concluye Robles, el consenso político nunca cumple las exigencias de un consenso ideal plenamente racional,[59] pero (aunque insuficiente desde el punto de vista ético) un consenso político adoptado bajo un mínimo de racionalidad constituye el único fundamento político de un núcleo axiológico indiscutible.[60]

Siguiendo las reflexiones de Robles, los derechos fundamentales son la verbalización constitucional (en su caso, jurisprudencial por medio del Tribunal Constitucional) de este núcleo axiológico. No obstante, los derechos fundamentales han sido configurados como resultado del diálogo político real y de su plasmación escrita en la constitución para una determinada comunidad política, de modo que no pueden identificarse absolutamente con los derechos humanos, entendidos como aspiraciones de la razón ética.[61]

---

57. Ibidem, p. 170.
58. Ibidem, p. 171.
59. Ibidem, p. 174.
60. Ibidem, p. 173.
61. Ibidem, pp. 174-175.

3.2 Decisiones intraordinamentales y justicia procedimental

Ahora que han sido recogidos constitucionalmente, estos principios de justicia constituyen el marco axiológico de toda decisión jurídica producida dentro del ordenamiento jurídico, es decir, se configuran como las pautas de justicia decisional.[62] De este modo, las decisiones jurídicas intraordinamentales cuentan ya con un contenido material de justicia que las orienta.[63] Pero insisto, en Robles toda teoría de la justicia implica un doble análisis: el procedimental y el material.

Esta idea de justicia procedimental se encuentra más desarrollada en la obra de Robles *La justicia en los juegos*, especialmente, si nos referimos a las decisiones intraordinamentales. Robles partiendo de una cierta analogía entre los juegos y el ordenamiento jurídico, establece cuatro principios de justicia básicos en todo orden reglado: libertad, lealtad, igualdad e imparcialidad. En último lugar, observaremos cómo los derechos fundamentales se encargan de garantizar estos cuatro principios básicos de justicia.

La premisa de la que debemos partir en este punto es la siguiente: la acción se identifica con el procedimiento,[64] es decir, que las acciones de los juegos se tratan de acciones convencionales en la medida que se ajustan a las reglas de juego; del mismo modo, toda acción en el marco del ordenamiento jurídico se trata de una acción convencional en la medida que se ajusta a lo previsto en el mismo.[65] Lógica consecuencia es que toda acción convencional lo es en cuanto se ajusta al procedimiento convencional previsto en la regla.[66]

---

62. ROBLES MORCHÓN. G., *Teoría del derecho...*, op. cit., p. 369.
63. ROBLES MORCHÓN. G., *La justicia en los juegos...*, op. cit., pp. 15-17.
64. ROBLES MORCHÓN. G., *Teoría del derecho...*, op. cit., p. 272.
65. Ibidem, p. 293.
66. Ibidem, p. 291.

Las decisiones intraordinamentales son equiparables a actos de habla convencionales, por lo que cuestionar su justicia supone, en primer lugar, observar las reglas procedimentales convencionales y su adecuación a las mismas. Cobra aquí especial importancia el principio de competencia, en virtud del cual el poder decisional se encuentra delimitado por la norma que lo concede y no puede existir decisión más allá del ámbito señalado en la norma.[67] Robles afirma que el primer principio básico de justicia común a todo juego es la libertad de jugar o no hacerlo, entendido como la aceptación voluntaria de las reglas del juego, en cuyo caso se acepta la justicia intrasistémica del mismo.[68] En el caso del ordenamiento jurídico, observa Robles, se produce cierto paralelismo, pues, si toda acción jurídica es *per se* convencional sólo se tiene la libertad de actuar en la medida que se acepta y utiliza el procedimiento establecido. [69] Trasladado al ámbito de las decisiones intraordinamentales este principio de libertad se traduce en el respeto al principio de competencia, es decir, el poder decisional lo es en la medida que se ajusta al mandato de la norma que lo concede.

Llevado este principio a la actuación de los individuos se traduce en libertad de acatar o no un ordenamiento jurídico, lo que supone la posibilidad de abandonar el país o aceptar la justicia intrasistémica del ordenamiento jurídico.[70]

---

67. Ibidem, p. 67. "La autoridad lo es porque una norma jurídica la establece, la crea, otorgándole una competencia, es decir, un marco concreto para su acción, para que a su vez tome sus decisiones, entre las cuales las habrá que sean normativas".

68. ROBLES MORCHÓN. G., *La justicia en los juegos...*, op. cit., p. 25.

69. Ibidem, p. 31. "la libertad no es otra cosa que la posibilidad de actuar jurídicamente, es decir, de utilizar procedimientos establecidos por las normas jurídicas".

70. *Ibidem*, p. 29.

El segundo principio básico de justicia señalado por Robles es el de lealtad, esto es, la intención de no hacer trampas y de no utilizar torticeramente las reglas para conseguir ventajas.[71] Una vez más, la acción desleal sólo lo será en la medida que exista una norma que señale el engaño, la trampa o la utilización ventajista de su poder decisional.[72]

Nuestro autor pone el ejemplo de la utilización maliciosa de las instituciones democráticas por grupos terroristas que, se sirven de estas instituciones para perpetrar actos violentos. En este caso, comparto la visión de Robles, sólo queda sacar fuera del sistema a quienes así actúan.[73]

Finalmente, queda por referirnos a los principios de libertad e imparcialidad en la teoría de la justicia de los juegos. Siguiendo la reflexión de Robles, todo juego debe tratar de garantizar la igualdad formal de los jugadores y una mínima igualdad material, desechando las desigualdades materiales graves.[74] En el ordenamiento jurídico para ser tenido como justo es necesario que las posiciones sociales de los individuos no interfieran,[75] lo que de un lado implica reconocer la igualdad formal de todos los ciudadanos y de otro lado eliminar las desigualdades materiales más notorias.[76] Derivación necesaria del principio de igualdad es la imparcialidad de los sujetos que deciden, pues garantiza que el juego sea limpio, que no haya trampas y que se respeten las reglas.[77] Trasladado al derecho, la imparcialidad

---

71. *Idem.*
72. *Ibidem*, p. 34.
73. *Ibidem*, pp. 34-36.
74. *Ibidem*, pp. 46-47.
75. Ibidem, p. 41.
76. Ibidem, p. 47.
77. Idem.

de los órganos de decisión es una condición necesaria para que el sistema jurídico sea tenido como justo.[78]

4. Los derechos fundamentales como institución jurídica

La dogmática jurídica en la TCD posee una función constructiva del ordenamiento jurídico. Frente al torrente de decisiones que forman el ordenamiento jurídico bruto, la labor de la dogmática es armonizarlas, eliminar contradicciones y colmar sus lagunas con la finalidad de construir un sistema coherente y racional. La dogmática jurídica tiene la misión de construir el texto jurídico elaborado que es el sistema.[79]

Al igual que la semántica no estudia el significado de una sola frase sino que la sitúa en su contexto para comprender más nítidamente el mensaje, la dogmática jurídica debe tener una visión completa de las normas y éstas generalmente se encuentran formando conjuntos o unidades de sentido que denominamos instituciones.[80] El objeto de estudio propio de la dogmática jurídica son las instituciones jurídicas. La definición de institución jurídica nos la proporciona Robles: *"Una institución jurídica es un cuerpo orgánico, una unidad de sentido dentro del todo que es el sistema jurídico"*.[81] De un modo más retórico expresa: *"Cada institución es como un microorganismo dentro de un organismo mucho más amplio. Es como una molécula dentro de un cuerpo. Pero, a no dudarlo, tiene su propia entidad"*.[82]

---

78. Idem.
79. ROBLES MORCHÓN. G., *Teoría del derecho...*, op. cit., pp. 157-160.
80. ROBLES MORCHÓN. G., *La justicia en los juegos...*, op. cit., p. 57.
81. Ibidem, p. 66.
82. ROBLES MORCHÓN. G., *Teoría del derecho...*, Vol. II, op. cit., p. 247.

En mi opinión, si deseamos comprender la funcionalidad jurídica de la institución de derecho debemos partir necesariamente de la consideración de la misma como unidad de sentido, es decir, que los preceptos emanados del legislador o las relaciones jurídicas particulares adquieren su pleno sentido dentro de una determinada unidad sistemática o unidad de fin. A esta unidad de fin que dota de sentido las relaciones de la vida objeto del derecho es a lo que denomino institución jurídica.

La institución jurídica – continuo con mi reflexión – se puede observar como un subsistema dentro del conjunto ordenamiento jurídico, sirve como vehículo de justicia y posee de suyo un orden criteriológico. De modo que cumple una triple función: a) facilita la comprensión de la realidad jurídica como instrumento de clasificación; b) orienta la práctica prudencial del derecho en tanto cauce natural de justicia; y c) supone un "dato previo a la norma",[83] que el legislador no puede desconocer si no quiere caer en el absurdo.[84]

---

83. HENKEL. H., *Introducción a la Filosofía del Derecho*, edit. Taurus, Madrid, 1968, p. 445. HENKEL califica las instituciones como *pre-formas* del Derecho y se expresa en los siguientes términos. "De esta forma, entre el acervo institucional de la realidad social y el Derecho positivo se mueve una ineterrumpida corriente de integración que lleva a la juridificación y que proporciona al Derecho nuevos sectores y nueva vida. Donde más clara es la transformación en la forma jurídica es en la recepción de productos, preformas e inicios institucionales mediante el acto legislador; pero también se lleva a cabo en la paulatina formación de una jurisprudencia constante que obtiene normas de Derecho judicial de las instancias institucionales de la vida social".

84. VALLET DE GOYTISOLO. J., *Metodología de la ciencia expositiva y explicativa del Derecho. Elaboración sistemática*, Vol. II, edit. Fundación Cultural del Notariado, Madrid, 2003, pp. 1268-1270. Véase este triple función desempeñada por las instituciones, en las siguientes líneas: "Así entendida, la naturaleza jurídica de las cosas forma una retícula de instituciones entramadas en un sistema, y cada institución viene a constituir una célula jurídica, con su propia naturaleza (su natura rei).
[...] A su vez, los científicos del derecho, al dirigir su mirada a esa labor práctica, sumen la tarea de definir esas instituciones, y de deslindarlas y clasificarlas, primero, y la de exponerlas, explicarlas y estructurarlas, después. Así se trata

Regreso a la teoría de Robles, si el objeto propio de la dogmática jurídica es la institución, lo será en la medida que ésta resulta útil y necesaria para la verdadera comprensión normativa, pues, el sistema se aparece mediante estos cuerpos orgánicos o unidades de sentido. La pregunta necesaria de acuerdo con este trabajo será: ¿Cuál será la misión de la dogmática respecto a los derechos fundamentales? ¿Los derechos fundamentales pueden observarse como institución jurídica?

La primera labor dogmática es individualizar los derechos fundamentales en un determinado ordenamiento, a este respecto Robles considera que deben examinarse qué derechos tienen esta categoría en cada ordenamiento.[85] Ya quedó escrito que por derechos fundamentales debemos entender aquellos derechos constitucionales que tienen una protección especial o privilegiada, concretamente en el caso español los derechos susceptibles de recurso de amparo según el artículo 53.2 de la Constitución Española.

Toda vez comprendido el texto del ordenamiento, el siguiente paso de la teoría de la dogmática jurídica será valorar si efectivamente se llevan a la práctica las formulaciones axiológicas que contienen los derechos fundamentales, esto es, si son algo más que retórica. Acto seguido, la dogmática jurídica desempeñará un papel crítico señalando las injusticias que permite y los puntos débiles que ha detectado en su análisis, pues la dogmática jurídica debe ser abierta y crítica.[86] Finalmente, de acuerdo con Robles el

---

de explicar funcionalmente el derecho tal y como es en su estructura real. Ésta es la función teórica que la ciencia del derecho realiza con las instituciones. Finalmente, una vez afinadas éstas, se trata de explicar su configuración en tipos y series de tipos, que sirven de ayuda a la práctica legislativa para que ésta efectúe su formulación legislativa, y a la práctica de la determinación del derecho para inteligir, integrar e interrelacionar estas normas en un sistema".

85. ROBLES MORCHÓN. G., *Teoría del derecho...*, op. cit., p. 701.
86. ROBLES MORCHÓN. G., *La justicia en los juegos...*, op. cit., p. 67.

objetivo último de la dogmática es: *"construir un texto global conceptualmente preciso y sistemáticamente organizado"*.[87]

A mi parecer, si queremos observar los derechos fundamentales como institución deben cumplir las tres funciones antes señaladas. Veamos si es posible.

Dogmáticamente no cabe duda que los derechos fundamentales se han convertido en una categoría específica dentro de la más general de derechos subjetivos, Robles tampoco alberga dudas cuando los califica como derechos subjetivos privilegiados, o bien los individualiza como categoría aparte dentro de los genéricos derechos constitucionales. En otras palabras, los derechos fundamentales poseen una unidad de sentido que supera la categoría de derechos constitucionales e incluso supera a los genuinos derechos subjetivos.

Los derechos fundamentales se diferencian de los llamados derechos constitucionales porque gozan de una protección especial que los convierte en auténticos derechos exigibles por los ciudadanos y no meros principios programáticos de la acción política. En relación a los derechos subjetivos los derechos fundamentales aparecen como núcleo axiológico de la organización política, esto es, la materialización constitucional de la idea de justicia en una determinada comunidad (pese a todas sus imperfecciones). En este sentido, su categorización específica como derechos fundamentales nos permite comprender la realidad jurídica dada.

¿Son los derechos fundamentales vehículos de justicia? La respuesta no puede ser otra que afirmativa. Robles así lo observa, no sólo en la medida que la constitución obliga a todas las instancias jurisdiccionales y es norma de aplicación directa, sino que además poseen una protección

---

87. *Idem.*

específica por medio del recurso de amparo ante el Tribunal Constitucional, al que todo ciudadano tiene acceso una vez agotadas todas las instancias ordinarias.[88]

Por último, es necesario preguntarnos si los derechos fundamentales son datos previos a la norma que el legislador debe tener necesariamente en cuenta a la hora de redactar sus leyes. Creo que en este punto, para Robles la respuesta también será afirmativa. Porque si los derechos fundamentales son valores constitucionales y constituyen el núcleo axiológico de una determinada comunidad política, el legislador debe volver su atención una y otra vez sobre estos derechos a la hora de redactar sus leyes. Siendo así, se configuran como pautas criteriológicas que determinan positiva o negativamente el contenido de la decisión legislativa y, en general, cualquier otro tipo de decisión jurídica intraordinamental. La norma que vulnere el contenido de estos derechos será declarada inconstitucional y cualquier otra decisión jurídica que los conculque será declarada nula.

En definitiva, si como dice Robles, *"es perfectamente admisible hablar de una justicia intrasistémica de la que tiene que tratar la dogmática"*,[89] considero que este camino pasa necesariamente por el examen de los derechos fundamentales como institución jurídica. Es claro que Robles concibe la Teoría Comunicacional del Derecho como una llamada a la reflexión sobre el sentido de las instituciones y que una auténtica filosofía del derecho no puede prescindir de la razón institucional.[90]

---

88. ROBLES MORCHÓN. G., *Teoría del derecho...*, op. cit., p. 702.
89. ROBLES MORCHÓN. G., *La justicia en los juegos...*, op. cit., p. 66.
90. ROBLES MORCHÓN. G., *El derecho como texto...*, op. cit., p. 36.

5. Los derechos fundamentales como formas puras del Derecho

Robles define la teoría formal del derecho como *"la parte de la teoría del derecho que estudia las formas jurídicas, las formas de todo derecho posible"*.[91] El mismo autor establece diversos momentos en el análisis formal del derecho: a) el análisis formal de la relación entre ordenamiento y sistema; b) el análisis formal del concepto de norma jurídica y sus tipos, así como la relación de las normas entre si para configurar el sistema; c) la investigación de los conceptos jurídicos fundamentales; y d) el problema de las relaciones entre ordenamientos.[92]

Prescindiré del análisis de la relación ordenamiento y sistema para no resultar excesivamente prolijo en un asunto que ha quedado ya suficientemente explicado en el apartado anterior. Igualmente, postergo a otro momento el problema de las relaciones entre ordenamientos, lo cual llevaría a plantearse la cuestión de los derechos fundamentales desde el ordenamiento comunitario y su concurrencia con los órdenes normativos de los Estados miembros y, en mi opinión, excedería el objetivo y la extensión de este escrito.

Centraré mi atención en el análisis formal de los derechos fundamentales entendidos como normas potestativas de la acción y el estudio de aquéllos como conceptos jurídicos fundamentales, por supuesto, de conformidad con la visión comunicacional del Derecho.

En la obra *Teoría del Derecho. Fundamentos de Teoría Comunicacional del Derecho,* volumen primero, Robles acomete el estudio de la norma jurídica como categoría

---

91. *Ibidem*, p. 119.

92. *Idem.*

abstracta del pensamiento. Robles distingue entre normas directas de la acción y normas indirectas de la acción.

Las normas indirectas no tienen por objeto regular la acción sino las condiciones previas o elementos de la acción: fuentes del derecho, elementos espaciales de la acción, elementos temporales, sujetos de la acción y capacidades de los sujetos.[93]

En cambio por normas directas de la acción debemos entender aquéllas que se ocupan de dirigir la acción, su tipología es la que sigue: normas procedimentales que, como su nombre indica, establecen el procedimiento por el cual se debe llevar a efecto la acción (se expresan con el verbo *tener que*); también, encontramos normas potestativas que establecen el elenco de acciones lícitas o autorizadas (se expresan con el verbo *poder*); y normas deónticas que pueden establecer un deber para los sujetos de la acción (se expresan con el verbo *deber*) y pueden dividirse en función de la naturaleza del deber en normas deónticas de conducta, normas deónticas de decisión y normas deónticas de ejecución.[94]

Ya está comprobado que Robles denomina los derechos fundamentales como derechos subjetivos privilegiados, por la especial protección que los ampara. Los derechos subjetivos, según nuestro autor, pueden ser analizados como normas directas de la acción, concretamente, potestativas puesto que otorgan a su titular un haz de acciones lícitas o permitidas.[95] Los derechos subjetivos podrían analizarse como una proposición expresable mediante el verbo poder, entendido como sinónimo de estar autorizado.[96]

---

93. ROBLES MORCHÓN. G., *Teoría del derecho...*, op. cit., p. 240.

94. *Idem.*

95. ROBLES MORCHÓN. G., *La justicia en los juegos...*, op. cit., p. 84. "Al sujeto titular de un derecho subjetivo el sistema, por medio de sus normas, le delimita un conjunto de posibilidades de acción, de las cuales una serán lícitas (e incluso obligatorias) y otras ilícitas".

96. Ibidem, p. 86.

En este sentido, Robles define los derechos fundamentales como *los poderes políticos del ciudadano*.[97] Es decir, que el contenido característico de los derechos fundamentales, en tanto derechos subjetivos, será siempre establecer un *conjunto de posibilidades de acción*,[98] por esta razón Robles admite la corrección de un análisis de los derechos subjetivos entendidos como normas potestativas de la acción. De acuerdo con la lógica lingüística de las normas en la TCD, los derechos fundamentales establecen los poderes políticos del individuo en el marco de sus relaciones con el Estado, esto es, el conjunto de acciones políticas lícitas que se le reconoce al individuo en cuanto ciudadano.

Mayor problema presenta la categorización de los derechos fundamentales como conceptos jurídicos formales, desde el prisma de la teoría formal del derecho. A mi parecer, la mejor definición de lo que debe entenderse como concepto jurídico formal (fundamental) se puede encontrar en la obra de Stammler *Tratado de Filosofía del derecho*, el pensador alemán los define como: "*formas conceptuales, siempre idénticas, aplicables a todo Derecho posible sin excepción*".[99] De modo que deben ser intrínsecos a la misma noción de Derecho.[100]

La posición de Robles es clara al respecto, los derechos fundamentales no pueden ser comprendidos como conceptos formales puros, puesto que los derechos fundamentales son una *noción relativa*,[101] depende en cada caso del ordenamiento positivo saber cuáles son los derechos

---

97. ROBLES MORCHÓN. G., *Los derechos fundamentales...*, op. cit., p. 179.

98. ROBLES MORCHÓN. G., *Teoría del derecho...*, op. cit., p. 693.

99. STAMMLER. R., *Tratado de Filosofía del derecho*, edit. Reus, Madrid, 2007, p. 369, nota (6).

100. Idem.

101. ROBLES MORCHÓN. G., *Teoría del derecho...*, op. cit., p..701.

fundamentales, su contenido respectivo y los modos de protección y garantía.[102]

No ocurre así con la idea de derecho subjetivo, pues, resulta intrínseca a cualquier sistema jurídico, aun cuando se desconozca su conceptualización.[103] Así, por ejemplo, escribe Robles: *"Derecho subjetivo es el derecho del sujeto (persona). Es un poder concreto y organizado por el ordenamiento jurídico que éste concede y garantiza a un sujeto determinado dejando su ejercicio a su libre voluntad"*.[104] De este modo, el derecho subjetivo es visto como un concepto formal puro aplicable a todo derecho posible, es decir, un concepto fundamental inherente a la propia idea de derecho y, por esta razón, objeto de la teoría formal del derecho.

6. Oportunidad y funcionalidad de la TCD en el análisis de los derechos fundamentales

Desde un punto de vista epistemológico la denominación Teoría Comunicacional del Derecho responde a la necesidad de enfatizar el fenómeno comunicacional – el lenguaje de los juristas – como clave de estudio del derecho. En este sentido la construcción de Robles acierta a concebir el fenómeno jurídico como un complejo relacional y comunicativo, donde cada ámbito de estudio posee su propio análisis: pragmático, semántico y sintáctico-morfológico.

Comparto la oportunidad de este triple análisis, pues, creo simplifica la explicación de la realidad jurídica en sus tres unidades elementales: decisión, institución y norma.

---

102. Idem.
103. ROBLES MORCHÓN. G., *La justicia en los juegos...*, op. cit., p. 83. ROBLES señala el ejemplo de los juristas romanos quienes desconocían el concepto de derecho subjetivo, sin embargo, esto no significaba la inexistencia de estos derechos, porque pueden intuirse en la *actio* procesal oportuna.
104. ROBLES MORCHÓN. G., *Teoría del derecho...*, op. cit., p. 441.

Surge así una triple explicación del derecho: el derecho como orden decisional visto como pragmática, el derecho como orden institucional observado como semántica y el derecho como orden normativo analizado como morfo-sintaxis. Ahora bien, habrá que tener la precaución de no atribuir a su teoría pretensiones ontológicas, pues, el autor rechaza la posibilidad de semejante empresa.

A lo largo de este escrito he utilizado el compuesto *estructura tridimensionista* de la Teoría Comunicacional del Derecho, porque es mi intención destacar que no se trata de una más de las visiones tridimensionales del Derecho, sino de una construcción filosófica unitaria cimentada sobre tres estructuras de análisis. La teoría de la decisión jurídica observa el derecho como estructura decisional empleando una metodología crítico-reflexiva, donde encuentra acomodo la idea de justicia o derecho justo. La teoría de la dogmática jurídica se ocupa del derecho en tanto estructura sistemática, empleando una metodología hermenéutica. Y la teoría formal del derecho observa el derecho entendido como estructura normativa utilizando una metodología analítica. Especialmente me interesa su concepción de la dogmática del derecho y la idea del mismo como orden institucional, recuperando el término *unidades de sentido* para definir la institución jurídica. De las lecturas de Robles se puede inferir que posee una idea más amplia de institución que la meramente clasificatoria y me atreví a introducir algunos de los atributos que, a mi parecer, se le pueden conceder a la institución jurídica.

Si el lector exigiese a la TCD una posición acerca del problema ontológico del Derecho, creo a mi parecer que no cabría otra que afirmar que el *"ontos"* del Derecho es ser una realidad convencional. Es decir, una realidad aleatoria *a priori* y cuya definición o sentido depende de la voluntad, esto es, de la autoridad a quien se le concede la potestad decisional. Sin embargo, esta aleatoriedad que define toda

31

realidad convencional se encuentra matizada en el caso del Derecho, como hemos mostrado. En el caso de la decisión constituyente, génesis del ordenamiento jurídico, podría pensarse que despliega su potencia creadora sin límites, pero, no es así, en la medida que el contenido de esta decisión constituyente es el reflejo textual de una realidad sociológica y política previa. De modo que no se trata de una decisión *ex nihilo*, al contrario, es una decisión tomada en unas circunstancias históricas, sociológicas, políticas y económicas concretas y sin esa condicionalidad "histórica" no puede ser entendida la decisión constituyente. Dicho de otro modo, la decisión constituyente es la verbalización del *ethos* político y jurídico de una determinada comunidad en un momento histórico concreto.

En un segundo momento, toda vez que nos encontramos ante un concreto ordenamiento jurídico, la aleatoriedad implícita a la realidad convencional se ve aún más reducida. Las decisiones intrasistémicas están mucho más delimitadas no sólo en virtud de la más elemental jerarquía normativa, sino también por la acción de la idea de justicia en su doble vertiente, formal y material. Las decisiones de las diferentes autoridades y órganos del cosmos jurídico (AMB) se encontrarán insertas dentro de una concreta estructura jerárquica, sometidas a unas condiciones formales de justicia y ante una concreta posición de sentido respecto a la realidad jurídica. Dentro del amplio campo que trazan estas exigencias la decisión jurídica es libre, si bien, fuera del trazado no existe decisión que valga.

La norma jurídica se caracteriza por ser una proposición convencional, pero el Derecho es algo más que una convención y algo más que normas. Ya al tratar de la decisión constituyente el prof. Robles prudentemente hace un llamamiento al consenso como cauce procedimental de la futura decisión, porque, de esta manera, se garantizará (aun imperfectamente) la verbalización de la conciencia política y jurídica de la sociedad. En consecuencia, no cualquier contenido ni acto de voluntad puede elevarse a decisión constituyente, sino aquella decisión que sea fiel reflejo del particular *ordo amoris* de la comunidad. Para ello se exige el diálogo entre las diversas fuerzas sociales, políticas y económicas y el compromiso leal de alcanzar un auténtico proyecto común de convivencia, sólo desde estos cimientos puede surgir una constitución estable y un nuevo ordenamiento jurídico. La decisión constituyente se aparta así completamente de la unilateralidad o el acto de voluntad y se erige en resultado del diálogo (bilateralidad) y la lealtad.

Los derechos fundamentales son una manifestación privilegiada del consenso constituyente, no son el resultado de una decisión caprichosa, sino el catálogo de bienes jurídicos (*ordo amoris*) dignos de especial protección y defensa. Ocupan una posición privilegiada jerárquicamente y someten al conjunto del ordenamiento jurídico a su mandato. Éstos se configuran explícitamente en la TCD como pautas de la justicia material de las decisiones intrasistémicas. De este modo, los derechos fundamentales se configuran en auténticas *"instituciones cauce"*[105] por donde fluye el contenido de justicia de las decisiones normativas. Porque si hay una justicia institucional lo será en la medida que cada institución sea *cauce* de coherencia y racionalidad.

Queda todavía una importante cuestión por resolver. ¿Cómo conocemos el contenido material de estos derechos

---

105. VALLET DE GOYTISOLO. J., *Metodología de la ciencia expositiva...*, op. cit., p. 152. VALLET acuña la denominación *"instituciones jurídicas cauce"* para significar el hecho de que la institución jurídica es cauce natural de justicia, concretamente afirma: "Se desarrollan, por lo tanto, en el campo fluido de la praxis aristotélica, que actúa en el ámbito que deja abierto el dikaion phisikon, o sea de lo naturalmente justo, para que se concrete de uno u otro modo. Es el campo en que resulta preciso que los hombres, en sus relaciones sociales personales, asociativas, dominicales, contractuales, sucesorias, efectúen las convenientes determinaciones del derecho".

fundamentales? ¿Si son vehículos de justicia institucional cómo conocemos su contenido? Obviamente, los derechos fundamentales se articulan en el texto constitucional como auténticas normas potestativas, es decir, otorgan poderes a sus destinatarios. Sin embargo, con frecuencia la dificultad estribará en señalar los límites de ese poder o la extensión del mismo. A tal fin, quizás el texto constitucional – su literalidad – no tenga todas las respuestas.

Es aquí donde la TCD ofrece una explicación conciliadora entre el mandato constitucional y la determinación judicial del contenido de los derechos fundamentales. Efectivamente, la teoría de la dogmática jurídica nos permite observar el ordenamiento jurídico como una realidad en constante proceso de perfección o adaptación a las circunstancias concretas de la vida, precisamente es en su aplicabilidad concreta donde se revela el auténtico sentido de la norma y requiere las más de las veces de una operación interpretativa o hermenéutica de construcción de sentido, reflejada en la *ratio decidendi* de los tribunales. En el caso de los derechos fundamentales ocurre exactamente del mismo modo, el mandato genérico contenido en la constitución ha de ser puesto en práctica frente a las circunstancias concretas y problemáticas de la convivencia social, cuando no son estas mismas circunstancias las que exigen nuevos pronunciamientos, que superen el rigor literal del texto constitucional. Ante estas situaciones, el tribunal constitucional – en tanto es el tribunal de los derechos fundamentales - deberá hacerse eco de las construcciones teóricas y conceptuales de los dogmáticos constitucionalistas a fin de colmar de sentido la institución jurídica que es cada derecho fundamental (como constructo teórico dogmático) y así resolver la cuestión litigiosa.

La TCD defiende, en consecuencia, una concepción abierta de los derechos fundamentales, pues, los percibe en un continuo proceso de elaboración jurisprudencial que desarrolla su contenido de justicia y permite su aplicabilidad a las nuevas situaciones de la vida social. Los derechos fundamentales no pueden entenderse desde una prisma rigorista y cerrado, como si se tratasen de categorías teóricas inamovibles, todo lo contrario, necesitan de su desarrollo hermenéutico y jurisprudencial para desplegar toda su potencialidad reguladora. Esto significa que la idea de justicia institucional exige un continuo esfuerzo de investigar en las sentencias de los tribunales cuáles son en cada momento los criterios, pautas y orientaciones de sentido que permiten individualizar las normas y su aplicabilidad concreta.

Finalmente, con la intención de cerrar este capítulo podemos compendiar la funcionalidad de los derechos fundamentales en la TCD del siguiente modo:

a) Los derechos fundamentales entendidos como forma conceptual son normas potestativas que otorgan a sus destinatarios poderes concretos dentro del ordenamiento jurídico y gozan de una protección privilegiada en virtud del recurso de amparo. Dicho en menos palabras, derechos subjetivos privilegiados.

b) Los derechos fundamentales entendidos como instituciones jurídicas son constructos teórico-dogmáticos cuya formulación y contenido hemos de buscar en las sentencias del tribunal constitucional y en las obras eruditas de los autores constitucionalistas que les sirven de base a los tribunales. Además, en cuanto institución cada derecho fundamental se convierte en cauce de justicia material de las decisiones jurídicas intrasistémicas.

c) Los derechos fundamentales entendidos como decisión suponen la particular posición axiológica de la comunidad reflejada en la decisión constituyente. Si el consenso constituyente tiene la ventaja de suponer un procedimiento razonable para la determinación de un *ethos* político o el particular *ordo amoris* de la acción política; en cambio, para que sea posible debe ser reflejo de un auténtico *ethos* social. Ahora bien, nuestras sociedades están construidas sobre el *pathos* del individualismo y, por ello, todo intento de ofrecer un núcleo axiológico será siempre artificial y ortopédico, fundado más en la utilidad que en su verdad. No obstante, las fuerzas sociales y políticas en una empresa de lealtad y responsabilidad deben procurar fijar este núcleo axiológico tan necesario para el orden y estabilidad de la sociedad. El consenso que defiende el prof. Robles es distante de las circunstancias ideales del diálogo señaladas por Habermas y es más el resultado de un razonamiento pragmático y consciente de las dificultades de semejante empresa.

EL DERECHO SUBJETIVO EN EL *TRIDIMENSIONISMO* DE LA TEORÍA COMUNICACIONAL DEL DERECHO

Prof. Dr. Angelo Anzalone[1]

Un dialogo con el neo-idealismo italiano.
A mi Remedio(s)...

Las dos funciones básicas del derecho subjetivo según la TCD

La Teoría Comunicacional del Derecho (TCD) del Profesor Gregorio Robles constituye, en su conjunto, una importante herramienta de análisis del fenómeno jurídico.[2]

---

1. Universidad de Córdoba.

2. Las principales referencias bibliográficas que hemos consultado para la presente contribución son ROBLES MORCHÓN G., *Teoría del Derecho*. Fundamentos de teoría comunicacional del derecho. *Volumen 1*, Quinta edición, Civitas, Thomson Reuters, Aranzadi, 2013. ROBLES MORCHÓN G. – DE BARROS CARVALHO P. (coordenadores), *Teoria Comunicacional do Direito:* Diálogo entre Brasil e Espanha, Noeses, 2011. ROBLES MORCHÓN G., *Comunicación, lenguaje y derecho*. Algunas ideas básicas de la teoría comunicacional del derecho, Discurso de recepción como Académico de Número, Real Academia de Ciencias Morales y Políticas (Madrid), 2009. ROBLES MORCHÓN G., *La justicia en los juegos*. Dos ensayos de teoría comunicacional del derecho, Trotta, 2009. ROBLES MORCHÓN G., *Los*

En esta sede, y sin alguna pretensión de exhaustividad, dedicaremos nuestra atención al concepto de derecho subjetivo. El "tridimensionismo" que caracteriza la TCD es perfectamente aplicable al estudio de este concepto: la perspectiva formal busca la definición de un concepto universal propio de cualquier ordenamiento jurídico; la dogmática analiza los significados que se le atribuyen, mediante la regulación normativa, a los derechos subjetivos de un ordenamiento jurídico determinado; la pragmática o teoría de las decisiones jurídicas, finalmente, permite debatir sobre el contenido (¿axiológico?) que debería atribuirse a determinados derechos subjetivos.

Demostrando una coherencia sistemática en su análisis, Robles plantea un estudio del concepto de derecho subjetivo entre los rígidos y universales esquemas de la teoría formal, esto es, en la primera de las tres perspectivas de la TCD. Como cuestión previa, y al fin de evitar confusiones de naturaleza ideológica – advierte Robles – es correcto diferenciar – en la búsqueda de un concepto universal de derecho subjetivo – entre las expresiones lingüísticas "derecho de" y "derecho a". Esta última expresión – "derecho a" – es más típica de las manifestaciones políticas e ideológicas, mientras que con la expresión "derecho de" se suele hacer referencia a un derecho subjetivo ya organizado y regulado por el derecho positivo. Es probable que, con esta matización, el autor quiera poner de manifiesto la diferencia que existe entre el momento abstracto y el momento concreto de la juridicidad. Con la expresión "derecho de", decíamos, se suele hacer referencia a un derecho subjetivo estructurado por las normas de derecho positivo o a una situación jurídica más concreta. En este sentido, Robles advierte que la Constitución española, por ejemplo, proclama el "derecho a la vida...", "...a la libertad", "...a

---

derechos fundamentales y la ética en la sociedad actual, Civitas, 1992.

expresar y difundir libremente los pensamientos, ideas y opiniones", etc. Pues bien, el texto de la Constitución, en estos casos, proclama y no regula *stricto sensu*. La "letra pequeña", como dice nuestro autor, se deja al legislador, quien asume la delicada responsabilidad de transformar un "derecho a" en un "derecho de".[3]

Tras estas premisas, Robles afirma que la primera función del derecho subjetivo consiste en atribuir títulos. El objeto jurídico, podríamos decir, tiene que pertenecer a un sujeto jurídico y es por esta razón que, mediante el título, se especifica y se define el titular. Distribuyendo y atribuyendo derechos subjetivos a los diversos titulares, asistimos – según el autor – a una verdadera distribución de bienes. Este es un punto que – en nuestra opinión – suscita mucho interés, en el sentido que sería interesante conocer la opinión de Robles sobre el concepto de bien y sobre la dinámica de distribución de estos bienes. Pero sabemos que nos estamos moviendo en el nivel formal de la TCD y, por esto, no cabe lugar para disertaciones axiológicas o valorativas. Esperamos, pues, la elaboración de la teoría de las decisiones jurídicas – tercera parte de la TCD – para enlazar estos rígidos esquemas formales con las consideraciones axiológicas del autor. De momento, pues, nos limitamos a destacar que los derechos subjetivos determinan titulares (sujetos jurídicos) y titularidades (bienes jurídicos correspondientes), siendo la titularidad la adscripción de un bien a una persona. Esta fase, en la búsqueda de un concepto universal de derecho subjetivo, desde una perspectiva meramente formal, es primaria y fundamental.[4]

Una segunda función y fase fundamental en la conceptualización universal del derecho subjetivo, es la que

---

3. ROBLES MORCHÓN G., *Teoría del derecho. Fundamentos de teoría comunicacional del derecho*, cit., págs. 653-655.

4. *Ibidem*, págs. 657-658.

consiste en definir el poder jurídico concreto que los titulares pueden ejercitar sobre las titularidades correspondientes. El título se refiere al sujeto del derecho subjetivo, el poder se refiere a su contenido; por esto – afirma nuestro autor – el derecho subjetivo es un poder jurídico concreto, organizado y regulado por los textos jurídicos. Un doble sentido – según Robles – del verbo "poder": por una parte, el sentido amplio de "poder", entendido como conjunto de acciones posibles, licitas e ilícitas; por otra parte, el sentido estricto de "poder", entendido como mero conjunto de actos lícitos.

Es evidente que, en los ordenamientos jurídicos, las normas reguladoras de los derechos subjetivos establecen las acciones que los sujetos pueden realizar. Un concepto auxiliar, en este escenario, es el de abuso del derecho subjetivo, pues mediante su previsión normativa será posible delimitar, ulteriormente, las acciones ilícitas y, por esto, prohibidas, circunscribiendo a su vez el conjunto de acciones propias de un determinado derecho subjetivo. Robles advierte que para conocer el conjunto de acciones posibles y licitas – en un determinado sistema jurídico – hay que realizar una operación de resta: a todas las acciones posibles que comprende un derecho subjetivo hay que restarle las acciones que la ley prohíbe expresamente y, a este resultado, hay que restarle también las acciones advertidas como abuso del derecho.[5]

Volviendo nuevamente al concepto de poder jurídico concreto, razón tiene nuestro autor cuando indica que, al cuestionarse en que consiste la concreción de ese poder jurídico, nos introducimos en una cuestión filosófica mucho

---

5. *Ibidem*, pág. 676. Por un estudio del verbo "poder" en relación con el concepto de derecho subjetivo y el consecuente análisis del concepto de "abuso de derecho", remitimos también a Robles Morchón G., *Comunicación, lenguaje y derecho. Algunas ideas básicas de la teoría comunicacional del derecho*, cit., págs. 66-88.

más profunda: la diferencia entre lo abstracto y lo concreto. Sobre lo abstracto y lo concreto, como momentos esenciales de la juridicidad, mucho se ha dicho, por ejemplo, en el ámbito del neo-idealismo italiano y, en esta sede, creemos oportuno abrir un breve paréntesis.

Lo abstracto y lo concreto como momentos esenciales de la juridicidad

La identificación del derecho "con" o "en" el espíritu, las dos tendencias capitales del idealismo jurídico, parece negar la realidad del derecho mismo. En los ambientes neo-idealistas italianos, por ejemplo, es conocido que Benedetto Croce diluye el derecho y lo circunscribe en la economía y Giovanni Gentile en la ética. Felice Battaglia – otro pensador que puede adscribirse a la mencionada corriente – empeñándose en evitar dejar caer el derecho en el economismo *crociano* o en el eticismo *gentiliano*, ha visto en la dialéctica *crociana* de los "distintos" una mera yuxtaposición, no una síntesis, y en la dialéctica *gentiliana* de los "opuestos abstractos" una eterna vuelta de extremos que se posponen sin aproximarse nunca a la realidad. Battaglia, ante todo, ve la vida como una realidad superior y como una suprema manifestación viva del espíritu activo; una serie de opuestos contrarios, distintos, que se atraen al formar la realidad de lo concreto. De la libertad activa del yo, cuando actúa jurídicamente, emana el derecho, entendido como acción determinada por la voluntad y orientada hacia los fines de la vida. Con tales afirmaciones, Battaglia quiso superar la negación idealista del derecho, construyendo los pilares de una renovada autonomía de la categoría jurídica.

El derecho, según este filósofo italiano, se presenta como un momento esencial de la filosofía práctica, como centro concreto del espíritu prácticamente en acto y no como genérica economía o ética abstracta. Battaglia propone una dialéctica de opuestos contrarios, de universal e individual, de ética y economía, ya que la praxis es siempre mediación entre estos dos momentos. Este autor disuelve, en la práctica, los distintos momentos económico y moral, en la nueva categoría concreta del *ethos*, entendido como criterio de relación vital: universal-individual e individual-universal al mismo tiempo. Se nos habla, así, de un *ethos* entendido como la realidad de lo concreto, que es vida de relación en la que se reúnen, en modos concretos, lo universal con lo individual, consumiéndose la disolución de los distintos momentos económico/moral con la consecuente desaparición del estéril abstraccionismo.

Si observamos la configuración del *ethos* y de todas sus fases vitales, nos damos cuenta – según Battaglia – que *ethos* o actividad práctica y derecho o actividad jurídica son lo mismo. En efecto, *ethos* y derecho – en la trayectoria *battallana* – se ligan sin confundirse. Actividad jurídica y *ethos*, en cuanto genuinas actividades prácticas, coinciden en un principio común del querer que es fundamento de ambos, un fundamento verdaderamente constitutivo: se trata del principio que preside al querer y que tiene lugar en la historia, causa efectiva de la acción viva, una historia que es historia de los hombres. La acción humana siempre tendrá que confrontarse con otras posibles acciones en un plan de igualdad, un plan que requiere equilibrio entre intereses, seguridad y certeza. Cuando el hombre lo desea, actúa porque siente la necesidad de hacerlo; la voluntad con la que se desea llenar tal hueco (necesidad) empuja el individuo hasta su ingreso en el mundo de las cosas, dando lugar a una actividad que no se limita al mero conocimiento contemplativo, sino a una actividad que modifica la realidad de modo eficaz. La dialéctica sujeto-objeto representa una fase inicial de la esfera práctica que llega a su perfección cuando el sujeto encuentra (también) la limitación de, y en, otros sujetos. En este sentido, solamente a través de un principio absoluto de relaciones puede darse sentido a las conexiones reales entre los hombres, ya que la relación entre sujetos es la condición inmanente de la vida práctica.

De este modo, se nos presenta la práctica bajo la forma de la juridicidad o la juridicidad como forma trascendental de la práctica, o sea aquella forma que nos explica todas las conexiones entre los hombres. La juridicidad, así, coincide con el *ethos*, ya que ambos se legitiman en un principio común, en ambos la relación es esencial, ineludible forma de vida, expresada en plena libertad y completa espontaneidad, donde universal e individual confluyen. Se le podrá llamar ética o jurídica, pero la relación que da lugar a la dialéctica propia del *ethos*, como específica actividad práctica, o a la dialéctica del derecho, como actividad jurídica, siempre se desarrolla según la dinámica que quiere individualizar lo universal y universalizar lo individual. Admitiendo esta postura, pues, no hacemos otra cosa que afirmar una juridicidad categóricamente práctica y concreta.

En este sentido, observamos que el derecho abstracto pone los pilares de la disciplina social según directrices y líneas que se especifican de forma detallada, mediante sus normas y sus leyes, pre-ordenando esquemáticamente las situaciones de los sujetos en sus relaciones, aspirando, así, a la disciplina de acciones y conexiones mediante un preciso sistema de facultades y deberes.[6] Según Robles, las normas de derecho no regulan puras abstracciones, sino tipos. El tipo se coloca entre lo abstracto y lo concreto y, a diferencia de lo puramente abstracto – según el autor – es una concreción generalizante que supone siempre una

---

6. Para ulteriores observaciones sobre el neo-idealismo italiano y sobre la síntesis dialéctica realizada por Felice Battaglia, remitimos a nuestro estudio, ANZALONE A., *Lo abstracto y lo concreto en la Teoría del Derecho de Battaglia. Felice Battaglia y el dilema entre Croce y Gentile*, Atelier, 2013.

cierta concreción.[7] En cualquier caso, y puesto que el derecho tiene una gran importancia en la vida social, nosotros pensamos que debe acompañarla en cada momento, desde la acción concreta hasta el encuentro intersubjetivo, y hasta su consolidación en las instituciones. Si la juridicidad es esencialmente constituida en virtud de la relación, como forma de organización ética, el derecho es el esquema ideal, la normatividad de relación y de organización; el derecho conserva el "deber ser" delante del "ser", pero un "deber ser" no puede ignorar la íntima naturaleza del "ser".

Derechos subjetivos, derechos fundamentales y derechos humanos: breve referencia a su relación

Titular, titularidades, sujeto, bienes jurídicos, poder concreto, abuso de derecho: nociones, todas ellas, que gravitan en torno al concepto universal de derecho subjetivo. Robles observa que, por mucho que las normas autoricen a un sujeto, el titular de un derecho subjetivo siempre será libre de decidir si ejercitar o no determinadas acciones.[8] El derecho subjetivo, pues, existe también, y sobre todo, en virtud de la libertad del individuo, quien podrá realizar todas aquellas acciones que el ordenamiento no le prohíbe.[9] Otra cosa serán los deberes, las cargas y las acciones procesales que conlleva la titularidad de un determinado derecho subjetivo. Tener que cumplir con un deber, con una carga o tener que ejercitar una acción procesal, no

---

7. ROBLES MORCHÓN G., *Teoría del Derecho. Fundamentos de teoría comunicacional del derecho*, cit., pág. 664.

8. *Ibidem*, pág. 680.

9. El profesor Robles advierte que "...el ordenamiento jurídico puede ser visto como concedente de un derecho subjetivo general de libertad, en virtud del cual los individuos podrían realizar aquellos actos que no estén prohibidos". ROBLES MORCHÓN G., *Comunicación, lenguaje y derecho. Algunas ideas básicas de la teoría comunicacional del derecho*, cit., pág. 88.

debe interpretarse como un atentado a esa esfera de libertad que es posible adscribir, como decíamos, al concepto universal de derecho subjetivo. El sujeto sigue siendo libre. Simplemente se trata de requisitos a cumplir para que el "aparato jurídico concreto" funcione de forma coherente, según un juego de pesas y contrapesas.

Los derechos subjetivos se pueden clasificar – y así nos lo recuerda Robles – según el bien jurídico protegido, según el grado de renunciabilidad de los mismos o según el grado jerárquico. En esta sede, debido al interés que suscita, nos detenemos brevemente en el tercer criterio de clasificación (el de jerarquía). Según nuestro autor, los derechos subjetivos pueden clasificarse siguiendo un criterio jerárquico puesto que los mismos se expresan, en el sistema jurídico, por medio de normas. Una primera y fundamental clasificación es la que se puede formular entre derechos constitucionales y derechos ordinarios. Pues bien, tendremos derechos subjetivos contemplados en la constitución y derechos subjetivos no recogidos en ella. Este punto, precisamente, necesita más aclaraciones ya que puede causar alguna confusión.

Según Robles, en efecto, no todos los derechos proclamados por un texto constitucional pueden ser clasificados como auténticos derechos subjetivos (por ejemplo, derecho al trabajo y/o derecho a una vivienda digna). La razón fundamental – en la opinión de nuestro autor – es la siguiente: en algunos casos, se trata de "pseudo-derechos" o "sedicentes derechos" que, no siendo respaldados por una adecuada protección procesal, no pueden ser calificados como auténticos derechos subjetivos. Vemos aquí, pues, otra característica fundamental del concepto universal de derecho subjetivo – esbozado por nuestro autor – y que consiste en el necesario respaldo o en la necesaria garantía procesal del mismo. ¿Qué decir, por tanto, de aquellas eventuales medidas normativas que un ordenamiento prevé para facilitar el acceso al bien jurídico objeto de tutela? Según Robles se trata de meras "medidas paliativas" que nunca consentirán el efectivo cumplimiento del derecho subjetivo en sentido pleno ("...p. ej., medidas que permitan facilitar el acceso a la vivienda o el derecho a la prestación por desempleo").[10] La mera proclamación constitucional de determinados derechos, pues, no permite otorgarles automáticamente la calidad de derecho subjetivo en sentido pleno.

¿Cuál es la razón, pues, por la cual los textos constitucionales contemplan normas de este tipo? Por una parte, encontramos razones de carácter retórico y propagandístico; por otra – sigue argumentando nuestro autor –, su presencia se justifica por el fuerte y positivo impacto social producido por todo lo que se relaciona, o se pretende relacionar, con los llamados derechos humanos.

Llegados a este punto, es necesario reflexionar sobre la relación que nuestro autor establece entre los conceptos de derechos subjetivos, derechos fundamentales y derechos humanos. Desde las primeras páginas dedicadas a la búsqueda de un concepto universal de derecho subjetivo, Robles relaciona muy directamente este concepto con los derechos de los individuos y de los grupos humanos o, finalmente, con los derechos de las personas. En efecto, no se puede negar el profundo vínculo que existe entre los citados conceptos y sus contextos de acción; de otro modo no tendría sentido afirmar – como hicimos anteriormente – que el derecho subjetivo pertenece íntima y profundamente a la esfera de la libertad de la persona.

Particular aprecio, en este sentido, demuestra nuestro autor hacia la postura de Ulrich K. Preuss, sobre todo cuando este último conecta el concepto de derecho subjetivo al

---

10. ROBLES MORCHÓN G., *Teoría del Derecho. Fundamentos de teoría comunicacional del derecho*, cit., págs. 697-699.

de derechos fundamentales.[11] Los derechos fundamentales, según Preuss, son derechos subjetivos por excelencia y, según Robles, son derechos subjetivos privilegiados. Por otra parte, y para ser más precisos, cuando hablamos de derechos humanos – argumenta nuestro autor – nos estamos refiriendo a meros criterios y/o principios morales, fruto de valoraciones ideológicas y – añadimos nosotros – interpretables en sus respectivos contextos, de tiempo y lugar (otra cuestión sería la pretendida universalidad de tales principios). Los derechos humanos, pues, no son calificables como derechos subjetivos en sentido pleno, sin negar que pudieran pasar a serlo una vez positivizados en un determinado ordenamiento. Los derechos fundamentales, en cambio, serían auténticos derechos subjetivos, en cuanto determinados positivamente y garantizados por un aparato procesal; auténticos y, además, privilegiados ya que el ordenamiento jurídico les otorga y les reserva un tratamiento normativo-procesal privilegiado y diferente respecto a los derechos subjetivos ordinarios.[12]

Por tanto, y en dos polos opuestos, tendremos los derechos humanos (casi impropiamente calificables como derechos) y los derechos subjetivos ordinarios (*stricto sensu*). Justo en un término medio y más elevado encontraremos la mencionada categoría privilegiada de derechos subjetivos, o sea los derechos fundamentales. Podemos ver, pues, que la idea de Robles no difiere mucho de la de Preuss, sobre todo cuando este último afirma que los derechos fundamentales van dirigidos "a fijar esferas individuales de interés frente a la intervención de la autoridad estatal y también a conceder al autorizado el poder de hacer valer

---

11. *Ibidem*, págs. 638-639.

12. Una reflexión, esta, que resulta de la lectura combinada entre *Ibidem*, págs. 699-703 y Robles Morchón G., *Los derechos fundamentales y la ética en la sociedad actual*, cit., págs. 17-24.

por sí mismo dicha esfera de intereses y, en caso necesario, acudiendo a los jueces".[13] Nosotros pensamos que, del fundamento de una exigencia ineludible de la conciencia y sobre la realidad ética de la vida, el derecho crea los poderes del hombre, se los atribuye constituyéndolo sujeto dentro de un ordenamiento y, por tanto, le trata como persona. He aquí que la personalidad jurídica del hombre es la principal consecuencia de lo que se establece mediante la norma general y abstracta, que a su vez se basa en la ética y encuentra sentido en una ley de libertad.

El hombre exige este tratamiento no solo por el derecho sino también por los demás hombres, delineándose un contexto de pretensiones reciprocas que se basa en su naturaleza libre y espiritual. No reconocer esas esferas básicas del hombre, negarlas o violarlas, equivaldría a la negación de su razón de ser y de su valor como persona, negando la dignidad misma del ser humano. Todos estos derechos han sido llamados también naturales o innatos y, seguramente, los derechos naturales son a la vez históricos, poseyendo un carácter de esencialidad que los diferencia de otras categorías, en el sentido que desarrollan, en el tiempo y en la historia, una exigencia que la conciencia intuye de un modo absoluto.[14] Los poderes sancionados por el derecho, en abstracto, para estar de veras presentes, deben ser, ante todo, ejercitables y percibidos como sentimientos vivos y presentes en la conciencia del mundo real. El derecho a la libertad, al trabajo, a la igualdad y todas las consecuentes ramificaciones sancionadas en los solemnes

---

13. Citado por Robles Morchón G., *Teoría del derecho. Fundamentos de teoría comunicacional del derecho*, cit., págs. 638-639.

14. Cfr. Battaglia F., *Curso de filosofía del derecho*, traducción española por Elías De Tejada F. y Lucas Verdú P., Reus, 1951, Vol. II., págs. 227-228. Las referencias literarias del citado autor son Del Vecchio G., *Diritto e personalità umana nella storia del pensiero*, Zanichelli, 1917; y Pagano A., *L'individuo nell'etica e nel diritto*, E. Loescher & C., 1912-1913.

textos jurídicos, no encuentran una fácil traducción concreta en la realidad fáctica.[15] Ciertos derechos esenciales no aparecen como derechos debidos al individuo *sic et impliciter*, ni al mero trabajador: son derechos que el hombre, siendo ciudadano, puede exigir frente al Estado; se trata, en última instancia, de verdaderos derechos sociales. En las últimas décadas asistimos a un crecimiento cuantitativo de los derechos individuales acompañado por un preciso crecimiento de los deberes públicos. Es la tendencia progresiva del derecho constitucional moderno, que consiste en penetrar en todos los fenómenos de la vida social, insertando en el mundo del derecho todos los campos que huyeron de su disciplina.

Norma, voluntad, facultad y bilateralidad de efectos: una perspectiva típicamente neo-idealista

La norma jurídica define una conexión entre sujetos en el doble vínculo obligación/facultad, deber/pretensión. Denominamos *norma agendi* a la norma en la que encontramos encarnado el derecho objetivo; hablamos de *facultas agendi* cuando nos referimos a la facultad o a la posibilidad de ejercer el derecho subjetivamente entendido. El derecho, en tal sentido, siendo norma o facultad, lleva a cabo una distribución de bienes; tales contenidos (propios del derecho) son creados en el respecto de la unidad del sistema y no sobre la base de atribuciones particulares. Con esto queremos decir que el derecho reconoce ciertas pretensiones e impone las correspondientes obligaciones en una sistemática

---

15. Entre otras referencias doctrinales de tipo crítico, véase: sobre derechos de libertad Ruffini F., *Diritti di libertà*, con introducción y nota de Piero Calamandrei, La Nuova Italia, 1975; sobre el derecho al trabajo Tilgher A., *Storia del concetto di lavoro nella civiltà occidentale. (Homo faber)*, Boni, 1983; sobre el derecho a la igualdad Colorni V., *L'eguaglianza come limite della legge nel diritto intermedio e moderno*, Giuffrè, 1976; y sobre libertad religiosa Ruffini F., *La libertà religiosa: storia dell'idea*, Feltrinelli, 1991.

unitaria. Por tanto, el derecho es principio de organización social en cuanto no sólo es norma. El derecho, siempre, es objetivamente norma y, siempre, es atribución de posibilidades subjetivas; el derecho, a través de la norma, prevé unificaciones amplias y complejas, en el tentativo de hacer emerger un todo orgánico. En su nota de abstracción, la ley garantiza la libertad a través de un dictado jurídico abstracto, impersonal, general, cierto y estable.

Otro elemento esencial y característico del derecho, con particular referencia a la esfera de la *norma agendi*, es la bilateralidad. Si el derecho es relación, la norma jurídica es bilateral en el sentido que define contenidos relacionados entre ellos y que otorgan facultades o garantizan pretensiones, imponiendo al mismo tiempo obligaciones o deberes. La norma jurídica, por tanto, siempre concierne a dos o más sujetos, definiendo sus conductas. La bilateralidad de la norma jurídica concierne también los efectos que de ella derivan, o sea las facultades, los poderes, las obligaciones y todo lo que es consecuencia del dictado normativo. En este sentido, no se puede negar la eficacia total de la bilateralidad y no se puede pensar en una bilateralidad de efectos que no sea bilateralidad de sujetos, siendo evidente que la norma no puede definir contenidos sin tener en cuenta los propios sujetos. Si pensamos al derecho que tiene un órgano estatal de actuar en un determinado modo, se puede ver fácilmente como tal derecho es recíprocamente acompañado por un correlativo deber; aquel deber, no solamente está vinculado intra-personalmente al derecho del mismo sujeto titular, sino también inter-personalmente con otros derechos pertenecientes a otros sujetos. En último lugar, hay que decir que los tipos de relación interpersonal son varios y que las categorías dibujadas por las normas jurídicas recogen diversas situaciones humanas, coordinándolas en modo diferente y graduando los respectivos términos y eficacia. Sea en un plan de igualdad, o en uno de subordinación, o hasta de cooperación, existe una correlación jurídica siempre visible y que garantiza tal esencia y carácter del derecho, que es la bilateralidad.[16]

Si la norma jurídica es bilateral, al imponer una obligación o un deber respecto a un sujeto, concederá una facultad o, en todo caso, garantizará la pretensión de otro sujeto. El conjunto de facultades y pretensiones siempre será definible como norma y, para comprenderlo mejor, como derecho en sentido subjetivo.[17] El derecho subjetivo existe en función de la libertad, siendo al mismo tiempo garantía, ya que atribuye al sujeto las facultades para cumplir la norma o para exigir que los otros las respeten. Por una parte, es un derecho subjetivo que concede y, por otra, que tutela; se determinará una situación, pues, en la que, a cada esfera de posibilidad o licitud jurídica debida a un sujeto, corresponderá una zona de imposibilidad o ilicitud jurídica respecto a lo demás sujetos.

Algunas orientaciones doctrinales pretenden negar el derecho subjetivo y su esencia, lo cual correspondería a la negación del papel de la voluntad en el mundo del derecho. Kelsen, por ejemplo, reduciendo todo a norma, reniega de los derechos subjetivos considerándolos como unos derechos objetivos vistos desde una perspectiva particular, que es la perspectiva de la obligación o de los contenidos, ya sean debidos o permitidos, y nunca facultades o pretensiones autónomas en las que la voluntad individual se opone a

---

16. Sobre los conceptos de "relación" y de "situación", remitimos al profundo estudio realizado por ROBLES MORCHÓN G., *Teoría del derecho. Fundamentos de teoría comunicacional del derecho*, cit., págs. 497-578.

17. Para una panorámica general sobre el derecho subjetivo, hemos consultado la siguiente literatura: FERRANTE M., *Il concetto di diritto soggettivo ed alcune sue applicazioni*, Giuffrè, 1947; BARBERO D., *Il diritto soggettivo*, Società Editrice del Foro Italiano, 1939; TESAURO A., *Il diritto soggettivo*, Stabilimento Tipografico Tocco, 1925; BONUCCI A., *Diritto soggettivo e libertà*, Soc. tip. modenese, 1924; GIULIANO M., *Norma giuridica, diritto soggettivo ed obbligo giuridico*, Zanichelli, 1965; GUARINO G., *Potere giuridico e diritto soggettivo*, Jovene, 1949.

la voluntad negativa con un criterio discriminatorio; el derecho subjetivo visto en esta óptica será el mismo derecho objetivo. En este sentido, ha sido observado que la doctrina kelseniana, calificable como teoría monista, admite como derecho sólo la norma positiva; consecuentemente, la distinción radical entre derecho subjetivo y derecho objetivo no es posible en ella, de manera tal que el derecho será por excelencia derecho objetivo (norma). De ningún modo, pues, el derecho subjetivo precede o preexiste al derecho objetivo; sin derecho objetivo no podrá hablarse, nunca, de derecho subjetivo. A pesar de todo, Kelsen no niega radicalmente la existencia del derecho subjetivo, que define como parte integrante del orden jurídico y, más concretamente, como la norma jurídica misma, considerada desde el punto de vista de su especial relación con un sujeto. Del mismo modo, ha sido observado que la teoría kelseniana responde a un modo de concebir el derecho como un sistema cerrado y perfecto, un sistema con cierta vocación a la permanencia. Un sistema de derecho perfecto, pues, fruto del racionalismo moderno y que aspira a tener una estructura "parmenidiana" cerrada y perfecta, que se basa en la unidad.[18]

Nosotros reafirmamos que el derecho subjetivo no tiene que ser considerado como una construcción arbitraria, ya que desarrolla una función importante, siendo evidente que debe ser partícipe de todos los caracteres pertenecientes a la esfera objetiva del derecho. Se trata, en efecto, y también en este caso, de un imperativo abstracto y bilateral, coercible en consecuencia de su bilateralidad y, por tanto, no inerme. Es un poder tutelado, del cual se puede

---

18. En este sentido, MEDINA MORALES D., *El derecho como idea de orden permanente en H. Kelsen. La dinamicidad jurídica como simple consecuencia de la sujeción al orden*, en *Persona y Derecho*, 62-2010 (enero-junio), Universidad de Navarra, 2010, págs. 81-99. El mismo autor ha reconstruido el concepto de derecho subjetivo kelseniano en MEDINA MORALES D., *El derecho subjetivo en Hans Kelsen*, Servicio de Publicaciones Universidad de Córdoba, 2005.

hacer valer su eficacia. Se trata, pues, de un análisis y de una visión que hace posible la participación casi total del derecho subjetivo en la esencia del derecho objetivo, siendo un poder garantizado que se atribuye al querer. Si la norma (objetivamente hablando) es abstracta, imperativa, bilateral y coercible, también lo será el poder que emana de ella y, por tanto, el derecho subjetivo que arraiga en ella.

No hay función del derecho objetivo que no sea hecha propia por el derecho subjetivo. Por otra parte, no hay derecho subjetivo que no tenga en consideración el querer y el interés, suponiendo siempre la existencia de un sujeto al cual reconducirse. En el marco del neo-idealismo italiano, y en la postura dialéctica de uno de sus máximos exponentes, Felice Battaglia, ha sido acogida la tesis de Giorgio Del Vecchio. Para el ilustre filósofo italiano, el derecho objetivo es un criterio "superesistencial" para valorar el actuar, mientras que el derecho subjetivo es un querer no desarrollado; no siendo un querer o un actuar concreto, es la posibilidad del querer, una posibilidad bien definida de querer lícitamente. El derecho subjetivo, así, no será otra cosa que un poder o un conjunto de poderes atribuidos al querer, una posibilidad de poder concedida al querer.

Los elementos fuertemente conexos, por tanto, son dos: la facultad de querer y la de actuar. Todo ello en el respeto de los límites indicados por el ordenamiento, ya que nunca deberíamos ir más allá del marco indicado por los imperativos. Es necesario afirmar que la facultad de la que estamos hablando no es arbitraria, constituyendo una secuela de la norma que reconoce su esfera; el poder, así, es un poder regulado y nunca entregado al capricho, que vive en las condiciones establecidas por el derecho objetivo para alcanzar los resultados que busca. El derecho subjetivo es una facultad para querer y para actuar, en vista de determinados fines, pero no entregado a un querer cualquiera, sino a un querer posible, licito y que no debe romper los límites normativos de naturaleza objetiva.

Con respecto a cuanto se ha expuesto hasta aquí, es necesario precisar y añadir algo. Nos referimos a la doble naturaleza de las características de la voluntad, a la cual nos hemos referido y en la cual residen la facultad o el poder. Éstas se pueden presentar con mayor o menor fuerza, o sea, o como simple facultad o como un poder de obligado ejercicio. Queremos decir que, si en algunas ocasiones el titular del derecho subjetivo ejerce discrecionalmente cuánto le es atribuido, en otras circunstancias tiene que ejercerlo obligatoriamente. Esta última observación es de fundamental importancia si queremos comprender y justificar la juridicidad total y completa del derecho subjetivo, ya sea desde un punto de vista intra-personal o inter-personal, y que permite sostener que la juridicidad del derecho subjetivo no se agota en el ámbito del derecho privado sino que se desarrolla también en los meandros del derecho público.[19]

Ahora podemos afirmar que facultad y pretensión son, pues, los elementos siempre presentes e indisolubles en la esfera subjetiva del derecho; son dos funciones del mismo derecho, aunque, a veces, una predomina y brilla con mayor relieve sobre la otra. Existe, así, un indisoluble nexo entre las esferas objetiva y subjetiva del derecho. El ejercicio del derecho subjetivo siempre se refiere al derecho objetivo como condición formal de su posibilidad.[20] En todo caso, hace falta subrayar que el ejercicio de un derecho subjetivo tiene que enfrentarse y armonizarse con derechos e intereses concurrentes y, dado el caso, también con el interés

---

19. Battaglia, en este sentido, remite a ROMANO S., *La teoria dei diritti pubblici subbiettivi*, en *Primo trattato completo di diritto amministrativo italiano*, coord. ORLANDO V. E., Milano, 1897, págs. 109-220. Véase BATTAGLIA F., *Curso de filosofía del derecho*, cit., pág. 197.

20. *Ibidem*, pág. 212.

general. Este aspecto subjetivo del derecho, recientemente definido como pretensión garantizada por el ordenamiento jurídico,[21] se puede entender como la posibilidad o el conjunto de posibilidades atribuidas por la norma y que son aseguradas por la obligación ajena. En esta dialéctica, el concepto de lícito resultará extensivo con respecto al concepto de derecho subjetivo, ya que se tratará de una posibilidad o de un conjunto de posibilidades en una zona directa o indirectamente consentida. Estas situaciones "permitidas y garantizadas" varían constantemente, a veces son más amplias y otras más reducidas, en base al tiempo y al lugar, al sexo y a la edad, viéndose siempre afectadas por las condiciones del sujeto. En todo caso, tales situaciones, "permitidas y garantizadas", nunca podrán desviar y contravenir las perennes exigencias del hombre en sociedad.

Consideraciones finales

Hemos visto que el fenómeno jurídico presenta una constante tensión entre los momentos teórico/abstracto y practico/concreto. Dicha tensión, en la elaboración de Robles, se presenta en dos fases. En primer lugar, cuando se destaca la diferencia que existe entre las expresiones "derecho a" y "derecho de", ya que así comienza nuestro autor la elaboración formal y universal del concepto de derecho subjetivo. En segundo lugar, al finalizar la citada elaboración conceptual y, más precisamente, cuando se define el derecho subjetivo como un poder jurídico concreto.

Esto se debe a que el concepto universal de derecho subjetivo deriva de algunas características esenciales del mismo fenómeno jurídico. El derecho es, ante todo, un momento relacional de la vida y es, definitivamente, bilateral.

---

21. Cfr. GUASTINI R., *Distinguendo. Studi di teoria e metateoria del diritto*, Giappichelli, 1996, págs. 147-156.

La bilateralidad de la norma concierne los objetos y los efectos que de ella derivan, o sea las facultades, los poderes, las obligaciones y todo lo que es consecuencia del dictado normativo. Por esto, insistimos, no se puede negar la eficacia total de la bilateralidad, así como no se puede pensar en una bilateralidad de efectos que no sea bilateralidad de sujetos, siendo evidente que la norma no puede definir contenidos sin tener en cuenta los propios sujetos. Estas características de bilateralidad y relacionalidad del derecho, se hacen presentes en la teoría de Robles cuando el autor mismo destaca que los derechos subjetivos determinan los titulares (sujetos jurídicos) y las titularidades (bienes jurídicos correspondientes) y que la titularidad es una adscripción de un bien a una persona, definiendo esta fase – en la búsqueda de un concepto universal de derecho subjetivo – como primaria y fundamental.

Creemos que el derecho subjetivo – así como nos lo presenta el autor – es primariamente el derecho subjetivo del individuo libre y responsable. Un individuo que, en sus relaciones jurídicas, siempre quedará libre de decidir si ejercer o no determinadas acciones. Es por esto que el derecho subjetivo existe en función de la libertad de la persona. En todo caso, el titular de un derecho subjetivo tiene también una cierta carga de responsabilidad, ya que debe cumplir los deberes funcionalmente relacionados con determinadas acciones.

Del respecto absoluto de la persona deriva, además, la fuerte conexión entre el concepto universal de derecho subjetivo y los derechos fundamentales. Los auténticos "derechos subjetivos privilegiados" – nos dice Robles – son los derechos fundamentales, siempre y cuando no se trate de meras declaraciones de metas o principios, ya que en este último caso hablaríamos de "pseudo-derechos". Para poder hablar de derecho subjetivo – según nuestro autor – es necesario el respaldo o la garantía procesal del mismo.

El grado jerárquico de estos derechos subjetivos y el fuerte interés que la autoridad demuestra hacia las esferas individuales protegidas, le conceden – en la TCD – la categoría de derechos subjetivos por excelencia.

Es evidente que todas las teorías formuladas sobre el concepto de derecho subjetivo son el resultado de precisas referencias históricas y culturales. En consecuencia, la búsqueda de un concepto universal de derecho subjetivo es ardua y complicada. Para decantarse a favor o en contra de una determinada teoría es necesario descifrar el concepto de derecho y visitar los meandros de la juridicidad en su totalidad, tarea que en esta sede no nos compete. Para nosotros es suficiente observar que la distinción entre derecho objetivo y derecho subjetivo, seguramente útil para comprender las categorías jurídicas, no debe degenerar en una distinción definitiva que catalogue el primero como algo de distinto y netamente separado del segundo. En este sentido queremos concluir observando que los dos momentos del fenómeno jurídico, objetivo y subjetivo, son cómplices necesarios en la misión principal de todo derecho: reconocer, proteger y ayudar las relaciones humanas.

CONSIDERACIONES SOBRE LA JUSTICIA Y LOS JUEGOS EN LA TEORÍA COMUNICACIONAL DEL DERECHO

Arturo Cadenas Iturriozbeitia[1]

En este trabajo centro mi análisis en algunas de las implicaciones que considero tiene el estudio "La justicia en los juegos. Dos ensayos de Teoría Comunicacional del Derecho", a la luz del planteamiento epistemológico de la Teoría Comunicacional del Derecho (TCD), esto es, el hermenéutico-analítico.

En la citada obra, Robles adopta un punto de partida para pensar sobre la justicia en el derecho, que consiste en reflexionar acerca de las ideas de justicia que los juegos incorporan a sus reglas desde el punto de vista de la teoría de la decisión (pragmática), en su conexión con la teoría de la dogmática (semántica). Ideas de justicia que han debido de inspirar la creación de determinados juegos, así como sobre la manera en que dichas ideas se han trasladado a las reglas de esos juegos.[2]

---

[1] Profesor Doctor en el Centro de Estudios Superiores Alberta Giménez (CE-SAG-COMILLAS). Palma de Mallorca (Islas Baleares).

[2] ROBLES MORCHÓN, G. *La justicia en los juegos.* Dos ensayos de teoría co-

Robles presenta algunas líneas para construir una teoría de la justicia, tomando como punto de partida del análisis filosófico una teoría de la justicia en la sociedad humana que comience por la idea de justicia en el juego. El objetivo del trabajo no atiende a problemas técnicos concernientes al razonamiento jurídico, sino que, trata de indagar en las raíces del razonamiento de un hipotético legislador constituyente ideal, como una actividad racional que toma como referencia la idea de justicia en los juegos.

De esta manera, Robles recupera el problema de la Justicia como problema filosófico, pero tras la experiencia analítica y positivista, no intenta volver a la metafísica sino que quiere para sí el rigor de la reflexión filosófica. Como trataré de exponer, el mismo punto de partida de Robles es ya teoría y, por ello, tanto su planteamiento antropológico como su opción metodológica, condicionan la respuesta.

1. Planteamiento de la justicia en los juegos en la TCD

Recordemos que, con el objetivo de diseñar una Teoría del Derecho cuyo enfoque priorice no únicamente las necesidades intelectuales de los juristas, sino también sus aspectos pragmáticos, Robles recupera el problema de los valores desde la Teoría de la decisión jurídica constituyente o decisión extrasistemática (sede del estudio de la teoría de la justicia, como reflexión y análisis, desde un punto de vista material y formal, de las decisiones para poder ser calificadas de justas). El resultado de dicha decisión es la Constitución.[3]

---

municacional del derecho. Trotta, 2009, pág. 18.
3. ROBLES MORCHÓN, G. *El derecho como texto*. Cuatro estudios de teoría comunicacional del derecho. Civitas. 2ª Ed. Navarra, 2006. 5ª edición, pág. 23.

Un proceso de una extraordinaria importancia para entender la vida jurídica real, pues la constitución incorpora los fundamentos del nuevo sistema político y los criterios materiales de justicia del nuevo orden. Todo ordenamiento jurídico internaliza, por la vía de la decisión constituyente, una moral que expande su influencia en todo el sistema y no puede dejar de adaptarse a una realidad en movimiento.

Como recuerda Robles, la Teoría de la justicia, en su acepción más especulativa, tiene su lugar en el marco de la TCD, en el plano de la decisión constituyente, momento en el que hay que plantear el problema de una sociedad justa y darle solución[4] Una idea que debemos conectar con el punto de partida de la propia TCD cuando recuerda que la función primordial del derecho es resolver conflictos para conseguir la paz.[5] La pregunta que nos hacemos ahora es: ¿y qué principios debe incorporar la sociedad organizada para ser justa?

Robles replantea la idea del contrato social a partir de una situación ideal en la que pudiera encontrarse un peculiar poder constituyente, un poder que careciese de *"obstáculo alguno (de carácter social, económico, étnico, religioso, etc.) para llevar al texto constitucional los principios de justicia que estimase como los mejores."*[6] El resultado en forma de principios constituirá la base de la organización de la convivencia social.

Desmarcándose del modelo rawlsiano y de su imparcialidad inducida (el velo de la ignorancia); desmarcándose también de Habermas y de su comunidad de interlocución

---

4. ROBLES MORCHÓN, G. *La justicia en los juegos*. Dos ensayos de teoría comunicacional del derecho. Trotta, 2009, pág 15.

5. ROBLES MORCHÓN, G. *Teoría del derecho*. Fundamentos de teoría comunicacional del derecho. Volumen I. Editorial Civitas. Navarra, 2013. 5ª edición, pág. 56.

6. ROBLES MORCHÓN, G. *La justicia en los juegos*. Dos ensayos de teoría comunicacional del derecho. Trotta, 2009, pág. 13.

ideal, Robles habla de una situación que *"nunca se ha producido en la realidad de los hechos, pues en la vida siempre sucede que el poder constituyente se ve limitado, en mayor o menor medida, por múltiples factores"*.[7] Aun así, nos invita a suponer esa situación ideal, que es una suerte de experiencia de pensamiento en la que, no sólo se darían unas condiciones externas perfectas, sino que, el poder constituyente estaría formado por una sola persona, dotada de las mejores cualidades intelectuales y morales, [...] no sólo sería un superdotado en cuanto a su inteligencia sino también una persona adornada con las mejores prendas de la virtud: generoso, valiente, amante de su patria, desprendido, humilde, sincero, ecuánime, y no sometido a ninguna de las pasiones.[8]

Así pues, merced a una suerte de simulación metodológica, Robles nos instala en la hipotética situación de un sujeto constituyente adornado con egregias cualidades que, en un proceso constituyente ideal se hallaría óptimamente capacitado para redactar una constitución. Siempre teniendo en cuenta el objetivo de establecer un marco de valores que resuelva los problemas de la convivencia humana, que es, constitutivamente conflictiva, Robles plantea el problema de la Justicia sujetándolo a un uso de la razón que, desde presupuestos antropológicos que, como se expondrá, se dan por supuestos, analiza las ideas de justicia que han debido de inspirar la creación de determinados juegos.

2. La tarea del sujeto constituyente (SC)

La tarea de nuestro sujeto constituyente consiste en definir, especificar y escoger valores, tomando como referencia

---

7. ROBLES MORCHÓN, G. *La justicia en los juegos*. Dos ensayos de teoría comunicacional del derecho. Trotta, 2009, pág. 13.

8. ROBLES MORCHÓN, G. *La justicia en los juegos*. Dos ensayos de teoría comunicacional del derecho. Trotta, 2009, pág. 13 y 14.

las ideas de justicia en los juegos. Su labor, apunta Robles, se realiza en una situación ideal como punto de partida, y hay que preguntarse cómo sería dicha situación ideal.

A nuestro sujeto constituyente (ya formado, pues así nos lo presenta) no puede faltarle biografía, esto es, haber sido educado en una idea de sí mismo, de la sociedad justa, etc. Como todo hombre, aunque excepcional, no puede adoptar una posición epistémica *detached*,[9] esto es, no puede separarse radicalmente de los valores desde los que comprende la realidad, lo que significa que piensa a partir de un marco cultural determinado desde el que evaluará los juegos.

Por tanto, en su tarea de observación de los juegos no se produciría una correspondencia entre los enunciados y la realidad normativa de los juego*s en sí*, sino entre él y la realidad de los juegos tal y como esta es construida hermenéuticamente a partir de sus esquemas conceptuales.[10] Trataremos de mostrar cómo sucede esta operación intelectual y algunas de sus implicaciones con relación a la tarea del sujeto constituyente de Robles.

Sin la "instalación previa" en un mundo social determinado no es posible interpretar adecuadamente, pues dicha operación – como defiende el propio Robles – es resultado de la precomprensión del mundo sociocultural de referencia.[11] En similar sentido encontramos a R. Rorty cuando recuerda que no existe un punto de vista moral situado más allá del lenguaje de la cultura, de las instituciones y de las

---

9. URBINA, S. *La tentación de la ignorancia*. Assaigs Jurídics. UIB. Palma, 2004, pág. 59.

10. GADAMER, H.G. *Verdad y método*. Ed. Sígueme. Salamanca, 1984, págs. 343 y 370.

11. ROBLES MORCHÓN, G. *Teoría del Derecho*. Fundamentos de teoría comunicacional del derecho. Volumen I. Navarra: Editorial Civitas, 2013. 5ª edición, págs. 280 y ss.

prácticas. No existe, en definitiva, un punto de vista desde ningún lugar.[12]

Por tanto, dado que, inevitablemente, toda labor de comprensión humana se vincula a un marco de referencia previo, y que la razón esclarecida y atemporal no es una posibilidad real de la humanidad histórica (pues la razón siempre afronta la realidad desde alguna perspectiva), hemos de concluir que nuestro sujeto constituyente procede de una educación, de un marco interpretativo particular desde el que comprende el significado de las acciones de los juegos y selecciona algunos principios de justicia. Para nuestro sujeto constituyente (SC a partir de ahora), toda realidad (también la realidad normativa de los juegos) será acotada como un "texto", como nos recuerda Robles, un resultado de la interacción de su marco previo y la realidad fáctica.[13]

Ampliamente estudiado por Robles en su obra, Gadamer sostiene que la comprensión adecuada no está entregada al azar, sino legitimada por una tradición cultural, constatarlo no supone una condición restrictiva de la comprensión, sino más bien reconocer un aspecto esencial que la hace posible: *"el que comprende no elige arbitrariamente su punto de vista sino que su lugar le está dado con anterioridad"*.[14]

Por ello, el significado recibido depende del cuerpo de creencias desde el cual se aborda el estudio. La comprensión de un texto determinado supone una tarea hermenéutica que se realiza desde los condicionamientos históricos del intérprete, envuelto inevitablemente en tradiciones

---

12. DE LA TORRE DÍAZ, F.J. *El modelo de diálogo intercultural de A. Macintyre*. Dykinson. Madrid, 2001, pág. 45.

13. ROBLES MORCHÓN, G. *Introducción a la teoría del derecho*. 6ª edición. Barcelona: Debate, 2003, págs. 193 y ss.

14. GADAMER, H.G. *Verdad y método*. Salamanca: Ed. Sígueme, 1984, pág. 401.

desde las que se le interpela.[15] No existe la intrasubjetividad como una realidad impermeable sino, al contrario, como una realidad formada dentro de un proceso de socialización determinado.

En definitiva, no podemos desembarazarnos del lenguaje determinado por una cultura, que nos ofrece una posibilidad de representación "adecuada" de la realidad, de acuerdo con una herencia conceptual y valorativa que funciona como marco de referencia. Esta perspectiva hermenéutica-pragmática que, como recuerda Karl-Otto Apel, está inspirada en Heidegger, Gadamer y en el último Wittgenstein, parte del presupuesto del *"apriori de la facticidad de la preformación de todo nuestro comprender y valorar, por la pertenencia a la tradición particular de una tradición lingüística y cultural"*.[16]

En definitiva, la neutralidad moral de nuestro SC sería, por ello, un imposible práctico pues estaría sujeto al mismo e irrebasable límite que cualquier otro ser humano: lo que constituye una experiencia de la realidad, es una facticidad que comprende al significarla, es decir, cuando, tras proyectar sobre ella un esquema conceptual la organiza convirtiéndola en texto, dotándola de sentido.[17]

3. El juego como sistema de normas. Comprender los juegos desde la TCD. Un ejemplo

De acuerdo con Robles, el derecho y el juego representan formas de convivencia, sistemas de comunicación

---

15. GADAMER, H.G. *Verdad y método*. Salamanca: Ed. Sígueme, 1984, pág. 371.

16. APEL, K-O. *"Las aspiraciones del comunitarismo anglo-americano desde el punto de vista de la ética discursiva"*. En *Discurso y realidad. En debate con k-o Apel*. Ed. Trotta. Madrid, 1994, pág. 13-32.

17. OSUNA, A. *El debate filosófico sobre hermenéutica jurídica*. Universidad de Valladolid, 1995, pág. 71.

social. Y, como todo sistema de comunicación, pueden ser planteados como sistemas de normas. Recordemos el concepto de norma jurídica en la TCD: proposiciones lingüísticas pertenecientes al Sistema, expresivas del OJ, cuya función inmanente es dirigir u orientar, directa o indirectamente, la acción humana.[18]

Los juegos pueden, por ello, ser estudiados como conjuntos de normas directas e indirectas de la acción, aunque, a diferencia del derecho, su función principal no sea resolver los conflictos. Como se ha explicado, la comprensión es un proceso mental en el que significamos la percepción a partir de coordenadas normativas resultado de la socialización y de la especialización.

Así pues, de la mano del método hermenéutico-analítico, nuestro SC comprenderá las acciones de los juegos no desde la mera percepción como un acontecer físico (soporte externo) sino tratando de precisar su significado o sentido. Por tanto, la acción concreta sería el resultado de un proceso de interpretación. Expresado en clave hermenéutico-analítica, la acción sería un texto. Utilizaremos el instrumento analítico-hermenéutico que suponemos utilizaría el SC: el modelo teórico de normas de la TCD, propuesto por Robles.

Nuestro SC se enfrenta, en su estudio de la dimensión de justicia en los juegos, a conjuntos más o menos complejos de movimientos físico-psíquicos que acota como textos. El texto del que hablamos resulta de proyectar en cada instante, a dicho conjunto de movimientos, el modelo de normas de la TCD; es decir, normas indirectas (que lo acotan ónticamente de acuerdo con parámetros normativos temporales, espaciales, personales y capacitacionales /

---

18. ROBLES G. *Teoría del derecho*. Fundamentos de teoría comunicacional del derecho. Volumen I. Editorial Civitas. Navarra, 2013. 5ª edición, pág. 214.

competenciales) y normas directas (que los regulan o contemplan directamente).[19] Pongamos, a modo de ejemplo, que nuestro SC arrancase su análisis de los principios de justicia en los juegos a partir de un juego-deporte como el judo. El proceso podría ser el siguiente:

a) Normas Indirectas de la acción:

a.1) En primer lugar (normas temporales), acotaría la fecha del evento a la efectivamente prevista (mayo del 2015), con todo lo que ello representa en cuanto a modelo de sociedad y, más concretamente, lo que implica referido a la normativa en vigor que contempla el evento concreto: la International Judo Federation, etc.

a.2) En segundo lugar, el espacio (normas espaciales): la situación geográfica prevista por las normas de la IJF (Berlín, en este caso), el estadio adecuado, la disposición de las colchonetas de acuerdo con reglamentos, etc.

a.3) Ha de poder identificar a los sujetos intervinientes de acuerdo con normas (normas personales) que los situarían en su rol normativo: competidores mayores de edad, integrantes de selecciones (incluidos en las listas oficiales), árbitros titulados y seleccionados, etc.

a.4) Tendría que conocer, asimismo, la condición de posibilidad de todos los participantes (normas competenciales o capacitacionales), esto es, las acciones adscritas a cada sujeto, tanto las lícitas como las ilícitas (referidas al comportamiento de los combatientes durante el desarrollo del combate, de los árbitros, etc.).

b) Con relación a las acciones propiamente dichas del combate (y del arbitraje):

---

19. ROBLES MORCHÓN, G. *Teoría del derecho*. Fundamentos de teoría comunicacional del derecho. Volumen I. Editorial Civitas. Navarra, 2013. 5ª edición, pág. 210-244.

b.1) nuestro SC partiría de las expresiones verbales de las normas de procedimiento previstas para los competidores y el árbitro desde que son llamados hacia las colchonetas hasta que salen de ellas. Todos sus movimientos serán chequeados por nuestro SC a partir de dichas normas, que son manifestaciones lingüísticas de procedimientos genéricos que indicarían las acciones genéricas, esto es, los modelos de acción estereotipados referidos a las posibilidades casi infinitas del propio combate y comportamiento de los participantes, sean lícitas o no. Las acciones concretas constituirían las actuaciones de los sujetos determinados en situaciones determinadas dentro del campo de dichas acciones genéricas. El SC realizaría una interpretación de dicho conjunto de movimientos físico-psíquicos concretos, tratando de encontrar su sentido preciso dentro del espectro normativo de las acciones genéricas.

b.2) Al mismo tiempo, merced a las normas potestativas previstas, nuestro SC identificaría a los intervinientes como los titulares del ámbito de las acciones lícitas, de combate o de arbitraje (operación que debe conectarse, obviamente, con las normas indirectas de competencia o capacidad citadas, relativas a los participantes y al árbitro). Ello es importante, no únicamente para identificar a sujetos ajenos al evento, sino para controlar la licitud de las acciones de los participantes. Labor, esta última, extremadamente exigente, pues, al tratarse de un deporte de combate, la tendencia (no necesariamente intencionada) es a rozar los límites de lo lícito para derribar, tratar de estrangular, lograr la luxación o inmovilizar al adversario.

b.3) Por último, desde las normas deónticas, chequearía las exigencias normativas referidas a si lo procedimentalmente acontecido en ese espacio, en ese momento temporal, realizado por el/los sujeto/s interviniente/s (árbitro incluido, obviamente), estaba prohibido o era obligatorio. Sin perjuicio de ulteriores recursos de protesta, el control de cumplimiento de las normas de obligación específicas de los combatientes recae sobre el árbitro, que tendría una potestad, esto, es, un derecho/deber[20] a reaccionar ante una transgresión. Por citar un par de ejemplos de normas deónticas de conducta dirigidas exclusivamente a los combatientes y orientadas hacia la realización de acciones (prohibido no realizar):

b.3.1) concretas: entrar en el espacio de combate saludando con marcialidad al contrincante y al árbitro;

b.3.2) generales: mostrar una continua actitud de obediencia al árbitro, no rehuir el combate, etc.

Sobre los combatientes pesan también normas deónticas de conducta vinculadas a prohibiciones directas (obligatorio no realizar). Pongamos un ejemplo: Un caso muy habitual en las competiciones de judo, sería la controversia referida a las lesiones producidas por luxación o palanca al brazo. La palanca al brazo es un procedimiento genérico consistente en atrapar el brazo del adversario para alcanzar, de múltiples maneras, un punto de control sobre la articulación del codo. Se busca como finalidad provocar su rendición directa y/o la paralización del combate a iniciativa del árbitro. La velocidad en la realización es esencial, dado que suelen ser movimientos en los que el deportista que ejecuta la técnica se expone mucho, y una deficiente realización puede servir una decisiva ventaja al oponente. Pues bien, nuestro SC habría de balancear el peso de varias normas a la vez en circunstancias concretas. De una parte, 1) las prohibiciones genéricas dirigidas a los deportistas (y previstas en normas deónticas generales de comportamiento,[21] que serían: 1. 1- ejecutar movimientos prohibidos

---

20. ROBLES MORCHÓN, G. *Teoría del derecho*. Fundamentos de teoría comunicacional del derecho. Volumen I. Navarra: Editorial Civitas, 2013. 5ª edición, pág. 436.

21. ROBLES MORCHÓN, G. *Teoría del derecho*. Fundamentos de teoría

(aprisionar un dedo o dirigir la palanca hacia el hombro o muñeca, por ejemplo), o bien, 1. 2- lesionar intencionadamente al adversario, con esta o con cualquier otra acción.

El SC contemplaría también que, dado que el movimiento es muy veloz, el árbitro debe intervenir (norma deóntica de decisión –general –, y de ejecución en su caso) con extrema diligencia en estas situaciones, interrumpiendo la acción en el momento en el que la palanca al brazo "en realizándose" le indique un objetivo peligro para la integridad del deportista, al margen de que este último se rinda expresamente, palmeando al adversario o a la colchoneta. La polémica normativa incluiría: a) la resultante de la fricción existente entre; por un lado, el derecho (asistido por una concreta norma potestativa) del deportista ejecutante a controlar la posición aun a riesgo de lesionar accidentalmente al contrario, y su deber (deóntica de conducta) de no lesionarle *ex profeso*.

Así pues, el SC comprende que, sobre el árbitro recae el deber de no perjudicar (obligación no detener el combate antes de tiempo, por ejemplo) a ninguno de los contrincantes, y, al mismo tiempo, el deber de preservar la integridad física de los contendientes.

Así las cosas, al margen del desenvolvimiento concreto de nuestra actividad deportiva, el SC reflexionaría en su búsqueda de los principios de justicia en los juegos y concluiría probablemente que, en el combate de judo realizado por dos deportistas seleccionados por sus respectivas federaciones nacionales en el campeonato internacional de Berlín, en 2015, se confirman valores de justicia tales como: la libertad de los sujetos intervinientes (a todos los niveles, como después veremos), las condiciones de igualdad

---

comunicacional del derecho. Volumen I. Navarra: Editorial Civitas, 2013. 5ª edición, pág. 241.

formal y material (enfrentamiento uno contra uno, mismas reglas y condiciones, igualdad física aproximada, control anti-dopaje), la exigencia de lealtad a las reglas, de juego limpio, respeto por el otro y de su integridad física, y el principio de exigencia de arbitraje imparcial.

4. La problemática labor del SC: el punto de vista interno

Al analizar las situaciones concretas del juego-deporte Judo, el SC ha adoptado un punto de vista hermenéutico-analítico para comprender y seleccionar principios de justicia. Mientras afrontaba el texto, estaba vinculado a una tradición (a un marco conceptual y valorativo). Resultaría, siguiendo a Perelman,[22] muy cuestionable, por no decir carente de sentido, la idea de una interpretación correcta carente de dicha exigencia.

Después de analizar la citada competición de judo, nuestro SC retrocede en el tiempo (pues su objetivo es analizar la justicia en los juegos) y estudia una sociedad bárbara en la que otro juego-deporte de combate, similar al judo, cumple un papel de entretenimiento destacado (dimensión lúdica evidente), pero está sujeto a reglas muy distintas, expresivas de concepciones de lo humano discriminatorias en base a la raza, indiferentes ante el dolor o la muerte, carentes de arbitraje, etc. Nuestro SC aprecia normas en las que detecta la influencia de creencias religiosas locales, desconocidas para él, aunque enormemente operativas en la conformación del juego en sí (los estudios antropológicos reconocen rituales físicos como pertenecientes a juegos en los que la dimensión lúdica es inseparable de la religiosa.[23]

---

22. PERELMAN, CH. *La lógica jurídica y la nueva retórica*. Madrid: Civitas, 1979, pág. 212.
23. BLANCHARD, K. Y CHESKA, A. *Antropología del deporte*, Barcelona: Ediciones Bellaterra, S.A., 1986.

Podemos afirmar ciertos puntos. En la comprensión-selección de los principios de justicia en el juego-deporte judo (Berlín, 2015), la perspectiva de nuestro SC no primó únicamente la observación de regularidades del juego, pues ello (de haber sido posible) hubiese desvirtuado su labor. Una metodología aséptica y desvinculada de ciertos valores básicos, personificada en un SC supuestamente "neutral", no podría analizar la realidad normativa "tal cual es".

Asimismo, la comprensión (y selección de principios de justicia) correcta de la citada competición de judo ha sido posible porque, entre el punto de vista interno de los procedimientos y valores de la forma de vida que envuelve al deporte-juego judo (y sus normas) y nuestro SC, no existía disparidad.

Robles nos recuerda que el jugador adopta un punto de vista interno completamente distinto al punto de vista del espectador, que es externo, ya que contempla el juego desde fuera y no participa en él. (…) No es lo mismo valorar las reglas del juego cuando hay que obedecerlas y realizar las acciones de acuerdo con lo que dichas reglas establecen, que cuando esto no es así. El jugador se halla comprometido con las reglas teniendo en cuenta los valores que el sistema admite, mientras que el espectador, no.[24]

El SC sabe que las reglas con las que ha analizado el evento judo 2015, nos dicen en qué consisten sus acciones, pero ni las reglas del judo ni aquellas con las que se regula el juego-deporte de lucha bárbaro derivan de la naturaleza (a pesar de lo que afirmen las creencias locales bárbaras) ni de la lógica. La dificultad de comprensión precisa en este último caso es grande, ya que el origen de los contenidos de cualquier norma directa o indirecta está en la decisión (en

---

24. ROBLES MORCHÓN, G. *La justicia en los juegos*. Dos ensayos de teoría comunicacional del derecho. Trotta, 2009, pág. 26.

un sentido amplio) del grupo humano que las ha creado en el seno de una concreta forma de vida. Como recuerda el propio Robles:

> La norma procedimental convencional expresa (como las anteriores), una necesidad, pero no lógica ni natural sino convencional, expresa los requisitos que se han de cumplir para que la acción realizada pertenezca al ámbito de la convención dentro de un sistema.[25]

Es decir, parece que debido a la imposibilidad práctica de la neutralidad moral del intérprete, si resultase muy acentuada la disparidad entre nuestro SC y la forma de vida concreta de ciertos juegos analizados, la operación de comprensión-selección de valores de justicia resultaría problemática. La conclusión provisional es que dicha operación tampoco podría centrarse exclusivamente en dicho punto de vista interno de las reglas, al analizar jugadores de toda época y lugar. Existiría una imposibilidad práctica de nuestro SC, no tanto por ser espectador (ajeno al juego), como debido a la ajenidad con respecto a la forma de vida en la que algunos juegos tienen lugar (más adelante pondré algunos ejemplos).

De acuerdo con lo anteriormente expuesto, nuestro SC no podría defender que adopta un punto de vista hermenéutico con relación al aspecto interno, no tanto por no ser participante directo en el juego como por no formar parte de la forma de vida concreta, con sus concretos valores. El problema sería, presumo, que la perspectiva hermenéutico-analítica de nuestro SC y el de quienes utilizan (o utilizaron) las reglas del sistema como jugadores en muchas latitudes y épocas de la humanidad, pusiese de manifiesto una colisión insuperable entre el punto de vista interno de nuestro SC y ellos.

---

25. ROBLES MORCHÓN, G. *Teoría del derecho*. Fundamentos de teoría comunicacional del derecho. Volumen I. Editorial Civitas. 5ª edición, pág. 295 y ss.

Reforzando lo dicho con las tesis de Van de Kerchove y Ost sobre el punto de vista interno, en un participante normativo supondría una adhesión (sentimiento de obligatoriedad) al discurso sostenido sobre su quehacer por las instituciones jurídicas y que, por tanto, presupone la participación en la pre-comprensión subyacente [...]. En definitiva, el punto de vista acerca de las reglas que encuentran en las mismas tanto la justificación de su propia conducta de conformidad con ellas, que es calificada como conducta correcta, como de las críticas y las exigencias de conformidad frente a quienes en las circunstancias pertinentes las transgreden, y que generan, en todo caso, afirmaciones internas al sistema.[26] Volveré más adelante sobre esta cuestión.

5. Hacia la decisión del SC

Una vez hemos analizado el proceso de comprensión de nuestro SC a partir del esquema normativo de la TCD, nos centraremos en el proceso de decisión del SC. Recordemos que el SC analiza, reflexiona y decide acerca de los principios de justicia en los juegos, con el objetivo de presentar una base racional desde la que plantear la organización de la convivencia social.

Siguiendo a Robles,[27] la causa de las decisiones es, en el fondo, la voluntad que escoge entre alternativas. Es decir, de los motivos que podemos encontrar para actuar, elegimos y actuamos. Puedo tener un propósito, puedo tener una educación en unos valores u otros, pero es mi voluntad la Que escoge al final y decide. Ningún motivo en un ser humano (ni siquiera en nuestro SC) desencadena necesariamente la

---

26. VAN DE KERCHOVE Y OST. *El sistema jurídico entre orden y desorden*. UCM. Madrid, 1988, pág. 25.

27. ROBLES MORCHÓN, G. *Teoría del derecho*. Fundamentos de teoría comunicacional del derecho. Volumen I. Editorial Civitas. 5ª edición, pág. 289 y ss.

decisión. Entre el motivo y la acción encontramos la voluntad que decide, ese es el nervio mismo del ser humano, y no hay programación que escoja por él.

Eso es, precisamente, lo que hace nuestro SC: analiza reflexivamente las ideas de justicia que han debido inspirar la creación de determinados juegos y selecciona algunas para constituir la base de la organización de la convivencia social. Ello supone, como se ha explicado anteriormente, una labor de "textualización" indisociable del marco valorativo de nuestro SC.

De la observación de los juegos no deriva la necesidad lógica ni causal de decidirse por unos u otros valores. No sería pura lógica porque, como apunta Robles en su estudio de la acción,[28] los silogismos no expresan propiamente la causa de una conclusión sino que, en ellos, la conclusión deriva de la causa de modo necesario. Asimismo, la decisión de nuestro SC tampoco expresaría una necesidad causal propiamente dicha, como lo son las referidas a los fenómenos físicos. En ambos casos no cabría hablar de una verdadera decisión pues el resultado (el efecto o la conclusión) estaría determinado por una realidad antecedente. En el ámbito de la decisión no puede obviarse, una vez más, la existencia de una realidad social previa.

Además, los seres humanos tenemos la posibilidad de optar casi siempre entre posibles tomas de decisión, incluyendo opciones disparatadas. Nuestro SC decide en solitario, podría decidir cualquier cosa, como cualquier otro ser humano, por ello se hallaría sujeto al mismo tipo de diatriba. Podría decidir sobre la base de motivos razonables, por ejemplo, y también podría hacerlo de acuerdo con un impulso súbito, basado en alguna suerte de esclarecimiento vehemente o en una alocada inspiración. Es la condena de la libertad, la consciencia de la

---

28. ROBLES MORCHÓN, G. *Teoría del derecho*. Fundamentos de teoría comunicacional del derecho. Volumen I. Editorial Civitas. 5ª edición, pág. 283 y ss.

idea de incertidumbre referida al futuro. Reconocida dicha posibilidad como humana, compruebo que nuestro SC no hace, por supuesto, depender su decisión de dicho "desvarío creativo", aunque podría hacerlo, lo que enfatiza la dimensión moral de su labor al seleccionar los principios de justicia en su análisis de los juegos. Por lo tanto, el SC no cae en el determinismo ni en la neutralidad moral, acredita poseer libre albedrío, actúa desde valores morales, y tomándose como referencia, decide.

Así pues, parece claro que, aunque aceptemos la existencia de un punto de partida ideal (ausencia de presión y miedo, tiempo suficiente, disponibilidad de la cultura toda, etc.), el mismo hecho de partir de un constituyente ideal "adornado por todas las virtudes imaginables", defiende una concepción implícita de hombre que no nos libera de reconocer una restricción evidente: nuestro SC acepta ciertos valores básicos desde los que realiza su labor.

Volveré sobre la cuestión de los valores desde los cuales realiza su tarea el SC, pero afirmo que condicionan el sentido de la pregunta, su investigación y su decisión final.

6. El SC llega a una conclusión

Doy por sentado que nuestro SC es poseedor del máximo conocimiento, sabe que el juego forma parte de la cultura y que, por ello, es una creación humana, muchas veces mestizada con las creencias concretas de una forma de vida, con la que el hombre amplía su disfrute por la vida. Siguiendo a R. Callois, juegos entendidos como microcosmos inventados por el hombre y reglados con normas, poseen una identificable dimensión lúdica y constituyen convencionalmente un ámbito limitado en el que realizar determinado tipo de acciones que pertenecen al juego.[29]

---

29. CAILLOIS, R. *Los juegos y los hombres:* la máscara y el vértigo. Fondo de Cultura Económica de España, S.L., 1986, pág. 12 y ss.

El SC sabe que los seres humanos (él mismo, aunque sea un humano excepcional) viven actuando en una realidad socio-cultural desde la que significan el sentido del mundo. Nuestro constituyente conoce, asimismo, que los significados referidos a la dimensión normativa de la realidad, configurándola, son creaciones culturales. Además, dicha dimensión normativa es susceptible de reformularse a partir de los mismos individuos que conforman la sociedad. Todo ello es trasladable al mundo de los juegos.

El SC, reflexionando tras su comprensión normativa de los juegos como sistemas de comunicación, llegaría a la conclusión de que son creaciones humanas, tanto si se conocen las claves de su origen como si dichas claves se han perdido en el tiempo o han sido difuminadas por la tradición.

Asimismo, sabe (y así lo ha aplicado conscientemente cuando analizaba la competición de judo en Berlín) que las reglas de juego establecen qué hay qué hacer para que un conjunto de movimientos tenga existencia. Pero el origen de esas mismas reglas está en la decisión del grupo humano que las ha creado. Ha comprobado que muchos juegos modifican con el tiempo algunas de sus reglas, incluso radicalmente. Ha descartado la correspondencia metafísica que ciertas tradiciones atribuyen a muchas de ellas; considera que responden a la lógica de las tradiciones blindadas que tratan de intangibilizar la creencia.[30]

En su estudio de la justicia en los juegos – recuérdese la contraposición de juego-judo/combate bárbaro – nuestro SC constataría la existencia, en muchas culturas, de la idea de juego como perpetuador de rituales supersticiosos que condicionarían fuertemente el sentido de sus reglas, inseparables de la forma de vida y, por tanto, de sus principios

---

30. MARINA, J. A. *Dictamen sobre Dios*. Barcelona: Anagrama, 2001, pág. 89.

de justicia. Ello dificultaría (de manera irresoluble, en ocasiones) la comprensión adecuada en el SC (como se apuntó anteriormente) pero, al mismo tiempo, esa misma contraposición entre la creencia irracional y la certeza de que los juegos anclan su origen en una genealogía, le conduciría a autoimponerse una norma con la que racionalizaría su proceso de decisión: sólo seleccionar aquellos principios de justicia compatibles con el favorecimiento de la posibilidad de distanciamiento crítico en los hombres.

No en vano, Robles ha profundizado, desde sus estudios de Teoría del Derecho Natural,[31] en los diferentes modelos de iusnaturalismo y sus rasgos epistemológicos comunes, presentes en todas las culturas. El SC conoce el hecho de que hay tantos iusnaturalismos como culturas aunque participen de los mismos fundamentos epistemológicos. Obviamente, sabe que existen juegos que forman parte de rituales mágicos de dimensión metafísica, que se arrogan una imposible unión entre el ser y el deber ser, entre la naturaleza y el valor. La tarea de nuestro SC no dejaría al margen de su reflexión dicha consideración. Así pues, en su reflexión acerca de los juegos, el SC se desvincularía de la posibilidad de organizar una sociedad a partir de valores que permitiesen que los hombres internalizaran esencialismos de origen. Dicha conclusión derivaría de una metodología descriptivo-epistemológica[32] que, a buen seguro, sería utilizada por nuestro SC en su estudio de los juegos en la historia.

Este sería un argumento de peso para que, de la mano del análisis citado, nuestro SC estableciese la necesidad de que los hombres comprendiesen la naturaleza convencional

---

31. ROBLES MORCHÓN, G. *Introducción a la teoría del derecho*. 6ª edición. Barcelona: Debate, 2003, pág. 68 y ss.

32. ROBLES MORCHÓN, G. *Introducción a la teoría del derecho*. 6ª edición. Barcelona: Debate, 2003, pág. 58.

de los sistemas de normas. Una conclusión que, trasladada como principio de justicia general a la base del orden social conduciría, inevitablemente, a reconocer y garantizar el derecho de los individuos a la revisión crítica de las reglas en virtud de las cuales rigiesen su vida. Nuestro SC descartaría organizar una sociedad justa de acuerdo con reglas que constituyesen sistemas fundados sobre fuentes de legitimidad trascendental, de base supuestamente metafísica (religiosa o no), o con la pretensión totalitaria (no necesariamente de base religiosa) de intangibilizar el poder de un soberano. Descartaría seleccionar principios de justicia mezclados con mitos cuya tendencia fuere buscar la estabilidad mediante, por ejemplo, autolegitimaciones de tipo trascendental. Dichos entramados normativos pueden cerrarse a la crítica a partir de axiomas de carácter metafísico y favorecer la constitución de sociedades ajenas al desarrollo de la autonomía de los individuos, partidarias de su obediencia incondicional, ajenas al pensamiento crítico, etc.[33]

Creo que nuestro SC llegaría a la conclusión de que, dentro de ciertos límites, el individuo debe poder distanciarse y tomar conciencia crítica de su persona y de la sociedad. Hablaríamos de reconocer como un valor moral la capacidad de pensarnos a nosotros mismos, de construirnos asumiendo las riendas de nuestra vida sin tener por qué ser meras réplicas por pertenecer a una comunidad determinada.

En este punto, es clara la relación entre la reflexión sobre los juegos y la necesidad de reconocimiento y protección de la libertad psíquica de las personas.

---

33. MARINA, J. A. *Dictamen sobre Dios*. Barcelona: Anagrama, 2001, pág. 86.

7. Sobre la exigencia de libertad en los juegos

Creo que para el SC los individuos ya tienen reconocido su valor moral, se da por entendido implícitamente que los individuos tienen derecho a gozar de la oportunidad de diseñar su vida de acuerdo con sus decisiones libres. Esta consideración fundante que responde a la exigencia ética de que el individuo es un fin en sí mismo, parte de una concepción antropológica nada aséptica, Robles ha elegido la visión del hombre como libre elector de su propia vida.

Entiendo que Robles diseña su SC partiendo del reconocimiento del valor moral de cada persona y de cómo ampararlo a partir de la consideración de aquellas reglas que en los juegos lo hagan posible.

Sostiene Robles que la libertad se erige en el presupuesto básico de la justicia en el juego, ya que *"si no tengo libertad para jugar o no jugar el juego deja de serlo"*. Por tanto, *si se impone el jugar con una fuerza externa o con una amenaza que afecte al ánimo de la persona de manera decisiva, de forma tal que el individuo que lo padece no pueda soportarlo, aunque respete las reglas y realice acciones de juego, en verdad no estará jugando*.[34] En este punto, Robles matiza que habría que precisar la concreta intensidad del condicionamiento y el estudio psicológico de cada individuo.[35]

Pero, además de libertad para jugar o no jugar, Robles añade la necesidad de verificar si ésta se extiende al aspecto interno, cuya falta contaminaría la libertad psíquica del individuo. Existen –sostiene Robles- pulsiones internas que sobrepasan al individuo, que adulteran su libre elección. Ni el amenazado ni el ludópata tendrían *"libertad*

---

34. ROBLES MORCHÓN, G. *La justicia en los juegos*. Dos ensayos de teoría comunicacional del derecho. Trotta, 2009, pág. 24 y ss.

35. ROBLES MORCHÓN, G. *La justicia en los juegos*. Dos ensayos de teoría comunicacional del derecho. Trotta, 2009, pág. 27-26.

TEORIA COMUNICACIONAL DO DIREITO

verdadera", no jugarían en el sentido genuino que tiene la palabra "jugar". La persona que no está libre de amenazas o de pulsiones, realiza las acciones de juego de acuerdo con las reglas del juego, pero le falta el componente esencial; la libertad psíquica constituye el punto de partida. Sin ella no hay juego propiamente dicho. En otras palabras, desde un punto de vista estrictamente formal la persona sin libertad puede realizar acciones de juego, pero desde una perspectiva que considere a la persona en su integridad lo que hace, no es jugar, sino cumplir las exigencias imperiosas de una necesidad psíquica.[36]

La clave es, para Robles, partir de una *"perspectiva que considere a la persona en su integridad"*. Por ello, Robles descarta ciertas aceptaciones aparentemente libres pero *"no genuinas"* del jugar, como ocurre en el caso de los ludópatas, situación en la que existe una fuerza interna que le restringe su voluntad. (…) El ludópata juega, pero lo hace con un sentido profundamente diferente de la persona que no padece esa enfermedad. La diferencia estriba en que, en su caso, el juego no constituye una distracción sin más, sino que forma parte esencial de su vida real. El paréntesis en la vida real que conlleva el juego llega a ser en su caso tan grande que no puede ser ya considerado un paréntesis.[37]

Una apreciación en clara consonancia con otros trabajos de Robles sobre la acción, en los que sostiene que el hombre es libre en la medida en que puede elegir las acciones que realiza; justamente en eso consiste su libertad, en ser libre de elegir, en ser libre para decidir en el momento siguiente de su vida.[38]

---

36. ROBLES MORCHÓN, G. *La justicia en los juegos*. Dos ensayos de teoría comunicacional del derecho. Trotta, 2009, pág. 27-28.

37. ROBLES MORCHÓN, G. *La justicia en los juegos*. Dos ensayos de teoría comunicacional del derecho. Trotta, 2009, pág. 27.

38. ROBLES MORCHÓN, G. *Teoría del derecho*. Fundamentos de teoría comu-

Creo que nuestro SC da por sobreentendido que, para que exista auténtica libertad como presupuesto básico de la justicia en el juego, los jugadores deberían ser libres antes de elegir jugar. Lo cual supone un ajuste metodológico. Por eso sostuve que nuestro SC analizará los juegos en los que dicho principio se verifique o, como veremos a continuación, su restricción sea poco relevante con respecto a la decisión de jugar.

Profundizaré en esta exigencia de verdadera libertad ligada a la perspectiva de considerar a la persona *en su integridad*, que me parece la clave del porqué el SC se centra en determinados juegos en detrimento de otros.

Tomando como ejemplo al ludópata del que nos habla Robles, entiendo que lo verdaderamente relevante para hablar de falta de libertad psíquica como presupuesto básico de la justicia en el juego, es que la restricción de libertad provocada por la *Acrasia* crónica del ludópata viciaría su proceso de decisión, aunque fuese voluntaria su elección de jugar. Debido a su, siguiendo a V. Camps, incontinencia e inmoderada obsesión por el juego,[39] el ludópata no haría depender su elección de jugar del placer de la distracción (como una afiliación más en su vida) sino que el juego formaría parte de su vida de una manera totalizante y altamente perniciosa para sí mismo.

Extraigo de ello dos ideas:

a) Una vez más, se confirma la consideración previa en el SC del valor moral del individuo autónomo, capaz de explorar con plena libertad el ámbito de su proceso de decisión, con derecho a tomar decisiones autoconscientes y a hacerse responsable de ellas. Una autonomía que implica el

---

nicacional del derecho. Volumen I. Editorial Civitas, 5ª edición, pág. 278.

39. CAMPS, V. *Virtudes públicas*. Espasa Calpe. Barcelona, 1990, pág. 174.

reconocimiento del valor moral de la capacidad de elegir los propios fines, evaluarlos, justificar nuestra decisión y tener la energía para realizarlos.[40] Ello implica proclamar la dignidad intrínseca del individuo, de ahí la insistencia en el control voluntario del *ámbito del proceso de decisión previo de las operaciones mentales*.

b) La idea de juego como un microcosmos convencional y lúdico en el que acepta entrar el individuo por placer y como distracción, no entregando el sentido de su vida.

Por todo ello, teniendo en cuenta las restricciones a la exigencia de plena libertad (libertad verdadera) desde la perspectiva de considerar la persona *en su integridad*, me parece igual de restrictivo para la libertad la decisión "voluntaria" de entrar en el juego cuando el error con relación al estado de cosas juegue un papel decisivo. Me refiero a la ignorancia como estado que restringe la libertad de elección, un tema profundamente analizado por Aristóteles en el libro III de su Ética a Nicómaco: "Acciones voluntarias e involuntarias; fortaleza y templanza".[41]

En mi opinión, habrá de tenerse en cuenta, a efectos de calibrar la libertad verdadera de una decisión, el que una persona que decida jugar lo haga motivado por creencias supersticiosas o absolutamente infundadas que constituyan la razón de ser del juego, confiriéndole una dimensión de sentido de la vida y no de *paréntesis* en la vida del sujeto. Dichas creencias podrían contaminar el ámbito del proceso de decisión previo al jugar.

---

40. MARINA, J.A. *Crónicas de la ultramodernidad*. Anagrama. Barcelona, 1999, pág. 148.

41. ARISTÓTELES. *Ética a Nicómaco*. Introducción, traducción y notas de José Luis Calvo Martínez, Madrid: Alianza Editorial, 2001.

8. *Libertad verdadera* y tipos de juegos. Expectativas y reglas

Analizaré la exigencia de libertad verdadera y la distinta relevancia de su afectación en diferentes modalidades de juegos. Robles separa los juegos que imitan la vida de aquellos que no la imitan:

> "Si dejamos a un lado los juegos de los niños que representan situaciones de la vida real (como el juego de "policías y ladrones") y también las piezas teatrales, y algunos otros juegos, podemos destacar cuatro tipos: los juegos de puro azar, los de cartas, los de fichas, y aquellos en que los jugadores se mueven en el espacio físico del juego. A estos últimos los podemos llamar juegos deportivos. Ejemplo de juego de azar es la lotería en cualquiera de sus formas; del de cartas, el póquer; del de fichas, el ajedrez; del cuarto tipo, el fútbol."[42]

Ya en su clásico "Las Reglas del Derecho y las Reglas de los juegos" Robles establecía una clasificación casi idéntica, en la que denominaba a aquellos juegos en los que los jugadores se mueven en el espacio físico del juego, como "juegos de hombres". Considero que puede sacársele partido a esta clasificación y a su alcance al reflexionar sobre la libertad plena o verdadera.[43]

Roger Caillois clasifica, cuatro tipos de juegos a lo largo de la historia.[44]

a) Deportes y juegos de salón, llamados *Agon*. En ellos los participantes compiten en condiciones de relativa igualdad.

---

42. ROBLES MORCHÓN, G. *La justicia en los juegos*. Dos ensayos de teoría comunicacional del derecho. Trotta, Madrid 2009, pág. 37.

43. ROBLES MORCHÓN, G. *Las reglas del derecho y las reglas de los juegos*. Ensayo de teoría analítica del Derecho. Ed. Facultad de Derecho de Palma de Mallorca. UIB, 1984, pág. 17 y ss.

44. CALLOIS, R. *Los juegos y los* hombres: la máscara y el vértigo. Fondo de Cultura Económica de España, S.L., 1986, pág. 130 y ss.

Se busca la victoria.

b) Juegos en los que predomina el azar: no dependen prioritariamente de la voluntad del jugador y el objetivo final no implica tratar de vencer al resto de participantes.

c) Juegos *Mimicry*: secretos, misterios y máscaras. Los participantes aceptan simular un contexto cerrado, reglado y ficticio, en un sentido extrahumano parcialmente, al menos. Lo prioritario es internalizar una realidad alternativa.

d) juegos que buscan el vértigo y la confusión, *Ilinx*. Tratan de subvertir temporalmente la realidad mediante el pánico, el alcance de estados alterados de conciencia.

Robles llama "juegos de hombres" a aquellos en los que (a diferencia del ajedrez, por ejemplo) los jugadores están, por así decirlo, dentro del terreno de juego, algo que puede ser entendido como un equivalente a la acción en el derecho.[45] En la modalidad de "juegos de hombres" tendríamos incluidos gran cantidad de juegos *Agon* (los deportivos, básicamente), los juegos *Mimicry* y los *Ilinx*.

Considero que es en esta modalidad de juegos en la que, si se observan los juegos en la historia, resulta más habitual que la parte-juego no se entiende bien sin el todo social. En nuestras sociedades abiertas, los juegos de Rol son, por ejemplo, una manifestación del jugar (que integra elementos *Mimicry* e *Ilinx*, según terminología de R. Callois) en la que se refleja un respeto escrupuloso por la libertad plena de los participantes (jugar o no, libertad psíquica y conocimiento completo del estado de cosas), aunque las reglas voluntariamente aceptadas incluyan importantes

---

45. ROBLES MORCHÓN, G. *Las reglas del derecho y las reglas de los juegos*. Ensayo de teoría analítica del Derecho. UIB: Ed Facultad de Derecho de Palma de Mallorca, 1984, pág. 17 y ss.

asimetrías entre jugadores e incluso pérdida voluntaria del control o condiciones claramente desiguales (juegos sado-maso, por poner un ejemplo extremo). Pero también han existido sociedades en las que creencias supersticiosas eran trasladadas a juegos en los que los intervinientes aceptaban participar, y en los que las reglas estaban impregnadas de la irracionalidad de las creencias. Estos aspectos son, como se verá, indisociables de la libertad de elección de los jugadores. En muchos de estos casos, el juego sería una actividad que no podría ser considerada – en palabras de Robles – *un mero paréntesis*, ya que formaría parte esencial de la vida real de los jugadores.

Al tratar las expectativas desde el campo de la sociología del Derecho, Robles nos recuerda que la aceptación desde el punto de vista interno tiene una inevitable dimensión sociológica: *"La expectativa es el correlato del sentimiento del deber en los fenómenos de interacción social, cuando tales procesos son objeto de expresión normativa"*.[46] Es decir, la expectativa sería la representación mental o psicológica generada en los destinatarios por la existencia de sus normas, por *"saberse dentro de su existencia normativa"*.[47] Las actitudes de las personas hacia el juego, (tanto jugadores como sociedad en su conjunto) están mediatizadas por la expectativa que el juego genera, algo difícilmente separable de las creencias vigentes.

Lo paradójico es que la constatable restricción de libertad que procura la ignorancia no sería obstáculo insalvable para que, con relación a determinadas modalidades de juego, nuestro SC desarrollase su labor de selección de principios de justicia. Tratare de ilustrar esta idea.

---

46. ROBLES MORCHÓN, G. *Sociología del derecho*. Madrid: Editorial Civitas, 1993, pág. 102.

47. ROBLES MORCHÓN, G. *Sociología del derecho*. Madrid: Editorial Civitas, 1993, pág. 104-105.

Para la siguiente reflexión me referiré a los juegos de fichas y de cartas (desde aquellos en los que el azar tiene una cierta importancia, como el mus o el dominó; hasta aquellos otros juegos en los que el azar se refiere únicamente a las condiciones de los participantes – externas al juego en sí – como el ajedrez o el Go japonés). Hablamos de juegos de competencia en los que se busca la victoria, dependiente, en mayor o menor medida, de la pericia de los jugadores. Contrapongo la idea de libertad psíquica que sugieren estos juegos con la de los juegos de hombres en general.

Como anteriormente se ha defendido (cuando se analizó el combate de judo y se comparó con otras modalidades de combate bárbaras), parece claro que, para un observador hermenéutico-analítico como nuestro SC, con un marco pre-comprensivo no moralmente neutralista ni omnicomprensivo (un imposible práctico en ambos casos), comprender y seleccionar adecuadamente los principios de justicia de la competición de judo estaba vinculado a su identificación cultural. No solamente comprendía normativamente el juego sino que seleccionaba como valiosos ciertos principios de justicia (vinculados completamente a los parámetros éticos de las sociedades abiertas), para proyectar en una posible sociedad perfecta.

Sin embargo, resultaba problemática la operación de comprensión-selección de valores de justicia en nuestro SC si existía una fuerte disparidad cultural (en sentido amplio) con respecto a la forma de vida concreta en la que ciertos juegos han existido. La operación no podía centrarse exclusivamente en el punto de vista interno al juego, obvia imposibilidad práctica de nuestro SC, que no podría adoptar un punto de vista interno de las reglas al analizar jugadores de toda época y lugar.

A pesar de ello, la aproximación de nuestro SC al fenómeno de los juegos de fichas y cartas con la finalidad de extraer principios de justicia, podría concluir lo siguiente: la restricción de libertad padecida por la ignorancia o la superstición de los jugadores no afectaría decisivamente a nuestro SC en su selección de principios de justicia. Por ejemplo: si observásemos jugar dos jugadores del antiguo backgammon Egipcio (2500 a de Cr.)[48] que atribuyesen una infundada significación supersticiosa o metafísica al juego (la relativa al origen de sus normas, por ejemplo), ello no distorsionaría el imprescindible principio de respeto por las condiciones paritarias (de igualdad formal) en el juego, así como tampoco afectaría al principio de lealtad hacia las reglas. Es decir, si nuestro SC analizase los juegos de fichas y los de cartas, probablemente concluiría que el alcance de las creencias irracionales acerca del juego no se extendería (de forma determinante, al menos), a los principios de justicia que podrían detectarse en sus reglas. Nuestro SC, no necesitaría de dicho punto de vista interno (que, por descontado, no veo cómo podría hacer suyo) para realizar su labor, aunque no comprendiese la atribución de significados metafísicos (si los hubiere) que los jugadores arrogasen a su juego.

Cuando nuestro SC reflexiona acerca de los juegos de fichas y cartas, el punto de vista interno de los jugadores (que, como se recordará, está vinculado necesariamente a la forma de vida) le sería prescindible a los efectos de extraer principios de justicia tales como: la libertad de jugar o no jugar y la libertad psíquica, la lealtad a las reglas de juego y la igualdad formal. La carencia de libertad plena en los jugadores (referida a la supersticiosa atribución de significado trascendental-animista a sus reglas, por ejemplo), en poco o en nada modificaría el componente lúdico del

---

48. <https://goo.gl/YfTVo0>.

juego, referido al deseo de participar en un microcosmos vinculado a una competencia que busca la victoria sobre el oponente, en términos manifiestamente diferentes a los de su vida real.

Podríamos defender, utilizando un argumento contrafáctico, que sería altamente probable que los jugadores de dicho juego arcaico de backgammon, deseasen seguir jugando en la hipotética situación en la que comprendiesen lo irracional de sus creencias acerca del juego. Se produciría, con toda seguridad una recomposición del punto de vista interno de aceptación en ellos, pero las reglas seguirían incólumes al no verse decisivamente afectadas por las creencias y, muy probablemente, el deseo de jugar persistiría.

El hecho de que nuestro SC pueda, al margen de la creencia social mágica, seleccionar principios de justicia – en los juegos de cartas y fichas – tales como libertad de elección y psíquica, la igualdad formal y la lealtad a las reglas, me conduce a tres puntos:

a) Las creencias no configuran concluyentemente las reglas en este tipo de juegos.

b) Las creencias no contaminan decisivamente la libertad de jugar.

c) Nuestro SC selecciona principios de justicia que ya consideraba valiosos con anterioridad.

Sin embargo, si nos referimos a muchos de los "juegos de hombres" habidos en la historia, las creencias vigentes y extrañas de su forma de vida sí afectarían decisivamente a la libertad plena de los jugadores y, al mismo tiempo, dificultarían (o imposibilitarían) la tarea de nuestro SC.

Un ejemplo: El libro "Colapso", de Jared Diamond, narra la implosión de formas de vida de la mano de crisis sociales provocadas por creencias irracionales que ocasionaron, por ejemplo, desastres medioambientales.[49]

El capítulo dedicado al "crepúsculo en la Isla de Pascua", consumida por la deforestación, las hambrunas, etc., y que tiene su versión cinematográfica en la película *Rapa Nui*, (1994, Kevin Reynolds), nos llegamos a explicar cómo se llegó a dicha catástrofe ecológica y humana. Al parecer, los primitivos habitantes de la zona organizaron una competición para determinar cuál de las tribus en pugna debía acceder al poder político. Se trataba de ser (sin más reglas) el primero en construir la estatua dedicada a una divinidad. La competencia deportiva envuelta en rivalidad grupal y trascendencia religiosa acabó convirtiéndose en la forma de vida: los jugadores competían sacrificando sus vidas para agradar a unos dioses insatisfechos, y el pueblo celebraba ávido la competición permanente entre rituales mientras esquilmaba los recursos naturales en beneficio de las construcciones de piedra.

Hablamos de una forma de vida en la que floreció un juego (de hombres) envuelto en creencias irracionales y bárbaras. Un juego en el que los hombres aceptaban gustosamente participar, una aceptación voluntaria pero contaminada por creencias que generaban expectativas determinantes para los jugadores y que, además, conformaban las propias reglas del juego. Nuestro SC tendría graves dificultades no solo para comprender adecuadamente el juego sino para seleccionar principios de justicia de tan bárbara competición.

Se podría imaginar, asimismo, otros escenarios de jugadores carentes de libertad plena, sería el caso de culturas

---

49. DIAMOND, J. *Colapso ¿Por qué unas sociedades perduran y otras desaparecen?* Barcelona: Debate 2006, pág. 70 y ss.

precolombinas,[50] juegos envueltos en creencias arcaicas y rituales sangrientos que no reflejasen principios de libertad plena o igualdad formal. En similar sentido, algunos de los juegos favoritos para los faraones del antiguo Egipto. Por ejemplo aquel juego consistente en formar equipos que, en barcos de pequeño tamaño, se enfrentaban a golpes en el Nilo. El juego terminaba cuando uno o más miembros del equipo caían muertos, cosa segura porque los hipopótamos, atraídos por el ruido arremetían contra los barcos arrojando a sus tripulantes al río donde eran devorados por los cocodrilos. Los tripulantes no podían defenderse de los animales por su consideración de sagrados.[51]

Asimismo, han existido Juegos que eran deseables o aceptados "libremente" por esclavos desde su embrutecimiento cultural o creencias religiosas, en los que aceptaban gustosamente ser "animalizados". Las creencias envolvían el juego mismo por lo dificultan hasta hacer imposible, en ocasiones, la labor de nuestro SC: comprender y entresacar principios de justicia.

Así pues, en los juegos de fichas y cartas, las creencias irracionales y extrañas no supondrían una grave dificultad para que el SC realizase su labor de selección de principios de justicia (que estarían presentes en las reglas mismas), tales como libertad de elección, libertad psíquica, igualdad formal y lealtad a las reglas. A diferencia de estos juegos, en gran cantidad de juegos de hombres similares al ejemplo de Rapa Nui:

a) Las creencias configuran las reglas.

b) Las creencias contaminan decisivamente la libertad de elección de los jugadores.

---

50. <https://goo.gl/vlJNBQ>.

51. <https://goo.gl/ciOUK9>.

c) Nuestro SC no podría seleccionar principios de justicia dignos de una sociedad ideal.

Podríamos incluso defender que si utilizásemos con los juegos de hombres (impregnados de irracionalidad creencial) el mismo argumento contrafáctico que hemos utilizado con los juegos de fichas y cartas, la respuesta sería la contraria. Es decir, resultaría altamente improbable que los individuos de la isla de Pascua deseasen jugar en una situación hipotética en la que comprendiesen la irracionalidad de sus creencias. Se produciría, con toda seguridad, una desconexión total del punto de vista interno de aceptación y la extinción del deseo de participar en el juego.

Resultaría una tarea abrumadora investigar la cantidad de juegos de hombres en la historia en la que los jugadores decidían jugar careciendo del requisito de libertad plena (relativa al conocimiento del estado de cosas) por sumisión a criterios morales incuestionados. Los juegos de hombres (entre los que se encontrarían los deportes) serían creaciones culturales ensambladas a las formas de vida, y su estabilidad puede considerarse como muy dependiente de las creencias vigentes apoyadas en legitimaciones mágicas.

Creo que considerar la libertad plena o verdadera como presupuesto básico de la justicia en los juegos sería una pre-condición para nuestro SC, y no una conclusión tras su estudio de los juegos en la historia. Una precondición moral que se plasmaría en el derecho del jugador (ciudadano) a examinar críticamente el sistema de normas para tomar decisiones libres. Sospecho que nuestro SC seleccionaría principios de justicia de aquellos juegos de acuerdo con los cuales pudiera organizarse una sociedad de sujetos autónomos.

Evidentemente, sólo la pertenencia a las sociedades democrático-liberales ofrece dicho distanciamiento y alternativas de potencialidades humanas libremente escogidas por el sujeto.

9. El azar en los juegos y en el derecho

Robles se pregunta qué relación hay entre la suerte y la justicia y si puede hablarse de suerte justa y de suerte injusta. Nos recuerda que en casi todos los juegos, como en la vida de los hombres, interviene la suerte. En algunos, como en la lotería, la suerte es el factor decisivo y, en otros como el ajedrez, el azar no tiene papel alguno que cumplir.[52]

La lotería, por ejemplo, da por bueno el principio de que la suerte es justa, que la justicia equivale a la justicia del procedimiento. Representa en este sentido el modelo de justicia procedimental, en palabras de Robles:

> El procedimiento del azar por sí mismo es idóneo para distribuir premios, y eso sucede así porque no se trata de dar a cada uno lo suyo en cuanto que sea lo merecido por esa persona, sino de dar a cada uno lo que le toque en virtud de la suerte. La justicia de la suerte es, pues, consecuencia de la aceptación de las reglas de procedimiento.[53]

La lotería como paradigma de juego de azar puro garantiza la libertad y la igualdad formal, el problema es que, dice Robles, "hace abstracción de las desigualdades sociales o económicas", ya que no contempla los contextos sociales en que tiene lugar. Desde la perspectiva extrasistémica la lotería se manifiesta, por consiguiente, como un juego injusto, ya que no tiene en cuenta la realidad socio-económica y en general la realidad humana circundante.[54]

---

52. ROBLES MORCHÓN, G. *La justicia en los juegos.* Dos ensayos de teoría comunicacional del derecho. Trotta, Madrid 2009, págs. 37 y ss.

53. ROBLES MORCHÓN, G. *La justicia en los juegos.* Dos ensayos de teoría comunicacional del derecho. Trotta, 2009, pág. 39.

54. ROBLES MORCHÓN, G. *La justicia en los juegos.* Dos ensayos de teoría comunicacional del derecho. Trotta, 2009, pág. 40.

Se confirma que para nuestro SC, desde su perspectiva extrasistémica, los individuos considerados *"en su integridad"* ya tienen reconocido su valor moral, su derecho a gozar de la oportunidad de diseñar su vida de acuerdo con sus decisiones libres, algo muy improbable de lograr para los nacidos en situación socio-económica desfavorable.

En mi opinión, el déficit de justicia de los juegos de puro azar se justifica en base a que no procuran la igual libertad para todos los ciudadanos, siendo esta (en su sentido pleno o verdadero) el presupuesto básico de la justicia en los juegos. El SC conoce que el mero azar favorecería una desigual libertad entre los que cuentan con recursos suficientes y un entorno favorable y los que carecen de ello; los primeros partirían de una posición de ventaja, serían más libres. Una sociedad diseñada según planteamientos de exclusiva libertad formal, se entregaría a los avatares del nacimiento limitando las perspectivas de vida de los ciudadanos menos afortunados, condicionando lo que son y pueden esperar ser y en qué medida pueden esperar conseguirlo. Esto es, pondríamos la organización social en manos del azar de nacimiento, con lo que las expectativas vitales de los individuos estarían fuertemente condicionadas por ese mismo azar.

La exigencia de garantizar la libertad e igualdad formal, únicos principios exigidos en los juegos de azar puro, es una condición necesaria pero no suficiente para la perspectiva de Robles, que contempla como precondición de su tarea al individuo en su integridad, abogando por la importancia de una verdadera libertad que se materialice en sus procesos de decisión.

10. Conclusiones

a) Poder jugar o no jugar, controlar la decisión psíquicamente (sin pulsiones internas) y conocer con plenitud el alcance de la racionalidad de las creencias, serían las dimensiones exigidas para poder hablar en puridad de *libertad verdadera*. El individuo autónomo debe ser emancipado de la desigualdad formal por nacimiento, de los dominios arbitrarios de la tradición esencialista y de los constreñimientos a los que le somete la privación material y la falta de oportunidades. Robles aboga por la libertad plena del individuo que se construye sin mecanicismos estatales, creencias infundadas ni determinaciones vitales dadas por el azar, aunque sí deberá manejarse dentro de los insalvables márgenes en los que este tiene lugar.

b) El rechazo del principio de justicia que podemos extraer de los juegos de puro azar, deriva de la abstracción que impone de las circunstancias personales en los individuos, lo que estrecharía su campo de decisiones libre debido a contingencias de origen. Dicho rechazo vendría dado, según parece desprenderse del estudio, del valor moral desde el que se contempla al ser humano, el valor del autocontrol de su vida a través de sus decisiones, es decir, a partir del protagonismo del sujeto que se configura a sí mismo. Los juegos de azar bloquean ese dinamismo haciendo depender, en cierto sentido, el itinerario vital de los individuos de la consideración de las desigualdades naturales como moralmente relevantes. Robles considera al hombre como protagonista de su vida, lo que implica su derecho a afrontar las posibilidades de un futuro que podría incluir el jugar mal las reglas, echar a perder las ventajas o verse desbordado por el azar, sí, lo cual no implica abandonarse a su determinismo implacable, como ocurre con el principio de justicia basado en el azar puro que Robles descarta.

c) Consecuentemente, Robles es partidario de incluir entre los principios de una sociedad justa alguna dimensión de justicia social que tienda a igualar las oportunidades y se preocupe por un cierto nivel de logro en los resultados (sin garantizarlos mediante un proyecto de ingeniería social). Es decir, una sociedad que promueva las condiciones para que cada individuo no sólo tenga el derecho para poder escoger su propio plan de vida sino que pueda escogerlo entre diferentes posibilidades no determinado por el azar, una sociedad en la que cada individuo tenga derecho a pensarlo profundamente con cierto distanciamiento crítico y que facilite los instrumentos para posibilitar su desarrollo. Por ello, el derecho debería habilitar los medios interviniendo para materializar la posibilidad de que cada persona diseñe su propio proyecto de vida y que, dentro de ciertos límites, pueda luchar para lograrlo. No obstante, aunque el sistema se preocupa, en origen, de los resultados del proceso social, no los garantiza. En palabras de Robles:

> No es aceptable que en el ajedrez haya competiciones entre superdotados y personas de escaso nivel de inteligencia; ni que haya partidos de fútbol entre personas físicamente enteras y discapacitados. Se trata de personas en todos los casos, pero sus condiciones concretas alteran de manera notoria la igualdad. Así, puede decirse que los juegos garantizar la igualdad formal y desechan las desigualdades materiales graves. No así las desigualdades materiales menores, pues de otro modo sería imposible todo juego, ya que las personas son diferentes entre sí e incluso una misma persona atraviesa constantemente por fases que la hacen distinta para el juego en cuestión.
>
> En el Estado social de derecho se ha seguido la misma pauta: no se eliminan las desigualdades materiales menores aunque sí las mayores. La igualdad absoluta en todos los aspectos de la vida de las personas es imposible.[55]

---

55. ROBLES MORCHÓN, G. *La justicia en los juegos*. Dos ensayos de teoría comunicacional del derecho. Trotta, 2009, págs. 46-47.

La propuesta no persigue la igualdad real en ganancias, la igual satisfacción final en las personas ni la garantía de que los proyectos de vida serán realizados. De lo que se trata es de comprometerse, en aras al desarrollo autónomo de las personas, en una intervención desde el poder para igualar en lo posible las condiciones que capacitan a las personas fuertemente condicionadas por el azar natural o sociocultural para que, a la hora de competir, la igualdad de oportunidades se haga más presente. Por analogía supongo que el *"garantizar la igualdad formal y desechar las desigualdades materiales graves"* pero no *"no las desigualdades menores"* se refiere, por ejemplo, a garantizar a la ciudadanía cierto nivel de ayudas públicas en la sanidad y en los estudios obligatorios, ayudando especialmente a los que muestran una capacidad inferior a la media y, pasado cierto umbral someterlo después a ayudas públicas justificadas. En palabras de S. Urbina:

> "[...] una cosa es aceptar la insuficiencia del mercado y los razonamientos procedimentales que se desentienden completamente de los resultados del proceso, y otra es perseguir una igualdad real en los resultados, que pasaría por tener capacidades iguales y hacer esfuerzos iguales.[56]

Por tanto, se garantizarían las libertades formales del sistema liberal a la vez que se intervendría para aminorar las desigualdades en origen, como la pobreza, la ignorancia o la desigualdad en oportunidades, que obstaculicen la igual libertad. Se trataría de evitar la injusticia de punto de partida igualando en capacitaciones equiparadas a los individuos, pero una vez garantizadas, los individuos deben "entrar en competencia", es decir, ser responsables de su bienestar y felicidad. Robles expresa lo anterior de la siguiente manera:

---

56. URBINA, S. *La tentación de la ignorancia.* Assaigs Jurídics. UIB. Palma, 2004, pág. 59.

> Cada individuo es protagonista, pero al mismo tiempo la vida juega con todos nosotros en un baile en el que no dominamos más que algunos compases, siendo la música en su conjunto, una música que no conocemos de antemano, la que nos lleva, la que guía nuestros pasos. Sucede como en los juegos en que se combinan habilidad y azar. La vida es una mezcla de decisión personal y suerte imprevisible, de libertad de elección y de destino no elegido. De ahí que la vida esté presidida también por la sensación de incertidumbre, de duda, de zozobra y también incluso de miedo.[57]

d) Finalmente, la cuestión de la lealtad hacia el sistema. Una sociedad comprometida con el logro de una plena libertad para cada hombre estaría mejor legitimada para promover la exigencia de lealtad hacia sus reglas. Un sistema defensor de un principio de igualación material en desigualdades graves sin garantía de igual satisfacción o realización, podría suscitar lealtad en una ciudadanía compuesta por personas "verdaderamente libres" si, al mismo tiempo, promoviese un ideal de vida buena y valiosa que defendiese que el desarrollo de los individuos como seres autónomos incluye, como moralmente valioso, el afrontar las consecuencias que para su vida tienen sus decisiones.

---

57. ROBLES MORCHÓN, G. *La justicia en los juegos*. Dos ensayos de teoría comunicacional del derecho. Trotta, 2009, pág. 38.

RETÓRICA Y DEMOCRACIA: DOS CUESTIONES PARA LA TEORÍA COMUNICACIONAL DEL DERECHO

Aurélio de Prada[1]

1. Introducción

Como señalábamos en un trabajo anterior,[2] una de las propuestas más sugerentes en la Teoría del Derecho de los últimos años ha sido la de la "Teoría Comunicacional del Derecho" (TCD) planteada por el profesor español Gregorio Robles. Una propuesta entre cuyas ideas básicas está la consideración del derecho como lenguaje, –"el derecho es lenguaje", por decirlo con los términos del autor,[3]–, lo que, sin embargo, no implica "la defensa de una tesis ontológica fuerte sino únicamente la tesis de que la forma de

---

1. URJC, Madrid.

2. Vid. *Teoría Comunicacional del Derecho y lenguaje de los juristas:* Algunas consideraciones en ROBLES, G. y BARROS CARVALHO, P. de (Coord.): *Teoria Comunicacional do Direito:* Diálogo entre Brasil e Espanha. Noeses, São Paulo, setembro 2011, p. 145-167.

3. ROBLES, G. *Comunicación, Lenguaje y Derecho. Algunas ideas básicas de la Teoría comunicacional del Derecho.* Discurso de Recepción como Académico de Número. Real Academia de Ciencias Morales y Políticas. Madrid 2009, pág. 30.

manifestación del derecho, en cualquiera de sus modalidades, es precisamente el lenguaje".[4]

Como también señalábamos en ese mismo trabajo, esa consideración no queda ahí, pues ese lenguaje que es el derecho, – ese "lenguaje jurídico"–, resultaría, según el autor, ciertamente peculiar en la medida en que "perteneciendo al lenguaje normal es, al mismo tiempo, el lenguaje especializado de una clase profesional: la de los juristas".[5] Más aún, los juristas desempeñarían un papel clave en la formación del lenguaje jurídico y es que, de nuevo según el autor, "en lo que respecta a nuestra cultura las palabras del derecho son en su inmensa mayoría criaturas de esa clase profesional" por lo que "[...] es perfectamente lícito afirmar que el lenguaje del derecho es el lenguaje de los juristas." [6]

Con esa aserción, – central en su "Teoría comunicacional", concebida, por ello mismo, como "análisis del lenguaje de los juristas"–,[7] el profesor Robles vendría a tomar partido en una disputa asimismo central que se remonta a los orígenes mismos del derecho tal y como lo conocemos en Occidente y que versa sobre las características que ha de tener el lenguaje jurídico: si ha de ser un lenguaje especializado, un lenguaje de juristas; si, más bien, habría de ser parte, por decirlo con nuestro autor, del "lenguaje normal", del lenguaje del hombre de la calle o si, finalmente, cabe alguna posición intermedia entre ambos extremos.

Dada, pues, esa inserción de una de las tesis claves de la Teoría Comunicacional del Derecho en la polémica de siglos sobre el lenguaje jurídico en dicho trabajo

---

4. ROBLES, G. *Comunicación, lenguaje y derecho*, cit. pág. 31.

5. ROBLES, G. *Comunicación, lenguaje y derecho*, cit. pág. 32.

6. ROBLES, G. *Comunicación, lenguaje y derecho*, cit. pág. p. 33.

7. ROBLES, G. *Introducción a la teoría del derecho*. Madrid, Debate, 6ª ed. p. 34.

examinábamos dicha tesis contextualizándola dentro de tal disputa y derivando las conclusiones pertinentes. Ahora bien, no hicimos especial hincapié en dos puntos, en dos cuestiones que, sin embargo, parecen reclamar cierta atención por parte de una Teoría del Derecho que se define en los términos en los que lo hace TCD y a los que se acaba de aludir.

La primera sería la cuestión de la retórica. Un arte que para muchos es parte esencial del lenguaje de los juristas, – del lenguaje jurídico, por tanto, en opinión del autor – y que sin embargo, hasta donde llega nuestro conocimiento, no ha sido tratado por éste en su TCD, especificando si desempeña o no un papel relevante en dicha teoría.

La segunda sería la cuestión de la democracia, por así decirlo. Un régimen político que, si bien históricamente no ha gozado precisamente de la mayor de las consideraciones, ha acabado, sin embargo, por imponerse desde la Revolución francesa, al menos formalmente, lo cual parece obligar a una Teoría del Derecho que se concibe como análisis del lenguaje de los juristas, como es el caso de la TCD, a plantearse si el lenguaje jurídico debe ser parte del lenguaje común o, mejor, parte del lenguaje del ciudadano y no el lenguaje de una clase profesional.

Así las cosas en las páginas que siguen haremos un breve análisis de ambas cuestiones para luego relacionarlas en la medida de lo posible con la TCD, con las partes principales de la TCD tal y como las ha explicitado su autor, para extraer finalmente las conclusiones pertinentes.

2. Retórica y lenguaje de los juristas

No parece preciso utilizar muchas palabras para demostrar que la retórica, el arte de la palabra, de hablar, de convencer, de persuadir… está indisolublemente ligada con el lenguaje jurídico, – el lenguaje de los juristas –, pues fue precisamente en las salas de justicia, con propósito forenses, como nació:

> Siracusa, primeros decenios del siglo V a. C. dos tiranos Gelón y sus sucesor Gerón I, llevan a cabo expropiaciones masivas de terrenos para distribuir lotes a soldados mercenarios. Cuando en el 467 a. C, una insurrección derroca a la tiranía, comienza una larga serie de procesos para reclamar las propiedades confiscadas. Con una inclinación natural a la argumentación y a los enfrentamientos judiciales... los litigantes sabían atacar y defender con una eficacia y precisión instintivas. Solo faltaba proveerles de un método y de una técnica codificados, y es ésta la tarea que habría llevado a cabo Córax, ya en actividad en tiempos de la tiranía, y su discípulo Tisias, considerados por ello, según una tradición muy difundida como los fundadores de la retórica.[8]

Y no sólo eso, no sólo nació en el ámbito forense en el siglo V a.C. sino que desde entonces se ha mantenido indisolublemente ligada al oficio del abogado, uno de los operadores jurídicos fundamentales y es que "[...] el ejercicio de la abogacía pasa por el uso persuasivo de la palabra, por lo que desde hace muchos siglos se llama retórica." [9]

Prueba palmaria de esa ligazón, siquiera sea *a contrario*, es que uno de los motivos centrales del recurrente rechazo histórico al oficio de abogados en particular y juristas en general, haya sido precisamente su capacidad retórica, su capacidad oratoria, su capacidad de persuadir como se desprende, por ejemplo, de la *Utopía* de Tomás Moro en la que los utópicos habitantes de la isla habían suprimido a

---

8. MORTARA GARABELLI. B.: Manual de retórica. Cátedra, Madrid 2000, p. 18.

9. LA TORRE, M.: *Abogacía y retórica. Entre teoría del derecho y deontología forense*. Anuario de Filosofía del Derecho. Tomo XXV, 2008-2009

los abogados precisamente para que el interesado se explicase "sin retórica alguna":

> Han suprimido por completo a los abogados, hábiles defensores de las causas y sagaces intérpretes de las leyes, pues la experiencia les ha enseñado que es preferible que cada cual defienda sus propios pleitos y exponga ante el juez lo que habría confiado a su abogado. De esta manera se evitan rodeos y se va derecho a la verdad, pues como el interesado se produce sin retórica alguna, pesa solícito el juez sus argumentos y protege a los ingenios sencillos contra las argucias de los intrigantes. En otras naciones es difícil observar normas semejantes, atendida la enorme abundancia de sus complicadísimas leyes. [10]

Un rechazo del arte retórico que alcanzó uno de sus puntos cenitales en la *Crítica del Juicio* de Kant quien no sólo afirmaba lapidariamente que la retórica no merece "respeto alguno":

> [...] la oratoria (ars oratoria) como arte de emplear las debilidades de los hombres al servicio de las propias intenciones (sean éstas todo lo bien pensadas, todo lo buenas realmente que se quieran) no es digna de ningún respeto.[11],

sino que, coherentemente, concluía en que su uso no era aconsejable ni siquiera para las salas de justicia, para el lugar en el que nació, como vimos más arriba:

> La oratoria, entendiendo por ella el arte de persuadir, es decir, de imponerse por la bella apariencia (como *ars oratoria*) y no el mero hablar bien (elocuencia y estilo) es una dialéctica que toma de la poesía sólo lo que es necesario para seducir, en provecho del orador, a los espíritus antes del juicio y arrebatarles su libertad; así

---

10. MORO, T. *Utopía*. En *Moro, Campanella, Bacon: Utopías del Renacimiento*. FCE, México 1985, pp. 113 y 114.

11. KANT, *Crítica del juicio* & 53, n. 1. Editora Nacional, México 1975, p. 398.

> pues no puede aconsejarse ni para las salas de justicia ni para las cátedras sagradas, pues, cuándo se trata de leyes civiles, del derecho de una persona o de duradera enseñanza y determinación de los espíritus para un exacto conocimiento y una concienzuda observancia del deber, es indigno de una negocio tan importante el dejar de ver la menor traza de exuberancia en el ingenio y en la imaginación, y más aún de ese arte de convencer y de seducir por el provecho de alguien.[12]

Un rechazo lapidario que llegaría incluso hasta nuestros días y es que ciertamente cabría apreciar ecos de la crítica kantiana en la cada vez más extendida equiparación de sentido de los términos "Derecho" y "Ciencias jurídicas", con la consiguiente conversión de las "Facultades de Derecho" en "Facultades de Ciencias Jurídicas". Algo que parece hacer imposible el tratamiento de la retórica en sede académica precisamente por el carácter no científico del *ars oratoria* y, en efecto, no ya el estudio sino la mera mención de la retórica parece completamente fuera de lugar en una Facultad de "Ciencias Jurídicas".

Ahora bien, tampoco hacen falta muchas palabras para demostrar que en nuestros días se aprecia un reconocimiento y una reivindicación de la retórica y ello quizás, porque, – al igual que los juristas en general y los abogados en particular, también cuestionados periódicamente –, renace de sus propias cenizas hasta llegar a ser aceptada, de forma generalizada, si bien con las mismas reticencias que juristas en general y abogados en particular siguen sufriendo:

> La fortuna de la retórica, bien como concepto bien como simple término ha sido y sigue siendo tan voluble e inestable que extraña que después de haber sido anunciada muchas veces su muerte siempre haya vuelto a resucitar resplandeciente como fénix de las cenizas. A pesar de todo, para muchos el término "retórica"

---

12. Ibíd, p. 396 y 397.

todavía despierta asociaciones peyorativas y es utilizado como sinónimo de engaño, demagogia, palabrería que recubre fraudulentamente la vacuidad de los mensajes. Lamentablemente no le faltan razones a los cautos y a los denunciadores porque el instrumental de la retórica también se ha utilizado desde sus principios para manipular y engañar al público; y basta seguir con un poco de atención ciertos discursos políticos, periodísticos y publicitarios actuales para darse cuenta de que no se ha perdido la costumbre. Para otros, sin embargo, la retórica era y sigue siendo el arte del buen decir, destreza y disciplina de la que se echa mano para comunicar y convencer eficaz y responsablemente en los más diversos ámbitos como el jurídico, la predicación, la enseñanza, la publicidad, la política, la literatura; incluso se propone en ocasiones la creación de una polivalente "retórica general" que abarcaría todos los ámbitos de comunicación y creación.[13]

Así las cosas, con propuestas incluso de una "retórica general que abarque todos los ámbitos de comunicación" parece que una Teoría Comunicacional del Derecho, concebida como análisis del lenguaje de los juristas y que reclama expresamente ser entendida históricamente, -ser entendida en el marco del proceso histórico de la filosofía jurídica, por decirlo con las propias palabras del autor-,[14] está obligada a enfrentar la cuestión de la retórica especificando si entraría o no dentro de dicha Teoría y, en su caso, en qué términos.

3. Democracia y lenguaje de los juristas

De nuevo, tampoco parece preciso utilizar muchas palabras para demostrar que parece haber cierta tensión

---

13. SPANG, K.: *Persuasión. Fundamentos de retórica.* Eunsa, Pamplona 2005, p. 13.

14. ROBLES, G. *La teoría comunicacional del derecho* (TCD). Su estructura temática y sus niveles de análisis. en ARRIOLA CANTER, J. F. y ROJAS AMANDI, V. (Coords.) *La filosofía del derecho hoy* Porrúa México 2010, p. 18.

entre democracia y lenguaje de los juristas, entre el lenguaje ciudadano, por así llamarlo, y el lenguaje de una clase profesional, los juristas, por decirlo en los términos del prof. Robles. Y en efecto, si aceptamos que las palabras que Platón pone en boca de Protágoras en el diálogo homónimo: "Todos los hombres creen que cualquiera participa de la justicia y de la virtud política en general.",[15] expresan el fundamento de la teoría democrática: la igual capacidad política de todos, parece obligado concluir que esa misma virtud política debería reflejarse en el dominio del lenguaje en el que el poder político se expresa: el lenguaje jurídico. Lenguaje que, en consecuencia, no debería ser el de una clase profesional sino el de todos los ciudadanos:

> Así es Sócrates, y por eso los atenienses y otras gentes, cuando se trata de la excelencia arquitectónica o de algún tema profesional opinan que sólo unos pocos deben asistir a la decisión y si alguno que está al margen de estos pocos da su consejo no se lo aceptan, como tú dices. Y es razonable, como digo yo. Pero cuando se meten en una discusión sobre la excelencia política, que hay que tratar enteramente con justicia y con moderación, naturalmente aceptan a cualquier persona como que es el deber de todo el mundo participar de esta excelencia; de lo contrario, no existirían ciudades. Ésa, Sócrates, es la razón de esto.[16]

Ahora bien, tampoco parece preciso utilizar muchas palabras para demostrar que la democracia, – y con ella los corolarios a los que se acaba de aludir –, no han gozado históricamente de la mejor de las consideraciones sino todo lo contrario:

> Una perspectiva histórica revela, en particular, una característica a primera vista más bien confusa y paradójica de la historia de la democracia: durante la mayor parte de su larga

---

15. PLATÓN, *Protágoras* en Diálogos I, Gredos, Madrid 1981, p 528.

16. Ibíd, p. 527 y 528.

historia, desde los griegos clásicos hasta la época actual, la democracia fue considerada uno de los peores tipos de gobierno y sociedad imaginables. Era más o menos sinónimo de "gobierno de la plebe", y eso era, por definición, una amenaza a todos los valores centrales de una sociedad civilizada y ordenada.[17]

O, si se quiere, más en concreto:

> Democracia solía ser una mala palabra. Cualquiera sabía que la democracia en su sentido original de gobierno del pueblo, o gobierno de acuerdo con la voluntad de la mayoría de la gente, sería algo malo, fatal para la libertad individual y para todas las excelencias de una vida civilizada." [18]

Y en efecto, cabría afirmar que sólo a partir de la Revolución Francesa comienza la democracia a imponerse como la mejor forma de gobierno. Una Revolución durante la cual, por cierto y como es bien sabido, se cerraron, en 1793, los centros de formación de juristas: las facultades de derecho[19] dado el repudio expreso por parte de los revolucionarios, – entre quienes, por cierto, predominaban los hombres de leyes –, del viejo lenguaje de juristas que incluía "formas parásitas, extravagantes, legicidas…"[20] y el consiguiente propósito de que las leyes nuevas se redactasen, como expresó Mirabeau:

> [...] en forma inteligible, para poner de acuerdo a los ciudadanos ilustrados sobre sus derechos, vinculándolos a todo lo

---

17. ARBLASTER, A. *Democracia*. Madrid: Alianza, 1987, p. 16 .

18. MACPHERSON, C.B. *The Real World of Democracy*. Oxford, Clarendon Press 1966, p. 1.

19. KOSCHAKER, P. *Europa y el derecho romano*. Madrid: Ed. Revista de Derecho Privado, 1955, p. 291. Trad. de J. Santa Cruz Teijeiro.

20. GARCIA DE ENTERRIA, E. *La lengua de los derechos. La formación del Derecho Público europeo tras la Revolución Francesa*. Madrid: Alianza Universidad, 1994, p. 35.

que puede recordarles las sensaciones que han servido para hacer surgir la libertad.[21]

Propósito que, desde luego, se plasmó en los dos primeros proyectos del Código Civil, redactados con la intención expresa de ser sencillos y de fácil comprensión, y también en la propia Declaración de Derechos que, – de nuevo en palabras de Mirabeau en el debate que dio lugar a ella –, debía "ser más bien la lengua que tendría el pueblo si tuviese el hábito de expresar sus ideas, más que una ciencia que se proponga enseñarle."[22]

Sin embargo, y como asimismo es bien conocido, ese propósito no se mantuvo demasiado tiempo pues el tercer proyecto de Código, de 1796, señala la vuelta a la jurisprudencia y al Derecho Romano y el cuarto, de 1800, que había de ser ley más tarde, abandonaba ya completamente la idea de código sencillo y comprensible para todo el mundo volviendo al lenguaje jurídico como lenguaje de los juristas, tal como señaló Portalis en su famoso *Discurso Preliminar*:

> Pero, incluso el código más sencillo, ¿estaría al alcance de todos los sectores sociales? ¿No estarían perpetuamente ocupadas las pasiones en deformar su verdadero sentido? ¿No se precisa cierta experiencia para aplicar sabiamente las leyes? ¿Cuál es, por lo demás, la nación a la que hayan bastado durante largo tiempo leyes simples y poco numerosas? Sería un error, pues, pensar en la existencia de un cuerpo de leyes que hubiera proveído por anticipado a todos los casos posibles y que, sin embargo, estuviese al alcance del vulgo [....]
>
> En el estado de nuestras sociedades, harta fortuna es que la Jurisprudencia constituya una ciencia que pueda atraer al talento, lisonjear al amor propio y despertar la emulación. Por todo ello, una clase entera de hombres se dedica a tal ciencia, y esta clase, consagrada al estudio de las leyes, ofrece consejos y defensores a los ciudadanos que no pueden

---

21. Ibíd.

22. Ibíd, p. 31

dirigirse y defenderse por sí mismos, y se convierte en algo así como el seminario de la magistratura.[23]

Una vuelta al lenguaje jurídico como lenguaje de los juristas, pues, que tuvo su expresión más clara en el restablecimiento de las Facultades de Derecho, los "seminarios de la magistratura", en 1804,[24] el mismo año de la publicación del *Code Napoleon*. Con lo cual, en el momento en el que al parecer comienza a triunfar la democracia no lo hace con todos los corolarios relativos a la capacidad política a que antes se aludía. Algo de lo que puede servir de muestra las famosas palabras de Hegel en su *Filosofía del Derecho*:

> Si el conocimiento del Derecho, mediante la naturaleza de lo que constituyen las leyes en su ámbito, además del procedimiento de las discusiones judiciales, y la posibilidad de proseguir el Derecho, es propiedad de una clase, la que se hace también exclusiva por medio de la terminología, que, para aquéllos de cuyo derecho se trata constituye un lenguaje extraño; los miembros de la sociedad civil que son dirigidos para la subsistencia, a su actividad, a su particular saber y querer, son, no solamente con respecto a lo más propio y personal, sino también a lo que aquí es sustancial y racional, esto es, al Derecho, juzgados extraños y puestos bajo tutela, más bien como una especie de servidumbre frente a tal clase.
>
> Si, ciertamente, esos miembros tienen el derecho de estar presentes en el juicio, personalmente con las propias piernas (*in iudicio stare*), esto es poco, si no pueden estar presentes espiritualmente, con su propio saber; y el Derecho, que obtienen, permanece para ellos una vicisitud exterior".[25]

---

23. PORTALIS, J. E. M. *Discurso preliminar del proyecto de Código Civil francés*, Valparaíso, Edeval, 1978, pp. 38 y 39. Trad. de M. Rivacoba.

24. KOSCHAKER, P. *Europa y el derecho romano*. Madrid: Ed. Revista de Derecho Privado, 1955, p. 291. Trad., de J. Santa Cruz Teijeiro.

25. HEGEL, G.F. *Filosofía del derecho*. México: UNAM, 1975, p. 228 y 229.

y que llegaría a nuestros días, en los que pese al triunfo cuasi universal de la democracia como mejor forma de gobierno, pese al reconocimiento formal de la común capacidad política, pese al aumento de los índices de alfabetización, al número creciente de letrados y la extensión de la enseñanza del derecho fuera del ámbito tradicional de las Facultades de Derecho... el lenguaje jurídico sigue siendo, a menudo, ininteligible no sólo para sus presuntos autores/destinatarios hasta el punto de hacer precisas guías que faciliten al "ciudadano" "el correcto entendimiento de las leyes y los complejos mecanismos a través de los cuales se hacen manejables y útiles para quienes las invocan",[26] sino incluso para los propios juristas como reflejan artículos del tenor del Art. 163 sexies, cinco de la Ley 37/92, del IVA que reprodujimos en el trabajo al que más arriba aludimos y que no nos resistimos a volver a reproducir:

> 5. El grupo de entidades podrá optar por la aplicación de lo dispuesto en los apartados uno y tres del artículo 163 octies, en cuyo caso deberá cumplirse la obligación que establece el artículo 163 nonies, cuatro.3.ª, ambos de esta Ley.
>
> Esta opción se referirá al conjunto de entidades que apliquen el régimen especial y formen parte del mismo grupo de entidades, debiendo adoptarse conforme a lo dispuesto por el apartado dos de este artículo.
>
> En relación con las operaciones a que se refiere el artículo 163 octies.uno de esta Ley, el ejercicio de esta opción supondrá la facultad de renunciar a las exenciones reguladas en el artículo 20.uno de la misma, sin perjuicio de que resulten exentas, en su caso, las demás operaciones que realicen las entidades que apliquen el régimen especial del grupo de entidades. El ejercicio de esta facultad se realizará con los requisitos, límites y condiciones que se determinen reglamentariamente.

---

26. Por decirlo con los términos de la *Guía Jurídica del Ciudadano* del Ministerio de Justicia.

Así las cosas, parece obligado para una teoría como la TCD que se reclama ser entendida históricamente y se define como análisis del lenguaje de los juristas examinar la tensión entre democracia y lenguaje de los juristas, entre el lenguaje ciudadano, por así llamarlo, y el lenguaje de una clase profesional, por decirlo una vez más en los términos del prof. Robles.

4. Teoría comunicacional del derecho, retórica y democracia

Y en efecto la TCD reclama expresamente ser entendida históricamente en el marco del proceso histórico de la filosofía jurídica tal y como expone su autor:

> La TCD debe ser entendida en el marco del proceso histórico de la filosofía jurídica, proceso que se articula en tres fases que al mismo tiempo constituyen períodos temporales, representan corrientes doctrinales que llegan hasta nuestro presente con plena vigencia. Son tres perspectivas que podemos llamar, atendiendo a su orden temporal de aparición, metafísica, positivista y hermenéutico-analítica.[27],

situándose expresamente en esta última fase y autodenominándose análisis del lenguaje de los juristas:

> La TCD se entiende a sí misma como una concepción hermenéutico-analítica del derecho. Ahora bien, no de cualquier forma de hermenéutica ni de cualquier forma de analítica, sino de una hermenéutica y una analítica que sean conciliables.
>
> La teoría comunicacional del derecho se autodenomina, por lo dicho, teoría hermenéutico-analítica del derecho. Y también teoría de los textos jurídicos y análisis del lenguaje de los juristas... Al orientarse la TCD hacia el tratamiento propio de la filosofía del lenguaje y de la semiótica, sigue los

---

27. ROBLES, G.: *La teoría comunicacional del derecho* (TCD), cit p. 18.

pasos de estas disciplinas que distinguen tres niveles de investigación: pragmática, semántica y sintaxis.[28]

Ahora bien y hasta donde se nos alcanza, no hay referencia alguna a las dos cuestiones a que hemos venido aludiendo en ninguna de las tres partes en las que se estructura la TCD. Así no se incluyen tales cuestiones en la primera de la TCD, la *Teoría de las Decisiones Jurídicas: el Ordenamiento Jurídico* correspondiente a la pragmática, como especifica el propio autor:

> La pragmática se centra en el uso del lenguaje, o sea en la relación entre los sujetos que lo usan por medio de actos de habla y el texto que resulta de dichos actos. La pragmática jurídica toma el nombre, dentro de la TCD, de teoría de las decisiones jurídicas. Es, en efecto, mediante decisiones como se generan los textos concretos que conforman el ordenamiento jurídico. ¿Qué es la constitución sino el texto que genera la decisión del poder constituyente? ¿Y qué es dicha decisión sino un "acto de habla" de dicho poder? Y lo mismo puede decirse de la decisión legislativa que no es sino el "acto de habla" del legislador mediante el cual crea la ley, siendo ésta el texto que resulta de la decisión legislativa. Y así puede atribuirse el mismo esquema de acto de habla (decisión) y consiguiente creación de texto jurídico, a los demás actos decisionales que tienen lugar en el derecho, como sucede en las sentencias de los jueces y en las resoluciones de los órganos de las administraciones públicas.[29]

Tampoco se incluyen en la segunda la *Teoría de las Instituciones Jurídicas: El Sistema Jurídico* correspondiente a la semántica, tal y como de nuevo aclara el propio autor:

> La semántica tiene por tarea desentrañar el significado de las palabras y de los conjuntos de palabras que forman los textos. Obviamente para comprender el sentido de una frase

---

28. Ibid, p. 19

29. Ibid, p. 19 y 20.

> no basta con fijarse sólo en las palabras y en su conexión recíproca sino que es preciso también situarlas en su contexto. La averiguación del sentido requiere la comprensión de la situación. Por esta razón la semántica no puede prescindir de la pragmática, la cual se erige en el punto de partida de la comprensión del sentido de cualquier texto, si bien la comprensión no puede quedarse en ella. La semántica jurídica equivale en la TCD a la teoría de la ciencia jurídica, cuyo objeto es la interpretación/comprensión de un ordenamiento jurídico determinado (p. e. el derecho mexicano o el derecho español). Si mediante las decisiones jurídicas se crean los texto cuyo conjunto conforma el texto global que es un ordenamiento jurídico, la transformación de éste en un sistema tiene lugar gracias a la labor intelectual de la ciencia jurídica, a la que también llamamos dogmática jurídica (con objeto de distinguirla de otras ciencias como la sociología del derecho). La dogmática organiza la interpretación y comprensión del texto global de un ordenamiento en unidades (cuerpos diría Rudolf von Ihering) relativamente autónomos que tradicionalmente reciben el nombre de instituciones. El conjunto de las instituciones configura el sistema jurídico, que es el texto que, reflejando el ordenamiento, lo completa y lo perfecciona para su aplicación a los casos concretos.[30]

Finalmente tampoco hay referencia alguna en la tercera parte de la TCD, la *Teoría de las Normas Jurídicas. Los conceptos universales del Derecho*, correspondiente a la sintaxis, como de nuevo aclara el propio autor:

> Por último tenemos la sintaxis (o morfosintaxis) cuyo objeto es la investigación de los elementos (conceptos) formales del lenguaje y de sus respectivas funciones. La sintaxis jurídica es lo que hemos llamado teoría formal del derecho y también puede denominarse teoría pura del derecho. De este modo, la teoría pura o formal del derecho es tan sólo una de las partes de la TCD. Es éste un rasgo que separa a esta concepción de la kelseniana, en la cual toda la teoría del derecho se reduce a teoría formal. La teoría formal del derecho investiga los conceptos jurídicos formales o universales (en el sentido de que todo derecho los presupone independientemente de

---

30. Ibíd, p. 20.

sus manifestaciones concretas en la historia). Conceptos tales como el de norma jurídica, sanción, acto jurídico, ilícito y lícito, responsabilidad, sujeto de derecho, deber jurídico, derecho subjetivo, situación jurídica, relación jurídica, etc., son objetos formales en atención a que toda manifestación del derecho los presupone, aun cuando su tratamiento teórico aparezca en un determinado momento de la evolución de la ciencia jurídica."[31]

Tres partes que, por lo demás, se articulan de modo necesario tal y como asimismo aclara el autor:

> Desde el punto de vista genético, la sintaxis (o morfosintaxis) sólo es posible tras la semántica y ésta tras la pragmática (principio de la prioridad de la pragmática) Lo mismo sucede en el campo jurídico. Primero son las decisiones creadoras de texto (ordenamiento); después la construcción doctrinal de los significados (sistema); por último, análisis formal o lógico-lingüístico de los elemento conceptuales básicos. Desde el punto de vista genético primero está la teoría de la decisión jurídica, después la teoría de la ciencia dogmática del derecho, y por último, la teoría formal del derecho.[32]

5. A modo de conclusión: "Una lengua jurídica bien hecha"

La omisión de toda referencia a la retórica y a la tensión entre democracia y lenguaje de los juristas resulta tanto más extraña no sólo porque, – tal y como señalábamos en el trabajo arriba mencionado –, el prof. Robles sí ha tratado el tema en otras partes de su extensa obra cuanto que uno de los propósitos últimos de la TCD como recoge él mismo y alguno de sus más reputados comentaristas es el de crear "una lengua jurídica bien hecha":

---

31. Ibíd, p. 20 y 21.

32. Ibíd, p. 21.

> Nuestro filósofo del derecho... pone en el centro de su preocupación la construcción de "una lengua jurídica bien hecha". Tal propiedad sobrevendrá cuando sus decires sean precisos, sin ambigüedad ni anfibología alguna, cuando las acciones preceptuadas sean cumplibles, y además sean aquéllas que pueden permitir obtener los resultados sociales deseados. Y, en fin, cuando se extienda su ámbito semántico al ámbito de la acción interpersonal significativa dentro de la convivencia humana, de modo que no se produzcan lagunas ni espacios vacíos de regulación.[33]

Así las cosas y aunque cabría apuntar, desde nuestro punto de vista, dónde podrían incluirse la cuestión de la retórica y de la democracia con los corolarios consiguientes, confiamos en que sea el propio autor quien determine si sería o no pertinente tal inclusión dentro de la Teoría Comunicacional del Derecho, dentro de una de las más sugerentes aportaciones a la Teoría del Derecho en los últimos años.

---

33. CARPINTERO CAPELL, H. Contestación a *Comunicación, Lenguaje y Derecho.* cit., p. 175.

INTERTEXTUALIDADE ENTRE SUBSISTEMAS JURÍDICOS: A EXPERIÊNCIA TRIBUTÁRIA BRASILEIRA SOBRE "RECEITA", "TRIBUTO" E "INSUMOS"

Cecilia Priscila de Souza; Fernando Gomes Favacho[1]

Resumo

Este trabalho trata o direito "como um texto" e por isso impossível de ser retirado de seu contexto. Fala sobre a definição de conceitos jurídicos, e como se estabelecem critérios para o uso dos conceitos quando ocorrem conflitos entre conceitos. Apresenta o estudo da "intertextualidade" como um facilitador da interpretação legal, estabelecendo os limites textuais e contextuais do discurso normativo na resolução de conflitos. Postas essas premissas, aplicamos o estudo da intertextualidade em conhecidas controvérsias sobre definições de três conceitos do direito tributário brasileiro, quais sejam, "receita", "tributo" e "insumos". O texto é um estudo sobre o diálogo entre diferentes subsistemas

---

1. Cecilia Priscila de Souza é Mestre em Direito Tributário pela Pontifícia Universidade Católica de São Paulo. Coordenadora Nacional do Instituto Brasileiro de Estudos Tributários – IBET. E-mail: priscila@ibet.com.br
Fernando Gomes Favacho é Doutor em Direito pela Pontifícia Universidade Católica de São Paulo. Coordenador do Instituto Brasileiro de Estudos Tributários – IBET em Belém/PA. Professor da Faculdade de Belém – FABEL. E-mail: fernando.favacho@simeifavacho.com.br

do mesmo sistema legal. Para responder "o que são insumos", por exemplo, advogados tributaristas que almejam usar créditos tributários poderiam dizer: "se água é usada na feitura de um produto, é indubitavelmente um insumo". Alguns agentes fiscais poderiam dizer: "insumos são somente matérias-primas, produtos intermediários e materiais de embalagem tal como o regulamento tributário diz" – e por esse pensamento, água não poderia ser usada como crédito tributário. Essa simples questão reflete não somente a aporia de uma definição de conceito, mas também os diferentes valores da sociedade e suas contingências. É imperioso andar por algumas outras questões, como: insumo para um tributo deve ter a mesma definição de conceito de outro? Quem define o conceito de "insumo": a doutrina? A lei? A jurisprudência? Um laudo técnico? Esse conceito legal deve mudar conforme as mudanças sociais? Pode-se desprender da realidade? A escrita (a)técnica da lei e mesmo sua longevidade no atravessar de tantos diferentes sistemas legais, isso poderia ter mudado a definição de outro conceito prévio? Essas questões transcendem os limites do Direito Tributário e alcançam os campos da filosofia da linguagem, com discussões envolvendo como são formados os processos comunicacionais e suas falhas (tanto porque os participantes não compartilham os mesmos conceitos – e em que extensão essas diferenças podem ser aceitas nesse jogo linguístico, como ensinado por Robles). Nesse sentido, para ter solucionados distúrbios comunicacionais, imaginando se há um caminho para definir esses conceitos com o fito de eliminar problemas de vagueza e ambiguidade, começamos a subir ao nível da lógica formal, mas sempre pensando na volta aos problemas empíricos: como um processo de formalização do conhecimento, como ensinado por Barros Carvalho.

Palavras-chave: Intertextualidade Jurídica – Definição de Conceitos – Conceitos Jurídicos Tributários.

Abstract

This paper deals about the law "as a text" and therefore unable to detach itself from its context. It speaks on the definition of legal concepts, and how to establishing criteria for the use of the concepts when conflicts occur between standards. It presents the study of "intertextuality" as a facilitator of legal interpretation, establishing the boundaries of textual and contextual normative discourse in conflict resolution. Put such assumptions, we apply the study of intertextuality in known controversies over definitions of three Brazilian tax legal concepts, namely, "revenue", "tax" and "input". The text is a study of the dialogue between different subsystems of the same legal system. To answer "what are inputs", for an example, tax attorneys who crave the use of tax credits would say "if water is used in the making of a product, is undoubtedly an input". Some fiscal agents would say "inputs are only feedstocks, intermediate products and packing material as the legal tax regulation said – and by this thought, the water could not be used for tax credit. That simple question reflects not only the aporia of a concept definition, but also the different values of the society and its contingencies. It´s imperious to walk through some other questions, as: Input to a tax must have the same definition of another different one? Who defines the concept of "inputs": the doctrine? The law? The jurisprudence? A technical report?; This legal concept may change as social change?; Can detach from reality?; The nontechnical writing of a law and even its longevity in the crossing of so many different legal systems, that would have changed the definition of another previous concept?; these issues transcend the limits of tax law and reaches philosophy of language fields, with discussions involving how they form communication processes and its failures (either because the participants do not share the same concepts – and to what extent these differences can be accepted in

119

this language game, as taught by Robles). In this plateau, to have solved doubts surrounding communicational noises, wondering if there is still way to define the concepts in order to eliminate problems of vagueness and ambiguity, we start to go up to the level of formal logic, but always thinking back to the empirical problems: as a process of formalization of knowledge, as taught by Barros Carvalho.

Keywords: Legal Intertextuality – Definition of Concepts – Legal Tax Concepts.

Introdução

Que é insumo? Os que almejam o aproveitamento de crédito de PIS e COFINS não cumulativos dirão que a água, utilizada na feitura de um produto, é indubitavelmente insumo. Os mais fiscalistas[2] dirão que só são insumos a matéria-prima, o produto intermediário e o material de embalagem, tal como dita o Regulamento do Imposto sobre Produtos Industrializados. E que por esse pensamento, gastos com água não poderiam ser aproveitados para abater do valor devido a título de contribuições sociais. Reflete-se, em uma simples busca para responder a aporia de uma definição de conceito, a sociedade e suas contingências: seu aspecto plurivalorativo.

Continuemos a busca: o que é insumo? O que a lei (em sentido lato) diz, ou o que é para a economia? Insumo para o PIS/COFINS deve ter a mesma definição de conceito para o IPI? No direito, quem define o conceito de insumo? A doutrina? A lei? A jurisprudência? Um laudo técnico? Tal conceito legal pode mudar conforme as mudanças sociais? Pode-se desprender da realidade? A redação (a) técnica e mesmo a própria longevidade, no atravessar de

---

2. Assim dizem as Instruções Normativas da Secretaria da Receita Federal 247/2002 (alterada pela 358/2003) e 404/2004.

tantas modificações no sistema jurídico, teria alterado aquela definição do conceito anterior? Existe um conceito pressuposto?

O alcance de um termo entre os utentes da comunicação jurídica e sua interpretação nesse campo do conhecimento são questões que extrapolam os limites do Direito Tributário e atingem campos da Filosofia da Linguagem, com discussões envolvendo a formação dos processos comunicacionais e as falhas que os envolvem (considerando que os participantes não compartilham dos mesmos conceitos e examinando até que ponto essa divergência pode ser aceita). Neste plano, perguntamo-nos ainda se há forma de definir os conceitos de modo a eliminar problemas de vagueza e ambiguidade, indo até ao plano da Lógica Formal, mas já pensando na possível volta aos problemas empíricos: como num processo de formalização e desformalização do conhecimento, a buscar o ideal de rigor e univocidade.

Com isso, na introdução, trazemos a primeira premissa/conclusão, qual seja: para solucionarmos dúvidas que envolvem ruídos comunicacionais, regras sintáticas e também questões semânticas, podemos nos utilizar de tecnologias da linguagem para a aproximação do objeto de estudo.

Este artigo apresenta o estudo da intertextualidade como um instrumento facilitador da interpretação jurídica, estabelecendo os limites textuais e contextuais do discurso normativo na solução de conflitos, *in casu*, no que tange à atividade tributária.

No início, trataremos do direito como texto e, por isso, impossibilitado de se desprender da contextualização. Também, mostraremos a intertextualidade como princípio informador da interpretação, abordando a necessidade da interpretação sistêmica ante a parcial. Posteriormente, falaremos na taxonomia e na definição de conceitos jurídicos tributários, estabelecendo critérios para a utilização dos conceitos quando ocorrem conflitos entre normas definitórias. Explicaremos ainda o papel das decisões e a relação do conceito com a autoridade que os define (doutrina, lei e jurisprudência). Postas tais premissas, aplicaremos o estudo da intertextualidade em conhecidas polêmicas sobre definições de três conceitos jurídicos tributários, quais sejam, receita, tributo e insumo.

Em uma linha, o texto é um estudo sobre o diálogo entre diferentes subsistemas de um mesmo sistema jurídico.[3]

Para tratar de tais temas, nos utilizaremos da Teoria Comunicacional do Direito de Gregorio Robles, que paralelamente ao Constructivismo Lógico-Semântico, preconizado por Lourival Vilanova e desenvolvido em especial por Paulo de Barros Carvalho, possui método analítico-hermenêutico, trata o direito como texto (limitado ao seu contexto) e frisa a atividade de criação do mundo pelo jurista, em vez da mera descrição.

1. Definição de conceitos jurídicos

1.1 A verdade não é absoluta

O conceito de verdade como correspondência entre o conhecimento e a coisa remonta aos antigos pensadores gregos. Acreditavam que existia uma "verdade universal", em contraposição à verdade aparente, à ilusão. Como se acreditava em um ser ideal que independia do utente,

---

3. O trabalho adiante é oriundo da conversação entre dois textos produzidos em âmbito acadêmico que, ainda que com objetos diferentes, partiram das mesmas premissas e métodos: as dissertações de mestrado da Pontifícia Universidade Católica de São Paulo *Definição do conceito de tributo*, de Fernando Gomes Favacho, e *Intertextualidade no direito tributário*, de Cecilia Priscila de Souza.

verdade absoluta era uma redundância aos paradigmas da época. Para uma sentença ser verdadeira, deveria corresponder à verdade. "Verdadeiro é o discurso que diz as coisas como são; falso é aquele que diz como não são", discorria Platão.[4]

Com o advento da filosofia da linguagem, encontramos uma séria mudança de pensamento.[5] A verdade passa a ser consensual, pois deverá haver um consenso prévio: qualquer afirmação só será verdadeira conforme as regras de um sistema. Parafraseando Platão, nesse novo contexto intelectual, verdadeiro é o discurso que diz as coisas como foram acordadas; falso é aquele que diz como não foram acordadas. As verdades "fortes", únicas e incontroversas, não possuem lugar ante a necessidade do consenso. A determinação do alcance de qualquer termo depende de um acordo entre os membros da comunidade.

Na teoria do conhecimento, dizer que a verdade é absoluta é não admitir os diferentes sistemas existentes, os diferentes pontos de referência. A verdade muda conforme o contexto, de tal forma que só é possível pensar em algo "absoluto", no sentido de atemporal e aterritorial, se adotarmos a filosofia do ser, de tradição grega. Assim é a visão de Flusser, quando diz que a língua é a realidade[6] (nota de rodapé – obra e página). Como há uma multiplicidade de línguas, a realidade é relativa – relativa a cada língua, ou relativa conforme cada sistema linguístico. Não há uma mesma realidade para os diferentes idiomas, e não há uma mesma realidade jurídica para os diferentes contextos jurídicos. Termos como "receita" ou "tributo" podem ter

---

4. Nicola Abbagnano, *Dicionário de filosofia*, p. 1183.

5. Dardo Scavino, *La filosoíia actual:* pensar sin certezas, p. 90.

6. Cf. Vilém Flusser, *Língua e realidade*, *passim*.

significação para o Direito Tributário deveras divergente do Direito Civil ou do Direito Financeiro. Para que se possa esperar um consenso sobre determinado conceito, há que se estabelecer primeiramente sobre qual contexto se aplica, em nome de qual realidade se está falando. Importante ainda dizer: no caso do direito, a verdade é valor inaplicável. As decisões dos Tribunais Superiores, quando discorrem sobre "o que diz a lei", tratam da validade das interpretações dos termos, e nunca da verdade. Dizer que algo é verdadeiro ou falso é papel da Ciência do Direito, que descreve seu objeto (direito).

1.2 Nossa realidade é feita de linguagem

Para conhecer é preciso representar. Para representar, é preciso linguagem.[7] Essa representação através da linguagem mostra que não descrevemos propriamente a realidade, mas sim a constituímos:[8] que são os dados brutos, para nós, senão o que conhecemos, ou seja, sua representação, o cosmos linguístico? Por isso, Vilém Flusser chega a afirmar "a língua é a realidade", pois tudo o que conhecemos é a representação feita pela língua. Está posta, portanto, a necessidade da compreensão da linguagem,[9] que é nossa forma de constituição (e desconstituição) do mundo.

A realidade do direito é assim. Só existe pela linguagem, mas agora com uma diferença específica: linguagem jurídica, competente segundo as regras do sistema

---

7. *Ibidem.*

8. *Ibidem*, p. 202.

9. Esclarecemos que a linguagem é a somatória da *língua* (conjunto de signos) com a *fala* (uso e atualização da língua). A língua é o código, sistema de sinais que, por convenção, representa o mesmo significado tanto para o emissor quanto para o destinatário. Ferdinand de Saussure, *Curso de linguística general*, p. 45-56.

normativo. Não existe direito fora da linguagem jurídica, ou, nos dizeres de Paulo de Barros Carvalho,[10] o real jurídico

> [...] é construído pela linguagem do direito positivo, tomado aqui na sua mais ampla significação, quer dizer, o conjunto dos enunciados prescritivos emitidos pelo Poder Legislativo, pelo Poder Judiciário, pelo Poder Administrativo e também pelo setor privado, este último, aliás, o mais fecundo e numeroso, se bem que de menor hierarquia que as outras fontes. São tais enunciados articulados na forma implicacional das estruturas normativas e organizados na configuração superior de sistema; eles, repito, que são, formam, criam e propagam a realidade jurídica.

Nada existe sem linguagem, nem existe direito sem linguagem jurídica. Conforme Clarice von Oertzen de Araujo,[11] "a linguagem inclui-se entre as instituições resultantes da vida em sociedade. O direito é apenas uma das formas sociais institucionais que se manifesta através da linguagem, a qual possibilita e proporciona sua existência".

Interpretar é construir o sentido a partir do contato com o objeto. É atribuir valor. A linguagem, como visto, é inafastável, posto que participa da constituição do objeto: construímos sentido com o uso de nossa língua.

1.3 A dificuldade em se determinar conceitos

A linguagem natural é marcada por problemas semânticos flagrados nos conceitos, seja porque estes podem representar vários objetos ou por não terem seu

---

10. *Direito tributário:* linguagem e método, p. 172-173.
11. Clarice von Oertzen de Araujo, *Semiótica do direito*, p. 19.

sentido delimitado. Luis Alberto Warat[12] discorre sobre estes dois problemas semânticos: a ambiguidade e a vaguidade, presentes na significação que criamos ao entrarmos em contato com qualquer signo linguístico. Tais problemas são o que chamamos de ruídos comunicacionais, e podem embaraçar e dificultar a comunicação.

A ambiguidade ocorre quando não sabemos quais das duas ou mais significações que podemos construir a partir do texto é a melhor para utilizarmos em dado contexto. Já a vaguidade ocorre por inexistência de parâmetros (convenções) para sua denotação. Há ambiguidade quando se lê "tributo", pois a palavra pode ser conectada a diferentes significados. Tributo como relação tributária? Como relação financeira? Como dinheiro? E há vagueza quando se utiliza "tributo", podendo a classe denotar várias espécies de exações. Qual tributo? Imposto? Taxa? Contribuição de melhoria?

Na língua portuguesa, como em todas as outras não formais, não há uma única palavra que só tenha um sentido, em especial quando usada coloquialmente. Nem há, sem prévia convenção, duas ou mais palavras que signifiquem exatamente a mesma coisa.

Só encontraremos sinônimos perfeitos em uma linguagem totalmente artificial, que não sofra a influência de contextos pragmáticos: é o caso da lógica formal.

Tais ruídos comunicacionais sempre permanecem nas linguagens não formais, mas podem ser diminuídas por um conjunto de palavras maior, em que cada uma somará critérios de uso e restringirá a possibilidade de elementos serem incluídos. Com a exceção da Lógica, não existe, na linguagem, a certeza da luz e do crepúsculo.

---

12. Luis Alberto Warat, *O Direito e sua linguagem*, p. 76-79.

Morris R. Cohen alerta sobre conceitos extremamente vagos, que "engolem seus negativos", como realidade, experiência, existência e universo.[13] Exemplos no direito positivo são os sobreprincípios, como "justiça" e "segurança jurídica", valores que, por característica, são indefiníveis.

A penumbra, assim, passa a dar maior liberdade à interpretação do utente, revelando-se mais permeável à influência das ideologias. Para Cohen, a eficiência da lei depende de conceitos cada vez mais definidos, mas que trazem a maldição do legalismo inadequado e perigoso.[14] Da mesma forma pensa Kaufmann: Os conceitos jurídicos indeterminados deixam uma margem de livre apreciação e oferecem a possibilidade de se terem, em conta, as particularidades do caso concreto, mas existe o perigo do arbítrio e da insegurança jurídica.[15]

A possibilidade de significação dos termos, que poderia ser óbvia – e talvez necessária para a segurança jurídica – é indissociável dos valores. Trata-se, portanto, de um problema enorme: a definição de conceitos depende de entes indefiníveis. E assim perduram os problemas, buscando balizas que orientem a nossa interpretação.

Soma-se ainda a dificuldade das diferenças de definições pela forma e pelo uso: uns pelos acordos sobre as características (o relógio deve possuir de dois a três ponteiros), outros pelos acordos sobre as funções (o relógio deve marcar as horas).

As grandes discussões em matéria tributária levadas aos Tribunais Superiores versam sobre conflitos decorrentes da interpretação dos conceitos utilizados no gozo

---

13. Morris R. Cohen, *Concepts and Twilight Zones*, p. 679.

14. No original: *Hard and fast rules also depress social initiative and make legalism a curse*. Ibidem, p. 683.

15. *Filosofia do direito*, p. 150.

da competência para instituir e, principalmente, para cobrar tributos. Tais demandas decorrem tanto das diversas definições que se atribuem aos conceitos nos vários ramos do direito, como acontece entre direito tributário e direito privado, nos conceitos de serviço, receita, faturamento, folha de salário, propriedade, mercadoria e também dentro do próprio direito tributário, como mais recentemente se deu com a determinação do conceito de insumo para a incidência da contribuição PIS/COFINS, em muito diferindo daquele utilizado para a incidência do IPI.

Em matéria tributária, a regulação da intertextualidade se concentra apenas nos conflitos gerados por conceitos, tendo em vista duas áreas diferentes do direito, no mesmo ordenamento,[16] pelo art. 110 do CTN,[17] determinando o respeito aos conceitos de direito privado quando esses forem previstos constitucionalmente.

A dificuldade está em determinar quais conceitos de direito privado foram determinados constitucionalmente, para atribuição das competências tributárias e como se dá esse processo. É o que tentaremos desenvolver deste ponto em diante.

O termo "definição" será aqui encarado como uma categoria lógica: a compreensão do aspecto semântico de um termo ocorre quando estamos aptos a incluir objetos nesta

---

16. Afirmamos ser o direito um sistema único, cuja divisão se apresenta com fins exclusivamente didáticos. Não se pretende aqui contradizer tal afirmação, mas apenas confirmá-la, visto ser o direito um corpo único de linguagem, mas que, por ser prescritivo, está regulado pela lógica deôntica, submetendo suas proposições aos valores de validade e invalidade e permitindo, com isso, a presença de contradições em seu interior, o que não se poderia conceber com a Ciência do Direito.

17. Art. 110, CTN – A lei tributária não pode alterar a definição, o conteúdo e o alcance de institutos, conceitos e formas de direito privado, utilizados, expressa ou implicitamente, pela Constituição Federal, pelas Constituições dos Estados, ou pelas Leis Orgânicas do Distrito Federal ou dos Municípios, para definir ou limitar competências tributárias.

classe (pelos seus critérios) e distingui-lo de outros objetos (que não possuem as características exigidas). A criação de um nome para uma classe, nesse pensamento, se assemelha à definição.

A palavra torna-se inteligível graças a outras palavras contidas em nossa experiência colateral. Para delimitar uma ideia é preciso fixar os critérios de uso da palavra que representam essa ideia. Ou seja, inicialmente temos uma palavra que representa um conceito. Posteriormente, buscamos quais palavras podem ser associadas àquela palavra-conceito, para assim definirmos o conceito.

Podemos definir um termo de duas formas: ao indicarmos os critérios de seu uso (definição conotativa ou intencional), ou ao indicarmos os objetos significados pelo termo (definição extensional ou denotativa).[18] Fica clara, aqui, a utilidade entre estudar a lógica das classes para a definição de conceitos. Vemos em um exemplo com nosso objeto de estudo: o art. 3º do CTN diz:

> Tributo é toda prestação pecuniária compulsória, em moeda ou cujo valor nela possa se exprimir, que não constitua sanção de ato ilícito, instituída em lei e cobrada mediante atividade administrativa plenamente vinculada.

É definição conotativa. Já o art. 5º dispõe "os tributos são impostos, taxas e contribuições de melhoria". É definição denotativa. Utilizamos a "definição conotativa", neste trabalho, como sinônimo de "definição de conceito".

Vale lembrar que, como os "esclarecimentos" relativos a uma expressão são também outros termos que precisam ser interpretados, contextualizados e compreendidos, as elucidações são limitadas, e esta equivalência "pura" entre *explicandum* e *explicatum* só existe na lógica formal.

---

18. Guibourg, Ghighliani e Guarinoni, *Introducción al conocimiento científico*, p. 41-42.

O termo é uma representação de suas características. Ganhamos com isso uma certa praticidade por não termos que exibir, a todo tempo, tais características. Mas esta substituição do *definiendum* pelo *definiens* tem um preço. É, justamente, a não visualização completa de todos os detalhes das notas definidoras.[19] Tributo, em um sentido, apresentará características diferentes dos demais sentidos possíveis.

Como em uma molécula, o acréscimo ou decréscimo de um átomo torna-a uma espécie totalmente diferente. A diferente interpretação do termo "prestação", "pecuniária", "compulsória" etc. pode também diferenciar uma prestação tributária de uma obrigação sem essa nota. Assim, além de não sabermos quando a palavra "tributo" se refere à norma, à obrigação, à pecúnia ou à receita, ainda há termos como "compulsória", "que não constitua sanção de ato ilícito" e "instituída em lei", que são por demais polêmicos e precisam ser elucidados.

Observamos que a Constituição de 1988 possui poucos conceitos jurídicos tributários. Dentre eles, encontramos "não cumulatividade" (art. 155, §2º) e "imposto" (art. 145, §1º). As especificidades da maioria dos termos foram deixadas para o legislador infraconstitucional, no âmbito tributário, o CTN (por isso, tido como um código "didático"). É claro, não é porque certos conceitos não estão definidos que não conseguimos emitir juízos sobre ele – nossa experiência colateral o permite – mas quanto mais palavras, menor a zona de penumbra, como dito antes.

Por fim, vale lembrar não ser possível dizer que o sentido está no texto; a lei é somente o suporte físico, de onde surgirão as interpretações do hermeneuta em contato com esse suporte. Nem é possível, por isso, a "extração

---

19. "Palavras são uma coisa no lugar de outra", Cf. Vilém Flusser, *op. cit.*, *passim*.

da essência do texto", já que o "espírito" do texto não está escondido nas marcas do papel. Toda subsunção equivale à interpretação, que equivale à tradução. O direito nunca é somente aplicado, ele é interpretado, traduzido. Há mais do que mera aplicação: há uma criação.

2. Intertextualidade entre sistemas jurídicos

2.1 O sistema jurídico cria sua(s) própria(s) realidade(s)

Sistema é o conjunto de elementos que possuem uma ou mais características identificáveis em todos eles e que mantenha um mínimo de organização estrutural. Para Tárek Moysés Moussallem: "o sistema (classe – extensão) existe onde seus elementos (denotação) são proposições preenchedoras do critério de pertinência, estipulado pela conotação, as quais, por sua vez, mantêm relações de subordinação e coordenação".[20]

O direito positivo é um sistema autopoiético,[21] por produzir seu próprio modo de criação e organização, sendo autônomo em relação ao ambiente que o cerca, ou seja, aos demais sistemas sociais e não aceitando inclusão de esquemas de forma natural, sem que sobre essas inovações possa exercer sua força.

Não há como negar a comunicação estabelecida entre o sistema normativo e os demais sistemas sociais, já que, ao direito, incumbe a tarefa de propiciar a vida em sociedade, ao imprimir os valores que considera necessários aos seus indivíduos; o que não se afirma, com isso, é que essa intertextualidade intersistêmica ocorra de forma

---

20. *Revogação em matéria tributária*, p. 127.
21. Vide Niklas Luhmann, *Social Systems*. Stanford: Stanford University Press, 1995.

indiscriminada, num ir e vir de conceitos e valores, sem regras ou procedimentos.

Trabalharemos aqui com questões de intertextualidade intrassistêmica,[22] ou seja, a conversação entre subsistemas de um mesmo sistema.

No que diz respeito ao seu aspecto regulador, o direito é monológico porque não permite a concorrência de nenhuma outra forma de comando, sempre assegurando a sua própria prevalência.[23]

Ainda que as várias áreas do direito formem uma só realidade, as peculiaridades de cada ramo podem definir de forma diversa o sentido de uma mesma palavra. "Culpa" no Direito Penal se subdivide em "dolo eventual", "culpa consciente" e outras categorias necessárias para o rigor da dosimetria da pena. No Direito Civil, não há a necessidade desta diferenciação. No Direito Tributário, a palavra "propriedade", no momento da incidência dos impostos sobre a propriedade, não costuma ser tratada com o rigor do Direito Civil, que diferencia o termo de "posse", "usufruto" etc.

2.2 Existem limites à interpretação?

O intérprete parte do texto para construir os conteúdos de significação. Se o suporte físico apresenta problemas que dificultam essa construção, a possibilidade de dois ou mais intérpretes terem uma discussão proveitosa referente ao texto se torna impossível, visto que cada intérprete estabelecerá premissas muito diferentes para seu raciocínio.

---

22. Há, ainda, a intertextualidade intersistêmica, compreendida pela conversação existente entre a linguagem do sistema jurídico e dos demais sistemas sociais, que se relacionam com o direito, entretanto.

23. Cf. Clarice de Araujo, *Incidência jurídica:* teoria e crítica, p. 75-76.

TEORIA COMUNICACIONAL DO DIREITO

Ao intérprete, entretanto, é imposta restrição nos limites do que pode atribuir aos conceitos, limites impostos a fim de garantir um mínimo de consenso viabilizador do código comum no processo comunicacional. Fundamental nesse ponto é o ensinamento de Fabiana Del Padre Tomé:[24]

O constructivismo lógico-semântico não autoriza concluir que o intérprete tenha liberdade para atribuir a um determinado vocábulo o sentido que bem lhe aprouver. É claro que há uma liberdade estipulativa, porém limitada pelos horizontes da cultura. Caso contrário, não poderíamos nem sequer falar na existência de ambiguidade e vaguidade dos vocábulos, dificuldades semânticas presentes onde houver linguagem.

O limite para criação das normas jurídicas é estabelecido pelo próprio texto, como bem assevera Tárek Moysés Moussallem:[25]

> [...] o direito positivo por meio de regras de estrutura limita a atividade do intérprete/aplicador. Por isso não é qualquer sentido que pode ser atribuído às palavras União Federal, Estados, Municípios, renda, serviço, mercadoria, tributo, funcionário público e várias outras. Se assim fosse, de nada valeriam os textos legais.

Ao direito cabe estabelecer os limites dessa intertextualidade, mediante a edição de normas que determinem a forma como a intertextualidade pode/deve atuar no ordenamento jurídico. A mais comum das normas de estrutura que expressa a intertextualidade em matéria tributária é a das regras de competência. Afirmando essa limitação é que vem o art. 110 do CTN. As normas de intertextualidade

---

24. *Vilém Flusser e o Constructivismo* Lógico-Semântico. In: Florence Haret; Jerson Carneiro (Coords.). Vilém Flusser e Juristas, p. 339.

25. Interpretação restritiva no direito tributário. In: *Direito Tributário e os conceitos de direito priv*ado, p. 1215-1216.

sempre devem ser postas pelo jogo jurídico, é regra do jogo de fundamental importância e, como tal, não poderia se apresentar de modo diverso do nível constitucional.

Cada ramo do direito faz parte de um mesmo todo, recebendo nomes específicos para facilitar a análise e aplicação de textos jurídicos, conforme as pretensões e o uso que se faz deles. Assim, alguns conceitos podem ser utilizados/definidos em vários desses ramos, de acordo com o que cada um deles pretende regular. Indispensável, entretanto, reforçar a ideia de que todos esses "direitos" formam uma só realidade. O que se há de ter em foco são as peculiaridades de cada um, influenciando, muitas vezes, de forma diferente, a atribuição de sentido para um mesmo conceito.

Desse modo, para fins de tributação, poderão ser utilizados conceitos já insertos em outras áreas do direito, seja do direito privado (cível, trabalhista) ou de direito público (administrativo). E, na opinião de Heleno Taveira Tôrres,[26]

> [...] quando a lei tributária não dispuser de modo diverso, os institutos, conceitos e formas de outros ramos do direito serão preservados nas suas características originais.
>
> Essa atividade, no entanto, se opera em constante transformação, de ordem pragmática, exigida pelo processo evolutivo a que todo e qualquer organismo está submetido.

2.3 Conceitos, intertextualidade e hierarquia das normas

Como visto, os textos normativos estão em constante relação, como elementos que são do sistema jurídico. A maneira como essas relações ocorrem é que sofre variações. Há relações entre dispositivos hierarquicamente dispostos,

---

26. Boa-fé e argumentação na interpretação das normas tributárias. In: *Direito Tributário e os conceitos de direito privado*, p. 556-557.

denominadas de subordinação, como também as mantidas entre diplomas de mesmo patamar, chamadas de relações de coordenação, porque as normas inferiores têm a função de conferir positividade às suas superiores, e quanto mais raso for seu nível, maior o grau de concretude que essa norma irá usufruir, de modo que a regra inferior sempre será mais precisa que a superior.

Disputas como essa fazem parte do cotidiano jurídico, como bem salienta Tácio Lacerda Gama:[27]

> [...] das relações entre Fisco e contribuintes, as dúvidas relativas à incidência de normas tributárias, com muita frequência, são resolvidas por atos infralegais – regulamentos, portarias, atos interpretativos – que positivam o sentido mais analítico do texto, se comparado àquele posto de forma sintética pela lei. Daí porque é intuitiva a noção de que o ato infralegal atribui sentido ao legal, da mesma forma que a lei atribui sentido à Constituição.

Em consequência da amplitude, própria das normas constitucionais, é que muitas vezes não há como estabelecer prontamente quais conceitos foram definidos e quais estão à parte da definição constitucional.

Haverá, contudo, esse diálogo sempre presente entre as normas dos mais diversos níveis hierárquicos, relação tanto possível como inerente à própria linguagem jurídica, o que não nos autoriza concluir, de modo algum, que, ao estabelecerem tais relações, com a justificativa de outorgar precisão e concreção às normas superiores, as inferiores alterem seu conteúdo. Isso porque sabemos que as normas infraconstitucionais não podem alterar o sentido e alcance daquelas postas na Carta Magna, em virtude de a regra do jogo do ordenamento exigir obediência à hierarquia das normas, conforme seja seu conteúdo, e o veículo que a

---

27. *Sentido, consistência e legitimação*. In: Vilém Flusser e juristas, p. 246.

introduz no sistema, critérios material e formal, respectivamente, fornecer fundamento de validade para sua criação.

2.4 O que é, afinal, intertextualidade?

Intertextualidade é conceito original da Linguística, cuja adaptação é promovida nos mais diversos sistemas comunicacionais, como é o caso do direito. Isso é intertextualidade: fixação dos conceitos, conforme sua incorporação ao sistema linguístico.

Desse modo, José Luiz Fiorin complementa: "o real se apresenta para nós semioticamente, o que implica que nosso discurso não se relaciona diretamente com as coisas, mas com outros discursos, que semiotizam o mundo. Essa relação entre os discursos é o dialogismo."[28]

A construção de um texto sempre será consequência da soma de vários outros textos, de modo que o dialogismo se apresenta entre os discursos, mesmo que o locutor seja o mesmo nos dois textos. Importante ressaltar que no direito essa sobreposição de textos é limitada pelo próprio sistema, como é estabelecida, por exemplo, na regra do art. 110 do CTN.

A intertextualidade é equivalente à dialogia,[29] que seria a troca de enunciados entre os discursos, entre as enunciações entre o eu e o outro.

A intertextualidade pode atuar na produção dos textos sob vários aspectos: (i) no contexto; (ii) quanto às vozes; e

---

28. *Interdiscursividade e intertextualidade*. In: Bakhtin – outros conceitos-chave, p. 167.

29. O conceito de intertextualidade foi desenvolvido a partir das obras de Bakhtin. Ocorre que em seus escritos não há sequer uma menção do termo, fazendo com que os estudiosos de sua teoria tenham optado por equiparar os conceitos de dialogia e intertextualidade. Vide José Luiz Fiorin. *Interdiscursividade e intertextualidade*. In: Bakhtin – outros conceitos-chave.

TEORIA COMUNICACIONAL DO DIREITO

(iii) na comunicação. Quanto ao contexto (i), há dialogismo entre o texto atual, o que se está produzindo, com seus antecessores, que contribuem para a produção de enunciados, sendo eles concorrentes ou estando em dissonância. Nesse aspecto, o dialogismo equivale a uma pesquisa científica, em que o pesquisador sai em busca de material já elaborado sobre seu objeto de estudo, sobre os quais vai construir seus juízos favoráveis ou contrários, agrega esses novos conhecimentos aos seus anteriores e produz um novo texto sobre o assunto. Uma dissertação de mestrado é ótimo exemplo desse tipo de dialogismo.

Clarice von Oertzen de Araujo aborda ainda outros pontos acerca da dialogia na linguagem jurídica, afirmando que

> O aspecto monológico (verificar) da linguagem normativa está em sua função prescritiva enquanto uma forma de regramento das condutas. No que diz respeito ao seu aspecto regulador, o direito é monológico porque não permite a concorrência de nenhuma outra forma de comando, sempre assegurando a sua própria prevalência.[30]

Como visto anteriormente, a intertextualidade se apresenta de duas formas: (i) entre os textos produzidos no interior do sistema jurídico e (ii) entre os textos do sistema jurídico e dos demais sistemas sociais.

A classificação apresentada segue o padrão daquela proposta por Paulo de Barros Carvalho:

> [...] a intertextualidade no direito se apresenta em dois níveis bem característicos: (i) o estritamente jurídico; que se estabelece entre os vários ramos do ordenamento [...]; e (ii) o chamado jurídico em acepção lata, abrangendo todos os

---

30. *Incidência jurídica*. Teoria e crítica, p. 75.

setores que têm o direito como objeto, mas o consideram sob o ângulo externo, vale dizer, em relação com outras propostas cognoscentes.[31]

Ao direito cabe estabelecer os limites dessa intertextualidade, mediante a edição de normas que determinem a forma como a intertextualidade pode/deve atuar no ordenamento jurídico.

2.5 Os limites da cultura

Dentre os conceitos que a Semiótica trabalha, nos aproveitaremos da experiência colateral, a intimidade prévia com aquilo que o signo denota e que está contida na nossa cultura. É a zona de intersecção entre o já conhecido e o que pode ser conhecido. Sem a mínima experiência colateral, não é possível a produção de significação,[32] pois a compreensão da mensagem pressupõe tal série de associações (um código em comum). Logo, toda vez que um signo desencadeia em nós a produção de sentido, interpretamos conforme nosso contexto.

O uso de um termo pela comunidade jurídica depende da definição de conceito de outros termos que o circundam. Por isso, não há texto que não sofra influência do contexto. Mesmo em uma equação que nos soe básica, como "1 + 1", num âmbito binário é igual a 10 e não 2. E nesse sentido Arthur Kaufmann ensina: "Apenas na perspectiva do roubo agravado se pode pôr a hipótese de que o ácido clorídrico

---

31. *Direito tributário:* linguagem e método, p. 195.

32. Lucia Santaella, *A teoria geral dos signos*, p. 36. Invocando Peirce, a autora completa: "na medida em que o interpretante é uma criatura gerada pelo próprio signo, essa criatura recebe do signo apenas o aspecto que ele carrega na sua correspondência com o objeto e não todos os outros aspectos do objeto que o signo não pode recobrir".

TEORIA COMUNICACIONAL DO DIREITO

seja uma 'arma'".[33]

O conhecimento do dado é linguagem, depende do repertório do sujeito cognoscente.

Quanto maior o conhecimento, mais linguagem se pode produzir sobre o dado, mais complexo e detalhado será o fato.

A representação depende do sujeito cognoscente, das suas impressões acerca do evento, o que implica afirmar que não há uma verdade real, o que se tem são aspectos de vista sobre um mesmo objeto.

Essa tradução depende de dois corpos linguísticos: o da linguagem social e o da linguagem jurídica. A compra de um imóvel ocorre no contexto social, um evento, e será traduzido para a linguagem jurídica, formando fatos jurídicos de diferentes naturezas: (i) o registro público exigido nas formas da lei; (ii) os direitos de propriedade; (iii) a relação tributária com tributos devidos pela transmissão do bem; como se vê, inúmeros recortes podem ser feitos de uma mesma ocorrência.

Nota-se que, mesmo com a preservação do texto (em sentido estrito), a sociedade, em contínuo processo de evolução, pode, em dado momento, atribuir novos sentidos a antigos textos. A manutenção, nesse caso, é exclusiva da sintaxe, enquanto a semântica e a pragmática estão sujeitas a contínuas transformações, em caso de mudanças no contexto (texto em sentido amplo).

É impossível que a norma geral enumere todos os acontecimentos por ela previstos, determinando que o aplicador realize nova interpretação a cada norma criada. Não há como conceber o fechamento absoluto dos tipos ou dos conceitos, de modo que cada decisão deverá levar em

---

33. Arthur Kaufmann, *Filosofia do direito*, p. 145.

conta todo o sistema jurídico, e não somente uma norma isoladamente posta.[34]

2.6 Regulação da intertextualidade e a divergência de conceitos

Clarice von Oertzen de Araujo aborda o assunto com clareza:

> Quando ocorre um questionamento concreto da legalidade das relações jurídicas assim estabelecidas, decisões judiciais frequentemente são proferidas em prestígio aos valores políticos, fazendo com que a imperatividade de uma ou várias normas ocorra segundo um critério semântico/pragmático, cuja sintaxe não corresponde à previsão genérica da ordem jurídica. Estes fenômenos provocam a dúvida e forçam a elaboração de reflexões sobre o sistema. Muitas vezes, o resultado produzido é a reformulação ou a proposta de novas definições, considerando a possibilidade de falhas ou desvios dos critérios previamente estabelecidos para o estabelecimento das relações jurídicas.[35]

Não se pretende afirmar a ausência de argumentos políticos das decisões jurídicas, próprios dos Tribunais Superiores; o que se deve ter como parâmetro, todavia, é que esse politicismo deve corresponder à medida imposta pelo sistema normativo, não podendo extrapolar ou contrariar esses limites.

A indeterminação dos conceitos jurídicos é problemática enfrentada e reconhecida pela mais larga doutrina. Daniel Mendonca é claro ao afirmar que "aceitar que toda

---

34. Neste sentido Rodrigo Dalla Pria pugna por um novo plano de interpretação, o da norma em sentido concreto, ou "S5", onde o juiz reinterpreta o sistema jurídico para construir a sentença. Cf. *Constructivismo jurídico e interpretação concretizadora:* Dialogando com Paulo de Barros Carvalho e Friedrich Müller. In: Derivação e positivação no direito tributário, *passim*.

35. *Semiótica do direito*, p. 16-17.

expressão linguística possui sempre uma zona de incerteza, não implica conceder que nunca possui uma zona de certeza."[36] Negar a existência desta implicaria uma linguagem sem regras, nem limites, cujos utentes não conseguiriam manter um mínimo de comunicação.

Como visto, não bastasse o uso de alguns conceitos pelo sistema jurídico de forma diferente dos outros sistemas, dentro do próprio ordenamento, essa diversidade é muito comum. Isso porque, do mesmo modo como o direito recorta da realidade social apenas os aspectos que são relevantes para a incidência normativa, aos diversos ramos do direito essa relevância, ou seja, esse recorte, também pode ser diferente de uma norma para outra. O conceito oscilará, desse modo, de acordo com a realidade jurídica em que estiver inserido. É como exemplifica Arthur Kauffmann:

O conceito de "documento", no sentido do crime de falsificação de documentos, é essencialmente diverso, do conceito de documento na perspectiva processual da prova documental. É precisamente como diria Wittgenstein: o significado dum conceito jurídico depende da relação jurídica da qual ele é usado. Não é pois exato falar, neste contexto, de "conceitos jurídicos relativos". Correta será antes a palavra "relacional", pois o significado do conceito jurídico é, como foi dito, determinado através da relação em que surge.[37]

Não é correto dizer, entretanto, que, em determinadas circunstâncias, há desacato aos conceitos de outros sistemas; a atividade construtiva do direito consiste em recortar a realidade sob o aspecto que lhe importa, atribuindo a esse recorte valores inerentes à própria atividade jurídica. Cabe ao aplicador precisar o sentido das proposições

---

36. *Interpretación y aplicación del derecho*, p. 31.
37. *Filosofia do direito*, p. 145.

141

normativas, limitada essa atividade exclusivamente pelo contexto jurídico, imposto pelo direito positivo.

Para Tathiane dos Santos Piscitelli, "a interpretação dos textos jurídicos não ocorre no vácuo, mas sim limitada, inicialmente, por constrangimentos próprios da linguagem, a que chamaremos de 'regras de uso' das respectivas expressões."[38] Essas regras não são impostas por critérios prefixados, mas dependem dos contextos em que estão inseridos os textos, visto ser o consenso delimitador do contexto, e em virtude de as decisões (re)contextualizarem as normas jurídicas, ou seja, são regras de uso da linguagem jurídica.

Como dissemos linhas atrás, a realidade jurídica incide sobre a realidade social, mas com ela não coincide. Dessa afirmação, podemos formular o raciocínio de que os conceitos jurídicos podem ser não somente mais abrangentes ou restritivos que os sociais, como ainda poderão deles divergir: eis a autonomia da linguagem jurídica!

Do mesmo modo, essa divergência poderá ocorrer internamente, ou seja, no universo do direito positivo, considerado aqui um dado ordenamento, que regula as ações de uma sociedade, historicamente situada no tempo e no espaço, sobre o qual não há como se garantir a ausência de contradição.[39]

Não há conceitos da realidade que se sobreponham ao jurídico. Em outras palavras, um conceito jurídico pode se desprender da realidade. A própria incidência jurídica, conforme Clarice de Araujo, é uma operação de tradução do meio social para o universo jurídico. Em suas palavras:

---

38. Os conceitos de direito privado como limites à interpretação de normas tributárias: análise a partir dos conceitos de faturamento e receita. In: *Direito Tributário e os conceitos de direito privado*, p. 1.231.

39. Visto ser a linguagem jurídica predominantemente prescritiva de condutas, e não descritiva da realidade social, não sendo submetida à lei lógica da não contradição.

TEORIA COMUNICACIONAL DO DIREITO

Também para o universo jurídico a realidade em si e a verdade absoluta são inarticuláveis, apenas idealmente desejáveis, alcançadas em medida aproximativa, limitada pela observação e conformação que essa linguagem confere às consciências de seus operadores e ao próprio mundo.[40]

Sendo o direito positivo um corpo linguístico que, para existir, se utiliza de termos da língua portuguesa e, em alguns casos, até de línguas estrangeiras,[41] cujo núcleo de sentido já se encontra incorporado à sociedade, tradicionalmente o sentido dos seus termos será aquele mesmo utilizado na linguagem social. Até aí não há grande polêmica. O problema inicia quando a atribuição de sentido dos textos jurídicos enverada para definições completamente díspares das tradicionais.

Nesses casos, em que o legislador não queira se utilizar do sentido "comum" ou "vulgar" concernente a um conceito, este (o legislador) deverá fazer a ressalva. Isso implica afirmar não haver uma atribuição de sentido diferente do tradicional, seja ele mais restritivo ou ampliativo, que se dê de forma implícita.

---

40. Clarice de Araujo, *Da incidência como tradução*, p. 160.

41. "O fato de uma decisão judicial conter trechos escritos em língua estrangeira não justifica a sua anulação. Ainda que o artigo 156 do Código de Processo Civil estabeleça que é obrigatório, no processo, o uso da língua nacional, é preciso verificar se as passagens em outro idioma prejudicaram a compreensão das partes quanto à fundamentação do julgador. Com esse entendimento, a 3ª Turma do Tribunal Superior do Trabalho não conheceu de recurso de revista da Caixa Econômica Federal (CEF) que contestava a decisão do Tribunal Regional do Trabalho da 3ª Região (MG) com trechos em inglês e espanhol em processo de ex-empregado da empresa com pedido de créditos salariais após ser demitido sem justa causa. A CEF argumentou que o conhecimento de língua estrangeira não faz parte do currículo dos cursos jurídicos ou do exame da Ordem dos Advogados do Brasil. Portanto, o advogado não está obrigado a saber outras línguas." (BRASIL. Tribunal Superior do Trabalho. Trechos em língua estrangeira não invalidam decisão judicial. Notícias do Tribunal Superior do Trabalho. 21 set. 2011. Disponível em: <https://goo.gl/zwUaLf>. Acesso em: 07 mar. 2017.

Luís Eduardo Schoueri é pontual ao fazer refletir sobre o tema:

> Hoje, entende-se caber ao intérprete verificar se o legislador levou em conta, ou não, a estrutura de direito privado, na definição da hipótese tributária. O legislador é livre para se vincular, ou não, às formas daquele.[42]

A partir da análise dessa divergência encontrada no nosso ordenamento, podemos concluir sobre a possibilidade de um conceito sofrer variações de abrangência, em virtude dos valores que pretende proteger.

A presença de conceitos com significados variantes dentro do mesmo ordenamento se dá pela forma como a intertextualidade se apresenta no sistema jurídico, e não o torna inconsistente.

A consistência do ordenamento jurídico é conferida pela exclusividade na modalização de cada conduta: se obrigatória, não pode ser proibida; se permitida de não fazer, não pode ser obrigatória de fazer. A logicidade do discurso normativo está na regulação de condutas e não de univocidade de sentido.

3. Aplicação da intertextualidade em conceitos jurídicos tributários

Exporemos agora três exemplos de conceitos utilizados de formas diversas, variando de acordo com o subdomínio jurídico a que se referem, para demonstrar como o contexto influencia as relações intertextuais entre as normas, colacionando a legislação que regula o instituto, uma breve exposição sobre as formas de uso e, ao final de cada tópico, decisão judicial reconhecendo as dessemelhanças.

---

42. *Direito tributário*, p. 614.

3.1 Receita

Lei 5.172, de 1966 (Código Tributário Nacional)	Art. 110. A lei tributária não pode alterar a definição, o conteúdo e o alcance de institutos, conceitos e formas de direito privado, utilizados, expressa ou implicitamente, pela Constituição Federal, pelas Constituições dos Estados, ou pelas Leis Orgânicas do Distrito Federal ou dos Municípios, para definir ou limitar competências tributárias.
Constituição Federal de 1988	Art. 195. A seguridade social será financiada por toda a sociedade, de forma direta e indireta, nos termos da lei, mediante recursos provenientes dos orçamentos da União, dos Estados, do Distrito Federal e dos Municípios, e das seguintes contribuições sociais: I – dos empregadores, incidente sobre a folha de salários, o **faturamento** e o lucro;[43]
Lei 9.718, de 27 de novembro de 1998	Art. 2º. As contribuições para o PIS/PASEP e a COFINS, devidas pelas pessoas jurídicas de direito privado, serão calculadas com base no seu **faturamento**, observadas a legislação vigente e as alterações introduzidas por esta Lei. **Art. 3º. O faturamento a que se refere o artigo anterior corresponde à receita bruta da pessoa jurídica.** § 1º Entende-se por receita bruta a totalidade das receitas auferidas pela pessoa jurídica, sendo irrelevantes o tipo de atividade por ela exercida e a classificação contábil adotada para as receitas.[44]
Emenda Constitucional 20, de 15 de dezembro de 1998	Art. 195. A seguridade social será financiada por toda a sociedade, de forma direta e indireta, nos termos da lei, mediante recursos provenientes dos orçamentos da União, dos Estados, do Distrito Federal e dos Municípios, e das seguintes contribuições sociais: I – do empregador, da empresa e da entidade a ela equiparada na forma da lei, incidentes sobre: a) a folha de salários e demais rendimentos do trabalho pagos ou creditados, a qualquer título, à pessoa física que lhe preste serviço, mesmo sem vínculo empregatício; b) **a receita ou o faturamento**; c) o lucro;

---

43. Nota do editorial: redação original (anterior à EC 20/98).

44. Nota do editorial: art. 3º, *caput*, e §1º estão grafados em sua redação original.

Na primeira linha da tabela, o Código Tributário Nacional de 1966, recepcionado pela Constituição Federal de 1988, proíbe que conceitos do "direito privado" sejam modificados pelo direito tributário. Na segunda, a Constituição autoriza a criação de contribuições sociais incidentes sobre o faturamento das empresas. Na terceira, a Lei 9.718 equipara "faturamento" a "receita bruta", que é a totalidade das receitas auferidas pela pessoa jurídica. Na quarta, a Emenda Constitucional 20 altera a Constituição, incluindo a possibilidade de se tributar não somente o faturamento, mas também a receita.

Não é o problema a se tratar agora, mas se questionou então a constitucionalidade da Lei 9.718/98, pois a EC 20/98, que atribuiu à União competência para tributar a receita das pessoas jurídicas (e não apenas o seu faturamento), foi publicada posteriormente à edição da Lei 9.718/98.

A celeuma foi levada até a mais alta corte do Poder Judiciário por inúmeros processos que visavam à declaração de inconstitucionalidade do dispositivo, com a justificativa de ser o faturamento um conceito de direito privado, especialmente do direito comercial, acolhido pela Constituição da República para repartir a competência tributária entre seus entes – mais especificamente no que tange à competência da União Federal para instituir contribuições sociais para o financiamento da seguridade social.

O total do faturamento como base de cálculo vem da ideia de *emitir faturas*. Dessa forma, há incidência apenas sobre as receitas decorrentes de vendas de mercadorias e/ou prestações de serviço. Já a receita bruta engloba todas as entradas da pessoa jurídica, independente de serem provenientes de venda de mercadorias e/ou prestações de serviço.

O Supremo Tribunal Federal acabou declarando a inconstitucionalidade do art. 3º, I, da Lei 9.718/98, por eleger a receita bruta como base de cálculo das contribuições sem que houvesse previsão na CF/88 para tanto, sendo descabida sua posterior "constitucionalização" pela edição da EC 20/98.[45] Segue trecho da Ementa:

> CONTRIBUIÇÃO SOCIAL – PIS – RECEITA BRUTA - NOÇÃO – INCONSTITUCIONALIDADE DO § 1º DO ARTIGO 3º DA LEI N. 9.718/98. [...] É inconstitucional o § 1º do artigo 3º da Lei n. 9.718/98, no que ampliou o conceito de receita bruta para envolver a totalidade das receitas auferidas por pessoas jurídicas, independentemente da atividade por elas desenvolvida e da classificação contábil adotada.

Eis os dois limites presentes. Quanto à hierarquia das normas, limite sintático, a reconfiguração da definição do conceito de faturamento tem como consequência a ampliação da competência tributária. Quanto aos limites da cultura, salvo expressa determinação constitucional em sentido contrário, o próprio legislador usou da linguagem do direito privado, onde o faturamento não inclui a receita bruta.

Neste caso, dois pontos são igualmente importantes de serem levantados: (i) receita bruta e faturamento são termos equivalentes? (ii) onde encontramos a definição de cada um desses termos?

Nas situações em que o legislador inova a realidade jurídica não somente por inserir em seu ambiente novas normas, que se voltam à prescrição de condutas, mas, também, por alterar a realidade social, independente de haver nela um consenso relativo aos seus conceitos, a interpretação dos textos normativos se mostra facilitada.

Desse modo, para duas classes serem consideradas iguais, ou seja, regidas pelo princípio lógico da identidade,[46] todos os elementos inseridos em uma também devem

---

45. RE 390.840, Relator Ministro Marco Aurélio, Tribunal Pleno, j. 09.11.2005, *DJ* 15.08.2006.

46. Pela regra lógica da identidade, uma proposição implica sempre em sim

estar presentes na outra classe, e o mesmo raciocínio se dá para os elementos que dela estejam excluídos.

Trazendo para a situação analisada, a receita bruta somente poderia ser utilizada para fins de incidência da contribuição à Previdência Social acaso as situações abarcadas por esse conceito fossem exatamente as mesmas abarcadas pelo conceito de faturamento; entretanto, não é a conclusão obtida, quando feita sobre o assunto, uma análise mais detida.

A outorga de sentido aos textos jurídicos será sempre o resultado de atividade interpretativa e, como visto, embasada e limitada por seu contexto. Em matéria tributária, o próprio art. 110 do CTN salienta a preocupação em limitar o conteúdo da norma posta, que ignora o conceito de direito privado.

O Ministro Cezar Peluso apresenta os requisitos para a interpretação das ordens normativas, ao dizer: "quando não haja conceito jurídico expresso, tem o intérprete de se socorrer, para a reconstrução semântica, dos instrumentos disponíveis no próprio sistema do direito positivo, ou nos diferentes corpos de linguagem."[47]

Com isso, podemos afirmar que a Constituição pode não trazer definições para seus conceitos, como regra, mas,

---

mesma (p ≡ p), ou seja, antecedente e consequente são idênticos, equivalentes. A partir da aplicação das regras lógicas, o intérprete mantém contato com o conhecimento do direito como sistema; na proposta metodológica de Lourival Vilanova, o conhecimento implica o domínio dos princípios, manuseio das categorias, visão sistemática global, operacional e funcional, sendo imprescindível relacionar o direito com os fundamentos em geral e no contexto onde está inserido. A lógica proporciona esse conhecimento, relacionando estruturas lógicas e dados empíricos. Uma forma jurídica (livre de conteúdo), em que se estabelece a estrutura formal do direito, através da análise da linguagem do direito positivo, pela formalização. Entretanto, a experiência jurídica integral pressupõe a análise de todos os aspectos: o lógico nos enunciados e o empírico nos dados de fato, selecionados na realidade física e social.

47. Tribunal Pleno, *Recurso extraordinário nº 390.840/MG*. Rel. Min. Marco Aurélio, j. 09.11. 2005, *DJ* 15.08. 2006.

por representar o ponto mais alto do ordenamento jurídico, deverá apresentar corpo linguístico harmônico, proporcionando instrumental para que se definam os conceitos nela inseridos, mantendo o discurso coerente e, por mais que não apresentem definições expressas de seus conceitos, conferirá ao intérprete, aplicador e ao legislador infraconstitucional os limites de uso de seus termos.

Assim baseou-se o Ministro Marco Aurélio ao proferir seu posicionamento: "No meu voto, parti da premissa de que a base de incidência já está definida na Carta da República, ou seja, o faturamento. E se já está definida na Constituição Federal, não há a exigibilidade do instrumental específico, que é a lei complementar."[48] Decorre desse raciocínio, a impossibilidade de o legislador infraconstitucional fazer equivaler, ao exercer a competência de tributar, faturamento às receitas brutas, visto o próprio limite constitucional imposto, cujas classes contêm elementos diferentes, motivo pelo qual não se podem equiparar.

Essa foi a solução dada pelo Supremo Tribunal Federal ao decidir restringir o alcance do termo receita bruta para todas as demais exações que se utilizem do termo, garantindo a obediência aos limites da distribuição de competência dos entes tributantes.

Disso não se conclui, todavia, pela impossibilidade de a União poder tributar receita, mas, para fazê-lo, é evidente, deverá guiar-se pelas regras impostas pela Constituição

---

48. Entretanto o procedimento legislativo foi ignorado e não tem a Emenda Constitucional nº 20 condão para convalidar a Lei nº 9718/98. É o que afirma o Ministro Cezar Peluso: "Se a norma produzida antes da Constituição é com esta compatível, é recebida pelo novo ordenamento; se lhe é hostil, está revogada, ou, o que dá na mesma, perde seu fundamento de validez." Com o advento da referida Emenda a competência da União fora constitucionalmente alargada, garantindo ao legislador ordinário a elaboração de nova exação que incluísse a receita bruta como hipótese de incidência tributária. BRASIL. Supremo Tribunal Federal, Tribunal Pleno, Recurso extraordinário nº 390.840/MG, Rel. Min. Marco Aurélio, j. 09. 11. 2005, *DJ* 15.08.2006.

da República, isto é, o legislador constituinte atribuiu a ela (União) a competência para tributar as situações configuradas como receitas.

3.2 Tributo

Lei 4.320/64 – Lei Geral Orçamentária	Art. 9º **Tributo é a receita derivada** instituída pelas entidades de direito público, compreendendo os impostos, as taxas e contribuições nos termos da constituição e das leis vigentes em matéria financeira, **destinando-se o seu produto ao custeio de atividades gerais ou específicas exercidas por essas entidades.**
Lei 5.172/66 – Código Tributário Nacional	Art. 3º **Tributo é toda prestação** pecuniária compulsória, em moeda ou cujo valor nela se possa exprimir, que não constitua sanção de ato ilícito, instituída em lei **e cobrada** mediante atividade administrativa plenamente vinculada. Art. 4º A natureza jurídica específica do tributo é determinada pelo fato gerador da respectiva obrigação, **sendo irrelevantes para qualificá-la:** [...] II – a destinação legal do produto da sua arrecadação.
Constituição Federal de 1988, com redação dada pela EC 42/2003	Art. 167. São vedados: [...] IV – **a vinculação de receita de impostos a órgão, fundo ou despesa, ressalvadas a repartição do produto da arrecadação dos impostos a que se referem os arts.** 158 e 159, **a destinação de recursos** para as ações e serviços públicos de saúde, para manutenção e desenvolvimento do ensino e para realização de atividades da administração tributária, [...];

Parte da doutrina diz não ser de bom tom que a lei traga a definição de conceitos. Para Luciano Amaro,

> definir e classificar os institutos do direito é tarefa da doutrina. Contudo, em 1966, recém-editada a Reforma Tributária traduzida na Emenda n. 18/65, o Código Tributário Nacional adotou uma linha didática na disciplina do sistema tributário, insistindo, ao longo do seu texto, na fixação de certos conceitos básicos.[49]

E para Geraldo Ataliba, falando sobre o conceito de tributo: "Evidentemente, não é função de lei nenhuma formular conceitos teóricos."[50]

A explicação, talvez baseada na falsa ideia da doutrina como fonte do direito, prestigia o doutrinador como se legislador fosse, como se, eleito pelo povo, pudesse prescrever condutas. Ou, por outro lado, como se a lei, ao definir conceitos, pudesse alterar a realidade social (não jurídica) pelo simples dizer, como se nossos deputados e senadores fossem deuses.

O ruído comunicacional causado pela adoção do mesmo suporte físico para diversos significados pode ser percebido em várias passagens do texto legal. Sem qualquer explicação, poder-se-ia ler: "o tributo tributa, tributando tributo." O mesmo termo, no exemplo, pode ser visto como norma jurídica, como relação jurídica, como procedimento e como quantia em dinheiro.

Neste momento, é proposta a investigação das notas definitórias do conceito de tributo em âmbito tributário e em direito financeiro. Tal aviso é imperioso, ante dois artigos da década de 1960 que podem interferir no trabalho, quais sejam o art. 3º da Lei 5.172/1966 (definição do

---

49. Luciano Amaro, *Curso de direito tributário*, p. 19.
50. Geraldo Ataliba, *Hipótese de incidência tributária*, p. 32.

conceito de tributo em âmbito tributário), e o art. 9º da Lei 4.320/1964 (definição do conceito de tributo em âmbito financeiro).

Como norma financeira, o tributo é visto como receita derivada do poder de império do Estado, o "produto da arrecadação dos tributos". É o tributo como pecúnia, não em âmbito tributário, mas financeiro. Os sujeitos da relação jurídica não mais são o Contribuinte e o Fisco, e sim os diversos agentes da Administração Pública.

A caracterização do tributo como "receita" tem sua regulamentação em normas de repartição das receitas tributárias, constantes na Seção VI do Sistema Tributário Nacional (arts. 157 a 162). No art. 9º da Lei 4.320/1964, encontramos uma definição do conceito de tributo em âmbito financeiro.

Dentro do sistema do direito positivo brasileiro, há separação entre o sistema financeiro e o sistema tributário.[51] Contudo, uma possível aproximação aparece com a Lei Complementar 101/2000, a Lei de Responsabilidade Fiscal:

> Art. 11. Constituem requisitos essenciais da responsabilidade na gestão fiscal a instituição, previsão e efetiva arrecadação de todos os tributos da competência constitucional do ente da Federação.
>
> [...].

---

51. Marco Antonio Gama Barreto não faz a diferença entre sistema financeiro e tributário. E, com isso, não considera a supressão do art. 9º da Lei 4.320 pelo art. 3º do CTN, como se a lei posterior tivesse revogado a anterior, mas sim, entende que são complementares e coexistentes. "Ocorre que não vislumbramos a possibilidade de emissão de ato de fala revogador com base na comparação entre os artigos 3º do CTN e 9º da Lei n. 4.320 de 1964, pois i) o CTN não declarou expressamente revogado o referido artigo 9º; ii) o artigo 9º não apresenta incompatibilidade com o artigo 3º; e, iii) o CTN não regulou inteiramente a matéria de que trata a Lei n. 4.320 de 1964". *O conceito de tributo no direito brasileiro*, p. 90.

A LRF se preocupa com a responsabilidade desde a instituição até os gastos públicos. Contudo, ainda assim não se pode dizer que há uma junção entre os dois sistemas, porque (i) a Constituição, de maior hierarquia, separa o sistema tributário do financeiro, e (ii) a LRF apenas se preocupa com normas tributárias para a responsabilização em âmbito administrativo, sem levar em conta a relação com os Contribuintes, sujeito essencial em uma relação tributária.

A lei que trata da elaboração e controle dos orçamentos e balanços dos entes federados mostra os tributos como espécie de receita. Sobre receita (para fins orçamentários), Aliomar Baleeiro dispõe:

> As quantias recebidas pelos cofres públicos são genericamente designadas como "entradas" ou "ingressos". Nem todos esses ingressos, porém, constituem receitas públicas, pois alguns deles não passam de "movimentos de fundo", sem qualquer incremento do patrimônio governamental, desde que estão condicionados à restituição posterior ou representam mera recuperação de valores emprestados ou cedidos pelo governo.[52]

O objetivo da Ciência do Sistema Financeiro é entender de onde vêm, de que forma e para onde vão os ingressos públicos. "Tributo", neste âmbito, é tratado essencialmente como uma espécie de receita.

Questão que vem à tona, em seguida, é saber se pode surgir uma nova relação tributária através de uma financeira, se há mescla neste momento: e se o dinheiro arrecadado com uma contribuição não for para sua destinação legal específica? Pode o contribuinte repetir o "indébito"?

Ainda que de formas diferentes, muitos doutrinadores entendem que a destinação legal não só é relevante para a

---

52. *Op. cit.*, p. 116.

determinação da espécie tributária, mas também para seu controle. Mesmo Marco Aurélio Greco, que não admite ser possível a devolução do produto arrecadado, entende que a tredestinação é a não aplicação institucionalizada dos recursos por meio da análise da execução da lei de diretrizes e da lei orçamentária, segundo critérios que extrai da lei de responsabilidade fiscal, pode levar ao reconhecimento da inconstitucionalidade da contribuição inaplicada nas finalidades constitucionalmente previstas em relação a exercícios futuros.[53]

Pensamos que a destinação relevante para a caracterização de um tributo é somente a "destinação normativa", onde se especifica a finalidade na própria norma que institui o tributo. No momento de elaboração da lei, à contribuição é necessária a previsão da destinação legal, pois é critério para o exercício de tais competências. Mas todo o resto é posterior e irrelevante para a natureza jurídica dos tributos. A repetição do indébito só seria possível, assim, pelo desrespeito ao pressuposto (falta de norma de destinação no momento da instituição, que implicaria na inconstitucionalidade da norma), mas não pelo desrespeito ao regime jurídico a ser adotado.

Tanto a Constituição (art. 165 e incisos) quanto a Lei de Responsabilidade Fiscal exigem responsabilidade na gestão fiscal. Mas essas normas são voltadas para a Administração, e não para a relação Fisco-Contribuinte. Mesmo a Lei Orçamentária Anual, ato do Poder Executivo, em nada prevendo a destinação, não gera direitos ao sujeito passivo da obrigação de ressarcimento.

---

53. Para o autor, a correta ou incorreta aplicação dos recursos é evento superveniente à incidência da norma, pois é evento estranho à norma tributária. Com o pagamento, dilui-se o vínculo entre o montante individual pago e a inaplicação parcial do conjunto de recursos. Por isso, entende não ser possível a repetição pela tredestinação. Em busca do controle sobre as Cide's. In: *Direito das telecomunicações e tributação, passim*.

Também não pensamos que a não aplicação dos recursos arrecadados pode levar ao reconhecimento da inconstitucionalidade da exação em relação a exercícios futuros, pois é norma que obriga somente a autoridade administrativa, e sobre ela recai o controle da aplicação dos tributos. O fato jurídico tributário é o registro em linguagem competente da ocorrência da hipótese, e não o cumprimento, por parte do Estado, dos fins das contribuições.

Vale por fim discorrer sobre a ADI 2.925-8/DF, que tem a seguinte Ementa:

> ADI 2925 / DF – DISTRITO FEDERAL. AÇÃO DIRETA DE INCONSTITUCIONALIDADE. Relator(a): Min. ELLEN GRACIE. Relator(a) p/ Acórdão: Min. MARCO AURÉLIO. Julgamento: 19/12/2003. Órgão Julgador: Tribunal Pleno.
>
> LEI ORÇAMENTÁRIA – CONTRIBUIÇÃO DE INTERVENÇÃO NO DOMÍNIO ECONÔMICO – IMPORTAÇÃO E COMERCIALIZAÇÃO DE PETRÓLEO E DERIVADOS, GÁS NATURAL E DERIVADOS E ÁLCOOL COMBUSTÍVEL – CIDE – DESTINAÇÃO – ARTIGO 177, § 4º, DA CONSTITUIÇÃO FEDERAL. É inconstitucional interpretação da Lei Orçamentária nº 10.640, de 14 de janeiro de 2003, que implique abertura de crédito suplementar em rubrica estranha à destinação do que arrecadado a partir do disposto no § 4º do artigo 177 da Constituição Federal, ante a natureza exaustiva das alíneas "a", "b" e "c" do inciso II do citado parágrafo.

A Ministra Ellen Gracie anotou em seu voto que a contribuição é espécie tributária "caracterizada pela finalidade de sua instituição e não pela destinação da respectiva cobrança."[54] De fato, a acepção que qualifica uma contribuição é a previsão em lei da "destinação normativa" do produto da arrecadação no momento da instituição do

---

54. ADI 2.925-8/DF. Relator(a): Ellen Gracie. Julgamento: 18/12/2003. Órgão Julgador: Tribunal Pleno. Publicação: DJ 04-03-2005 PP-00010 EMENT VOL-02182-01 PP-00112 LEXSTF v. 27, n. 316, 2005, p. 52-96.

tributo. O sistema do direito tributário trata dos momentos pré-exacional, exacional e executivo. Nada tem que ver com questões orçamentárias.

E se, por um lado, a tredestinação não dá direito à repetição do indébito, tampouco a alocação em fundos próprios para o *quantum* arrecadado com as contribuições. Carlos Velloso se pronunciou:

> Evidentemente que não estou mandando o Governo gastar. A realização de despesas depende de políticas públicas. O que digo é que o Governo não pode gastar o produto da arrecadação da CIDE fora do que estabelece a Constituição Federal, art. 177, § 4º, II. Noutras palavras, o Governo somente poderá gastar o produto da arrecadação da mencionada contribuição no que está estabelecido na Constituição, art. 177, § 4º, II.[55]

Não há possibilidade jurídica no direito brasileiro para a repetição do indébito tributário quando da tredestinação de um tributo. E não dizemos isto com alegria, já que seria uma excelente forma de pressão da população quanto aos gastos públicos, mas sim com tristeza, em virtude da falta de meios legais para este controle. Fica o governo federal, dessa forma, livre para transformar contribuições sociais em impostos não compartilhados entre os outros entes federados. E, quanto ao desvio de dinheiro pelo agente público, limitado à responsabilidade funcional.

Celso de Barros Correia Neto,[56] ao criticar a divisão entre Direito Financeiro e Tributário, confirma o tratamento diferente dado às disciplinas.

De resto, é curioso observar que o rigor dos limites definidos faz da arrecadação um elemento externo em relação

---

55. *Ibidem*, p. 178.

56. O *avesso do tributo:* Incentivos e renúncias fiscais no direito brasileiro, p. 51.

ao Direito Tributário. De fato, ao se definir o pagamento como último limite do Direito Tributário, fica evidente que as receitas auferidas não estão contidas nessa disciplina: são consequências externas e alheias. Tanto assim que, em comentário à Carta Constitucional de 1967, Pontes de Miranda afirma, como a verve que lhe é própria: "O orçamento não dá destinação aos impostos, dá destinação à receita". Extinta a relação jurídica tributária pelo pagamento o que vem depois compete a outras instâncias do Direito e não mais aos regramentos dos tributos. As receitas tributárias seriam, destarte, uma consequência fática que decorre da norma impositiva, um estado de coisas externo que se produz.

Com isso, fazemos os seguintes questionamentos: é possível a diferença do conceito de tributo em âmbito tributário e financeiro? Sim, novamente pelo enfrentamento das questões de intertextualidade intrassistêmica. As peculiaridades das diferenças estão postas em normas da mesma hierarquia (Lei 4.320 e Lei 5.172). Além disso, tratam de âmbitos diferentes (Direito Tributário e Orçamento Público). Isto traz duas consequências visíveis: a primeira é de que a destinação não faz parte da definição do conceito de tributo em âmbito tributário, o que poderia caracterizar o Fundo de Garantia por Tempo de Serviço como um tributo.[57] O segundo é que a má versação do tributo pode responsabilizar a gestão fiscal do Estado, mas não dá direito ao contribuinte de repetir o "indébito".

---

57. A par do próprio autor do Código Tributário Nacional, Rubens Gomes de Sousa, ter se pronunciado pela natureza tributária do FGTS (Cf. *Natureza tributária da contribuição para o FGTS. In: Revista de Direito Público* 17, p. 317), o STF julgou pela natureza trabalhista (RE 11.249/SP – Tribunal Pleno – rel. Oscar Correa – j. 01.12.1987 – *DJ* 01.07.1988).

3.3 Insumos

Regulamentos do IPI: do Decreto 70.162/1972 ao Decreto 7.212/2010, em vigor	Art. 43. Poderão sair com suspensão do imposto: [...] VI – as **matérias-primas, os produtos intermediários e os materiais de embalagem destinados à industrialização**, desde que os produtos industrializados sejam enviados ao estabelecimento remetente daqueles insumos;
Constituição Federal de 1988	Art. 153. Compete à União instituir impostos sobre: [...] IV – produtos industrializados; [...] § 3º – O imposto previsto no inciso IV: [...] II – **será não cumulativo, compensando-se o que for devido em cada operação com o montante cobrado nas anteriores;**
Leis do PIS/COFINS: Lei 10.637, de 30/12/2002, e Lei 10.833, de 29/12/2003	Art. 3º. Do valor apurado na forma do art. 2º a pessoa jurídica poderá **descontar créditos calculados em relação a:** [...] II – bens e serviços, utilizados como insumo na prestação de serviços e na produção ou fabricação de bens ou produtos destinados à venda, inclusive combustíveis e lubrificantes;[58]
Emenda Constitucional 42, de 19/12/2003	Art. 195. [...] [...] § 12. A lei definirá os setores de atividade econômica para os quais as contribuições incidentes na forma dos incisos I, b; e IV do *caput*, serão não cumulativas.
Instrução Normativa SRF 247, de 21/11/2002, alterada pela IN SRF 358, de 09/09/2003, e IN SRF 404, de 15/03/2004	Art. 66. [...] § 5º. [...] entende-se como **insumos: I – utilizados na fabricação ou produção de bens destinados à venda: a) as matérias-primas, os produtos intermediários, o material de embalagem e quaisquer outros bens que sofram alterações, tais como o desgaste, o dano ou a perda de propriedades físicas ou químicas, em função da ação diretamente exercida sobre o produto em fabricação**, desde que não estejam incluídas no ativo imobilizado;

---

58. Nota do editorial: inciso com redação grafada conforme a Lei 10.684/2003.

O terceiro problema proposto trata da definição do conceito de insumos para a não cumulatividade da Contribuição ao Programa de Integração Social e de Formação do Patrimônio do Servidor Público e da Contribuição para Financiamento da Seguridade Social (PIS/COFINS), e para a não cumulatividade do Imposto sobre Produtos Industrializados (IPI).

Na sistemática da tributação, há tributos incidentes em uma operação, como os sobre a propriedade, e outros dependentes de uma série de etapas anteriores para que possam ser exigíveis, como os decorrentes da produção ou das receitas de uma empresa, chamados de tributos sobre valor agregado. No Brasil, o Imposto sobre Veículos Automotores (IPVA) é exemplo do primeiro caso. IPI e PIS/COFINS, do outro.

Aos tributos incidentes sobre atividades decorrentes de etapas, criou-se a "não cumulatividade", com o fito de onerar apenas o que for agregado. A não cumulatividade é um termo com definição de conceito da própria Constituição Federal: ao menos para o IPI, diz que *será não cumulativo, compensando-se o que for devido em cada operação com o montante cobrado nas anteriores.*

A base de cálculo é o valor final menos os tributos pagos nas etapas anteriores. Paulo de Barros Carvalho[59] afirma que a não cumulatividade é um limite objetivo que visa a realizar o valor da justiça tributária, para que o impacto da percussão não provoque distorções. Ela funciona para determinar o montante a ser recolhido através do tributo, gravando apenas a riqueza agregada ao bem ou serviço.[60]

No IPI, a não cumulatividade é baseada nos insumos da produção: bens e serviços ligados ao produto final. O

---

59. Paulo de Barros Carvalho, *Direito tributário:* linguagem e método, p. 256.
60. André Mendes Moreira, *A não cumulatividade dos tributos,* p. 61.

fabricante pode "creditar-se", ou seja, diminuir sua carga tributária com o que foi pago anteriormente, desde que os insumos integrem ou sejam utilizados no processo produtivo. Por exemplo, água para fazer um refrigerante, querosene como solvente na indústria química. Água e querosene, se utilizados como fonte de energia para fazer o mesmo refrigerante, não se enquadram na definição de insumos.

É de se notar que o insumo pode ter conceito mais abrangente, como tudo aquilo que se utiliza dando como finalidade o produto ou serviço, objeto da atividade empresarial.

Conforme a definição de Eduardo Marcial Ferreira Jardim,[61] seguindo a semântica de Antonio Houaiss, insumo deriva de *input*, designativa de tudo aquilo que entra, conjugada com o vocábulo pátrio "consumo". Equipamentos, capital, mão de obra e energia, componentes ligados à produção de bens ou serviços, estariam abrangidos pelo conceito. Mas não no IPI.

Frontalmente, temos uma divergência: bens e serviços utilizados na produção ou fabricação de bens não são, necessariamente, matéria-prima. Aqui o mesmo combustível serve para descontar créditos de PIS/COFINS. Após a apuração de todas as receitas, é realizado o abatimento do montante do crédito correspondente às alíquotas incidentes a título das contribuições.

A questão, nesse caso, envolve sistemáticas independentes, sem qualquer relação de subordinação entre elas. São contextos que não devem se influenciar, mesmo porque cada um possui sua própria regulamentação e, neste caso, uma norma não afasta a outra, do mesmo modo que não traz para si a aplicação do que regula no caso de um tributo.

---

61. Eduardo Marcial Ferreira Jardim, *Dicionário de direito tributário*, p. 224.

O conceito de "insumo" aplicável ao PIS e à COFINS vem sendo, pouco a pouco, alterado pela jurisprudência. A definição que, até recentemente, era bastante restrita começa a tomar forma mais próxima do amplo conceito de "custo de produção de bens e serviços" constante no Regulamento do Imposto de Renda – RIR, em especial nos arts. 290 e 299, que incluem todas as "despesas necessárias à atividade da empresa e à manutenção da respectiva fonte produtora". O Conselho Administrativo de Recursos Fiscais já (CARF) julgou da seguinte forma:

> [...] o termo "insumo" utilizado para o cálculo do PIS e COFINS não cumulativos deve necessariamente compreender os custos e despesas operacionais da pessoa jurídica, na forma definida nos artigos 290 e 299 do RIR/99 e não se limitar apenas ao conceito trazido pelas Instruções Normativas nº 247/02 e 404/04 (embasadas exclusivamente na inaplicável legislação do IPI).[62]

Paralelamente a esta definição de conceito, surge doutrina e jurisprudência concordando que os insumos do IPI nada têm que ver com os do PIS/COFINS, e pouco se parecem com os "insumos do Imposto de Renda", não contemplando todas as despesas dedutíveis neste imposto. É o que se lê no STJ, na minuta de voto do Ministro Mauro Campbell Marques (Recurso especial nº 1.246.317-MG):

> 4. Conforme interpretação teleológica e sistemática do ordenamento jurídico em vigor, a conceituação de "insumos", para efeitos do art. 3º, II, da Lei n. 10.637/2002, e art. 3º, II, da Lei n. 10.833/2003, não se identifica com a conceituação adotada na legislação do Imposto sobre Produtos Industrializados – IPI, posto que excessivamente restritiva. Do mesmo modo, não corresponde exatamente aos conceitos de "Custos

---

62. BRASIL. Ministério da Fazenda. Conselho Administrativo de Recursos Fiscais. *Recurso Voluntário nº 369.519/RS*. Processo nº 11020.001952-2006-22, 2ª T., 2ª Câm., j. j. 08.12. 2010. Edição: 17.01.2011.

e Despesas Operacionais" utilizados na legislação do Imposto de Renda – IR, por que demasiadamente elastecidos.

5. São "insumos", para efeitos do art. 3º, II, da Lei n. 10.637/2002, e art. 3º, II, da Lei n. 10.833/2003, todos aqueles bens e serviços pertinentes ao, ou que viabilizam o processo produtivo e a prestação de serviços, que neles possam ser direta ou indiretamente empregados e cuja subtração importa na impossibilidade mesma da prestação do serviço ou da produção, isto é, cuja subtração obsta a atividade da empresa, ou implica em substancial perda de qualidade do produto ou serviço daí resultantes.

Dadas as materialidades diferentes (industrialização, receita e renda), impossível equipararem insumos sem que se perca na compreensão de tais tributos. No caso do PIS/COFINS, o termo "insumo" não indica uma substância em si,[63] constante em uma lista específica, mas na relação com a forma que a receita é adquirida.

Não há uma forma comum a que se devam submeter à determinação do que venham a ser insumos para todos os tributos sujeitos à sistemática da não cumulatividade. Nesse mesmo sentido, são as palavras de Fábio Palaretti Calcini:

> A expressão insumo deve estar vinculada aos dispêndios realizados pelo contribuinte que, de forma direta ou indireta, contribua para o pleno exercício de sua atividade econômica (indústria, comércio ou serviços) visando à obtenção de sua receita.[64]

A limitação do sentido construído, inauguralmente, por uma norma se dará apenas em função das outras

---

[63]. Vide Natanael Martins e Daniele Souto Rodrigues, *A evolução do conceito de insumo relacionado à contribuição ao PIS e à COFINS*. In: PIS e Cofins à luz da jurisprudência do Conselho Administrativo de Recursos Fiscais: volume 2.

[64]. *PIS e COFINS. Algumas ponderações acerca da não cumulatividade*, p. 58.

normas presentes no ordenamento, com sentido contrário, que lhe sejam hierarquicamente superiores.

A questão, nesse caso, envolve sistemáticas independentes, sem qualquer relação de subordinação entre elas. São contextos que não se influenciam, mesmo porque cada um possui sua própria regulamentação e, neste caso, uma norma não afasta a outra, do mesmo modo que não traz para si a aplicação do que regula no caso de um tributo. Há um gênero do qual ambas participam, mas que precisa ser especificado para que possam incidir.

Conclusões

A verdade jurídica é arrogante: juristas não são meros descritores da realidade do direito, mas construtores criativos dela. Se a língua é realidade, temos ao menos duas consequências importantes: (1) como o direito é texto, é impossível de ser interpretado sem contexto; e (2) a teoria do direito é análise da linguagem dos juristas.[65]

A significação de uma palavra depende da convenção que se faz com os outros participantes. Não existe acepção "de base". O que há é um uso mais intensivo de um termo do que outro, tal como os dicionários se organizam. Disso não se afasta que o direito, como língua artificial, precisa dizer que uma palavra significa outra coisa que as acepções existentes na língua natural, e também dos limites do próprio sistema jurídico (como a hierarquia das normas). O objetivo de se definir conceitos está na redução da vagueza/ambiguidade dos termos.

No que diz respeito à contribuição ao PIS/COFINS, à época, a única base de cálculo possível era o faturamento.

---

65. Gregorio Robles, *O direito como texto:* quatro estudos de teoria comunicacional do direito, p. 19.

Inicialmente, faturamento implicava a incidência apenas sobre as receitas decorrentes de vendas de mercadorias e/ou prestações de serviço. Posteriormente, alargou-se o conceito, equiparando-o à receita bruta, ou seja, todas as entradas da pessoa jurídica, independente de serem provenientes de venda de mercadorias e/ou prestações de serviço. Cremos que não há tal possibilidade. A questão da receita implica regras de competência tributária, aumentando os poderes da União. Além disso, salvo expressa determinação constitucional em sentido contrário, o próprio legislador usou da linguagem natural.

A palavra "tributo" possui diferente alcance a depender do subsistema tributário inserido, se no Direito Tributário ou no Financeiro. A destinação, no subsistema tributário, é irrelevante para a caracterização do tributo. Sem levar em consideração a destinação do *quantum* arrecadado como caracterizador da exação tributária, o Fundo de Garantia por Tempo de Serviço (FGTS) pode ser considerado tributo. Outra demonstração está na má versação de uma contribuição social, que não dá direito a repetição do indébito pelo contribuinte, mas responsabiliza o Estado.

As definições de insumo podem variar, a depender do contexto (IPI, PIS/COFINS ou Imposto de Renda). Não há subordinação entre uma lei e outra. A mesma palavra possui sentido diferente, a depender do tributo. Logo, a intertextualidade é dentro do mesmo subsistema jurídico, o tributário. A não cumulatividade é aplicada de forma diferente em ambos os casos, mas deverá ter o mesmo efeito, posto que de hierarquia constitucional.

De modo geral, podemos concluir ainda que:

O legislador e o julgador sempre criam, contudo encontram-se inseridos em determinado contexto linguístico que não pode ser ignorado.

Para um conceito evoluir e ser aceito, deve haver coerência e consistência, até sob pena de impossibilitar a comunicação.

Os enunciados são construídos pelo falante, a partir de seu repertório linguístico, com o uso dado para o contexto em que estiver inserido.

Conceitos não podem ser simplesmente emprestados de legislações diferentes, de tributos com materialidades diferentes.

Referências

ABBAGNANO, Nicola. *Dicionário de filosofia*. 5ª ed. rev. e ampl. São Paulo: Martins Fontes, 2007.

AMARO, Luciano. *Direito tributário brasileiro*. 15ª ed. São Paulo: Saraiva, 2009.

ARAUJO, Clarice von Oertzen de. *Da incidência como tradução*. In: Florence Haret; Jerson Carneiro (coord.). Vilém Flusser e Juristas: comemoração dos 25 anos do grupo de estudos de Paulo de Barros Carvalho. São Paulo: Noeses, 2009.

_____. *Incidência jurídica: teoria e crítica*. São Paulo: Noeses, 2011.

_____. *Semiótica do Direito*. São Paulo: Quartier Latin, 2007.

ATALIBA, Geraldo. *Hipótese de incidência tributária*. 6ª ed. São Paulo: Malheiros, 2004.

BARRETO, Marco Antonio Gama. *O conceito de tributo no sistema brasileiro*. Dissertação de mestrado. São Paulo: PUC/SP, 2008.

CALCINI, Fábio Pallaretti. *PIS e COFINS*. Algumas ponderações acerca da não cumulatividade. In: *Revista Dialética de Direito Tributário* n. 176. São Paulo: Dialética, 2010.

CARVALHO, Paulo de Barros. *Direito tributário:* linguagem e método. 3ª ed. São Paulo: Noeses, 2010.

COHEN, Morris R. *Concepts and Twilight Zones*. In: Journal of Philosophy 24. No. 25. p. 673-683. New York: The Journal of Philosophy, 1927.

CORREIA NETO, Celso de Barros. *O avesso do tributo:* Incentivos e renúncias fiscais no direito brasileiro. Tese de doutorado. São Paulo: USP, 2013.

ECHAVE, Delia Teresa; URQUIJO, María Eugenia; GUIBOURG, Ricardo A. *Lógica, proposición y norma*. 6ª ed. Buenos Aires: Astrea, 2002.

FAVACHO, Fernando Gomes. *Definição do conceito de tributo*. São Paulo: Quartier Latin, 2011.

FIORIN, José Luiz. *Interdiscursividade e intertextualidade*. In: BRAIT, Beth (Org.). Bakhtin - outros conceitos-chave. São Paulo: Contexto, 2010.

FLUSSER, Vilém. *Língua e realidade*. 2ª ed. São Paulo: Annablume, 2004.

GAMA, Tácio Lacerda. *Competência tributária: fundamentos para uma teoria da nulidade*. São Paulo: Noeses, 2009.

_____. *Sentido, consistência e legitimação*. In: Florence Haret; Jerson Carneiro (coord.). Vilém Flusser e Juristas: comemoração dos 25 anos do grupo de estudos de Paulo de Barros Carvalho. São Paulo: Noeses, 2009.

GRECO, Marco Aurélio. Em busca do controle sobre as Cide's. In: André Mendes Moreira; Antônio Reinaldo Rabelo Filho; Armênio Lopes Correia (org.). *Direito das telecomunicações e tributação*. São Paulo: Quartier Latin, 2006.

GUIBOURG, Ricardo A.; GUARINONI, Ricardo. *Introducción al conocimiento científico*. 3ª ed. Buenos Aires: Eudeba, 1998.

JARDIM, Eduardo Marcial Ferreira. *Dicionário de direito tributário*. São Paulo: Noeses, 2011.

KAUFMANN, Arthur. *Filosofia do direito*. 3ª ed. Prefácio e tradução: António Ulisses Cortês. Lisboa: Ed. Calouste Gulbenkian, 2009.

LUHMANN, Niklas. *Social Systems*. Stanford: Stanford University Press, 1995.

MARTINS, Natanael; RODRIGUES, Daniele Souto. *A evolução do conceito de insumo relacionado à contribuição ao PIS e à COFINS*. In: PIS e Cofins à luz da jurisprudência do Conselho Administrativo de Recursos Fiscais: volume 2. Gilberto de Castro Moreira Junior, Marcelo Magalhães Peixoto (coordenadores). São Paulo: MP Editora, 2013.

MENDONCA, Daniel. *Interpretación y aplicación del derecho*. Almería: Universidad de Almería, 1997.

MOREIRA, André Mendes. *A não cumulatividade dos tributos*. São Paulo: Noeses, 2010.

MOUSSALLEM, Tárek Moysés. *Interpretação restritiva no direito tributário*. In: Priscila de Souza (Coord.). Direito Tributário e os Conceitos de Direito Privado. São Paulo: Noeses, 2010.

_____. *Revogação em matéria tributária*. São Paulo: Noeses, 2005.

PEIRCE, Charles S. *Prolegomena to an Apology for Pragmaticism (CP 4.537)*. Disponível em: http://www.existentialgraphs.com/peirceoneg/prolegomena.htm. Acesso em: 04 jun. 2013.

PISCITELLI, Tathiane dos Santos. *Os conceitos de direito privado como limites à interpretação de normas tributárias: análise a partir dos conceitos de faturamento e receita.* In: Priscila de Souza (coord.). Direito Tributário e os Conceitos de Direito Privado. São Paulo: Noeses, 2010.

PRIA, Rodrigo Dalla. Constructivismo jurídico e interpretação concretizadora: Dialogando com Paulo de Barros Carvalho e Friedrich Müller. In: Priscila de Souza (coord.). *Derivação e positivação no direito tributário.* São Paulo: Noeses, 2011.

ROBLES, Gregorio. *O direito como texto:* quatro estudos de teoria comunicacional do direito. Tradução de Roberto Barbosa Alves. Barueri: Manole, 2005.

SANTAELLA, Lucia. *A teoria geral dos signos:* como as linguagens significam as coisas. São Paulo: Cengage Learning, 2008.

SAUSSURE, Ferdinand de. *Curso de linguística general.* Tradução, prólogo e notas de Amado Alonso. 24. ed. Buenos Aires: Editorial Losada, 1945.

SCAVINO, Dardo. *La filosofía actual:* pensar sin certezas. Santiago del Estero: Paidós Postales, 1999.

SCHOUERI, Luís Eduardo. *Direito tributário.* São Paulo: Saraiva, 2011.

SILVEIRA, Lauro Frederico Barbosa da. *Curso de semiótica geral.* São Paulo: Quartier Latin, 2007.

SOUZA, Cecilia Priscila de. *Intertextualidade no direito tributário.* Dissertação de mestrado. São Paulo: PUC/SP, 2012.

SOUSA, Rubens Gomes de. *A natureza tributária das contribuições para o FGTS.* In: Revista de Direito Público 17. São Paulo: Ed. RT, 1971.

TOMÉ, Fabiana del Padre. *A prova no direito tributário*. São Paulo: Noeses, 2005.

_____. *Vilém Flusser e o Constructivismo* Lógico-Semântico. In: Florence Haret; Jerson Carneiro (coord.). Vilém Flusser e Juristas: comemoração dos 25 anos do grupo de estudos de Paulo de Barros Carvalho. São Paulo: Noeses, 2009.

TÔRRES, Heleno Taveira. Boa-fé e argumentação na interpretação das normas tributárias. In: SOUZA, Priscila de (coord.). *Direito tributário e os conceitos de direito privado*. São Paulo: Noeses, 2010.

VILANOVA, Lourival. *As estruturas lógicas e o sistema do direito positivo*. São Paulo: Noeses, 2005.

WARAT, Luis Alberto. *O direito e sua linguagem*. 2ª ed. aumentada. Porto Alegre: Sergio Antonio Fabris Editor, 1995.

UN ENFOQUE DEL DERECHO MÁS ALLÁ DEL POSITIVISMO

Ensayo sobre la Teoría comunicacional del Derecho

Diego Medina Morales[1]

A Gema, que contribuye, como tantos otros juristas, con su quehacer cotidiano a forjar el Derecho.

Iuris prudentia est divinarum atque humanarum rerum notitia, iusti atque iniusti scientia.
Ulpiano. *Digesto* 1, 1, 10, 2
Nemo plus iuris ad alium tranferre potest, quam ipse habere.
Ulpiano. *Digesto* 50, 17, 54

La Teoría Comunicacional y las dimensiones de lo jurídico

La Teoría Comunicacional del Derecho de Gregorio Robles Morchón constituye a nuestro modo de ver, una interesante manera de representar el "fenómeno jurídico", considerado que, mediante, ella su autor pretende contemplar y describir el derecho de un forma completa y, en la medida de lo posible, acabada. Esta teoría es una particular forma de concebir el estudio del derecho, método

---

[1]. Profesor Doctor Catedrático de Filosofía del Derecho de la Universidad de Córdoba (Spain). Miembro de la Asociación Española de Filosofía del Derecho.

epistemológico que su autor ha ido elaborando desde hace, al menos, tres largas décadas, particularmente desde que se publicara, en el año 1982, su trabajo *Epistemología y derecho*.[2] Ya en esta primera obra, Robles destacaba la relación existente entre derecho y lenguaje, y ya por aquél entonces diferenciaba, siguiendo, fundamentalmente, a Enrico Pattaro, entre el lenguaje que "es" derecho y el lenguaje que "no es" derecho.[3] Más adelante, hizo referencia – aunque con otra terminología – a los tres niveles de análisis lingüístico en el primer número de la Revista *Doxa* (1984) y en *Las Reglas del Derecho y las Reglas de los Juegos*[4] (1984), en el Apéndice II (pp. 269 y ss). Ya en su *Introducción a la Teoría del Derecho*.[5] publicada el año 1988, concretamente en su capítulo VI empezaría a esbozar con mayor detalle lo que habría de ser la estructura de su, por entonces todavía incipiente, Teoría Comunicacional, estructura que, a lo largo de los años sucesivos, encontraría un mayor desarrollo en otras obras como: *El derecho como texto*[6] o, ya con mayor extensión y claridad, en su *Teoría del Derecho. Fundamentos de Teoría comunicacional del derecho*[7] que ha visto, hasta el momento, varias reediciones y que se encuentra aún inacabada.

---

2. Robles, G. *Epistemología y derecho*. Madrid: Ed. Pirámide, 1982.

3. Ibidem. Pág. 51 y ss.

4. Robles, G. *Las reglas del derecho y las reglas de los Juegos*. Universidad de Palma de Mallorca, Palma, 1984,

5. Robles, G. *Introducción a la teoría del derecho*. Editorial Debate, Madrid 1988.

6. Robles, G. *El derecho como texto*. Ed. Cívitas, Madrid 1998.

7. Robles, G. *Teoría del derecho*. Fundamentos de teoría comunicacional del derecho. Ed. Cívitas, Madrid 1998 (376 páginas). Obra que ha sido reeditada en cuatro ocasiones más (la última edición es la 5ª); 2ª Edición (435 páginas), Thomson Civitas, Editorial Aranzadi, Cizur Menor (Navarra) 2006; 3ª Edición (864 páginas) Thomson Reuter, Editorial Aranzadi, Cizur Menor (Navarra) 2010; 4ª Edición (864 páginas) Thomson Reuter, Editorial Aranzadi, Cizur Menor (Navarra) 2012. 5ª Edición (976 páginas) Thomson Reuter, Editorial Aranzadi, Cizur Menor (Navarra) 2013(en lo sucesivo citamos de esta edición).

La propuesta que Robles sugiere para aproximarnos al estudio del derecho, desde el citado punto de vista epistemológico, recuerda, al menos a nuestro juicio, como luego veremos, a otras que le han precedido en el tiempo (sobre todo a la Schmittiana). Esta similitud se debe al hecho de que su iniciativa, en cierta manera, pasa por ser una aproximación tridimensionista hacia lo jurídico,[8] aunque se trata – a la espera del desarrollo de la teoría institucional y de la teoría decisional – de un tridimensionismo que no es fundamentalmente ontologista. De hecho, los puntos de referencia básicos desde los que Robles propone partir para comprender que sea el derecho son fundamentalmente tres; a saber: la norma, la decisión y la institución.[9] Esto significa que su teoría, como vamos a ver, pasa por proponer un estudio formal (lógico) del derecho, un estudio pragmático (o decisional) del derecho y un estudio institucional (o de normas con "propio «espíritu»",[10] como el mismo denomina) del derecho.

He preferido denominar a la tesis de Robles con el término "tridimensionismo", para en la medida de lo posible distinguirla del tridimensionalismo jurídico clásico – en sus distintas y plurales manifestaciones.[11] Aunque

---

8. El propio Robles así lo reconoce en la página 647 de la última edición de la Teoría Comunicacional: "Este tridimensionalismo (que no hay que confundir con el tridimensionalismo clásico, que distingue en el Derecho las tres dimensiones de norma, valor y hecho) es perfectamente aplicable a los derechos subjetivos". Creo que la tesis de Robles se podría quizás calificar de "tridimensionismo lingüístico" o "filosófico-lingüístico". No obstante, se trata de un tridimensionismo que contempla la dimensión formal, pero que no ignora la idea de orden ni la dimensión de lo justo, "[...] en su aspecto material, se plantea cuáles deben ser los criterios que han de inspirar las decisiones de un orden justo". *Op.cit.*, pág. 646.

9. Robles, G. *Teoría del Derecho... Op.cit.*, pág. 80.

10. Ibidem, pág. 78.

11. Tal vez los autores de referencia obligados a la hora de hablar del tridimensionalismo jurídico, en sus vertientes tanto genérica y específica, sean Noberto

podemos encontrar ciertas similitudes entre ellos – motivo por el cual el propio autor en algunas ocasiones insisten en su distancia respecto de las mismas – el tridimensionalismo ha sostenido fundamentalmente que el derecho puede y debe ser estudiado desde tres diversas perspectivas o dimensiones, la formal (normativa), la fáctica (el derecho como hecho) y la axiológica (el derecho como valor). En este punto de partida todos los tridimensionalistas están absolutamente de acuerdo, las diferencias comienzan en el momento de decidir si tales dimensiones deben ser estudiadas como realidades independientes o como dimensiones que interactúan entre sí. En este sentido, por ejemplo, Bobbio sostiene que el derecho puede ser estudiado desde un punto de vista formalista o normativo, que sería la faceta de la que se ocupa la Ciencia del Derecho,[12] desde un punto de vista sociológico, que se interesa por la eficacia del derecho[13] y desde un punto de vista deontológico, asignándole el estudio del valor del derecho,[14] a lo que añade, que estas tres facetas pueden ser estudiadas independientemente como ramas autónomas constitutivas de tres sectores diversos del conocimiento jurídico. Como sabemos el brasileño Miguel Reale contesta esta pretensión de desfragmentación epistemológica del derecho y sostiene, por

---

Bobbio y Miguel Reale respectivamente, aunque como todos sabemos hay una larga retahíla de autores a los que poder incluir en la lista del tridimensionalismo, como por ejemplo el propio maestro de Robles, el profesor Legaz y Lacambra, además de García Maynez, Recasens Siches, Paul Roubier, Giuseppe Lumia y otros muchos más.

12. Constituyendo la más alta expresión del saber jurídico (ocupándose del análisis del lenguaje del legislador y asignándole el estudio de la validez del Derecho). Bobbio, N. *Giusnaturalismo e positivismo giuridico*. Milano 1965, pág. 46 y ss.

13. Aunque, como destaca Pattaro, este punto de vista no viene incorporado como una de las partes del hipotético tratado de filosofía jurídica a que se refiere Bobbio. Páttaro, E. *La filosofía del diritto*, CLUEB, Bologna 1977, pág. 11. El estudio de esta dimensión fue ampliamente estudiado, como sabemos, por un discípulo de Solari y compañero de Bobbio, me refiero a Renato Treves.

14. Bobbio, N. *Contribución a la teoría del derecho*. Valencia 1980, págs. 86 y ss.

el contrario, un tridimensionalismo que exige la necesidad de integrar y concretar el estudio del derecho, puesto que para él hecho, valor y norma están siempre presentes y correlacionados en cualquier expresión de vida jurídica.[15] Sea como fuere, la Teoría Comunicacional, como hemos dicho, es más bien un tridimensionismo jurídico lingüístico, por lo que no conviene confundirla con las corrientes tridimensionalistas.

Ahora bien, la Teoría Comunicacional, como el propio autor confiesa, nace, en este caso sí, como las teorías tridimensionalistas, con el propósito de superar la "doctrinal general del Derecho" de raigambre positivista, intentando franquear el callejón sin salida que la disputa entre iusnaturalismo y positivismo ha generado en el seno del pensamiento jurídico.[16] Esta teoría – tridimensionista y no tridimensionalista, insistimos – trata de dar una visión íntegra del derecho, para ello parte de considerar a éste como un *conjunto de procesos de comunicación* entre los hombres cuya misión inmanente es dirigir la acción humana.[17] Por ello, la Teoría comunicacional no pone el acento, particularmente, en la idea de que el derecho sea especialmente un "hecho social", o que sea "norma", ni, por supuesto, desprecia la dimensión de justicia inherente al derecho, es

---

15. Reale, M. *Teoría tridimensional del derecho*. Edeval, Valparaiso 1978, pág. 100

16. Sobre esta cuestión puede verse mi trabajo *Sanción, imperatividad y justicia*, en "Derecho y Opinión". Vol 2, 1994, pág. 291-307.

17. Debo matizar que a mi parecer el aspecto comunicacional del derecho que predica Robles (y que tiende a dirigir la acción humana), como cualquier otra forma de comunicación, tiene que estar orientada a un fin: si el derecho tiene un sentido comunicacional en el ámbito de la convivencia humana, es que se precisa de su auxilio para transmitir y conservar (comunicar) fundamentalmente bienes; bienes que interesan al hombre. El derecho no sirve para comunicar ideas (esta faceta la cubre sobradamente el lenguaje, si acaso, es la Teoría del Derecho lo que comunica ideas, por ello Pattaro la denomina metalenguaje jurídico, pero no el derecho), el derecho, insisto, lo que comunica son bienes. Así, por ejemplo, a su través transmitimos el ejercicio de dominio sobre las cosas, su uso, su explotación, etc. y, además, conservamos y protegemos esos bienes.

decir, contempla y no niega ninguna de estas tres dimensiones.[18] Así pues, como ya hemos dicho, a nuestro parecer la Teoría Comunicacional del Derecho puede ser predicada como una forma de tridimensionismo que pese a no negar que el derecho sea "norma", "hecho" y "valor", como puede advertirse de su falta de pretensión ontológica, se queda en el plano del análisis lingüístico del derecho. Esta circunstancia no ha impedido a Robles que en otros trabajos se haya interesado por el aspecto fáctico del derecho.[19]

Por otra parte la estructuración que propone Robles a la hora de concebir el derecho no puede dejar de recordarnos, por su similitud, a la estructura del derecho que Carl Schmitt ofreció en su conocido trabajo *Sobre los tres modos de pensar la ciencia jurídica.*[20] Resulta muy evidente que existe una importante relación entre ambas teorías, como lo demuestra el hecho de que el propio Robles, en su teoría Comunicacional,[21] se refiera a Schmitt – y a su tres modos de concebir el derecho (norma, decisión y orden concreto) –. Sin lugar a dudas, ambos autores se están refiriendo a un mismo asunto, si bien es cierto que, aunque las tres formas de considerar el derecho de Robles se corresponde de algún modo con las tres formas del pensamiento jurídico schmittiano, el modo en que el autor de la Teoría comunicacional llega a tal conclusión es abiertamente distinto al en su día arbitrado por Schmitt. En el citado trabajo, Schmitt sostiene que todo pensamiento jurídico trabaja tanto con reglas,

---

18. Robles, G. *Teoría del derecho... Op.cit.*, pág. 169.

19. Sobre el derecho como "hecho", aunque fuera de la estructura de su teoría comunicacional, tenemos una amplia producción por parte de Robles. Nos referimos a todas sus obras sobre sociología jurídica que como sabemos no son pocas. Baste aquí citar, como ejemplo, su *Sociología del Derecho*, ed. Civitas, Madrid, 1993, 2ª.ed. revisada y aumentada, ed. Civitas, Madrid, 1997.

20. Schmitt, Carl. *Sobre los tres modos de pensar la ciencia jurídica.* Técnos, Madrid 1996 (la obra original es de 1934).

21. Robles, G. *Teoría del derecho... Op.cit.*, págs. 78 y 107.

como con decisiones, como con órdenes y configuraciones. La distinción de los modos "del pensar" científico del derecho depende de que el derecho sea concebido como regla, como decisión o como un orden concreto. Si por "orden jurídico" se concibe el derecho como norma abstracta, regla o ley, entonces, desde la concepción normativista, todo orden queda convertido en un puro compendio de reglas y leyes (teoría formal), pero la expresión "orden jurídico" admite, lógica y literalmente, que el derecho se defina a partir de una idea propia de "orden" (sistema institucional) y se supere así la apropiación normativista. Para el modo de pensar jurídico del "orden concreto", el "orden" es considerado como un elemento y, a su vez, como instrumento del orden (teoría dogmática). El último fundamento de toda la existencia del derecho y de todo valor jurídico se pude encontrar, según el autor alemán, en un acto de voluntad, en una decisión que crea derecho (Teoría de la decisión jurídica). Robles, por su parte, mantiene algo parecido, como vamos a ver. Ahora bien, critica a Schmitt el hecho de que tales formas de pensar acerca del derecho resulten excluyentes unas de otras, razón ésta por la cual podría presumirse que el tridimensionismo que defiende Robles es diverso del en su día expuesto por el autor de Plettenberg.

Sugiere pues Robles, que el derecho se estudie desde tres distintas perspectivas o dimensiones, todas ellas interrelacionadas entre sí. Una primera dimensión, para la que propone el nombre de *Teoría formal del Derecho*, es aquella que tiene el cometido de exponer los conceptos formales de todo sistema jurídico (su concepto central es el concepto de *norma jurídica*), y es esta perspectiva la que, hasta ahora, fundamentalmente ha desarrollado. Una segunda dimensión para la que propone la denominación de *Teoría de la Dogmática jurídica*, es la que tiene por objeto analizar cómo se genera el sistema dogmático (su concepto central es la *institución jurídica*). Por último, una tercera dimensión, para la que propone la denominación de *Teoría de la Decisión jurídica*, a la que reserva el estudio de los diferentes procesos de decisión creadores del ordenamiento jurídico, así como la teoría de la justicia inherente al tal actividad decisoria (su concepto central es el de la *decisión jurídica*).[22]

Lenguaje y comunicación

Uno de los postulados sobre los que se asienta la Teoría Comunicacional de Robles es en el binomio derecho-texto. Efectivamente para Robles el derecho es lenguaje y, sobre todo, es texto. Testimonio patente de este parecer se contiene en la siguiente afirmación sustentada por este autor en su Teoría comunicacional: "todo derecho es susceptible de ponerse por escrito".[23] Ahora bien, en nuestra opinión, no podemos extraer de esta tajante afirmación una conclusión errónea; creemos que para Robles el derecho es texto pero, a su vez, el derecho es mucho más que texto. Opinamos así puesto que cuando el autor bilbaíno sostiene tal afirmación consideramos que no se refiere tanto al derecho propiamente dicho (al menos en sus facetas fácticas y axiológica), sino que, más bien, se refiere al Ordenamiento jurídico, o todo lo más a la dogmática, es decir, a todo aquello que, en general, podemos percibir como parte de los instrumentos jurídicos, entiéndase por tales, aquellos instrumentos que auxilian al jurista en la actividad que le es propia (pues el Derecho será el resultado de tal actividad) . Buena prueba de ello, como hemos reproducido hace unas líneas, la

---

22. Robles, G. *Teoría del Derecho... Op.cit.*, pág. 172.

23. Ibidem, pág. 89. Sostiene, algo más adelante, a lo largo de la página posterior, lo siguiente: "todo ordenamiento jurídico es un gran texto unitario que se compone de textos parciales (las distintas leyes, decretos, reglamentos, sentencias judiciales, etc.).

encontramos en el hecho de que el mismo autor sostenga que el derecho es *susceptible* de ponerse por escrito. Pues bien, si el derecho es *susceptible* de ponerse por escrito esto significa, necesariamente, que el derecho es una realidad que, pese a poder ser "susceptible" de ser recogida en un texto, si no es recogida, no necesariamente pierde su naturaleza. O dicho de otro modo, si Robles pretendiese decir que el derecho es sólo y exclusivamente texto (aspecto normativo), hubiera omitido el término "susceptible" y hubiera sostenido, a secas, que el derecho es texto y no lo hace.

Evidentemente, lo que parece que Robles pretende afirmar con la citada expresión es que, en la medida que el derecho (como institución) necesita, para su materialización, del auxilio de reglas de conducta y de decisiones, estás se tendrán que apoyar, de algún modo, para resultar operativas (buenos instrumentos al servicio del jurista) en el lenguaje – (oral u escrito), que es la primera forma natural y básica de comunicación del ser humano- para mediante el uso de las *palabras* poder orientar las acciones. Por este motivo, en nuestra opinión, no resultaría acertado extraer de esta afirmación la idea, demasiado simple, de que Robles, con ella, trate de sostener que el derecho consiste sólo en normas escritas. Esa postura, sostenida con simpleza, entraría en contradicción con otras, no menos importantes, afirmaciones sobre las que se asienta y encuentra apoyo esta Teoría. Efectivamente, si las decisiones (elementos fundamentales de la Teoría comunicacional) se manifiestan mediante el lenguaje, no menos cierto es que una decisión no es sólo y exclusivamente lenguaje, es mucho más. La decisión se caracteriza, sobre todo, por ser, por encima de la forma en que se manifieste, una resolución volitiva que se toma ante distintas posibles opciones.

La decisión solo existe si quien decide puede optar entre distintas soluciones,[24] puesto que decidir es formar un juicio definitivo sobre algo dudoso o contestable. De otro modo, si la acción de quien decide esta predirigida y no puede más que desembocar en un único resultado, quiere decir que no estaremos verdaderamente ante una decisión (a la que debe reconocérsele un carácter creativo o innovador) sino ante una mera aplicación (que no es más que referir a un caso particular lo que se ha dicho en un supuesto general). Aplicar, pues, no es decidir sino *acomodar* la norma al caso. Quien así obra no decide, sino que simplemente es un mero ejecutor[25] en un proceso preestablecido. Como puede comprobarse, aunque la decisión necesite del auxilio del lenguaje (incluso del texto) para expresarse, en sí misma, es mucho más que lenguaje. En la comprensión de este aspecto de la Teoría comunicacional resulta, pues, fundamental la distinción categorial entre "decisión" y "aplicación".

---

24. Es a lo que Robles se refiere cuando afirma: "Toda decisión implica una elección y, consiguientemente, la exclusión de las otras posibles alternativas. Decidir es elegir. Para elegir hay que estar convencido de que no se yerra o, al menos, de que la elección hecha es la menos mala. Para elegir entre varias alternativas hay que comparar. Y para comparar hay que valorar. El tema de la decisión nos lleva irremediablemente al de los *valores*, que son precisamente las pautas desde las cuales se valora o se enjuicia y, por tanto, se elige, esto es, se decide". Robles, G. *Teoría...Op. cit.*, pág. 100.

25. Precisamente esta era la creencia de la que participaron los autores de la escuela de la Exégesis y la que presidió el espíritu de la codificación. Incluso Jean-Etienne-Marie Portalis reacciona ante el Decreto Orgánico de 24 de agosto de 1790 que estableció en Francia el llamado *référé législative* (la remisión que debía hacer el juez de los puntos dudosos o ambiguos al Poder Legislativo para que la Asamblea respectiva diera la solución clara y precisa al asunto controvertido), y manifiesta que "Forzar al magistrado a recurrir al legislador, sería admitir el más funesto de los principios, sería poner de nuevo en vigencia entre nosotros la desastrosa legislación de los rescriptos, pues cuando interviene el legislador para pronunciarse en los asuntos nacidos y vivamente agitados entre particulares, no está más al abrigo de rebatos que los tribunales". Portalis, JEM. *Discurso preliminar al Código Civil francés*, Edeval, Valparaiso, 1978 (con prólogo de Rivacova, M.), pág. 43.

Entendemos, en consecuencia, que Robles atribuye al texto jurídico una labor auxiliar en la actividad decisoria, y que, evidentemente, cuando afirma que el derecho es un lenguaje está queriendo decir que, aunque es lenguaje, es mucho más que texto. De hecho nuestra conclusión claramente se infiere de la pág. 90 de su *Teoría del Derecho*, cuando afirma que "Decir que el derecho es lenguaje no supone defender una posición ontológica "fuerte" (algo así como una definición de su "esencia"). Significa tan sólo aceptar que esta cualidad del derecho puede servirnos como punto de partida para su análisis".[26] No cabe duda que la forma en la que se presentan, generalmente, los instrumentos jurídicos (leyes, tratados, sentencias, etc.) es un lenguaje de carácter regulativo o prescriptivo, pero no menos cierto nos parece que quien decide (el jurista y sobre todo el Juez) realiza una actividad psíquica (o volitiva) que orientada por las normas y, a su vez, presidida por una cultura jurídica que encuentra en la doctrina (jurisprudencial y científica), lo hace con el objetivo de tomar una decisión adecuada (justa) o, al menos como dice Robles, con la pretensión de tomar la decisión "menos mala", entre todas las probables.

Este particular significado que en Robles adquiere el término "texto jurídico" y el hecho de que el citado texto se refiera, no a todo el derecho, sino tan sólo a los instrumentos jurídicos que auxilian la decisión, es lo que lleva a nuestro autor, según parece, a afirmar sin reservas que: "El ordenamiento es el texto jurídico en bruto en su totalidad, compuesto por textos concretos, los cuales son resultado

---

26. Robles, G. *Teoría...Op. cit.* pág. 90-91. Y por si quedase temor a dudas añade acto seguido: "Incluso es posible combinar la idea de que el Derecho se manifiesta siempre en lenguaje con una tesis "fuerte" acerca de la esencia del Derecho (como pueden ser, por ejemplo, la tesis de que el Derecho es "hecho social" o es "idea de justicia").

de decisiones concretas",[27] y a diferenciar a este *texto jurídico bruto* de lo que él llama *texto jurídico elaborado*, que no es otro que el texto que resulta de la labor de los juristas,[28] es decir la doctrina jurídica (en su doble faceta jurisprudencial y científica). En parte, como puede observarse, Robles, huyendo de una perspectiva puramente normativa y positivista, retoma, a nuestro parecer, el viejo concepto que de Derecho tenían los juristas pre-ilustrados; un derecho aplicado no en ciego y exclusivo seguimiento de la norma positiva (por el sólo hecho de estar ésta promulgada por el Estado) sino un derecho elaborado por juristas (es decir, creado) en virtud de normas meramente orientadoras y "justo" gracias a la labor de reconstrucción continua y de adaptación al "caso concreto" que los propios juristas realizan a partir del oportuno ordenamiento jurídico, con su diaria labor. Por tanto, un derecho de juristas, fluido y descentralizado, un derecho de opiniones y controversias (que se pone de manifiesto a través de la doctrina jurídica), entre las cuales el juez debe investigar, al objeto de tomar la decisión más justa, más adecuada al caso concreto y no el derecho dictado (ordenado) por el legislador. Esta es la razón por la que, a nuestro parecer, Robles liga o condiciona el *texto jurídico bruto* (los instrumentos que ofrece el ordenamiento al jurista), a los criterios y argumentos jurisprudenciales y dogmáticos que sobre lo "justo" elaboran los propios juristas (para construir de este modo lo que él llama el "sistema" o *texto jurídico elaborado*).

Así pues, según la Teoría Comunicacional del Derecho, el Ordenamiento, propiamente dicho, no es identificable con el derecho, puesto que aquel primero no constituye más que un conjunto de instrumentos a los que el jurista suele recurrir para forjar con su actividad el más auténtico

---

27. Robles, G. *Teoría... Op. cit.*, pág. 137.

28. Ibidem, p. 140.

Derecho. El Ordenamiento jurídico está formado por instrumentos importantes, sin duda, pero que, por si mismos no significan nada, supuesto que sólo son parte de las herramientas que usa habitualmente el jurista en su particular "quehacer" ("quehacer" que precisamente da sentido a esos instrumentos) y que, en consecuencia, aprovecha el jurista para materializar la actividad verdaderamente productora del Derecho. El resultado de tal actividad (de la labor de los juristas) es la que orienta el "sistema", por este motivo, tal actividad, cobra tanta importancia en el seno de la Teoría comunicacional del Derecho, siendo su resultado lo que Robles llama "texto elaborado", es decir, el producto de una labor de reconstrucción hermenéutica del ordenamiento,[29] construida por los propios juristas mediante el perfeccionamiento de la doctrina jurisprudencial y de la ciencia jurídica.

Precisamente nos parece ésta la principal razón por la que Robles dedica una importante y enérgica crítica al Positivismo, y muy particularmente a Kelsen, al que reprocha el no haber advertido la categórica diferencia entre ordenamiento y sistema. Mantiene Robles que considerar que la Ciencia Jurídica es meramente descriptiva, como ha pretendido sostener el positivismo, es, por los razonamientos antes aludidos, absolutamente inaceptable, a lo que, acto seguido, añade de modo concluyente que la Ciencia Jurídica es "*constructiva o interpretativa*". En consecuencia, la ciencia jurídica no describe el derecho, sino que lo crea.[30]

Llegado a este extremo Robles es tajante: "Pensar que el ordenamiento es, sin más, sistema, es efectivamente un prejuicio de la mentalidad legalista, que identifica el

---

29. Ibidem, pág. 143.

30. "Frente a esto, hay que subrayar que es imposible «describir» cualquier fenómeno de cultura. El Derecho no es una realidad describible, sino interpretable". Ibidem, pág. 158.

derecho con la ley, y se hace del texto de ésta una imagen que no es real, adscribiéndole las cualidades de coherencia, plenitud (en el sentido de ser completo), perfección del lenguaje, rigor conceptual, etc." y añade, por si queda duda: "Esta imagen del ordenamiento corresponde a una imagen del legislador que hace tiempo entró en crisis".[31] Como puede observar el lector, Robles mediante su Teoría comunicacional discute y no comparte la mayor parte de tópicos sobre los que se asentó hace años la vieja "Teoría General del Derecho".

Efectivamente, Robles no comparte estos postulados del positivismo jurídico y considera que concebir al legislador y, sobre todo, a su obra como un texto capaz de regular cualquier aspecto de la realidad social presente o futura es una pretensión que sólo puede esperarse de un pensamiento iluminista trasnochado y absolutamente superado hoy.[32] En suma, como afirma drásticamente Robles: "La idea de que el Derecho está, simplemente, en la ley, ha pasado a mejor vida". La Teoría comunicacional se nos presenta, como podemos comprobar, como una Teoría que pretende superar el puro y simple formalismo que durante un dilatado periodo de tiempo ha predominado en el estudio del derecho.

No obstante el posicionamiento crítico de Robles respecto al positivismo más simplista y radical, su perspectiva no supone la negación radical de que el ordenamiento jurídico ofrezca, por sí mismo, un mínimo y elemental orden básico, es decir, algunas trazas de lógica. El propio autor afirma que el legislador normalmente no actúa sin

---

31. Ibidem, pág. 144.

32. "En el siglo XX el mito del legislador omnisciente y de la perfección de la ley se ha venido abajo estrepitosamente. La realidad ha demostrado ser menos abarcable que lo que suponían los ingenuos iluministas. El lenguaje de la ley, menos perfecto de lo que se pensaba. La evolución social, más rápida y sorprendente de lo que se creía.". Ibidem, págs. 144-145.

"andamios"; lo cual significa que el legislador, cuando legisla, ya suele tener en cuenta cierto número de componentes doctrinales (un mínimo de contenido dogmático) que le auxilia en su tarea. El legislador al llevar a cabo su labor introduce en la legislación un orden básico o elemental y lo introduce (orientándose, habitualmente, en la doctrina dominante) para facilitar así la tarea que sucesivamente habrán de realizar los juristas cuando, mediante su actividad interpretativa y creadora, resuelven las controversias que se producen en la vida cotidiana, en torno a las relaciones jurídicas sociales (actividad ésta última, que como hemos dicho, elabora la doctrina jurisprudencial que completa y da sentido al "sistema" – o "texto jurídico elaborado"–). En este sentido, Robles pone, como ejemplo perfectamente ilustrativo, al legislador alemán que se encargó de redactar el Código Civil (*Bürgerliches Gesetzbuch*), pues el susodicho legislador tuvo muy presente, como precedente orientador, la magnífica obra de Bernhard Windscheid *Lehrbuch des Pandektenrechts*.[33]

Todo ello lleva a nuestro autor a concluir que el derecho es mucho más que mera ley, trasportando su Teoría comunicacional más allá del desnudo positivismo. La mutua interacción entre ordenamiento y sistema, entre ley y actividad interpretativa y doctrinal es la que permite hacer del derecho un sistema verdaderamente comunicativo; es decir, un sistema capaz de consentir que, en sociedad, se comuniquen bienes y que éstos se protejan igualmente, mediante el sostenimiento de relaciones capaces de tejer una articulación institucional. Es decir, Robles llega,

---

33. "El tratado de Derecho Civil de WINDSCHEID es una obra que reúne unas características especiales. Al orden expositivo impecable hay que añadirle su sencillez de estilo y, sobre todo, el haber sintetizado admirablemente todo el Derecho Civil alemán en un cuerpo doctrinal único y coherente. No es de extrañar que el legislador alemán lo adoptara como libro de referencia constante y que elaborara el Código Civil siguiendo el hilo expositivo y conceptual de la obra". Ibidem, pág. 146.

necesariamente, a la conclusión de que el derecho es, sobre todo, una actividad de juristas que, al ejercitar la facultad que le es propia, conforme al sistema institucionalmente establecido, van simultáneamente produciendo y perfeccionando sus instrumentos en un proceso circular o en una "espiral" de naturaleza hermenéutica. Los juristas usan los instrumentos jurídicos (normas, dogmática y precedentes) para comunicar y/o conservar bienes y usándolos los crean, los implementan y los perfeccionan, mejorando el sistema.

Este proceso de implementación o perfeccionamiento continuo, Robles lo representa con el siguiente gráfico:

$$ORD\,(1) \longrightarrow SIS\,(1)$$
$$ORD\,(2) \longrightarrow SIS\,(2)$$
$$ORD\,(3) \longrightarrow SIS\,(3)$$
$$\cdots\cdots\cdots\cdots\cdots\cdots\cdots\cdots\cdots$$
$$ORD\,(n) \longrightarrow SIS\,(n)$$

Este proceso de implementación exige concebir al derecho como una realidad dinámica y evolutiva que se va construyendo paulatinamente, lo que, a su vez, impide que – por mucho que se trate de idealizarlo o elevarlo al plano de la abstracción – podamos hablar, con mínima seriedad, de la existencia de un solo modelo o sistema jurídico que pueda referir o representar a todos los sistemas jurídicos existentes. Los sistemas jurídicos, en consecuencia, resultan ser plurales, ya sea desde el punto de vista geográfico como temporal, por esta razón no puede admitirse que existan un único sistema de derecho como, igualmente, no existe un único lenguaje.

Paradójicamente, según Robles, uno de los cometidos de la Teoría del derecho es contribuir, mediante el ejercicio de un esfuerzo epistemológico, a elaborar una "ficción ideal" que permita la representación de un modelo teórico que, en la medida de lo posible – y como vemos no es nada fácil –, sea descriptivo o representativo de todos los modelos que pueden darse en la concreta realidad. Ahora bien, este modelo ideal resulta útil sólo a los efectos de explicar y representar la realidad (que siempre resultará plural). Por otra parte, según el autor de la Teoría comunicacional, este modelo puramente epistemológico, por lo general, resultará altamente coincidente o cercano con lo que, en el ámbito del derecho, se conoce como *doctrina dominante*.[34] Tales modelos ideales, muy útiles para el estudio y la comprensión del derecho (como se dice coloquialmente, para amueblar la cabeza del jurista) son sólo el producto de la elaboración de los tratados científicos. Robles a efectos ilustrativos refiere uno de estos modelos teóricos, el sistema de derecho Civil de José Castán, que en España predominó durante los años en los que este ilustre jurista fue decano indiscutido de los civilistas españoles y a su vez presidente del Tribunal Supremo español.[35]

De lo expuesto hasta ahora se desprende, pues, que para Robles el derecho es una técnica (arte) comunicacional de especialistas (los juristas, se entiende) capaces, a su través, de contribuir con su actividad al desarrollo de un

---

34. "La doctrina dominante es la que, en general, obtiene mayor acatamiento a la hora de aplicar el Derecho, que es lo mismo que decir a la hora de concretar el sentido del texto del ordenamiento. La doctrina dominante expresa el sistema que predomina". Ibidem, pág. 152.

35. Robles insiste una y otra vez que los modelos teóricos constituyen una "simplificación de la realidad. Pero se trata de una simplificación legítima, similar a otras simplificaciones que realiza el pensamiento en los distintos campos de la ciencia". Ibidem, pág. 151.

sistema de relaciones jurídico-sociales que favorecen la transmisión y/o conservación (comunicación) de bienes mediante el ejercicio de acciones. La citada actividad comunicacional se materializa, como decimos, mediante acciones que se encuentran, por lo general, protocolizadas por normas (al modo que el idioma se encuentra protocolizado por la gramática) constituyendo así un "orden concreto" (propio de cada sistema real) que debe ser suficientemente conocido por aquellos especialistas que han de actuar en su entorno. No obstante cualquier "orden concreto" (sistema institucional) está siempre en continua evolución y tiende a perfeccionarse en continuidad mediante su propio uso o ejercicio, haciendo, de este modo, posible su adecuación a los tiempos y a las necesidades de cada época o sociedad. Obsérvese que, desde este punto de vista, y aunque Robles no lo indique, el derecho se nos presenta ante todo como una actividad (arte o técnica) con vocación de vehicular intereses sociales, un quehacer de operadores (los juristas) mediante el cual permiten que en la sociedad ciertos bienes fluyan y se protejan. No podemos menos que recordar, a las alturas de este trabajo, la conocida definición sobre el derecho atribuida a Celso: *Ius est art de boni et aequi*,[36] frase que, como sabemos, ha sido objeto de numerosos estudios y ha merecido distintas interpretaciones, pero, a fin de cuentas, frase de por si suficientemente significativa y que subraya ese carácter de "quehacer" que anida en el

---

36. Siguiendo la clásica versión latina de Theodorus Mommsem. "ULPIANUS *libro primo institutionum. Iuri operam daturum prius nosse oportet, unde nomen iuris descendat. est autem a iustitia appellantum: nam, ut eleganter Celsus definit, ius est ars boni et aequi.*" CORPUS IURIS CIVILIS / EDITIO STERREOTYPA SEPTIMA / VOLUMEN PRIMUN / INSTITUTIONES / RECOGNOVIT / PAULUS KRUEGER / DIGESTA / RECOGNOVIT / THEODORUS MOMMSEM / BEROLINI / APUD WEIDMANNOS / MDCCCXCV (El texto transcripto corresponde a la página 1 del Digestorum seu Pandectarum).

derecho[37] y que la Teoría Comunicacional, como vemos, no ignora.

El Derecho como actividad

Llegados a este punto, parece apropiado hacer un rápido cotejo entre algunas de las características de los dos mecanismos de comunicación (medios de conservación y transmisión social de ideas uno y de bienes otro) hasta ahora referidos, la lengua y el derecho (ambos "artes", más que "técnicas", de comunicar).

El lenguaje, como actividad y habilidad humana permite al hombre expresar sus pensamientos, sentimientos y vivencias. Se trata de un fenómeno cultural[38] que posee todas las características de aquellas actividades creadoras del espíritu cuyos resultados no son materiales, o en que lo material no es lo determinante, y que se llaman conjuntamente cultura.[39] Debido a esta circunstancia, precisamente, el producto cultural más definitorio de la actividad del hombre es la lengua, entendiendo por ésta cada una de las formas específicas del lenguaje.

Evidentemente la lengua, en cuanto producto cultural, es radicalmente distinta a otros fenómenos naturales

---

37. Entre otros muchos podemos señalar, Fernández de Buján, *Conceptos y dicotomías del "IUS"*, en Religión y Cultura, XLVI, Madrid, 2000, pág. 124; Di Pietro, A., *Derecho privado romano*, Depalma, Buenos Aires, 1996, pág. 38. Arias Ramos, *Derecho Romano. Revista de Derecho Privado*, 18 Ed. 1986, Vol. I, pág. 31 y ss. Schulz, *Storia della giurisprudenza romana*, trad. it. di G. Nocera, Firenze, 1968. Definición que, sea vacua o no y transcendiendo de la polémica crítica que sobre ella nos ha legado Schulz, no puede más que referirse a la apariencia que resulta de considerar al Derecho, sobre todo, como actividad y elaboración de los juristas, como el propio Arias Ramos admite. *Op. Cit.*, pág. 33

38. Baca Mateo, V.M.: *El lenguaje como hecho cultural*, en "Contribuciones a las Ciencias Sociales", abril 2010, www.eumed.net/rev/cccss/08/vmbm2.htm.

39. Casado Velarde, M. *Lenguaje y cultura: La etnolingüística*. Síntesis, Madrid 1991, pág. 27.

que pertenecen al mundo del "ser" o que están presididos por la relación de causalidad (leyes naturales). La lengua pertenece en esencia a la cultura y se hace y rehace cotidianamente a través de su uso; sus leyes (sus normas, entiéndase) las hacen los individuos y las colectividades mediante los hábitos y costumbres que se institucionalizan a través de su inveterado uso, es decir, a través de su peculiar "manera" de hablar. Cuando intentamos racionalizar las reglas y principios que rigen la forma de usar y organizar las rutinas de una lengua, por parte de una concreta comunidad, el resultado que obtenemos es la Gramática. Por este motivo la Gramática (particularmente la que se conoce como "gramática normativa") se puede definir como aquella ciencia (dogmática) que define los usos correctos de una lengua mediante preceptos. Su función es organizar el sistema lingüístico dándole un orden lógico general.

Pues bien, parece obvio que en este ámbito concreto de la cosmovisión y estudio del lenguaje tenemos claros los conceptos y no confundimos entre lengua y gramática. La lengua es un sistema o mecanismo de comunicación que usa cotidianamente una comunidad de naturaleza histórica y cultural, es decir, de conformación tradicional y consuetudinaria. Por su parte la gramática no es un producto popular ni tradicional, la gramática es la ciencia que trata de racionalizar y explicar el uso de las lenguas para que de este modo resulte mucho más fácil su correcto aprendizaje y uso. Por tanto lengua y gramática no se confunden y si bien es cierto que la gramática es un magnifico instrumento auxiliar de la lengua (a la que podemos recurrir en caso de necesidad para despejar alguna duda acerca del uso adecuado de un idioma o lengua), no resulta menos cierto que la gramática no es un sistema normativo mediante el que (por el mero hecho de resultar dictado por voluntad de reconocidos académicos) se imponga a un pueblo como debe de comunicar mediante su lengua; o dicho de otro modo, nadie podría considerar lógico o natural (aunque no resulte imposible del todo) que los académicos de una Institución de la lengua (por ejemplo, la Real Academia de la Lengua en España) pudieran (como legisladores soberanos de la lengua y en representación del pueblo) reformar a su antojo (por muy racional que fuera su intención) el modo de hablar de una comunidad o pueblo valiéndose, además, para ello de la posibilidad de decretar e imponer coercitivamente una gramática. La gramática, en definitiva, no es otra cosa que un buen instrumento al servicio de la lengua, que, como es obvio, pretende sistematizar – representar – la peculiar forma que una comunidad tiene de comunicarse mediante el habla y no, en cualquier caso, un método para imponer como "debe o no debe comunicarse una determinada comunidad".

Pues bien, si comparamos la lengua y el derecho, en cuanto que productos ambos culturales, puede afirmarse que la gramática es a la lengua, lo que el ordenamiento legislativo es al derecho, es decir, ambos son instrumentos auxiliares que orientan la labor de quienes deben usar esos mecanismos de comunicación. Así parece haberlo percibido Robles[40] a lo largo de su Teoría comunicacional. Este paralelismo, precisamente, es el que, a nuestro parecer, lleva al Catedrático de la Universidad de Baleares a proponer un estudio del derecho dividido en sintáctica (dimensión formal), semántica (dimensión institucional) y pragmática (dimensión axiológica),[41] como ya hemos referido. Como se puede apreciar ésta es la clásica división que ha predominado en los estudios del lenguaje.

---

40. "De igual modo a como quien habla lo hace en prosa, aunque no lo sepa, y de acuerdo con las reglas de la gramática, así sucede con las decisiones y las instituciones: están presuponiendo ambas la idea de norma jurídica. La teoría de las normas jurídicas cumple un papel similar al que cumple la gramática respecto del que habla o escribe". Robles, G. *Teoría... Op. cit.* pág. 171.

41. Supra nota 17.

El hecho de que la gramática, como hemos sostenido, sea un instrumento auxiliar de la lengua y que, en consecuencia, esta última no resulte un producto de aquella primera, sino más bien al contrario, que la gramática encuentra su justificación en la lengua (puesto que la lengua sólo la crea el pueblo, mediante su uso, y la refuerza fundamentalmente la actividad que los literatos hacen, a lo largo de los tiempos, también mediante su uso, en la construcción literaria, lo que favorece una mayor difusión) se corrobora con el fracaso que experimentó la única tentativa que, durante el siglo XIX, pretendió imponer una lengua racional (artificial) universalizante. Nos referimos, claro está, al Esperanto. El rechazo popular hacia esa posibilidad de imponer un modelo ideal de lengua, por muy racional y ventajosa que esta fuere, produjo el fracasó de esa tentativa, un fracaso ligado a la dificultad que manifiestan los pueblos o comunidades para abandonar sus lenguas maternas, pues éstas (aún, quizá, poco racionales, "excesivamente" tradicionales y, a veces, excesivamente primitivas o rudimentarias – como sucede, por ejemplo, con el vasco –) cotidianamente, sin embargo, se manifiestan útiles y suficientes para que el pueblo pueda comunicarse. El pueblo,[42] pues, en lo que se refiere a la producción de la lengua como medio de comunicación no ha renunciado jamás a su protagonismo y, hasta ahora, ningún Estado ha conseguido arrebatar (secuestrar) al pueblo la prerrogativa de su producción (ni siquiera, como sabemos el franquismo logró privar a ciertos territorios españoles del uso de sus lenguas tradicionales, aunque por el contrario, en España, ya desde Felipe V, si se privó a ciertos territorios de sus derechos). El único hipotético modo mediante el cual una gramática podría haberse impuesto sobre alguna lengua hubiera sido la posibilidad de forzar a los destinatarios a observarla mediante el uso

---

42. O en términos Savignyanos el *Volkgeist*

de sanciones o medios represivos para obligarles así a admitir un uso diverso, pero hasta el día de hoy ello no ha prosperado y si algunos pueblos perdieron su lenguaje fue sólo por el desuso.[43]

El derecho, sin embargo, si ha sufrido tal proceso y tras la revolución liberal, como sabemos, se suprimieron, primero mediante la codificación y más tarde a través del constitucionalismo, los derechos históricos, es decir, aquellos derechos (o libertades concretas) que habían surgido a lo largo de los siglos mediante la costumbre.[44] Aunque, de todas maneras, el triunfo (no poco sangriento)[45] de la ley, no supuso la total ruptura con el derecho tradicional, pues como tiene dicho Herrero de Miñón "incluso cuando, respondiendo a la más simplista de las visiones, (la ley) pueda ser sólo voluntad del legislador, (la ley) utiliza, en frase de Windscheid, la «sabiduría de los siglos que nos han precedido». Puesto que, decía Savigny, «no crea cada tiempo de por sí y arbitrariamente su propia vida, sino que ella se produce en indisoluble comunidad con todo el pasado»".[46] Lo cierto, en cualquier caso, es que a partir de ese momento,

---

[43]. Que en estos procesos también de hecho pueden influir mecanismos políticos de dominación nadie lo discute, si bien son mecanismos que operan mediante procedimientos de naturaleza cultural (tradicional) y no legislativa (racional).

[44]. "Surgida de la repetición de actos con carácter vinculante, la costumbre no es sino el significado normativo de dicha repetición de actos. En determinada materia, se debe actuar de una manera establecida, porque hasta ahora se ha actuado así. Aunque no surja escrita, la costumbre es susceptible de ser puesta por escrito, ya que es un significado. Y aunque no haya una decisión concreta detrás de ella, al menos en su origen, sí la hay para incorporarla al ordenamiento". Robles, G. *Teoría... Op. cit.*, pág. 132.

[45]. No parece necesario aludir aquí a las tres guerras carlistas que en España sumaron gran cantidad de bajas. Vid. Alli Aranguren, JC. *Del régimen foral liberal al régimen democrático de los derechos históricos*, en *Revista jurídica de Navarra*, Nº 25, 1998, págs. 51-150

[46]. Herrero de Miñón. *Idea de los derechos históricos*. Real Academia de Ciencias Morales y Políticas. Madrid, 1991, pág. 20.

el pueblo no fue más el protagonista de la creación de su derecho, sino que a partir de entonces el Estado, mediante su poder legislativo (teórico representante de la soberanía y conformador de la "Voluntad General") impuso las normas (modificando paulatinamente algunas y no tan paulatinamente otras – por ejemplo las desamortizadoras –) mediante las cuales convenía (sobre todo, desde entonces, a los imperantes o clase política dirigente y lobbies con ella relacionados) se comportase el pueblo.

Este paralelismo entre lengua y derecho – coherente y fácil de comprender como consecuencia de que tanto la lengua como al derecho son sistemas de comunicación desarrollados en un entorno cultural concreto – nos permiten ilustrar con cierta claridad el papel que la ley tiene respecto al derecho (como la gramática frente a la lengua) y advertir como las tesis positivistas modernas, sin embargo, ignorantes (o, lo que aún es peor, conocedoras) de este hecho, han atribuido a la ley un papel no tanto de instrumento sistemático, sino de productor de derecho (de "su derecho", convendría matizar). De ahí que nos parezca muy importante el hecho de que Robles, mediante su Teoría comunicacional respetuosa y sensible con este aspecto, manifieste, como ya hemos puesto de relevancia, ciertas importantes reservas respecto a los positivismos[47] y reclame para la doctrina (es decir, para la actividad de los juristas teóricos y prácticos) un papel creador del derecho.[48]

Evidentemente estos dos sistemas comunicativos, lengua y derecho, presentan gran similitud en sus mecanismos de funcionamiento, ahora bien, como es lógico, hay

---

47. Vid. nota supra nº 27

48. "La dogmática es creativa de normas (esto es, es ciencia práctica) incluso cuando el legislador no la menciona como fuente del Derecho, o cuando la prohíbe como productora de normas. No depende de la opinión o de la voluntad del legislador, que normalmente verá con recelo las construcciones científicas, ya que escapan a su control". Robles, G. *Teoría... Op. cit.*, pág. 161.

una neta diferencia entre ambos, pues trátase de mecanismos comunicacionales diversos; así pues, mientras que la lengua es un mecanismo de comunicación usado (actividad lingüística humana) con la finalidad de comunicar y conservar "ideas", el derecho, por su parte, es un medio de comunicación usado (actividad jurídica humana)[49] con el cometido de conservar o transmitir "bienes".

Esta diferencia (el que el sistema comunicacional jurídico esté ordenado a conservar y transmitir bienes) tampoco parece haber pasado desapercibido a Robles, que en su Teoría comunicacional del Derecho sostiene, entre otras matizaciones, que "el Derecho también es la forma en que la sociedad se organiza: establece quién manda y de acuerdo con qué procedimientos, *cómo se distribuyen los bienes, cómo se adquieren o transmiten*, qué hay que hacer cuando alguien no respeta «mi derecho», cómo está organizado el Estado, etcétera".[50] Robles, consciente de la importancia que los bienes adquieren en el mecanismo comunicacional del derecho, volverá a insistir, más adelante, sobre este particular para poner de manifiesto que, por encima de los criterios de justicia que informan la distribución de bienes en sociedad (y cuyo estudio reserva para el momento de tratar la pragmática jurídica, como ya se ha dicho), el derecho consigue la distribución de los bienes por medio de atribución de títulos,[51] a lo que añade, a reglón continuo, que "en el nivel de la teoría formal tan sólo hay que dejar

---

49. Sobre la exclusividad del hombre como sujeto susceptible de derechos y la incongruencia, aparte de la inoportunidad, de conferir derechos a los animales (que si deben ser objeto de protección) puede verse mi trabajo *Ius bestiarum, más alla del ius Gentium*, en "Studi in onore di Augusto Sinagra". Roma 2013, págs. 741-757.

50. Robles, G. *Teoría... Op. cit.*, pág. 87.

51. "Por medio de la atribución de derechos subjetivos a los diversos titulares (personas, físicas y jurídicas) el Derecho consigue la distribución de los bienes". Ibidem, pág. 657.

constancia de que por medio de la adscripción de titularidades, o sea, entre otros tipos, fundamentalmente de derechos subjetivos, se produce el reparto de los bienes en una sociedad".[52] Como podemos comprobar el Derecho, como sistema de comunicación, tiene un importante cometido en sociedad, pues al igual que la lengua reparte las "ideas", trasmitiéndolas y conservándolas en un concreto contexto social, el derecho reparte los bienes o, dicho de otro modo, permite en un concreto contexto social conservar y transmitir bienes.

Desde esta clave de lectura, que nos muestra, muy claramente al derecho como actividad relacionada íntimamente con la distribución de bienes y honores, lectura que conocemos al menos desde Aristóteles, puede comprenderse y explicarse con mayor sencillez, y sin necesidad de ningún pronunciamiento marxista, como la burguesía emergente, con la revolución liberal (capitalista), confirió a esta forma de comunicación y conservación de los bienes (el derecho) un papel ciertamente relevante, y se explica la razón por la que los liberales, a su llegada al poder, elevaron la ley a los "altares" jurídicos para que, a su través (con sus códigos burgueses), pudieran imponer al pueblo (con el objetivismo científico y la pureza metodológica que ha predicado siempre el positivismo) un mecanismo de comunicación de bienes que (protector de la propiedad privada y multiplicador de plusvalías) beneficiase a las clases imperantes emergentes.

Más allá de nuestro parecer, nos quedamos pues aquí con la idea, muy acertada, que nos presenta Robles, puesto que por encima del legalismo atenazador que ha caracterizado al siglo XX, y superando el mero formalismo positivista, para Robles, el derecho debe ser concebido, sobre todo, como un sistema de comunicación que establece los

---

52. Ibidem, pág. 658.

procedimientos y las competencias (los protocolos o procedimientos en general) que permitirán en una sociedad (ámbito jurídico) establecer la relaciones y las condiciones de decisión que permitan distribuir los bienes, cambiarlos o conservarlos. El derecho se nos representa, pues, como una actividad de especialistas (un sistema comunicacional) que se produce dentro de un ámbito jurídico concreto y que encuentra su significado en el "sistema jurídico",[53] actividad tendente, ante todo, a facilitar la circulación (comunicación) de bienes jurídicos (mediante títulos) a través de relaciones, decisiones y acciones jurídicas previstas e institucionalizadas en el sistema jurídico.

Por lo que a los bienes se refiere, éstos son en el derecho lo que las ideas son en la lengua, es decir, podría decirse de ellos que son los elementos básicos o unidades comunicables. A este respecto, Robles considera que el concepto de "bien", a lo largo de la historia, ha sido fundamental y básico para articular los derechos. "Qué sea un bien, es una pregunta que no puede ser contestada de manera absoluta y con carácter universal. Depende del tipo de sociedad para que se considere como bienes unas cosas u otras. La vida, la salud, la integridad física y psíquica, la libertad, la estabilidad familiar, el trabajo, y en general los valores económicos son considerados como bienes, junto a otros, en nuestra sociedad. Dejando ahora de lado el derecho público, podemos decir que en el campo del derecho privado, a lo largo de los siglos, se ha ido determinando la protección de estos bienes bajo forma de derechos subjetivos. De ahí la articulación de ese campo en los diversos tipos de derechos:

---

53. "Un ámbito jurídico comprende, pues, al ordenamiento jurídico y al sistema jurídico. Además comprende también un conjunto de actos comunicativos (traducibles por tanto en textos concretos) que se producen o puedan producirse en relación con aquéllos. Por último, también comprende aquellos actos que en sí no son generadores de texto en sentido estricto pero que adquieren su sentido desde la «lectura» que se hace de ellos a partir del ordenamiento/sistema". Ibidem, pág. 491.

derechos de la personalidad, derechos reales, derechos de crédito, derechos familiares, derechos hereditarios".[54] Es decir, todos estos tipos de bienes[55] son las unidades básicas de comunicación, los elementos u objetos que, mediante el ejercicio del derecho (es decir, mediante la actividad de los juristas), tratamos de conservar o comunicar; siempre, además, mediante el establecimiento de relaciones jurídicas que se desarrollan en un concreto ámbito jurídico o institucional (sociedad) entre los distintos sujetos jurídicos. El Jurista, es decir, el especialista en comunicación (jurídica), orienta, por lo general, a sus clientes para que comuniquen jurídicamente de forma adecuada a sus intereses, es decir, para que realicen aquellas acciones (protocolos o procedimientos) que garanticen la conservación o la transmisión de los bienes que les afectan o que les interesan. En caso de falta de comunicación (falta de entendimiento) los Jueces, mediante sus decisiones, determinan con mayor exactitud cuál es la interpretación que del ordenamiento jurídico (texto bruto) se deba hacer, introduciendo, de este modo, mayor claridad en el sistema (texto elaborado).

Esta comunicación de bienes, insistimos, se materializa mediante las "relaciones jurídicas" que están institucionalizadas.[56] Nada de extraño tiene, en consecuencia, que

---

54. Robles, G. *Teoría...* Op. cit., pág. 658.

55. El concepto dogmático de bien jurídico fue acuñado por BIRNBAUM a mediados del siglo XIX, la percepción de bien jurídico es de apariencia iusnaturalista, dado que el contenido de esos bienes está más allá del derecho y del Estado, viene impuesto por la naturaleza y por el desarrollo histórico-social, de modo que los bienes son antes de que el derecho y el Estado los reconozca, por lo que no puede alterarlos, ni modificarlos, ni establecerlos. Véase BUSTOS RAMÍREZ, *Manual de derecho penal*, 4ª ed., Barcelona, 1994, p. 101.

56. "Cada sistema jurídico es descomponible en un conjunto de textos expresivos de las diversas relaciones genéricas. Más exacto sería afirmar que es descomponible en un conjunto de instituciones jurídicas, dentro de las cuales aparecen las diversas relaciones jurídicas características de esas instituciones". Robles, G. *Teoría...* Op. cit., pág. 574.

TEORIA COMUNICACIONAL DO DIREITO

Robles dedique a este importante concepto, la "relación", íntegramente cinco capítulos de su obra. Desde el capítulo 16 al 20, más de trescientas páginas para un estudio minucioso acerca de la relación y particularmente del papel que esta desempeña en la comunicación humana (muy particularmente en este caso en lo que al derecho se refiere).[57]

Así pues, concluyendo, podemos afirmar que el derecho se representa en la Teoría comunicacional como una actividad de comunicación, orientada por especialistas (juristas), que mantiene en relación a determinados sujetos para permitir que entre ellos se conserven y transmitan bienes. El aspecto normativo, de este modo, muy acertadamente, a nuestro parecer, queda reducido, en la Teoría comunicacional, a un plano puramente instrumental de auxilio o apoyo a los juristas, verdaderos hacedores éstos de la actividad que llamamos derecho.

---

[57]. El concepto de relación jurídica es muy importante en la Teoría Comunicacional y merece un estudio más detallado. En el presente trabajo nos limitamos a poner de manifiesto la gran variedad de relaciones que mediante el Derecho se pueden establecer y la muy distinta naturaleza de las mismas. A título de ejemplo Robles expone: "Así, siguiendo el orden anterior tenemos: a') la relación de una persona con el ámbito jurídico al que pertenece (o con el ordenamiento o el sistema, o el Estado) es una relación de un elemento con el conjunto del que forma parte; y lo mismo si, a la inversa, hablamos de la relación entre por ejemplo el Estado y un ciudadano concreto: el Estado es una totalidad, un conjunto, formado por ciudadanos con los cuales se relaciona como el todo con las partes; b') la relación existente entre dos contratantes que pertenecen a un mismo ámbito jurídico en el supuesto de que el objeto de su contrato también esté relacionado con el mismo ámbito: en tal caso los contratantes son dos elementos, pertenecientes a un mismo conjunto, que se relacionan entre sí; c') al vínculo existente entre el Derecho español y el Derecho europeo (comunitario) es un buen ejemplo de vínculo entre dos conjuntos: el ordenamiento jurídico español conforma un conjunto de decisiones, instituciones y normas, mientras que el ordenamiento jurídico comunitario es un conjunto diferente, asimismo de decisiones, instituciones y normas; d') al vínculo existente entre un contratante perteneciente a un ámbito jurídico (p. ej., un contratante español) y otro contratante de otro ámbito (p. ej., británico): se trata, en ese supuesto, de dos elementos pertenecientes a conjuntos diversos; e') al vínculo entre un ciudadano marroquí y el ámbito jurídico español: estamos en este caso ante un elemento de un ámbito que se relaciona con otro ámbito en su conjunto". *Op. cit.*, *págs.* 540-541.

TEORIA COMUNICACIONAL DO DIREITO E SEMIÓTICA

Eliane A. Dorico Washington[1]

Resumo

O trabalho tem por finalidade explicitar a correlação entre a Teoria comunicacional do Direito e a Semiótica. Para tanto, devem ser abordados os conceitos de língua, linguagem e fala, o que remete a outro tema, ou seja, ao signo. Quando se trabalha com a definição da semiótica, o signo aparece como um componente nessa relação triádica, estabelecida por Charles Sanders Peirce, que inclui: signo, objeto e interpretante. O signo representa um objeto para uma mente que o interpreta e nessa mente se produz um signo melhor desenvolvido que é o interpretante. O direito positivo, enquanto linguagem prescritiva, encontra-se inserido num contexto comunicacional. Apresenta-se como um fenômeno de comunicação. Estabelecer formas normativas ao comportamento social só é possível, mediante um processo comunicacional, com a produção de uma linguagem própria, que é a linguagem das normas. O direito é

---

1. Mestre em Direito Tributário e Doutoranda em Comunicação e Semiótica pela PUC/SP. Advogada.

comunicação. É por esse motivo que Gregorio Robles de Morchón propõe uma Teoria Comunicacional do Direito.[2]

1. Introdução

A proposta do presente trabalho é demonstrar que a Teoria Comunicacional do Direito, estudado sob o enfoque da Semiótica, é de suma importância. Sem a comunicação, os homens não conseguem transmitir o que almejam e o que sentem. Dependem da comunicação para se expressarem, inclusive para terem seus direitos garantidos. A sistematização da vida humana em sociedade só é possível porque o homem é dotado da capacidade de interagir e se comunicar. É essencialmente um ato inerente à sua racionalidade. Apresenta-se como uma qualidade, socialmente construída, da atividade humana que é adequada às finalidades visadas.

A comunicação é explorada de forma ampla por diversos segmentos científicos, cada qual adotando métodos de estudos distintos e próprios de suas ciências. Porém, quanto a um aspecto não há divergência: a comunicação humana só acontece pelo uso da linguagem.[3]

A comunicação que ocorre em todo contexto social é inerente à atividade humana. O homem já nasce (se fisiologicamente perfeito) com a habilidade de compreender a linguagem e nela expressar-se. Ela permeia toda a

---

2. *Teoría del derecho* (fundamentos de teoria comunicacional del derecho). V. I, 2. Ed. Cizur Menor (Navarra) Thomson Civitas, 2006.

3. Entendida em sentido amplo, pois como explica Lúcia Santaella, a linguagem pode referir-se "a uma gama incrivelmente intricada de formas sociais de comunicação e significação que inclui a linguagem verbal articulada, mas absorve também, inclusive, a linguagem dos surdos-mudos, o sistema codificado de moda, da culinária e tantos outros". *O que é Semiótica*, São Paulo, Brasiliense, 2007, p. 12.

realidade sociocultural, que, por sua vez, condiciona a ação humana.[4]

Convém mencionar que, antes de Kant, prevalecia a filosofia do ser, em busca de verdades eternas, unas e imutáveis. Expoente dessa escola é Platão, que desenvolveu a "Teoria das Ideias".

> Tudo aquilo que é, por exemplo, belo, virtuoso ou justo, é assim porque participa da respectiva Ideia. As Ideias (ou formas) são paradigmas, modelos que conferem ordem, estabilidade e unidade à multiplicidade e mutação incessante de todas as coisas. Elas são as fontes do conhecimento verdadeiro e a causa necessária de tudo aquilo que podemos conhecer através dos sentidos. São entidades mais reais que os seres sensíveis, isto é, mais fundamentais. São invisíveis aos olhos, mas cognoscíveis pela inteligência.[5]

Com Kant adveio a filosofia da consciência, ou seja,

> somente se o universo não for uma realidade que transcende a consciência, mas representar uma realização do sujeito transcendental, é que se torna compreensível, segundo Kant, que possamos emitir sobre esse universo afirmações adequadas e, ao mesmo tempo, independentes da experiência.[6]

E com H. G. Gadamer e Wittgenstein surgiram os marcos da filosofia da linguagem, que atribuem à linguagem

> o primado que a filosofia moderna atribuíra à autoconsciência na nossa experiência do mundo e reconhece na linguagem e na compreensão os caracteres que definem, em geral

---

4. MOUSSALLEM, Tárek Moysés. *Revogação em matéria tributária*. São Paulo: Noeses, 2005, p. 8.

5. PECORARO, Rossano. *Os filósofos*. de Sócrates a Rousseau. Rio de Janeiro: Editora Vozes, 2ª ed., 2009, vol. I, p. 42/43.

6. STEGMÜLLER, Wolfgang. *A filosofia contemporânea*. Rio de Janeiro: Forense Universitária. 2ª ed., 2012, p. 5.

e fundamentalmente qualquer relação do homem com o mundo".[7]

Portanto, a concepção atual em torno da linguagem provém da proposição 5.6: *"Os limites do meu mundo significam os limites de minha linguagem"*.[8] Esta obra foi um marco na história do pensamento humano e continua afetando os movimentos filosóficos, desde o Neopositivismo Lógico, até o Giro Linguístico, com todas as implicações que se abriram para a teoria da comunicação.[9] A linguagem serve como instrumento por meio do uso dos signos pelos homens para se comunicarem.

Todos os eventos que ocorrerem e os objetos do mundo, se não forem relatados em linguagem, nunca serão conhecidos pelo homem. Conforme doutrina Manfredo Araújo de Oliveira, *"todo pensar já se movimenta no seio da linguagem (...) num espaço linguisticamente mediado"*.[10]

Somente por meio da linguagem temos acesso ao que existe, e apenas ela consegue dar sentido à realidade em que vivemos, com todas suas nuances, peculiaridades e transformações nos diversos tecidos sociais. É *"o cerco inapelável da linguagem"*, é um *"cerco que tende a dilatar-se, ampliar-se, que se supera a cada instante e que ameaça transcender-se para tocar, ainda que levemente, os objetos da experiência, sem contudo poder fazê-lo"*.[11]

---

7. ABBAGNANO, Nicola. *Dicionário de filosofia*. São Paulo: Martins Fontes, 5ª ed., 2007, p. 716/717.

8. WITTGENSTEIN, Ludwig. *Tractatus Logico-philosophicus*. São Paulo: EDUSP, 1994.

9. CARVALHO, Paulo de Barros. *Direito tributário:* linguagem e método. São Paulo: Editora Noeses, 4ª ed., 2011, p. 19 e seguintes.

10. OLIVEIRA, Manfredo Araújo de. *Reviravolta linguístico-pragmática na filosofia contemporânea*. 2ª ed. São Paulo: Loyola, 2001, p. 206.

11. CARVALHO, Paulo de Barros. Prefácio. In: Ivo, Gabriel. *Norma jurídica, produção e controle*. São Paulo: Noeses, 2006, p. XV, XVI.

A linguagem não pode tocar todos os objetos e nem a realidade, mas é por meio das representações que temos o acesso ao real. Toda representação é ideológica porque reflete um ponto de vista, uma seleção de aspectos da realidade. Essa seleção não é neutra, traz valores, pautas axiológicas, que contaminam o recorte do real.

Martin Heidegger aduz que *"somente quando se encontra a palavra para a coisa, a coisa é coisa. (...). É a palavra que confere ser às coisas"*.[12]

Neste mesmo sentido, é a posição de Clarice von Oertzen de Araujo: *"Hoje já se tornou pacífica a conclusão de que a linguagem é o mais importante sistema de signos (sistema semiótico), pois é a partir dele que os outros sistemas de comunicação se constroem, uma vez que a linguagem verbal é a única que comporta a possibilidade de seu uso para falar de outros sistemas de signos"*.[13]

É evidente, portanto, que se vive em um mundo de linguagem. Toda produção científica referente a um determinado objeto (linguagem científica ou metalinguagem), bem como o processo de positivação do direito (linguagem objeto da Ciência), estarão voltados às respectivas linguagens emitidas, e de acordo com as regras previstas em cada sistema próprio de linguagem.

A principal forma de linguagem que expressa a essência do direito é a linguagem escrita, ou seja, o texto.

> Neste contexto, penso que nos dias atuais seja temerário tratar do jurídico sem atinar a seu meio exclusivo de manifestação: a linguagem. Não toda e qualquer linguagem, mas a verbal-escrita, em que se estabilizam as condutas

---

12. *A caminho da linguagem*. São Paulo: Vozes, 2003, p. 126.

13. ARAUJO, Clarice von Oertzen de. *Semiótica do direito*. São Paulo: Quartier Latin, 2005, p. 17.

intersubjetivas, ganhando objetividade no universo do discurso.[14]

Embora o direito tenha uma realidade linguística própria, não deixa de pertencer ao macro sistema comunicacional. Entretanto, com uma função aprimorada. Comunicar de que maneira as condutas entre as pessoas devem-se dar, de forma escrita, por meio de texto. Esta também é a afirmação de Gregorio Robles Morchón para quem o direito manifesta-se em linguagem, isto é, a verbal-escrita, pois *"O direito é texto"* e *"texto é sem dúvida, o texto escrito: uma carta, uma novela, a Bíblia, o Código Civil"*.[15]

Em torno deste movimento filosófico, surge a Teoria Comunicacional do Direito: tem como base o sistema comunicacional, que ocorre entre os homens, em suas relações intersubjetivas. Apenas estes conseguem se comunicar, por meio da linguagem verbal ou escrita. Dessa forma, faz-se necessário essencialmente que haja a intervenção humana. Neste sentido, como o sistema comunicacional consiste em um sistema de signos, correlaciona-se com a Semiótica, que atuará como ferramenta de extrema importância para todo o transcorrer deste trabalho.

2. A Linguagem e o Direito Positivo

Neste item será demonstrada a importância da linguagem para a sociedade. Apenas onde existe uma linguagem em comum, que faça com que haja um sistema comunicativo adequado, com a realidade de um contexto em um determinado tempo e espaço, é que o direito encontrará uma

---

14. CARVALHO, Paulo de Barros. *Direito tributário:* linguagem e método. 4ª ed. São Paulo: Noeses, 2011, p. 162.

15. *O Direito como texto:* quatro estudos de teoria comunicacional do direito. Barueri: Manole, 2005, p. 19, 21.

base eficiente para a compreensão dos membros desta determinada sociedade.

A linguagem será abordada como a capacidade de comunicação entre os homens, por meio de uso dos signos, de modo que o significado dos vocábulos estará sujeito às condições do complexo comunicacional do qual eles fizerem parte, em um determinado espaço e tempo correlatos.

2.1 Língua, linguagem e fala

"Língua", "Linguagem" e "fala" são conceitos inseparáveis e essenciais à Teoria Geral do Direito, à medida em que seu objeto a linguagem – é produzida dentro de um sistema comunicacional.

Explica-se que existe uma diferença entre as três: a linguagem é um conceito mais amplo que a língua. A linguagem compreende vários outros enunciados e códigos que não sejam eminentemente verbais. Tudo que tenha uma sintaxe, um sistema e diversas combinações possíveis, como a escala cromática, a escala musical, as notas e as combinações possíveis, haverá linguagens nas mais diversas áreas, nas artes, na culinária, na moda, no direito e assim por diante. A língua pressupõe uma linguagem verbal. Enquanto a fala, na condição de articulação individual da língua, possibilita o seu aprimoramento.

Para Gregorio Robles Morchón,[16] onde há sociedade, há direito, mas também há linguagem. Apenas existe sociedade onde os homens estão dispostos a se entender, o que só se sucede porque há uma linguagem em comum que assegura a comunicação entre eles, de modo que, sem comunicação, a sociedade não é possível.

---

16. *Teoría del derecho*: fundamentos de teoría comunicacional del derecho. V. I, 2ª Ed. Cizur Menor (Navarra) Thomson Civitas, 2006, p. 65-67.

E mais, a sociedade, enquanto um sistema comunicativo, encontra, no direito, uma forma eficaz de entendimento entre seus membros. Assim, o direito se revela como o meio mais relevante de organização social, já que serve para resolver conflitos e implantar a paz.

Neste contexto, surge a Teoria Comunicacional do Direito. Sua base é o sistema comunicacional, que ocorre entre os homens, em suas relações intersubjetivas. Apenas estes conseguem se comunicar por meio da linguagem verbal e/ou escrita. Dessa forma, faz-se necessário essencialmente que haja a intervenção humana. Como o sistema comunicacional consiste em um sistema de signos, pode-se correlacioná-lo com a Semiótica, que atuará como instrumento heurístico de extrema importância para todo o transcorrer do presente trabalho.

2.2 O enunciado

O termo comunicação, para a linguística, é utilizado no sentido de que:

> 1. A comunicação é a troca verbal entre um falante, que produz um enunciado destinado a outro falante, o interlocutor, de quem ele solicita a escuta e/ou uma resposta explícita ou implícita (segundo o tipo de enunciado). A comunicação é intersubjetiva. [...][17]

Frisa-se que o significado de base diz que a comunicação envolve troca, ou seja, troca subentende resposta, quando afirma que ela é entre os falantes e também intersubjetiva, remetendo-nos a outra comprovação: a necessidade da presença humana, o que será reiterado na sequencia pelos

---

17. DUBOIS, Jean et al. *Dicionário de linguística*. 10º ed. S.v. Comunicação. São Paulo: Cultrix, 1998.

autores:[18] *"Os participantes da comunicação, ou autores da comunicação, são as "pessoas":* o ego (=eu), ou falante, que produz o enunciado, o interlocutor ou alocutório, enfim aquilo de que se fala, os seres ou objetos do mundo.

A situação de comunicação é definida: (1) pelos participantes da comunicação, cujo papel é determinado pelo ego (eu), centro da enunciação.[19]

Constata-se neste instante, que a comunicação só acontece mediante um ato de vontade humana, ou seja, faz-se essencial a sua iniciativa em emitir enunciados, realizar a enunciação, por meio dos seus atos de fala. Ademais de *"(2) pelas dimensões do enunciado ou contexto situacional".*[20]

Consequentemente, neste sentido, afirma-se que o enunciado só contém informação, se possibilitar a escolha binária, porque se o enunciado não permitir a possibilidade de escolha dentro de si, ele não transmite nenhuma informação.

Dessa maneira, a informação pode ser definida como a medida da novidade. Ademais de afirmarem que a "teoria da informação formou-se como uma teoria matemática visando a resolver os problemas de otimização e custos de sinais."[21]

O conceito de enunciado é bem explorado na linguística, mas este conceito não tem uma dimensão unânime.

O linguista russo Mikhail Bakhtin diz que o enunciado não tem uma dimensão predeterminada. Bakhtin entendeu a linguagem como produto da interação social e da interação dos interlocutores. Para ele, a língua não pode ser considerada uma estrutura abstrata, sem realização

---

18. DUBOIS, Jean et al. *Dicionário de linguística*. 10º ed. S.v. Comunicação. São Paulo: Cultrix, 1998.
19. Idem.
20. Ibidem.
21. EPSTEIN, Isaac. *Teoria da informação*. 2 ed. São Paulo: Ática, 1988, p. 5.

concreta, tampouco mero reflexo da realidade material. Os conteúdos da consciência são tanto materiais como sociais.

Neste estudo, não se busca qualificar o método bakhtiniano como sendo uma filosofia da linguagem, semiótica discursiva ou simplesmente dialogismo, mas sim, ressaltar a sua multiplicidade e contribuições à semiótica no estudo da comunicação.

Então, o enunciado, no aspecto dinâmico, começa e termina onde começa e termina o enunciado do outro comunicador. Neste sentido, enunciado pode ser um livro inteiro, um parágrafo, uma frase, um período, porque a dimensão do enunciado para Bakhtin é uma dimensão dinâmica, dependente exclusivamente do contexto.

A dimensão do enunciado não está, portanto estabelecida, fechada em uma dimensão sintática, até ter um ponto final ou em uma dimensão semântica. O enunciado terá uma dimensão dinâmica a depender da comunicação e do contexto de comunicação.

Dessa forma, "No sentido geral "daquilo que é enunciado", entende-se por enunciado toda a grandeza dotada de sentido, pertencente à cadeia falada ou ao texto escrito, anteriormente a qualquer análise linguística ou lógica."[22] Portanto, não há uma dimensão pré-determinada.

2.3 O signo

Ao estudar a comunicação, sua forma e seus conteúdos, tem-se na mediação, o processo que instaura a linguagem.

---

22. Esse conceito de enunciado é exposto por A.J. Greimas e J. Courtes, no Dicionário de Semiótica que é um dicionário mais de semiologia do que semiótica propriamente. In: GREIMAS, A.J. e COURTÉS, J.. *Dicionário de Semiótica*. São Paulo: Contexto, 2008.

O signo ideológico representa um elo dinâmico na interação e na socialização do homem. É fator fundamental da ação material, que transforma o próprio homem e a natureza.

Os signos assumem forma e conteúdo, conduzindo o sentido para a materialização dos processos de comunicação. Um exemplo de signo que absorve uma interação onipresente é a palavra.

> As características da palavra enquanto signo ideológico [...] fazem dela um dos mais adequados materiais para orientar o problema no plano dos princípios. [...] a palavra penetra literalmente em todas as relações entre indivíduos, nas relações de colaboração, nas de base ideológica, nos encontros fortuitos da vida cotidiana, nas relações de caráter político etc. As palavras são tecidas a partir de uma multidão de fios ideológicos e servem de trama a todas as relações sociais em todos os domínios. É portanto claro que a palavra será sempre o indicador mais sensível de todas as transformações sociais [...].[23]

A linguagem está no mundo e o homem, portanto, é linguagem.

Neste sentido, a semiótica, como ciência, possui por objeto a investigação de todas as linguagens possíveis, tendo por finalidade os exames do modo de constituição de todo e qualquer fenômeno, como fenômeno de produção de sentido.

Mas a semiótica não trata só da linguagem verbal, ela se aproxima mais de uma lógica do que a semiologia, que trabalha essencialmente com signos verbais e com um modelo linguístico.

A semiótica configura uma lógica triádica. Assentando-se sobre a fenomenologia e sobre as categorias fenomenológicas. Ela dialoga com mais áreas do que a linguística ou a semiologia, ciências que sistematizam o verbal.

---

23. BAKHTIN, Mikhail. *Marxismo e filosofia da linguagem*. São Paulo: Hucitec, 1995, p. 123 em diante.

Como o viés da semiótica é pela fenomenologia, e esta trabalha com uma caracterização universal dos fenômenos, então, por essa acepção triádica de tudo que está no universo – esteja dentro ou fora de nossa mente, ela consegue estabelecer conexões praticamente em todas as áreas.

Só que diferente da linguística, a semiótica é mais formal, pois é quase lógica, porque é aberta. Neste contexto, estudar-se-á um outro termo: o signo.Charles Sanders Peirce, em magistrais palavras, ensina que:

> O signo representa alguma coisa, seu objeto. Representa esse objeto, não em todos os seus aspectos, mas com referência a um tipo de ideia que eu, por vezes, denominei fundamento do representâmen. "Ideia" deve aqui ser entendida num certo sentido platônico, muito comum no falar cotidiano; refiro-me àquele sentido em que dizemos que um homem pegou a ideia de outro homem; em que, quando um homem relembra o que estava pensando anteriormente, relembra a mesma ideia, e em que, quando um homem continua pensar alguma coisa, digamos por um décimo de segundos, na medida em que o pensamento continua conforme consigo mesmo, durante este tempo, isto é, a ter um conteúdo similar, é a mesma ideia e não, em cada instante desse intervalo, uma nova ideia".[24]

De acordo com magistério de Elisabeth Walther-Bense:

> Signo algum pode aparecer sozinho, independentemente de outros signos. Não é possível falarmos de um signo isolado, singular; pois se todo signo deve se interpretável, isso significa que ele é explicável por meio, pelo menos, de um outro signo.[25]

---

24. PEIRCE, Charles Sanders. *Semiótica*. 4ª ed. São Paulo: Ed. Perspectiva, 2010, p. 46.

25. BENSE, Elisabeth Walther. *A teoria geral dos signos*. Trad. Pérola de Carvalho. São Paulo: Ed. Perspectiva S.A., 2010, p. 6.

Em um conceito mais genérico, o signo é tudo que representa algo para alguém, um objeto, um aceno, um gesto etc.

Em um conceito mais específico, o signo é uma coisa que representa uma outra coisa: seu objeto. Dessa maneira, falar-se-ia em signo apenas onde houver esse poder de representar, substituir uma outra coisa diferente dele.

É necessário esclarecer que o signo não é objeto, ele apenas está no lugar do objeto. Por exemplo, quando se fala a palavra "manga" pode-se relacioná-la com a foto, à imagem, à pintura de uma fruta ou à foto, à imagem ou uma pintura de uma camisa. Esses podem ser os possíveis objetos do signo manga. Não são os próprios objetos, são designações de "manga", em mais de um modo de expressão. O signo representa seu objeto para cada intérprete, e porque representa seu objeto, produz na mente desse intérprete um outro signo, que também está relacionado ao objeto, não diretamente, mas por meio da mediação do signo.

A definição de interpretante faz-se necessária, pois não se refere ao intérprete do signo, mas a um processo relacional criado na mente do intérprete.

2.4 Signo, Objeto e Interpretante do Direito Positivo e da Ciência do Direito

Quando se trabalha com a definição da semiótica, o signo aparece como um componente nessa relação triádica, estabelecida por Charles S. Peirce, que inclui: signo, objeto e interpretante.

O que importa para a Semiótica é a ação do signo, que consiste em completar essa tríade. O signo representa um objeto para uma mente que o interpreta e nessa mente se produz um signo melhor desenvolvido que é o interpretante.

A semiose é essa ação que o signo produz. Então, a semiose pode ser chamada de ação dos signos e em um determinado momento Peirce coloca que o signo que esteja desconectado do seu interpretante, ou o signo que não produz interpretante, não pode ser considerado como tal, porque ele não realiza este efeito.

Conforme Elisabeth Walther-Bense:

> Um signo introduzido como meio refere-se a um objeto, tem uma relação com o objeto, isto é, representa, designa, está por um objeto que é designado ou denominado através do meio. Por "objeto" deve-se aqui entender qualquer coisa que possa ser designada. Na referência ao objeto, entretanto, não é tanto o objeto da designação que é importante, e sim a referência do signo ao objeto, isto é, a própria "designação.[26]

Quando ocorre a passagem do signo para o interpretante, esse interpretante está traduzindo este signo, é sempre uma operação de tradução.

Como o interpretante também é signo, ele remete a um outro aspecto ou a outra fase do objeto e nessa evolução produz outro interpretante e assim infinitamente.

Para demonstrar a natureza semiótica do direito positivo, considera-se o processo judicial como uma semiose. O objeto dinâmico é uma lide, a versão do réu e a versão do autor são diferentes, diversos aspectos do mesmo objeto, o caso concreto, a desavença.

Cada parte envolvida vai representar, diferentemente, aspectos diversos de um mesmo fenômeno. São duas versões e duas semioses paralelas. Além disso, esse objeto, que é o cerne da discussão dentro do processo, não está inerte. A discussão evolui, esse objeto, ao mesmo tempo em que

---

26. BENSE, Elisabeth Walther. *A teoria geral dos signos*. Trad. Pérola de Carvalho. São Paulo: Ed. Perspectiva S.A., 2010, p. 15.

está evoluindo, ele, em si mesmo considerado, também está sendo representado por dois enfoques completamente distintos, que são as diferentes versões das partes envolvidas.

Tanto o Direito Positivo, quanto a Ciência do Direito, são constituídos por linguagem, e se consolidam em um conjunto estruturado de signos. Entretanto, os signos do Direito Positivo diferenciam-se dos signos da Ciência do Direito.

Explica-se: o direito positivo possui um corpo de linguagem voltado para a região das condutas intersubjetivas, com o propósito de implementar determinados valores buscados pela sociedade. Tem como signos os enunciados prescritivos (artigos, incisos e parágrafos de uma lei). Tais enunciados referem-se à conduta humana, ou seja, às relações intersubjetivas, que são seu objeto. E suscitam, na mente daqueles que os interpretam, a construção de normas jurídicas, que constituem seus interpretantes.

Diferentemente, na ciência do direito, enquanto corpo de linguagem voltado para o Direito Positivo, as finalidades são cognitivas. Os signos são os enunciados descritivos (parágrafos de um livro doutrinário). Tais enunciados reportam-se ao direito positivo, na condição de seu objeto. E, suscitam, na mente de quem os interpreta, uma série de proposições descritivas (ex.: entendimentos como a leitura do art. 151 do CTN, que tratam das causas de suspensão do Crédito Tributário).

3. Semiótica e Direito

Neste item, será examinado o Direito sob o enfoque do modelo comunicativo, conforme proposto por Roman Jakobson, que identifica seis elementos básicos da comunicação e será agregado mais um adicionado, de acordo com magistério de Paulo de Barros Carvalho.

Ao considerar a semiótica como Teoria Geral dos signos, tem-se que esta é a ciência que serve como instrumento de estudos das unidades representativas do discurso.

A semiótica surge como uma das técnicas mediante a qual o direito positivo pode ser investigado, pois é constituído por linguagem, cuja unidade elementar é o signo.

O direito positivo, enquanto linguagem prescritiva, encontra-se inserido num contexto comunicacional, apresentando-se assim como um fenômeno de comunicação.

Estabelecer formas normativas ao comportamento social só é possível, mediante um processo comunicacional, com a produção de uma linguagem própria, que é a linguagem das normas.

Deve-se esclarecer que o linguista que mais transitou pela matriz semiótica proposta por Charles Sanders Peirce foi Roman Jakobson,[27] que afirmou que Peirce não só estabeleceu a necessidade da semiótica como lhe esboçou também as grandes linhas.

Roman Jakobson,[28] explicou que, no estudo da linguagem em ação, a linguística baseia-se na teoria da matemática da comunicação e na teoria da informação, para as quais denomina "disciplinas aparentadas", ressaltando a inevitável influência das pesquisas realizadas por engenheiros de comunicações, dentre eles, C.E. Shannon e W. Weaver.[29]

Isso porque, conforme explica Isaac Epstein,[30] a teoria da informação formou-se como uma teoria matemática visando a resolver os problemas de otimização e custos de sinais.

---

27. *Linguística e Comunicação*. 27.ed. São Paulo: Cultrix, 2010, p. 20.
28. Idem.
29. *Mathematical Theory of Communication*. Urbana: University of Illinois Press, 1949.
30. EPSTEIN, Isaac. *Teoria da informação*. 2ª ed. São Paulo: Ática, 1988, p. 5.

O conceito de informação, que é isto que o enunciado deve transmitir, é de que a informação é qualquer elemento capaz de ser expresso com o auxílio de um código, neste sentido, a língua é um código.

A transmissão da informação implica a codificação da mensagem por parte do emissor, e a decodificação por parte do receptor. Estas operações pressupõem a existência de um código, que seja domínio comum de ambos, isto é, devem falar no mesmo código, ou seja, na mesma língua.

E se não tiver nenhuma base comum de compreensão, não haverá nenhuma transmissão de comunicação. Pode-se ter, no máximo, uma troca de mensagens num sentido meramente formal, ou seja, sintática e semântica, mas entre o emissor e receptor não terá nenhuma troca de informação.

Precisa-se ter informação no domínio comum do código.

A linguística faz uma diferença entre o conceito de código e o conceito de repertório. O repertório é o domínio concreto que se tem de uma parte da língua. A língua é o código em si.

Portanto, quando se fala em um modelo comunicativo, no domínio comum de uma língua, fala-se que toda comunicação pressupõe seis elementos, ou fatores básicos da comunicação. Conforme Roman Jakobson, a "comunicação" é a "transmissão, por um agente emissor, de uma mensagem, veiculada por um canal, para um agente receptor, segundo código comum e dentro de um contexto".[31] Jakobson identifica seis elementos do processo comunicacional: (I) o remetente; (II) o destinatário; (III) a mensagem; (IV) um contexto; (V) um código; (VI) um contato, o canal físico que

---

31. *Linguística e comunicação*, p. 123.

ligue o receptor ao destinatário. E a esses seis elementos Paulo de Barros Carvalho, conforme visto acima, acrescenta mais um: (VII) a conexão psicológica entre emissor e receptor.[32] Se faltar um desses elementos, a comunicação não será efetiva, portanto, não haverá sociedade e nem direito.

É preciso que haja um emissor, que emita uma mensagem para o receptor e essa mensagem tem que estar vertida em um código, que é de domínio comum de ambos. A mensagem transita por um canal e ela diz respeito a um contexto.

Dê-se, como exemplo, uma aula. O professor tomará o lugar de um emissor, e se alguém interromper e fizer alguma pergunta, as posições se inverterão e passarão os alunos a serem emissores, pois essas posições são dinâmicas, não são fixas.

O emissor será aquele que está transmitindo a mensagem e neste momento, o professor é o emissor e os alunos são os receptores. O conteúdo das mensagens que trocadas respondem pelas mensagens. O código é a língua comum, a língua portuguesa que todos falam.

O canal, no caso da linguagem falada, é o ar; no caso da linguagem escrita, o canal é a lousa ou o *power point*. E o contexto é a apresentação deste trabalho no Congresso do IVR.

Embora se tenha o domínio abstrato do mesmo código, que é o sistema, o domínio concreto de parte desse sistema é chamado de repertório. Então, por exemplo, quando se está nas respectivas áreas de atuação, tem-se um repertório na área de filosofia, de direito tributário, direito civil, mas ninguém domina o direito como um todo, porque dominar todo o direito positivo seria dominar o código.

Por exemplo, na feitura de um dicionário, este não é

---

32. *Direito tributário:* linguagem e método, p. 166-167.

feito por um só cientista e sim por uma comissão de cientistas que são contratados para a elaboração do dicionário, porque repertório é o domínio concreto e o código é a totalidade de um sistema para esse domínio integral, ele não acontece na realidade e quanto mais se lê e quanto mais se pensa, mais sofisticado torna-se o repertório. Mais adiante, será visto que sofisticação do repertório depende da organização da linguagem e do pensamento, em dois eixos chamados de eixos da seleção e da combinação.

3.1 A norma jurídica enquanto mensagem e significação

Para que se possa trazer o modelo comunicativo para os fenômenos jurídicos, serão analisados os sete elementos acima expostos, e neste exato momento, as normas jurídicas serão tratadas, enquanto mensagens.

A norma, apenas será considerada como mensagem, se transmitir um significado. E este significado, ou informação, está relacionado direta ou indiretamente com a sistematização das condutas humanas em sociedade.

Quando as normas transmitem ordens que podem ser consideradas como obrigatórias, permitidas ou proibidas, estas normas visam a sistematizar o ordenamento jurídico como um todo, por meio da harmonização das condutas humanas em sociedade.

Visam a regulamentar e ordenar as condutas das pessoas em sociedade, em um determinado tempo e espaço, ou seja, em um determinado contexto histórico.

3.2 Emissor, receptor e o Direito Positivo como Código

Toda comunicação, portanto tem esses sete elementos básicos e o código será diferente do repertório.

Para se ter informação, a mensagem deve transmitir novidade do emissor para o receptor. Se a mensagem não transferir nenhuma novidade do emissor para o receptor, a mensagem será redundante. E se a mensagem estiver versada em um código que não seja de domínio comum dos falantes, será um ruído, ela não é comunicação.

Todo código é um conjunto de pré-concepções no seguinte sentido: as palavras são signos, do tipo símbolos, há relação de um símbolo com o seu objeto.

Por exemplo, nada de similar existe entre uma cadeira e a palavra cadeira, isto é uma pré-concepção, é uma combinação prévia porque toda língua tem esse caráter convencional. Está convencionado que isso será chamado de cadeira; se for chamado de mesa, se estará fazendo o uso inadequado da língua e todos perceberão isto.

Neste sentido, o código é um conjunto de pré-combinações, porque toda língua tem um caráter convencional e é justamente essa convenção que possibilita essa troca de informações, porque é sobre essa pré-concepção que a informação nova pode ser decodificada.

Por exemplo, se ao ler texto com palavras cujo significado não se sabe, o leitor irá se valer do dicionário, que é um repertório lexical, e a partir desse léxico que dá esse código pré-concebido, aquilo que será decodificado, o que não quer dizer que a língua não evolua, ou seja, novos usos podem ser atribuídos às palavras e novas palavras também podem ser acrescentadas às línguas, com base no uso.

Saussure diz que a língua é um sistema de signo que exprimem ideias,[33] e que a língua é alimentada pela fala, os atos de fala alimentam a língua. Então quando se perde a fala, a língua tende a morrer.

---

33. SAUSSURE, Ferdinand de (1970). *Corso di linguística generale*. Bari: Laterza [Trad. E com. De Tulio De Mauro], p. 24.

Na verdade, esse conceito de informação traz na essência a questão da novidade.

Só se tem informação quando se tem novidade, do contrário, só haverá redundância. Então, quando o emissor ou o receptor é considerado como ente abstrato ou vazio, considera-se, na forma de uma função, que cada um destes tem um domínio do código, mas não se está diante do repertório de cada um. Como o repertório é o domínio concreto, ele não está fora do contexto. Então a perspectiva mecanicista, como ela descola do contexto, pode-se abstrair, como e qual é o repertório efetivo de cada comunicador, daí porque se pode mecanizar a comunicação.

A perspectiva mecanicista não privilegia tanto essa questão de informação como uma novidade, mas sim uma transmissão precisa das mensagens. São aspectos diferentes que cada vertente vai privilegiar.

3.3 Suporte Físico – o sinal e o canal do ordenamento jurídico

Conforme ensina Clarice von Oertzen de Araujo: "*A fonte de sinais do ordenamento jurídico brasileiro, para a formulação de suas mensagens deônticas de natureza prescritiva – as normas – é o alfabeto fonético ocidental, organizado em língua portuguesa*".[34]

Já o canal, pode ser tido como todo o suporte material que acompanha a mensagem de um emissor para um receptor e neste sentido o ordenamento jurídico utiliza a linguagem escrita como canal, por meio do texto impresso que materializa-se nos Diários Oficiais.

---

34. ARAUJO, Clarice von Oertzen de. *Semiótica do direito*. São Paulo: Quartier Latin, 2005, p. 52.

3.4 Fato e evento jurídicos: o signo e o seu objeto de representação no Direito

Para que ocorra o processo de incidência jurídica, esta pressupõe a linguagem do direito positivo, que deve projetar-se sobre o campo material das condutas intersubjetivas, para dessa forma, organizá-las deonticamente.

Dessa forma, norma alguma do direito positivo incide sem que haja a intervenção humana, por meio de agente competente eleito pelo próprio sistema, para relatar o evento previsto, descrito na hipótese normativa em linguagem competente e atribuir-lhes os efeitos jurídicos próprios prescritos no consequente de determinada norma.

Assim,

> com o mero evento, sem que adquira expressão em linguagem competente, transformando-se em fato, não há que se falar em fenômeno da incidência jurídica. A percussão da norma pressupõe relato em linguagem própria: é a linguagem do direito constituindo a realidade jurídica.[35]

O direito é aqui entendido como um complexo de normas jurídicas que prescrevem as condutas intersubjetivas. De fato, não tem aplicação automática, haja vista que, em virtude das características ínsitas ao sistema, tais normas são veiculadas na forma geral e abstrata. Assim sendo, em momento algum tais normas têm o condão de relacionar concretamente sujeitos de direito de forma individualizada. Assim, uma vez ocorrido o fato jurídico previsto na hipótese normativa, tem-se desencadeada a sistemática relacional prevista no consequente normativo na forma abstrata. Entretanto, como o direito é um fenômeno comunicacional, necessita da linguagem competente para,

---

35. CARVALHO, Paulo de Barros. *Direito tributário:* fundamentos jurídicos da incidência. 8ª ed. São Paulo: Saraiva, 2010, p. 32.

assim, materializar-se na forma concreta para, dessa forma, desencadear os efeitos realmente ínsitos no mundo fenomênico. Logo, não havendo a linguagem competente para sua materialização (que só é realizada pela autoridade competente), não haverá a incidência. Portanto, a incidência do direito somente dar-se-á com a aplicação do mesmo por um agente competente. Em outros termos, ocorrido o fato jurídico descrito no antecedente normativo, ter-se-á a subsunção do fato à norma geral e abstrata, que será materializado pelo agente competente por meio da linguagem adequada para, assim, criar a norma individual e concreta, que desencadeará na criação do vínculo relacional entre os sujeitos.

Assim sendo, o fenômeno da incidência consiste justamente na operação realizada pelo agente competente que se resume em: ao ocorrer o evento no mundo fenomênico, o agente competente realiza a aplicação da norma geral e abstrata, com a subsunção do fato jurídico da classe que compõe a hipótese normativa para instaurar a relação jurídica disposta na classe que compõe o consequente normativo, o que resulta na norma individual e concreta por meio da linguagem competente.

Dessa maneira, para que um fato faça parte da classe dos fatos jurídicos, o mesmo deverá preencher as características atinentes a tais elementos, isto é, deverá atender às condições de pertinencialidade.

No momento que o aplicador do direito realiza a subsunção do fato à norma jurídica, o mesmo realiza um exame da relação de pertinencialidade do fato, ou seja, o agente competente analisa se o evento ocorrido pertence aos fatos descritos como jurídicos passíveis de ocupar a classe da hipótese normativa.

Assim, a subsunção é justamente o ato de inteligência do agente competente que verifica as condições de pertinencialidade do evento ocorrido para a classe dos fatos descritos na hipótese normativa.

Não há que se falar em incidência automática e infalível com a ocorrência do evento, uma vez que é necessário um ato de vontade em vertê-lo em linguagem competente para, assim, ocorrer o fato que desencadeará, automática e infalivelmente, os efeitos prescritos no consequente da norma.

3.5 A informação e a comunicação jurídica

Tanto a teoria da comunicação, quanto a teoria da informação, têm todo um apelo historicamente ligadas à engenharia da comunicação. Concebe-se a comunicação de um ponto de vista mais mecanicista, sem contexto.

Quando se estuda comunicação e a hermenêutica, ambas têm a compreensão, que historicamente estão ligadas à faculdade de ser gerada empatia, empatia do ponto de vista psicológico, ou seja, trata-se da capacidade de um indivíduo de conseguir sair de seu próprio ponto de vista e se colocar no lugar do outro. Então, deve-se procurar uma posição de distanciamento entre a sua posição, que é de conforto, e ir à direção do outro, que não tem o seu repertório. Se não for feito isso, não será criada empatia, então não será possível a compreensão. A interpretação e a hermenêutica incluem a compreensão. E a compreensão depende da geração de empatia que tem a ver com compartilhamento de valores, o que não é só uma perspectiva mecanicista da engenharia. Não se consegue sair dessa situação e se colocar na do outro só na abstração. Essa compreensão esta ligada no contexto; é necessário saber qual é o contexto.

Ao levar-se em conta o auditório, ter-se-á que considerar qual é o repertório deste auditório. A lógica tende para um pensamento mais analítico, porque ela decompõe e ela trabalha muito na busca de uma linguagem precisa.

A linguística privilegia outros aspectos da linguagem. Para a linguística, o fato da língua ser vaga ou plurívoca, ou ambígua, isso não é um problema. Para a linguística, isso é uma propriedade importante da linguagem, da língua, pois essas características permitem com que a língua apresente todos os seus efeitos estéticos, poéticos, sonoros, que possa produzir através da língua, tudo isso diz respeito aos aspectos estéticos da língua.

Para a linguística, o fato da língua ser ou ter propriedades de: vaga, ambígua ou plurívoca, isso permite que a língua gere todos os seus efeitos estéticos, sonoros que se possa produzir através da língua, que são impressões que a só causa porque ela tem essas três propriedades, todos os estilos de linguagem, o sarcasmo, a ironia, a metáfora, a metonímia, quando dizemos uma parte querendo se referir ao todo, tudo isso depende dessas propriedades que tornam a linguagem maleável, elástica.

A linguística não tem essa preocupação tão analítica com a precisão da linguagem, porque ela estuda outros aspectos da linguagem que não só a precisão. A precisão é uma propriedade da lógica e é necessário que a lógica privilegie isso, porque a lógica trabalha em cima de três princípios que é a identidade, não contradição e terceiro excluído, esses são os pilares da precisão. A linguística trabalha com outros valores, ela vai priorizar outros aspectos.

A linguagem é parte da vida social, porque sem a linguagem não há meios de expressar nenhum aspecto da cultura. Tudo que diz respeito à cultura, demanda linguagem, pois sem linguagem não se pode representar. A linguagem implica representação, seu uso nas suas mais diversas expressões, não só na linguagem verbal, mas se usa para representar, então não se pode ter nenhum tipo de cultura sem ter representação.

Para que se possa produzir o mínimo de representação, é necessário abstrair. A partir do momento em que se representa, se produz cultura. A cultura é local, ela não é universal. Tudo que é cultural é local. Nenhuma lógica da cultura pode ser universal, porque se assim for, se perde o que é típico daquele local. A cultura está colada: no contexto, na história e no lugar, portanto ela é contingente. Ela é específica de cada lugar. Portanto, a lógica da cultura não pode trabalhar em cima dessa pretensão de universalidade, é lógica local a da cultura.

A linguagem é um caso particular de símbolos, porque os símbolos verbais darão expressão para a língua, mas há outros sistemas simbólicos, que não são verbais, por exemplo: a bandeira branca e a pomba branca que são símbolos da paz; a aliança, que é símbolo de compromisso; o peixe, que representa o cristianismo e o candelabro judaico que representa a religião judaica (menorá).

Os sonhos são simbólicos. A linguagem dos sonhos é altamente simbólica e não é uma linguagem verbal. Neste sentido, as palavras são um tipo de símbolo, isso não quer dizer que não haja outros.

Conforme ensina Ferdinand de Saussure: A língua possui uma característica muito importante, no que concerne ao fato de que *"a língua, assim delimitada no conjunto dos fatos de linguagem, é classificável entre os fatos humanos, enquanto a linguagem não o é"*.[36]

A contribuição de Saussure (que sistematizou a língua) e principalmente a contribuição monumental de Peirce

---

36. SAUSSURE, Ferdinand de. *Curso de linguística geral*. 34ª ed. São Paulo: Cultrix, 2012, p. 47.

(sistematizou todos os fenômenos), são fundamentais para se compreender a semiótica nos dias atuais.

Então o inconsciente, por exemplo, como ele é um manancial de tudo que não se conhece, está na primeiridade.

Tudo é possível, e quando se está num processo analítico, em que se discute alguma coisa e algum fato ocorrido no cotidiano, esse fato e essa percepção estão na categoria cenoptagórica da secundidade.

Aquilo que ocorre independentemente do desejo e a partir do momento em que se compreende esse aspecto do inconsciente, isso vem para o consciente. Então apreende-se e se evolui, neste caso ter-se-ia a terceiridade.

Então todo universo interior ou exterior pode ser classificado pela fenomenologia do Peirce e essa é a base da semiótica.

O sistema semiótico mais importante é a linguagem que se constitui como próprio fundamento da cultura. Porque a linguagem permite a representação e, na cultura, estão as mais diversas representações, sob vários aspectos ideológicos, históricos e valorativos.

A relação entre a linguística, a teoria da comunicação e a informação é que estas duas últimas contribuíram para trabalhar com o problema da troca de informação e apresentaram possibilidades de quantificação da informação.

Quando se trabalha com projetos de pesquisa, a metodologia da pesquisa científica faz uma diferenciação entre a análise qualitativa e quantitativa. A análise quantitativa é uma análise que privilegia a quantificação da informação, no sentido de que se transforma os fatos ou os dados em números e com base nos números, estes são tabulados e determinam-se probabilidades, estatísticas e assim quantifica-se a informação.

Mede-se a originalidade da mensagem: "*a quantidade da informação é função de sua probabilidade*".[37]

Por exemplo, em uma eleição em que são feitas pesquisas de intenção de voto, e se quer fazer uma análise meramente quantitativa, determina-se quantos por cento de intenção de voto o candidato X tem, quanto por cento de intenção de voto o candidato Y tem....isso seria uma análise quantitativa em uma pesquisa de intenção de votos. Se a intenção é fazer uma análise quantitativa de intenção de votos pode-se perguntar qual é o perfil do candidato e do eleitor, ter-se-á que saber o contexto em que eles estão, referências ideológicas, o repertório cultural, qual classe econômica de ambos. Aqui não se estará querendo saber apenas o aspecto numérico da informação.

Quando se trabalha com a teoria da comunicação e a teoria da informação, essas teorias trabalham com a quantificação da informação e isso tem a ver com a engenharia das telecomunicações, porque os engenheiros dos telefones, eles queriam trabalhar com a transmissão de mensagens, então, para que haja a transmissão da mensagem absoluta, ter-se-ia que trabalhar com o grau máximo de redundância, porque na codificação e na decodificação ter-se-ia que trabalhar com sequências idênticas, caso contrário não se transmite a mensagem. Por exemplo, se ocorre o erro de dígito de um número de telefone, não se consegue contatar o destinatário; se acontece o erro de uma senha, não se consegue acessar uma informação, da qual depende essa senha. Aqui estar-se-ia quantificando e precisa-se de uma redundância absoluta, a transmissão da mensagem representa a mera repetição da mensagem para que atinja o receptor.

Estar-se-ia privilegiando muito a dimensão sintática da informação, a combinação precisa ser idêntica. É preciso ter

---

37. VANOYE, Francis. *Usos da linguagem:* problemas e técnicas de produção oral e escrita. 13ª ed. São Paulo: Martins Fontes, 2007, p. 14.

redundância ou equivalência total para acessar o destinatário. A pragmática está colada ao contexto, então a teoria da informação e a teoria da comunicação, quando elas mecanizam a informação, trabalham mais no eixo sintático, do que o semântico, porque quando se trabalha com a combinação que é a sintaxe, que é a sequência, se não for repetida exatamente a sequência, a mensagem não será transmitida com sucesso. A pragmática está em outro eixo (é uma resultante).

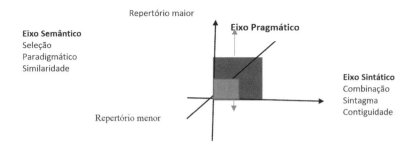

Os fatores fundamentais da comunicação seriam os seis: emissor, receptor, código, mensagem, canal e contexto. O emissor é o texto legal; o receptor são todos os cidadãos e todas as instituições que têm que respeitar as leis; o canal seria o *Diário Oficial* que pode ser impresso ou digital; o contexto é o Estado Democrático de Direito, é muito amplo, aqui estar-se-ia usando o código língua portuguesa. Ter-se-ia a associação do direito positivo com o texto positivado (eixo do ciclo) ao passo que no direito natural (eixo do interpretante) tem-se uma associação maior com as ideias.

4. A interpretação do Direito enquanto fenômeno comunicacional

A maneira pela qual é vista a realidade circundante, não no sentido visual, mas sim em termos de sentidos, percepção, compreensão, está diretamente correlacionada com os referenciais sociais vigentes em sociedade, condicionada em espaço e tempo. Vê-se o mundo não como ele é, mas como é condicionado pela linguagem do universo comunicacional a vê-lo.

Então, pode-se dizer que a interpretação do Direito, enquanto fenômeno comunicacional, demanda a consideração do contexto. Para que a interpretação seja pertinente, ela deve ocorrer dentro do contexto. A interpretação, por não ser puramente mecanicista, não pode ser totalmente abstraída do contexto. Ela compreende a codificação e a contextualização da mensagem e da informação.

"Na língua só existem diferenças".[38] O valor são as oposições no código. Trata-se de valores quando se trabalha com sinônimos e antônimos, e para a linguística, o valor é dado pelas oposições. As oposições são as relações contrastantes entre as palavras, aquilo que quando se organiza o pensamento e a linguagem, haverá dois eixos da organização da linguagem e do pensamento.

Há o eixo da seleção ou paradigmático, o que corre nesse eixo é o léxico. Tem-se aqui a semântica. E o eixo da combinação ou eixo sintagmático, o que importa nesse eixo é a gramática, é a sintaxe. Consequentemente, os valores vão ocorrer pelas oposições lexicais.

Imagina-se o seguinte exemplo: a menina atravessou a rua. (Quando se trabalha com o eixo paradigmático, esse eixo trabalha com as similaridades, varia-se entre antônimos, que são as diferenças e os sinônimos. Trabalha-se com os extremos e essa frase faz sentido. Qualquer outra substituição que se fizer aqui, abstratamente considerada não vai deixar de fazer sentido, por exemplo: a garota atravessou a rua, a escolha dessas palavras se alterna numa

---

38. SAUSSURE, Ferdinand de (1970). *Corso di linguística generale*. Bari: Laterza [Trad. E com. De Tulio De Mauro], p. 129.

escala de valores, pois isso oscila dependendo do contexto, ou seja, está mais ou menos adequada ao contexto).

Se trocar o exemplo: A criança (o garoto) atravessou a rua. (O emprego dessas palavras, essa escolha, está variando numa escala de valores, porque isso oscila e deve estar de acordo com o contexto. Na hipótese da alteração do exemplo: A "criança" atravessou a rua, mudou-se o gênero, era masculino e ficou feminino, então essa escolha vai implicar mudança neste eixo. Nessa oscilação das possíveis escolhas está o valor, para que a representação fique mais ou menos adequada a determinado tipo de contexto.

Da junção do contexto com o código precisa-se extrair um valor.

Voltando para a linguística, a ideia que determinado signo produz, ou seja, a ideia que determinada mensagem produz, é mutável historicamente falando. Então, sentido e referência estariam nesses eixos respectivamente. O referente estaria respondendo pelo objeto e em algumas vertentes da semiótica não se tem o objeto, tem-se apenas o signo e a ideia.

Saussure por exemplo, trabalha com a concepção binaria; é o significado e o significante. Os dois elementos – significante e significado – que constituem o signo, *"estão intimamente unidos e um reclama o outro"*.[39]

Diferentemente do que sucede para Charles Sanders Peirce, onde o objeto provoca a representação, ou seja, para conhecer o mundo, precisa-se representar o mundo. É sempre o objeto que está demandando a sua representação e a sua interpretação.

---

39. SAUSSURE, Ferdinand de (1970). *Corso di linguística generale*. Bari: Laterza [Trad. E com. De Tulio De Mauro], p. 80.

Peirce não vai trabalhar com essa noção de abstração do objeto. Para Ele, o objeto é uma noção fundamental, pois é esta noção que dará um *start* e provocará todas as semioses. Semiose aqui é entendida como a ação dos signos. É aquilo que os signos produzem, ou seja, os seus interpretantes.

O interpretante é uma tradução do signo. Por exemplo: ao se colocar o signo "casa" = este pode ser, o orifício pelo qual passa o botão; pode ser um domicílio ou residência e pode ser uma casa legislativa, uma casa para a elaboração das leis – esses são sentidos possíveis para a palavra casa, todos são interpretantes possíveis.

Ao traduzir-se a palavra casa, determina-se o interpretante correto a depender do contexto, ou seja, qual casa se está a referir. Somente o contexto dirá qual dessas possibilidades será a adequada. O interpretante é concebido como uma tradução melhor desenvolvida do signo.

A linguística é a ciência da língua, do código verbal.

A semiótica de viés perciano não possui como sua matriz a língua. A matriz dela é a fenomenologia, as três categorias cenoptagóricas, conforme visto acima. Peirce desenvolveu um sistema muito amplo de classificação, que são categorias não proporcionais, que não são aristotélicas. São categorias dentro das quais se pode classificar qualquer fenômeno do universo interior ou exterior à mente humana.

Explicitando-se melhor, pois se trata de uma classificação fundamental para entender-se o pensamento de Peirce, serão abordadas, em rápidas pinceladas, as categorias cenoptagóricas, que são:

- A primeiridade que é toda possibilidade, tudo que é possível, é livre, espontâneo, caótico, o acaso, na possibilidade de expansão do universo.

- A secundidade que diz respeito à ação e reação. É a força bruta. É o contingente na lógica, a realidade. Na lógica, a primeiridade é o possível. A secundidade, ação e reação é o existente, é o que está no contexto. É o ser, aquilo que é o ser, é a realidade, a experiência.

- E a terceridade é a inteligência. Tudo que raciocina, tudo que produz semiose, está no eixo da terceiridade: as plantas, os animais, as células, os humanos.

A semiótica abrange a linguística, mas a linguística não abrange a semiótica.

Para interpretar,[40] o direito positivo, como sendo o corpo de linguagem inserto nesse universo, a hermenêutica[41] oferece os mais variados critérios para guiar o referido processo. Entretanto, conhecer qualquer manifestação em linguagem exige seus estudos por meio dos recursos da semiótica, que pode ser definida como a ciência que estuda os signos.

Ressalta-se que signo, como anteriormente visto, é uma coisa que representa uma outra coisa: seu objeto, e ele só pode funcionar como signo, se carregar esse poder de representar, substituir uma outra coisa diferente dele, mas o signo não é o objeto. O signo só pode representar seu objeto para um intérprete, e porque representa seu objeto, produz na mente desse intérprete alguma outra coisa (um

---

40. "[...] Interpretar é criar, produzir elaborar sentido, diferentemente do que proclamou a Hermenêutica tradicional, em que os conteúdos de significação dos textos legais eram 'procurados', 'buscados' e 'encontrados' mediante as técnicas interpretativas". Este é o entendimento de Gadamer por Paulo de Barros Carvalho, Curso de Direito Tributário. 19ª ed., São Paulo: Saraiva, 2007, p. 96.

41. Raimundo Bezerra Falcão explica: "[...] se a atividade ou simples ato de captação de sentido é a interpretação, as regras pelas quais ela se opera e o entendimento de suas estruturas e do seu funcionamento, enfim, o entendimento dos seus labirintos é Hermenêutica, São Paulo: Malheiros, 2ª ed., 2010, p. 84.

signo ou quase signo) que também está relacionada ao objeto, não diretamente, mas pela mediação do signo.

Para Peirce, o objeto provoca a representação e a sua interpretação. Por exemplo: o termo "casa" pode ser um orifício pelo qual passa o botão; pode ser domicílio ou residência; local de elaboração de leis e assim por diante. Só o contexto dirá do que se está realmente falando.

O Interpretante é o resultado de um processo, ele é um produto.

O Signo significa o poder de significar, ou representar, seria o "espelho"; a relação entre o signo e o objeto é imediata, direta; a relação entre o objeto e o interpretante é uma relação indireta, mediata.

Dessa forma, a definição da noção de interpretante é a de que não se refere ao intérprete do signo, mas a um processo relacional, que se cria na mente do intérprete, conforme figura acima. A partir da relação de representação, que o signo mantém com o seu objeto, produz-se, na mente interpretadora, um outro signo, que traduz o significado do primeiro (é o interpretante do primeiro).

Portanto, o significado de um signo é outro signo: seja uma imagem mental ou palpável, uma ação ou mera reação gestual, uma ideia, pois, este que é criado na mente pelo signo, é um outro signo, tradução do primeiro.

A definição da noção de interpretante não se refere ao intérprete do signo, mas a um processo relacional que se cria na mente do intérprete.

Charles Sanders Peirce, ao examinar os diferentes efeitos produzidos pelos signos, desenvolveu duas séries diferentes de interpretantes que podem ser classificados da seguinte maneira:

Há os interpretantes da primeira série, que se pode dizer que ocorrem **dentro da mente** e são: o **emocional**, que decorre de atribuição valorativa. Como exemplo, têm-se os valores positivados, caracterizando-se como primeiridade; o **energético**, que decorre de esforços físicos ou mentais, que por sua vez são desencadeados por um signo ao ser percebido e interpretado pelo destinatário ou receptor. Como exemplo, cita-se a litigiosidade em um processo caracterizando-se como secundidade; e o **lógico**, que se encontra no modo futuro, ou seja, no modo condicional "poderia". Como exemplo, cita-se a crença deliberada, os princípios gerais do direito, caracterizando-se como terceiridade.

E há os interpretantes da segunda série, que são aqueles que ocorrem fora da mente, na sucessão das semioses. São: o interpretante **imediato**, que é tudo que o signo é capaz de produzir independentemente do contexto. Como exemplo, cita-se as normas gerais e abstratas, que revestem por sua vez a natureza de juízos hipotéticos condicionais, irradiando a natureza de interpretantes imediatos das leis, que se encontram na categoria da primeiridade; o interpretante **dinâmico**, que caracteriza as interpretações que de fato ocorrem. Por exemplo, a linguagem da facticidade jurídica, que se encontra na categoria da secundidade; e o interpretante **final**, que seria o último em uma sucessão de semioses. Como exemplo, cita-se a sentença com resolução do mérito, ou seja, com trânsito em julgado.

A segunda série de interpretantes estão fora da mente, pois dizem respeito à semiose em si.

5. Considerações finais

A Teoria Comunicacional do Direito e a Semiótica são de suma importância para a sociedade. Somente os homens, em suas relações intersubjetivas, conseguem se comunicar por meio da linguagem verbal ou escrita. Neste sentido, como o sistema comunicacional consiste em um sistema de signos, correlaciona-se com a Semiótica, que atuará como ferramenta de extrema importância para resolver, de forma eficiente, todas as questões que envolvam a linguagem em sentido amplo.

A principal forma de linguagem, que expressa a essência do direito, deve-se apresentar em linguagem escrita, ou seja, em texto. Embora o direito tenha uma realidade linguística própria, não deixa de pertencer como parte do macrossistema comunicacional. Entretanto, com uma função aprimorada, que é de comunicar de que maneira as condutas entre as pessoas devem-se dar, de forma escrita, por meio de texto, cujo objetivo é regular as condutas, possibilitando a existência da sociedade.

Conclui-se, assim, que os estudos semióticos de viés piercianos são importantes ferramentas para se entender melhor e com mais profundidade a Teoria Comunicacional do Direito.

Referências

ABBAGNANO, Nicola. *Dicionário de filosofia*. São Paulo: Martins Fontes, 5ª ed., 2007.

ARAUJO, Clarice von Oertzen de. *Semiótica do direito*. São Paulo: Quartier Latin, 2005.

BAKHTIN, Mikhail. *Marxismo e filosofia da linguagem*. São Paulo: Hucitec, 1995.

BENSE, Elisabeth Walther. *A teoria geral dos signos*. Trad. Pérola de Carvalho. São Paulo: ed. Perspectiva S.A., 2010.

CARVALHO, Paulo de Barros. *Curso de direito tributário*. 19. ed., São Paulo: Saraiva, 2007.

_____. *Direito tributário:* fundamentos jurídicos da incidência. 8ª ed. São Paulo: Saraiva, 2010.

_____. *Direito tributário:* linguagem e método. 4ª ed. São Paulo: Noeses, 2011.

_____. Prefácio. In: Ivo, Gabriel. *Norma jurídica, produção e controle*. São Paulo: Noeses, 2006.

DUBOIS, Jean et al. *Dicionário de linguística*. 10º ed. S.v. Comunicação. São Paulo: Cultrix, 1998.

EPISTEIN, Isaac. *Teoria da informação*. 2 ed. São Paulo: Ática, 1988.

FALCÃO, Raimundo Bezerra. *Hermenêutica*. São Paulo: Malheiros, 2ªed., 2010.

GREIMAS, A.J. e COURTÉS, J. *Dicionário de Semiótica*. São Paulo: Contexto, 2008.

HEIDEGGER, Martin. *A caminho da linguagem*. São Paulo: Vozes, 2003.

MOUSSALLEM, Tárek Moysés. *Revogação em matéria tributária*. São Paulo: Noeses, 2005.

OLIVEIRA, Manfredo Araújo de. *Reviravolta Linguístico-pragmática na Filosofia Contemporânea.* 2ª ed. São Paulo: Loyola, 2001.

PEIRCE, Charles Sanders. *Semiótica.* 4ª ed. São Paulo: Ed. Perspectiva, 2010.

PECORARO, Rossano. *Os filósofos de Sócrates a Rousseau.* 2ª ed., Rio de Janeiro: Editora Vozes, 2009. vol. I

ROBLES, Gregorio. *O direito como texto:* quatro estudos de teoria comunicacional do direito. Barueri: Manole, 2005.

_____. *Teoría del derecho*: fundamentos de teoría comunicacional del derecho. V.I, 2. Ed. Cizur Menor (Navarra) Thomson Civitas, 2006.

ROMAN, Jakobson. *Linguística e comunicação.* 22 ed. São Paulo: Editora Cultrix, 2010.

SANTAELLA, Lúcia. *O que é Semiótica.* São Paulo, Brasiliense, 2007.

SAUSSURE, Ferdinand de. *Curso de linguística Geral.* 34. ed. São Paulo: Cultrix, 2012.

_____. *Corso di linguística generale.* Bari: Laterza [Trad. E com. De Tulio De Mauro], 1970.

SHANNON, C.E. e WEAVER, W. *Mathematical Theory of Communication.* Urbana: University of Illinois Press, 1949.

STEGMÜLLER, Wolfgang. *A filosofia contemporânea.* 2ª ed. Rio de Janeiro: Forense Universitária, 2012.

VANOYE, Francis. *Usos da linguagem:* problemas e técnicas de produção oral e escrita. 13 ed. São Paulo: Martins Fontes, 2007.

WITTGENSTEIN, Ludwig. *Tractatus Logico-philosophicus.* São Paulo: EDUSP, 1994.

O DIREITO COMO LINGUAGEM CRIADORA DA REALIDADE JURÍDICA: A IMPORTÂNCIA DAS PROVAS NO SISTEMA COMUNICACIONAL DO DIREITO

Fabiana Del Padre Tomé[1]

Resumo

Qualificando-se como sistema comunicativo, o direito é composto por linguagem, que cria sua própria realidade. Trata-se de sistema autopoiético, produzindo seus componentes a partir dos próprios elementos que o integram, fazendo-o por meio de operações internas. As informações advindas do ambiente são processadas no interior do sistema, só ingressando no universo jurídico porque ele assim determina e na forma por ele estabelecida. A pluralidade de discursos do ambiente é processada internamente pelo sistema do direito, funcionando o código e o programa como mecanismos de seleção, assegurando que as expectativas normativas sejam tratadas segundo o código lícito/ilícito, de modo que os fatores externos só influam na reprodução do sistema jurídico se e quando submetidos

---

1. Doutora em Direito do Estado pela PUC/SP; Professora no Curso de Pós-graduação *stricto sensu* da PUC/SP; Assistente da Coordenação e professora no Curso de Especialização em Direito Tributário da PUC/SP; Advogada.

a uma comutação discursiva de acordo com aquela codificação e com os programas jurídicos. É o sistema do direito que estabelece quais fatos são jurídicos e quais não são apreendidos pela juridicidade, quer dizer, os fatos que desencadeiam consequências jurídicas e os que são juridicamente irrelevantes. Por isso, só ingressam no ordenamento os fatos constituídos segundo as regras de formação do sistema. E, dentre os requisitos para que essa inserção se opere, encontramos a figura das "provas", na posição de linguagem apta para relatar o fato social, possibilitando a aplicação normativa e constituindo o fato jurídico.

Palavras-chave:

Sistema comunicacional – Realidade jurídica – Provas.

1. Considerações introdutórias sobre a relação entre linguagem e realidade: *nada existe onde faltam palavras*[2]

O estudo linguístico, nos tempos atuais, reveste-se de extraordinária importância, principalmente no que diz respeito ao conhecimento científico. Somente por meio da linguagem é possível o conhecimento. Nesse sentido, recorde-se a proposição 5.6 do *Tractatus lógico-philosophicus*, segundo a qual "os limites de minha linguagem denotam os limites de meu mundo".[3] Isso não significa que inexistam quaisquer objetos físicos onde não haja linguagem. A proposição de Wittgenstein quer mostrar que é pela linguagem e somente por ela que a realidade social é construída.

---

2. Expressão utilizada por José Souto Maior Borges na obra *Ciência feliz*, 2ª ed., São Paulo: Max Limonad, 2000, p. 123.

3. Ludwig Wittgenstein, *Tractatus logico-philosophicus*, trad. José Artur Giannotti, São Paulo: Nacional, 1968, p. 111.

A linguagem não cria o mundo-em-si, como objeto fenomênico, mas sim a sua compreensão, realidade objetiva do ser cognoscente.

Partindo dessas premissas e considerando que a realidade do ser cognoscente pressupõe o conhecimento, depreende-se que a própria realidade objetiva demanda a existência de linguagem. A título de exemplificação, recordemo-nos das teorias relativas à "descoberta"[4] dos átomos. Até o instante em que se deu essa teoria, os átomos inexistiam, quer dizer, não faziam parte da realidade objetiva. E mais ainda, quando *criados* os átomos, estes eram indivisíveis. Posteriormente, porém, houve a *criação* de prótons, nêutrons e elétrons, partículas que passaram a ser componentes dos átomos. Igualmente à situação já exposta, antes de surgir a teoria criadora de tais elementos, eles não faziam parte da realidade.

Veja-se quão importante é a linguagem. Além de criar o real, é a única capaz de desconstituí-lo. São as teorias que criam a nossa realidade. São as teorias, também, que a destroem, vindo a construir uma realidade diversa. Não são os eventos que se rebelam contra determinada teoria, demonstrando sua inadequação a eles. Apenas uma linguagem é capaz de destruir outra linguagem; somente uma teoria, portanto, pode refutar outra teoria.

Temos, para nós, que o sentido de um vocábulo não se confunde com a coisa em si: seu significado nada mais é que outro signo, outro vocábulo. Pensamos não existir correspondência entre as palavras e os objetos. A linguagem não reflete as coisas tais como são (filosofia do ser) ou tais como desinteressadamente percebe uma consciência, sem qualquer influência cultural (filosofia da consciência). A

---

4. Colocamos a palavra *descoberta* entre aspas em virtude de que, se antes nada se sabia sobre essas partículas que hoje denominamos *átomos*, não houve descoberta alguma, mas sim *criação*.

significação de um vocábulo não depende da relação com a coisa, mas do vínculo que estabelece com outras palavras. Nessa concepção, a palavra precede os objetos, criando-os, constituindo-os para o ser cognoscente. Como anota Dardo Scavino,[5] "não existem fatos, só interpretações, e toda interpretação interpreta outra interpretação". Daí a conclusão de que se a coisa não precede à interpretação, só aparecendo como tal depois de ter sido interpretada, então é a própria atividade interpretativa que a cria. O fato inexiste antes da interpretação. É o ser humano que, interpretando eventos ou até mesmo empregando recursos imaginativos, cria o fato, fazendo-o por meio da linguagem, entendida como o uso intersubjetivo de sinais que tornam possível a comunicação.

Por essa mesma razão, somente por meio da linguagem, é possível o conhecimento, em seu sentido pleno, como algo objetivado. Seguindo semelhante linha de raciocínio, Leonidas Hegenberg[6] conclui que "o ser humano transforma a *circunstância* em *mundo*. Dando sentido às coisas que o cercam, interpretando-as, o ser humano pode viver (ou, no mínimo, sobreviver). Quer dizer, o ser humano reconhece as coisas, *entende-as*, sabe valer-se delas, para seu benefício. Em suma, o caos circundante se transforma em *mundo* – uma circunstância, dotada ainda que parcial e provisoriamente, de certa interpretação". O *mundo* não é um conjunto de coisas que primeiro se apresentam e, depois, são nomeadas ou representadas por uma linguagem. Isso que chamamos de mundo nada mais é que uma *interpretação*, sem a qual nada faria sentido.

---

5. *La filosofía actual*: pensar sin certezas, Buenos Aires: Paidós, 1999, p. 36 (tradução nossa).

6. *Saber de e saber que*: alicerces da racionalidade, Petrópolis: Vozes, 2001, p. 25.

Nas palavras desse autor,[7] ao nascer somos *atirados* em um mundo, o qual se apresenta, para nós, como uma *circunstância* cheia de coisas, a que aos poucos nos ajustamos. E, para que esse ajuste não seja apenas físico, mas também intelectual, contamos com as interpretações que dela fizeram aqueles que nos antecederam, interpretações estas que conferem inteligibilidade ao mundo. A experiência sensorial é imprescindível ao ato de conhecimento. Essa experiência, porém, não se resume ao mero contato com a coisa-em-si, exigindo, para que se opere, a interpretação dos fenômenos que se nos apresentam. É, mediante o contato com essa interpretação, que construímos outras interpretações mais elaboradas, denominadas *significações conceituais*. Em ambos os casos (interpretação primeira e fixação da significação conceptual), faz-se presente a linguagem, sendo-nos lícito afirmar que a linguagem não se restringe a transformar a realidade efetiva em realidade conceptual: mais que isso, a linguagem é o meio pelo qual se criam essas duas realidades.

O conhecimento pressupõe a existência de linguagem. E a realidade do ser cognoscente caracteriza-se exatamente por esse conhecimento do mundo, constituído mediante linguagem. Não é possível conhecermos as coisas tal como se apresentam fisicamente, fora dos discursos que a elas se referem. Por isso nossa constante afirmação de que a linguagem cria ou constitui a realidade. Algo só tem existência no mundo social quando a palavra o nomeia, permitindo que apareça para a realidade cognoscente. Lenio Luiz Streck[8] é preciso ao discorrer sobre o assunto, asseverando

---

7. Leonidas Hegenberg, *Saber de e saber que*: (...), p. 19.

8. *Hermenêutica jurídica e(m) crise*: uma exploração hermenêutica da construção do direito, Porto Alegre: Livraria do Advogado, 1999, p. 178 (grifado no original).

não ser possível falar sobre algo que não se consegue verter em linguagem:

> Isto porque é pela linguagem que, simbolizando, compreendo; logo, aquele real, que estava fora do meu mundo, compreendido através da linguagem, passa a ser real-idade. Dizendo de outro modo: estamos mergulhados em um mundo que somente aparece (como mundo) na e pela linguagem. Algo só é algo se podemos dizer que é algo. [...] A construção social da realidade implica um mundo que pode ser designado e falado com as palavras fornecidas pela linguagem de um grupo social (ou subgrupo). *O que não puder ser dito na sua linguagem não é parte da realidade desse grupo; não existe, a rigor.*

As coisas não pré-existem ao discurso, mas nascem com ele, pois é o discurso que lhes dá significado. Consoante sublinha Manfredo Araújo de Oliveira,[9] "não existe mundo totalmente independente da linguagem [...]. A linguagem é o espaço de expressividade do mundo, a instância de articulação de sua inteligibilidade". Na busca dessa inteligibilidade e seu aprimoramento, deixamos de associar palavras a coisas, passando a relacioná-las com outras palavras, mediante aquilo que se intitula *definições*. Como corolário, conclui-se que as definições não dizem respeito a coisas: o que definimos são as palavras mesmas, empregando outras palavras.

É comum nos referirmos a coisas que não percebemos diretamente e de que só temos notícias por meio de testemunhos alheios. Falamos de lugares que não visitamos, pessoas que não vimos e não veremos (como nossos antepassados e os vultos da História), de estrelas invisíveis a olho nu, de sons humanamente inaudíveis (como os que só os cães percebem), e muitas outras situações que não foram e talvez jamais sejam observadas por nós. Referimo-nos,

---

[9]. *Reviravolta linguístico-pragmática na filosofia contemporânea*, São Paulo: Loyola, 1996, p. 13.

até mesmo, a coisas que não existem concretamente. Como se vê, o significado não consiste na relação entre suporte físico e objeto representado, mas na relação entre significações.[10] As assertivas não denotam os acontecimentos em si, mas outras palavras. A verdade não corresponde à identidade entre determinada proposição e o mundo da experiência, mas à compatibilidade entre enunciados: (i) aquele que afirma ou nega algo e (ii) o que constitui o fato afirmativo ou negativo, mediante a linguagem admitida pelo sistema em que se insere.

Além disso, é sabido que os acontecimentos físicos se exaurem no tempo. Uma vez concretizado, desaparece, sendo impossível ter-lhe acesso direto. Enrique M. Falcón,[11] ao discorrer sobre o conhecimento e o modo como este se opera, deixa transparecer essa impossibilidade de intersecção entre fato e evento, ou seja, entre o relato linguístico e o mundo da experiência:

> Em geral, se pensa que os acontecimentos passados sobre os quais temos conhecimento não só foram reais, mas também se podem recordar e reviver com toda exatidão. Isso não é certo, pois não se pode afirmar, fora de toda dúvida, no sentido próprio da palavra, a certeza absoluta com relação à ocorrência do evento. Quando muito, podemos dizer que segundo os dados relativos aos acontecimentos, com uma comprovação e controle estrito disso, a possibilidade de que haja sucedido de outra forma é improvável (mas não impossível). Mas nunca se poderá ter a convicção absoluta disso.

---

10. Classificação desenvolvida por Edmund Husserl para os três pontos do *triângulo básico*, modelo analítico de comunicação sígnica. *Signo* é a unidade do sistema comunicacional, apresentando o *status* lógico de relação, mais especificamente, uma relação triádica, onde um *suporte físico* (palavra falada, consistente nas ondas sonoras, ou palavra escrita, como o depósito de tinta no papel ou de giz na lousa) se associa a um *significado* (objeto a que o suporte físico se refere) e a uma *significação* (ideia do objeto referido).

11. *Tratado de la prueba*, vol. 1, Buenos Aires: Astrea, 2003, p. 95-96 (tradução nossa).

Tal situação se verifica, como já anotamos, por ser a linguagem que constitui a realidade. Só se conhece algo porque o ser humano o constrói por meio de sua linguagem.

Com efeito, seguimos a linha das *teorias retóricas*, baseadas no princípio da autorreferência do discurso, contrapondo-nos às *teorias ontológicas*, que consideram a linguagem humana simples meio de expressão da realidade. A adoção dessa corrente filosófica (teoria retórica), como noticia Paulo de Barros Carvalho,[12] implica reconhecer a autossustentação da linguagem, a qual não tem outro fundamento além de si própria, sendo impossível falar de objetos externos à linguagem. É, assim, uma teoria *constructivista*, pois adota a premissa de que a linguagem não descreve a realidade, mas, diferentemente, presta-se para construí-la, conferindo-lhe sentido e inserindo-a no âmbito da realidade do sujeito cognoscente.

2. O direito como linguagem criadora da realidade jurídica

Consideremos a assertiva de Vilém Flusser,[13] para quem o universo, conhecimento, verdade e realidade são aspectos linguísticos. Aquilo que nos vem por meio dos sentidos e que chamamos *realidade* é dado bruto, que se torna real apenas no contexto da língua, única criadora da realidade. Algo se torna real apenas dentro do processo linguístico, quando esse algo é compreendido pelos intelectos em conversação autêntica.

Tais axiomas não implicam negação do conhecimento, da realidade ou da verdade. Nega-se, apenas, o caráter

---

12. *Direito tributário*: fundamentos jurídicos da incidência, 8ª ed., São Paulo: Saraiva, 2010, p. 5.
13. *Língua e realidade*, São Paulo: Annablume, 2004, *passim*.

absoluto e objetivo de tais conceitos. Por essa perspectiva, conhecimento, realidade e verdade ocorrem no contexto da língua. A famosa correspondência entre frases e realidade não passa de correspondência entre duas frases. Para o ser humano, portanto, inexiste o *dado*, tomado em sua ontologia. Qualquer elemento pressupõe um sujeito intencional e uma linguagem.

Sobre o assunto, convém trazer à colação a obra *Pensamento e movimento*, do filólogo Pinharanda Gomes. Anota o autor que "O ser só devém real pelo pensar e, por isso, o motivo de, na ordem lógica, o ser vir colocado depois do pensar". O *ser* só se torna real pelo *pensar*. E, como o pensar é constituído pela linguagem, podemos inferir que o *ser* só se torna real pela linguagem. É a linguagem (o pensar) constituindo a realidade (o ser).

A essência das coisas, tomadas como dados brutos, não têm existência para o ser cognoscente. É real apenas aquilo se insere nos limites da linguagem humana. Recorramos, novamente, às lições de Pinharanda Gomes:[14] "O *ser*, que é, emerge de si mesmo para fora (*ex-istir*), originando a existência que está, mas não é. A existência revela o ser, mas o ser, ou essência, esconde-se e continua oculto, sob a existência". A existência prescinde da essência, mas não prescinde da linguagem. E o que conhecemos, o que nos é real, reside na existência: a forma pelo qual algo nos é apresentado, em dado instante, mediante linguagem.

É a linguagem que cria a realidade. Só se conhece algo porque o ser humano o constrói por meio de sua linguagem. Por isso nossa assertiva de que a sociedade é o sistema mais abrangente em que a comunicação pode desenvolver-se, sendo impossível a existência social sem linguagem e, portanto, sem comunicação. Sobre o assunto, já tivemos

---

14. *Pensamento e movimento*, Porto: Lello & Irmãos Editores, 1974, p. 13.

a oportunidade de, seguindo as lições de Gregorio Robles Morchón,[15] concluir que a sociedade é um sistema de comunicação entre seus membros. Posto isso, considerando a presença inarredável da linguagem no processo comunicativo e o fato de a comunicação ser elemento integrante do sistema social, inexiste sociedade sem linguagem. Essa assertiva, por sua vez, leva à conclusão de que o fato social é constituído por relato linguístico, segundo as regras previstas pelo próprio ordenamento.[16]

Tudo o que dissemos até agora se aplica, inteiramente, ao direito, pois este se qualifica como um subsistema composto por comunicações diferenciadas, também inseridas na rede de comunicações que é o sistema social. Todavia, o direito apresenta-se como um conjunto comunicacional peculiar e com função específica, sendo inadmissível transitar livremente entre o sistema jurídico e os demais sistemas verificados no interior do macrossistema da sociedade, como o econômico, o político e o religioso. Observa Celso Fernandes Campilongo[17] que, "na rede de comunicações da sociedade, o direito se especializa na produção de um tipo particular de comunicação que procura garantir expectativas de comportamentos assentadas em normas jurídicas". Construir uma teoria jurídica implica, portanto, elaborar teoria comunicacional, respeitadas as especificidades do direito positivo relativamente aos demais subsistemas sociais.

A concepção da teoria comunicacional do direito tem como premissa que o direito positivo se apresenta na forma de um sistema de comunicação. Direito é linguagem, pois é

---

15. *Teoria del derecho (fundamentos de teoria comunicacional del derecho)*, vol. I, 3ª ed., Madrid: Civitas-Thomson Reuters, 2010, p. 85.

16. Fabiana Del Padre Tomé, *A prova no direito tributário*, 3ª ed., São Paulo: Noeses, 2011, p. 38-39.

17. *O direito na sociedade complexa*, São Paulo: Max Limonad, 2000, p. 162.

a linguagem que constitui as normas jurídicas. Essas normas jurídicas, por sua vez, nada mais são que resultados de atos de fala, expressos por palavras e inseridos no ordenamento por veículos introdutores, apresentando as três dimensões sígnicas: suporte físico, significado e significação.

Ainda, tomado o direito como um sistema comunicativo funcionalmente diferenciado e dotado de programas e código próprios, este apresenta uma forma especial de abertura e fechamento com relação ao ambiente: o direito possui específicos códigos de comunicação e peculiares operações de reprodução de elementos, o que lhe conferem fechamento operativo e abertura cognitiva do ambiente. Só ingressam no ordenamento jurídico, portanto, os fatos que ali sejam postos pela linguagem eleitas pelas *regras do direito*.[18] E, como sabemos, as linguagens social, econômica, política ou histórica, dentre outras, não satisfazem aos requisitos exigidos pelo ordenamento. Para que se tenha um fato jurídico, ou seja, uma nova realidade no âmbito do direito, é imprescindível que haja produção linguística específica, prescrita pelo próprio ordenamento, a exemplo do que acontece com a linguagem das *provas*: estas se reportam ao fato social para, em conformidade com as regras do direito, constituir um fato jurídico, apto para desencadear os efeitos prescritivos que lhe são peculiares.

3. A importância das provas no sistema comunicacional do direito

Examinando o sistema do direito positivo, identificamos variadas espécies de normas jurídicas. Conforme o universo de destinatários a que a norma se refira, esta pode ser classificada em *geral* ou *individual*: a primeira dirige-se

---

18. Gregorio Robles Morchón, *Las reglas del derecho y las reglas de los juegos*, Palma de Mallorca, 2ª ed., 1984.

a um conjunto indeterminado de destinatários, enquanto a segunda individualiza os sujeitos de direito para os quais se volta. Ainda, considerando a descrição contida na hipótese normativa, há normas *abstratas*, que oferecem critérios para identificar fatos de possível ocorrência, e *concretas*, remetendo a acontecimentos passados, indicados de forma denotativa. Esses caracteres podem ser combinados de modo que constituam normas (i) gerais e abstratas, (ii) gerais e concretas, (iii) individuais e abstratas, e (iv) individuais e concretas.[19]

As normas gerais e abstratas, cujo típico exemplo são aquelas veiculadas no corpo da lei, não atuam diretamente sobre as condutas intersubjetivas, exatamente em decorrência de sua generalidade e abstração. É necessário que sejam emitidas outras regras, mais diretamente voltadas aos comportamentos das pessoas, mediante aquilo que se chama *processo de positivação do direito*, para obter maior aproximação dos fatos e ações reguladas. Com fundamento nas normas gerais e abstratas, constroem-se normas individuais e concretas, determinando que em virtude da ocorrência de determinado fato jurídico nasceu a relação em que um sujeito de direito S' tem determinada obrigação, proibição ou permissão perante outro sujeito S".

Obviamente, para que essa positivação seja realizada de modo apropriado, é imprescindível o perfeito quadramento do fato à previsão normativa. Quando pensamos no fenômeno da percussão jurídica, vem-nos à mente a figura de um fato que, subsumindo-se à hipótese normativa,

---

19. As regras-matrizes de incidência são exemplos de normas gerais e abstratas, enquanto as sentenças são casos de normas individuais e concretas. Os veículos introdutores são típicas normas gerais e concretas, ao passo que as normas individuais e abstratas podem ser identificadas nos contratos firmados entre pessoas determinadas, objetivando ao cumprimento de prestações se e quando se concretizar uma situação futura. Cf. Paulo de Barros Carvalho, *Curso de direito tributário*, 25. ed., São Paulo: Saraiva, 2013, *passim*.

implica o surgimento de vínculo obrigacional. Eis a fenomenologia da incidência. Referida operação, todavia, não se realiza sozinha: é preciso que um ser humano promova a subsunção e a implicação que o preceito da norma geral e abstrata determina. Na qualidade de operações lógicas, subsunção e implicação exigem a presença humana. Eis a visão antropocêntrica, requerendo o homem como elemento intercalar, construindo, a partir de normas gerais e abstratas, outras normas, gerais ou individuais, abstratas ou concretas.

Essa movimentação das estruturas do direito em direção à maior proximidade das condutas intersubjetivas exige a certificação da ocorrência do fato conotativamente previsto na hipótese da norma que se pretende aplicar. Mas, para que o relato ingresse no universo do direito, constituindo fato jurídico, necessário que seja enunciado em linguagem competente, quer dizer, que seja descrito consoante às provas em direito admitidas. Observa-se, aí, importante função da linguagem das provas no sistema do direito. É por meio delas que se compõe o fato jurídico, em todos os seus aspectos (conduta nuclear, tempo e espaço), bem como o sujeito que o praticou e sua medida.

Esse fato, por sua vez, deve ser constituído segundo a linguagem das provas, com vistas a certificar a veracidade dos fatos subsumidos. Observa-se a importância capital que apresenta a *prova* no ordenamento jurídico: para constituir o liame obrigacional não basta a observância às regras formais que disciplinam a emissão dos atos de produção normativa (normas de competência); a materialidade deve estar demonstrada, mediante a produção de prova da existência do fato sobre o qual se fundam as normas constituidoras das relações jurídicas.[20]

---

20. Fabiana Del Padre Tomé, *A prova no direito tributário*, 3ª ed., São Paulo: Noeses, 2011.

A fundamentação das normas individuais e concretas na linguagem das provas decorre da necessária observância ao princípio da legalidade, limite objetivo que busca implementar o sobreprincípio da segurança jurídica, garantindo que os indivíduos estarão sujeitos a determinada obrigação somente se for praticado o fato conotativamente descrito na hipótese normativa. Tem-se a necessidade de que a norma geral e abstrata traga todos os elementos descritores do fato jurídico e os dados prescritores da relação obrigacional, ocorrendo, também, a subsunção do fato à previsão genérica da norma geral e abstrata, vinculando-se à correspondente obrigação. Por esse motivo, a norma individual e concreta que constitui o fato jurídico e a correspondente obrigação deve trazer, no antecedente, o fato tipificado pela norma geral e abstrata, com as respectivas coordenadas temporais e espaciais, indicando, no consequente, o a prestação obrigacional individualizada. E, para que a identificação desses elementos seja efetuada em conformidade com as prescrições do sistema jurídico, deve pautar-se na linguagem das provas. É por meio das provas que se certifica a ocorrência do fato e seu perfeito quadramento aos traços tipificadores veiculados pela norma geral e abstrata, permitindo falar em subsunção do fato à norma e em implicação entre antecedente e consequente, operações lógicas que caracterizam o fenômeno da incidência normativa.

A figura da *prova* é de extrema relevância nesse contexto, pois sem ela não existe fundamento para a aplicação normativa e consequente constituição do fato jurídico e do respectivo laço obrigacional. Sem prova não há como estabelecer a verdade e, por conseguinte, o conhecimento.

Vimos que a realidade, tal qual se apresenta aos seres humanos, nada mais é que um sistema articulado de símbolos num contexto existencial. Cada sistema delimita sua própria realidade, elegendo o modo pelo qual seus enunciados linguísticos serão constituídos. É o que se verifica no sistema do direito posto, conforme enuncia Gregorio Robles: "o que o ordenamento faz é delimitar sua *própria realidade*, que é a realidade do direito. Essa delimitação artificial consiste em constituir tal realidade *jurídica* e, simultaneamente, em *regulá-la*".[21] É o sistema do direito que determina o que nele existe ou não. Para tanto, elege uma forma linguística específica, que denominamos *linguagem competente*. Somente por meio dela é que a realidade jurídica se constitui, o que, por si só, revela a importância das provas no ordenamento como um todo.

Como os acontecimentos físicos exaurem-se no tempo e no espaço, estes são de impossível acesso, sendo necessário, ao homem, utilizar enunciados linguísticos para constituir os fatos com que pretenda entrar em contato. Um evento não prova nada. Somos nós quem, valendo-nos de relatos e de sua interpretação, provamos. Esse é o motivo pelo qual afirmamos que os eventos não integram o universo jurídico.

Os eventos não ingressam nos autos processuais. O que integra o processo são sempre fatos: enunciados que declaram ter ocorrido uma alteração no plano físico-social, constituindo a faticidade jurídica. Francesco Carnelutti,[22] embora sem empregar essa terminologia, também vislumbra a prova como suporte necessário à constituição do fato jurídico: "Isso significa que o confessor declara não para que o juiz *conheça* o fato declarado e aplique a norma *tão somente se o fato é certo*, senão para que *determine* o fato *tal como foi declarado* e aplique a norma *prescindindo da verdade*". Para esse jurista, a declaração feita nos processos

---

21. *O direito como texto*: quatro estudos de teoria comunicacional do direito, trad. Roberto Barbosa Alves, Barueri: Manole, 2005, p. 13.

22. *A prova civil*, trad. Lisa Pary Scarpa, 2ª ed., Campinas: Bookseller, 2002, p. 61-72.

"não se limita a *trazer ao conhecimento* o fato declarado, senão que vem a constituir por si mesmo um fato diferente, do qual depende a realização da norma, ou seja, fato jurídico processual. [...] Provar, de fato, não quer dizer demonstrar a verdade dos fatos discutidos, e sim *determinar ou fixar formalmente os mesmos fatos mediante procedimentos determinados*". Daí porque, para Jeremías Bentham,[23] a arte do processo não é senão a arte de administrar as provas.

Não é qualquer linguagem, porém, habilitada a produzir efeitos jurídicos ao relatar os acontecimentos do mundo social. É o próprio sistema jurídico que indica os instrumentos credenciados para constituir os fatos. A linguagem escolhida pelo direito vai não apenas dizer que um evento ocorreu, mas atuar na própria construção do fato jurídico, tomado como enunciado protocolar que preenche os critérios constantes da hipótese normativa. Apenas se presentes as provas em direito admitidas, ter-se-á por ocorrido o fato jurídico.

O valor *verdade* é posto pelo ordenamento jurídico; encontra-se, pois, *dentro* desse ordenamento, e não fora ou antes dele. Assim, provado o *fato*, tem-se o reconhecimento de sua veracidade. Apenas se o enunciado pautar-se nas provas em direito admitidas, o fato é juridicamente verdadeiro.

4. Conclusões

A teoria comunicacional propõe-se a entender o direito como um fenômeno de comunicação. Qualificando-se como sistema comunicativo, o direito se manifesta como linguagem, ou, nas palavras de Gregorio Robles Morchón,[24]

---

23. *Tratado de las pruebas judiciales*, trad. Manuel Osorio Florit, Granada: Editorial Comares, 2001, p. 4.
24. *O direito como texto*: quatro estudos de teoria comunicacional do direito, p. 19.

"o direito é texto". Concordamos com essa assertiva. O direito é composto por linguagem, que cria sua própria realidade. Portanto, "direito é texto". Não estamos nos referindo ao texto em sentido estrito, ou seja, ao mero suporte físico, como é o caso das marcas de tinta sobre o papel. A equiparação do direito ao texto exige que tomemos o vocábulo "texto" em seu sentido lato, no qual se identifica a relação triádica inerente aos signos: suporte físico, significado e significação.

Como sabemos, não há texto sem contexto: só podemos falar em *texto* quando verificada a união do plano de conteúdo ao plano de expressão. Todavia, esclarece José Luiz Fiorin,[25] a diferenciação entre a imanência (plano de conteúdo) e a manifestação (união do conteúdo com a expressão) mostra-se metodologicamente necessária, já que um mesmo conteúdo pode ser expresso por diferentes planos de expressão e vice-versa. Ter consciência dessa distinção e, ao mesmo tempo, da relação intrínseca entre os planos da linguagem, é imprescindível para a construção de sentido normativo.

Tomamos o direito positivo como o plexo de normas jurídicas válidas em determinadas coordenadas de espaço e tempo, apresentando-se em linguagem na função prescritiva de condutas intersubjetivas. Desse modo, o direito é texto, implicando específica rede comunicativa.

O direito configura um sistema autopoiético, produzindo seus componentes a partir dos próprios elementos que o integram, fazendo-o por meio de operações internas. As informações advindas do ambiente são processadas no interior do sistema, só ingressando no universo jurídico porque ele assim determina e na forma por ele estabelecida. A pluralidade de discursos do ambiente é processada

---

25. *Elementos de análise do discurso*, São Paulo: Contexto/EDUSP, 1989, p. 32.

internamente pelo sistema do direito, funcionando o código e o programa como mecanismos de seleção, assegurando que as expectativas normativas sejam tratadas segundo o código lícito/ilícito, de modo que os fatores externos só influam na reprodução do sistema jurídico se e quando submetidos a uma comutação discursiva de acordo com aquela codificação e com os programas jurídicos.

A autorreferencialidade também se apresenta como pressuposto da autoprodução do sistema, pois, para que este possa autogerar-se, isto é, substituir seus componentes por outros, é necessário que haja elementos que tratem de elementos. No caso do sistema social, atos comunicativos, cujo conteúdo seja a geração de outros atos comunicativos; em relação ao sistema jurídico, normas que prescrevam a produção de outras normas jurídicas. Para tanto, o sistema tem de olhar para si próprio, precisa falar sobre si mesmo, nessa citada autorreferencialidade. A clausura organizacional, caracterizadora da autopoiese do sistema, decorre exatamente do fato de que a informação advinda do ambiente é processada no interior do sistema, só ingressando neste porque ele assim determina e na forma por ele estabelecida. A clausura não significa, portanto, que o sistema seja isolado do ambiente, mas que seja *autônomo*, que as mensagens enviadas pelo ambiente só ingressem no sistema quando processadas por ele, segundo seus critérios. Por isso, são abertos cognitivamente.

Em relação ao sistema, atuam as mais diversas determinações do ambiente, mas elas só são inseridas quando este, de acordo com seus próprios critérios, atribui-lhes forma. Conquanto Gregorio Robles Morchón[26] afirme, categoricamente, que "o texto jurídico é um texto aberto", está se referindo à abertura semântica (cognitiva), mediante a

---

26. *O direito como texto*: quatro estudos de teoria comunicacional do direito, trad. Roberto Barbosa Alves, Barueri: Manole, 2005 p. 29.

qual o sistema tem seus conteúdos modificados. A despeito disso, reconhece que essa *regeneração* dá-se por mecanismos autopoiéticos, os quais autorizam e regulam as decisões ponentes de novos elementos no sistema normativo. Por esse mecanismo, o sistema jurídico mantém sua identidade em relação ao ambiente, como exemplifica o citado autor:

> o próprio texto *cria* as ações que podem ser qualificadas como jurídicas, e o fato de regular a ação não significa que a ação *jurídica* exista antes do texto, mas sim que é o texto que a constitui. Por estranho que possa parecer, o homicídio como ação jurídica só existe depois que o texto jurídico prescreve o que é que se deve entender por homicídio.[27]

Só aí tal ação ingressa no sistema do direito positivo.

É o sistema do direito que estabelece quais fatos são jurídicos e quais não são apreendidos pela juridicidade, quer dizer, os fatos que desencadeiam consequências jurídicas e os que são juridicamente irrelevantes. Por isso, só ingressam, no ordenamento, os fatos constituídos segundo as regras de formação do sistema. E, dentre os requisitos para que essa inserção se opere, encontramos a figura das "provas", na posição de linguagem apta para relatar o fato social, possibilitando a aplicação normativa e constituindo o fato jurídico.

Referências

BENTHAM, Jeremías. *Tratado de las pruebas judiciales*, trad. Manuel Osorio Florit, Granada: Editorial Comares, 2001.

BORGES, José Souto Maior Borges. *Ciência feliz*, 2ª ed., São Paulo: Max Limonad, 2000.

---

27. Gregorio Robles, *O direito como texto*: quatro estudos de teoria comunicacional do direito, p. 29.

CAMPILONGO, Celso Fernandes. *O direito na sociedade complexa*. São Paulo: Max Limonad, 2000.

CARNELUTTI, Francesco. *A prova civil*, trad. Lisa Pary Scarpa, 2ª ed., Campinas: Bookseller, 2002.

CARVALHO, Paulo de Barros. *Curso de direito tributário*. 25. ed., São Paulo: Saraiva, 2013.

_____. *Direito tributário*: fundamentos jurídicos da incidência, 8ª ed., São Paulo: Saraiva, 2010.

FALCÓN, Enrique M. *Tratado de la prueba*, vol. 1, Buenos Aires: Astrea, 2003.

FIORIN, José Luiz. *Elementos de análise do discurso*, São Paulo: Contexto/EDUSP, 1989.

FLUSSER, Vilém. *Língua e realidade*, São Paulo: Annablume, 2004.

GOMES, Pinharanda. *Pensamento e movimento*, Porto: Lello & Irmãos Editores, 1974.

HEGENBERG, Leonidas. *Saber de e saber que*: alicerces da racionalidade, Petrópolis: Vozes, 2001.

OLIVEIRA, Manfredo Araújo de. *Reviravolta linguístico-pragmática na filosofia contemporânea*, São Paulo: Loyola, 1996.

ROBLES MORCHÓN, Gregorio. *Las reglas del derecho y las reglas de los juegos*, Palma de Mallorca, 2ª ed., 1984.

_____. *O direito como texto*: quatro estudos de teoria comunicacional do direito, trad. Roberto Barbosa Alves, Barueri: Manole, 2005.

_____. *Teoria del derecho (fundamentos de teoria comunicacional del derecho)*, vol. I, 3ª ed., Madrid: Civitas-Thomson Reuters, 2010.

SCAVINO, Dardo. *La filosofía actual*: pensar sin certezas, Buenos Aires: Paidós, 1999.

STRECK, Lenio Luiz. *Hermenêutica jurídica e(m) crise*: uma exploração hermenêutica da construção do direito, Porto Alegre: Livraria do Advogado, 1999.

TOMÉ, Fabiana Del Padre. *A prova no direito tributário*, 3ª ed., São Paulo: Noeses, 2011.

_____. *La Prueba en el derecho tributario*, trad. Juan Carlos Panez Solórzano, 2ª ed., Grijley-Noeses, Lima, 2012.

WITGENSTEIN, Ludwig, *Tractatus logico-philosophicus*, trad. José Artur Giannotti, São Paulo: Nacional, 1968.

LA VALIDEZ COMO PERTENENCIA

Félix Francisco Sánchez Días[1]

I. Propósito de este trabajo: el "concepto" y el "tema" de la validez jurídica

1. El propósito de este trabajo consiste en esbozar algunas ideas acerca del "concepto" y del "tema" de la validez jurídica sirviéndonos, por un lado, de la elaboración del concepto formal de validez jurídica realizada por la teoría comunicacional del derecho (TCD); por otro, de ciertas aportaciones de la semiótica de Charles MORRIS, en especial a propósito del concepto de significado y, en tercer lugar, de ciertas ideas y conceptos, como los de "técnica", "función", "estructura", "reducción de la complejidad", "auto-observación", "estandarización de la acción", "sistemas de la acción" y otros respecto de los que, a pesar de su aire inconfundiblemente sociológico de acuerdo con lo que la sociología teórica ha defendido que son conceptos propios, nosotros defenderemos en este trabajo su condición de conceptos que pertenecen de forma incuestionable al *punto de vista interno* de los sistemas jurídicos, cuando son considerados como

---

[1]. Doctor en Derecho por la Universidad de La Coruña. Máster del Instituto Internacional de Sociología Jurídica. Licenciado en Derecho por la Universidad de La Laguna.

sistemas de la acción. Todo sistema jurídico es, no sólo un sistema comunicacional, sino además un sistema de la acción, construido por y para una intervención efectiva en el curso del acontecer social. En este sentido, su proyección externa tiene necesarias implicaciones en su estructura interna del sistema jurídico y en la configuración de su específico *punto de vista interno*. Este, sea el que sea, está condicionado por, y a su vez condiciona la "función" que desempeña socialmente. Por otra parte, dicha función no deja de ser un aporte interno neto del propio sistema, que a la postre se ha de resumir en los "valores" que presiden el sistema jurídico como sistema comunicacional/sistema de la acción. Defendemos, pues, la concepción funcional – estructural del Derecho como un importante y enriquecedor aporte a la teoría del derecho antes que como una concepción de sociología jurídica teórica, lo que de paso explica que defensores tardíos del funcionalismo como LUHMANN no se resistieran a construir su propia teoría del derecho, imbricándola en una sociología de sistemas que no renuncia a explicar el derecho tanto desde adentro como desde afuera.[2] Es en este contexto en el que proponemos que el concepto formal de validez como pertenencia, que tan desconectado aparece de las elaboraciones de la dogmática jurídica y de la filosofía del derecho más interesada en el pensamiento práctico, se llene con un "significado" que confirme su utilidad como herramienta descriptiva, en tanto que 1) incide en el elemento constante en todos los usos del

---

2. Sobre LUHMANN y el Derecho, la producción de este autor es enorme. Aquí nos limitaremos a señalar al lector la obra de Pilar GIMÉNEZ ALCOVER, *El Derecho en la teoría de la sociedad de Niklas Luhmann*, Barcelona, Juan Bosch editor, 1993 como guía general. El principal aporte de LUHMANN se encuentra en *der Recht der Gesellschaft* (Frankfurt, Suhrkamp Verlag, 1993; hay traducción al español por Javier Torres Nafarrate: *El Derecho de la sociedad*, México, Herder, 2005) y en su *Rechtssoziologie* (Opladen, Westdeutscher Verlag; 2., erw. Aufl., 1983).

término "validez jurídica" y 2) se dota de una teoría que *conecta* ese elemento constante con los temas y las preocupaciones que dominan cada uno de los diferentes usos del término en el lenguaje jurídico, cuya diversidad ha representado siempre una amenaza contra la unidad del concepto así como para la necesaria coherencia epistemológica de la filosofía jurídica.

2. "Definir X" vs. "hablar de X"

Aunque aparece de forma relativamente tardía en los escritos de los filósofos del derecho, pudiendo seguirse su rastro hasta KANT,[3] pero no mucho más allá, el concepto "validez jurídica" ha dado lugar a una abundante e intensa bibliografía, especialmente durante el siglo XX. Esta cuestión ha preocupado extraordinariamente a la filosofía jurídica positivista, la cual, habiendo abandonado la referencia iusnaturalista a la justicia como criterio para identificar el derecho frente a lo que no lo es (*corruptio legis*), quedaba huérfana de un criterio identificador de lo jurídico. De ahí la pregunta por el concepto de validez jurídica, que es otra manera de formular la pregunta por el concepto de derecho. Ambas preguntas puede decirse que se convierten, durante los siglos XIX y XX, en sendos lugares comunes del pensamiento jurídico.[4]

---

3. Dice Marcelino RODRIGUEZ MOLINERO que el planteamiento formal del problema de la validez jurídica "no supera el siglo y medio, por mucho que se lo quiera extrapolar históricamente. A lo sumo se podría ver los primeros indicios en algunos de los sistemas postkantianos, que surgieron poco después de la muerte de I. Kant y que perduraron con vitalidad desigual a lo largo del siglo XIX" (*Vid.* del autor, "El problema de la validez del Derecho y la insuficiencia de la solución positivista según G. RADBRUCH", en *El positivismo jurídico a examen – Estudios en homenaje a José Delgado Pinto*, Salamanca: Ediciones Universidad de Salamanca, 2006, pp. 713 – 730, 713).

4. Sirvan como mera muestra de ello en lengua española los trabajos de:
- Ernesto GARZÓN VALDÉS, "Algunos modelos de validez normativa", en RODRÍGUEZ GARCÍA, Fausto E. (Coord.), *Estudios en honor del Doctor Luis Recaséns Siches*, México, UNAM, 1980, págs. 375 - 402; reimp. en Ernesto

2.1 "Concepto" y "tema", en relación tanto con este asunto de validez jurídica como con cualquier otro que se nos ocurra, no son la misma cosa, aunque obviamente existe – debe existir – una estrecha relación entre ambos. La pregunta por el "concepto" se reduce, si bien se mira, a proponer una significación para un término. La pregunta por el "tema" ya es *usar el término que se ha definido, y hablar de su referencia,* de la porción de mundo señalada por aquél. El "tema" es, por consiguiente, mucho más amplio que el "concepto" y, sin embargo, de algún modo, debe quedar comprendido dentro de él. El "concepto" debe, no ya permitir, sino, más aún, propiciar o hacer posible hablar con sentido del "tema" abierto por dicho concepto. No se conceptualiza para luego, simplemente, poder exhibir una tabla de conceptos precisos, bruñidos y afilados. Los conceptos no tienen valor por sí mismos, sino en cuanto que permiten al teórico conocer más y mejor su campo de estudio, construyendo de este modo un "tema" o, si se prefiere el término clásico, una "teoría" sobre el campo delimitado por el concepto.

2.2 Nos servimos, al efecto, de la definición que dio Charles MORRIS de "significado"[5] como *término semiótico*, es decir, sólo comprensible en términos de la articulación de las tres dimensiones de la semiosis (sintaxis, semántica y pragmática). Para MORRIS el término

---

GARZÓN VALDÉS, *Derecho, Etica y Política*, ed. Centro de Estudios Constitucionales, Madrid, 1993, págs. 73 – 105.

- José DELGADO PINTO, "La validez del derecho como problema de la filosofía jurídica", en *Estudios en Honor del Doctor Luis Recaséns Siches*, op. cit, pp. 221 – 259.

En ellos el lector puede comprobar la intensidad del interés y la complejidad que ha llegado a alcanzar el debate teórico sobre la validez jurídica a partir de la extensión del positivismo jurídico en la cultura jurídica occidental.

5. Charles MORRIS, *Fundamentos de la teoría de los signos*, Barcelona: *Paidós*, 1985; pero, sobre todo, en su opúsculo *La significación y lo significativo*, Madrid: Alberto Corazón, 1974.

"significado" (que no debe confundirse con el de "significación") *se define como* el resultado de combinar la "significación" del término (determinada por reglas sintácticas y semánticas y que por consiguiente coincide con la definición del término "designación") con su "interpretante" pragmático, el cual, obviamente, se determina mediante la aplicación de reglas pragmáticas. MORRIS critica de este modo las definiciones poco rigurosas de "significado", pero al mismo tiempo propone, casi de rechazo, una teoría del significado que, además de ayudar a poner de relieve las muchas vaguedades que se pueden decir en nombre de la validez jurídica, también puede desempeñar un papel esclarecedor respecto a la necesidad que tenemos de conectar mentalmente diversos aspectos del objeto que estudiamos, para descubrir que se combinan de modo "significativo", con "significado", formando un *tema* cuyo estudio y discusión científica sigue siendo relevante, por más que, en el análisis de los conceptos empleados, el teórico haya encontrado imprecisiones o mixtificaciones que es necesario depurar.

3. Teoría y análisis conceptual

Toda teoría utiliza conceptos previamente formulados o definidos por ella. Pero la conceptualización no es un proceso original o exclusivo de la "teoría", si entendemos por tal aquel producto intelectual del más elevado grado de refinamiento que pretende explicar todo o parte del mundo que nos rodea y volverlo comprensible. Antes bien, la conceptualización es una especificación, en el nivel máximo de rigor y abstracción, de procesos que son comunes a toda semiosis. En efecto, aquello a lo que usualmente llamamos "teoría" no es ni más ni menos que una forma, altamente especializada y objeto de muy elevadas expectativas y de criterios de valoración muy exigentes, en que los humanos realizamos algo que nos define como especie: la comunicación lingüística. Toda comunicación lingüística contiene los elementos de la semiosis: el signo, la significación y el interpretante. En toda comunicación se realiza, tanto por el transmisor como por los potenciales receptores, una *selección* de la información vehiculada a través del signo, conforme a ciertas reglas de selección de la información (semántica). Dichas reglas de selección, que junto con otras reglas de formación, combinación y transformación sígnica (sintaxis) y junto con reglas de uso de los signos lingüísticos y sus combinaciones en determinados contextos (pragmática) conforman las *reglas de la semiosis*, operan en el lenguaje natural de un modo espontáneo, sin que haya por lo general un previo análisis consciente. Normalmente las semióticas del lenguaje natural explicitan patrones sintácticos, semánticos y pragmáticos que han surgido del uso y sin una previa reflexión consciente. En el lenguaje jurídico las cosas varían de forma decisiva, pues los juristas somos unos individuos obsesionados con el lenguaje y su uso. El lego que afronta una conversación sobre derecho con un jurista por primera vez siempre se sorprende de la jerga, oscura para él, que éste emplea. Se trata en gran medida del resultado de una elaboración consciente. Es propio de los juristas el preocuparse de acuñar términos específicos con los que referirse a los aspectos relevantes de su campo de trabajo, y de precisar su significación. Ahora bien, salvo por la elaboración consciente de determinados términos y significaciones, y también de ciertas reglas de combinación de textos jurídicos y de producción de nuevos textos, la semiosis jurídica no se separa demasiado de la semiosis "ordinaria". Signo, significación e interpretante se relacionan de igual modo en ambos casos. Finalmente, sobre todas las cosas en la vida es dable al hombre embarcarse en esa actividad específica a la que llamamos "teoría". Entre la "teoría", que es, no lo olvidemos, también semiosis, y la semiosis jurídica hay un fuerte parecido estructural, porque en ambas la elaboración consciente desempeña un papel relevante. Y, por supuesto, ambas tienen en común con la semiosis del lenguaje natural su carácter de ser procesos de comunicación.

3.1 Status "quebradizo" y "variación dialogada" de los conceptos propios de una teoría comunicacional

Lo anterior significa que los conceptos "teóricos", que no son otra cosa que las significaciones de los términos específicos de una determinada teoría, se producen mediante un proceso de formación de significados: éste consiste siempre, en todo caso de semiosis que investiguemos, en la *abstracción, esto es, en la selección de determinadas propiedades de la referencia del término,* asumiendo una configuración específica que se asocia a un determinado sonido o grupo de fonemas (palabra, término) y a su grafía correspondiente. A veces se trata de abstracciones de propiedades en cuanto ya significadas por otros términos que tienen referencia, o incluso de abstracción de propiedades en cuanto significadas por términos que a su vez abstraen de otros términos con referencia o sin ella, y entonces la referencia del término teórico se pierde, pero no así su significación, que se mantiene y gana en abstracción. Cuanto más abstracto es un término, más abstracta es su significación, y cuanto más se usa de la abstracción más se tiende hacia el polo "formal" en un continuo "formal – material" o "formal – informal". En las teorías que, como la teoría del derecho, tratan de dar cuenta de sistemas comunicacionales, los conceptos teóricos suman a esta tendencia formalizadora o abstraccionista otras propiedades específicas: éstas son su "estatus quebradizo" y su "variabilidad dialogada". La primera propiedad (su "estatus quebradizo") tiene su razón de ser en el hecho de que es típico de los sistemas comunicacionales el incorporar a su seno los conceptos desarrollados en su propia teorización y por tanto a ésta misma. Así, la significación de los conceptos teóricos puede verse afectada por cambios ocurridos en su devenir interno al sistema comunicacional respectivo. Ello comporta la segunda propiedad ("variabilidad dialogada") que consiste en que la formación de conceptos teóricos sobre elementos de sistemas comunicacionales no debe desconocer la evolución que los mismos pueden experimentar en el decurso de la evolución del sistema comunicacional que pretenden describir – explicar y que usualmente los incorpora en sus procesos comunicacionales, sino que debe entrar en un "diálogo" con el sistema comunicacional en el que la teoría "propone" una significación para sus conceptos y "escucha" el eco que su propuesta tiene en el sistema comunicacional respectivo. De este proceso dialogado puede resultar, y no es inusual que así sea, una *reformulación* del concepto teórico respectivo para que, teniendo en cuenta su propia andadura dentro del sistema comunicacional, dé cuenta más certera de las características de éste o, en todo caso, más ajustada al tenor del diálogo establecido.

3.2 La conceptualización en la teoría comunicacional del derecho (TCD): la *teoría formal del derecho* (TFD)

La teoría comunicacional del derecho debe ser considerada, en consonancia con lo hasta aquí expuesto, como una semiosis consciente de otra semiosis que también posee un alto grado de elaboración consciente. Dicho más llanamente: la teoría del derecho es una jerga sobre otra jerga. Este hecho hace posible algo que en el lenguaje natural resulta, como poco, altamente improbable: la igualación en los niveles del lenguaje jurídico y teórico – jurídico, la cual permite el *diálogo*, casi de tú a tú, entre el lenguaje jurídico "ordinario" y el lenguaje de la teoría del derecho. Teniendo esto en cuenta, la teoría comunicacional del derecho, en cuanto semiosis de la semiosis jurídica, construye sus conceptos *a)* teniendo en cuenta el lenguaje jurídico *efectivo*, lo que incluye el *uso que en él se hace de los conceptos teóricos*, pero a la vez *b)* tendiendo a proponer *mejoras en los conceptos teórico – jurídicos*, que permitan obtener una explicación – descripción más acertada del sistema comunicacional jurídico. La *teoría formal del derecho* (en adelante, TFD) en cuanto disciplina formal, es decir, conceptualizadora al máximo nivel de abstracción de los elementos de la semiosis jurídica, ofrece al estudioso del derecho una *sintaxis jurídica* (o teoría de la estructura básica de la comunicación jurídica) mediante la depuración de los conceptos teóricos, que son a un tiempo "formales" (porque se forman mediante abstracciones del mayor nivel posible) y "universales" (porque son significaciones que están presentes en todo caso posible de uso del término "derecho").[6] La TFD contribuye con sus conceptos a la formación de una *teoría*, esto es, un modelo descriptivo – explicativo, que muestra la "forma" básica de la comunicación jurídica, que es otra forma de decir "la forma del derecho". Sus trabajos han de concluir, a modo de colofón y epítome, en un "concepto de derecho", el cual no puede ser más que el concepto máximamente abstracto que resume en su interior los aspectos más destacados o importantes de esta "forma del derecho" descrita conceptualmente por la TFD. En consecuencia, el término "derecho" ni representa un presupuesto trascendental de toda teoría del derecho, ni es un término con carga ontológica. La TFD no construye conceptos en el vacío, sino sobre la base del conocimiento existente acerca de la semiosis jurídica. La TFD no busca "esencias" para formular sus conceptos. Procede, muy al contrario, constatando usos del lenguaje jurídico, e indagando en la significación de los términos usados. Entender

---

6. Gregorio ROBLES, *Teoría del derecho* – Fundamentos de Teoría Comunicacional del Derecho. *Volumen I,* Cizur Menor (Navarra), Thomson – Civitas, 4ª ed., 2012, pp. 169 – 170.

esto es crucial para comprender en qué consiste el análisis que la TCD hace de la "validez jurídica".

4. El "concepto" y el "tema" de la validez jurídica

Si trasladamos las consideraciones efectuadas en los puntos anteriores a lo que constituye el objeto de este trabajo, encontraremos que puede distinguirse entre el "concepto" y el "tema" de la validez jurídica. El "concepto" resulta de una delimitación de la *significación* del término "validez jurídica"; el "tema" es todo aquello de que se puede hablar con sentido empleando dicho término con la significación indicada al definirlo, esto es, al dar su concepto. Dicho en términos más alejados de la semiótica y más próximos a la epistemología: con un concepto bien delimitado de "validez jurídica" debe de ser posible hacer una buena "teoría de la validez jurídica". Esta albergará todas las explicaciones y justificaciones que han conducido a la delimitación formal del concepto de validez jurídica, y comprenderá asimismo todos los descubrimientos o nuevos conocimientos que dicho concepto formalmente delimitado ha hecho posibles. Forma parte del tema de la validez jurídica la *teoría sobre sus condiciones*. Dicha teoría profundiza en las acepciones del término "validez jurídica", y por consiguiente en su *semántica*, puesto que es normal en la doctrina y en la teoría del derecho el definir la validez jurídica formulando las condiciones o propiedades de actos y disposiciones que permiten predicarla de ellos. Del mismo modo, forma parte del tema de la validez jurídica la *teoría sobre sus consecuencias o implicaciones*, es decir, la teoría que explora los *interpretantes* del término, es decir, la teoría de las conductas que, de acuerdo con la lógica interna del lenguaje jurídico, cabe esperar ante la proferencia adecuada del término "válido" o de su opuesto, "inválido". Así pues, el "tema" de la validez jurídica está conformado por los aportes de la semántica y la pragmática del término a la *teoría de la dogmática jurídica* y a la *teoría de la decisión jurídica*. Una y otra teorías proporcionarán conocimientos útiles para un más fino análisis conceptual, y por consiguiente contribuirán con sus aportes a la tarea de dar con un *concepto formal de validez jurídica*. Por su parte, dicho refinamiento conceptual reobrará sobre la tarea teórica, haciendo que sea más productiva, es decir, que produzca más y mejor conocimiento, es decir, más y mejor orientación teórica sobre la comunicación jurídica, ayudando por consiguiente a una praxis comunicacional jurídica más efectiva.

II. La propuesta de la TCD en torno al concepto (significacion) de "validez jurídica"

1. El análisis comunicacional de la validez jurídica

Respecto al término "validez jurídica", la TCD comienza su análisis como *lexicografía*, explorando sus varias acepciones (semántica de la validez jurídica); continúa como análisis de las implicaciones o efectos en la praxis jurídica de dichas acepciones (pragmática de la validez jurídica); y por último permite que los resultados del análisis semántico y pragmático retroalimenten el concepto formal y universal de "validez jurídica" (sintaxis de la validez jurídica).

1.1 Los significados de "válido"

Dice Gregorio ROBLES en su *Teoría del Derecho* que "valido" significa tanto "lo que vale" como "lo que debe valer".[7] Hay, pues, una constatación por la TCD de que el término tiene varios usos y que dichos usos están en consonancia con diversas *significaciones* del término, al menos una de las cuales "lo que *debe* valer" parece conectarlo con

---
7. Gregorio ROBLES, *Teoría del derecho, Volumen I*, op. cit., p. 318.

valores. Los conceptos teóricos se avienen mal con significados valorativos, dadas las específicas características de la actividad teórica, la cual, estando como está presidida por ciertos valores, en especial el de la búsqueda de la verdad, sin embargo, no acepta de buen grado indicaciones directas de preferencias o ponderaciones acabadas en sus resultados, puesto que dichas indicaciones y ponderaciones pueden erigirse en obstáculos que impiden alcanzar la meta de dicha actividad y dar cumplimiento a su valor dominante: el de la búsqueda de la verdad. No es de extrañar, pues, que la conceptualización teórica huya en lo posible de conceptos "valorativos". Así lo hace la TFD, la cual, en relación con el término "validez jurídica", se esfuerza, una vez constatados los usos y acepciones ("significaciones") del término, en obtener un *concepto meramente formal de validez jurídica:* un concepto autolimitado, no valorativo y aséptico, que refleja el punto de vista del jurista como profesional que precisa *certidumbre* respecto a cuál es su área de trabajo. Se hace así necesario para la TCD desmontar la "trampa" de la *connotación axiológica* que se esconde debajo del término "validez jurídica". Ahora bien, la ciencia jurídica no ha hallado un término apropiado para referirse a las distintas acepciones de lo "válido" sin implicar valoración y con el suficiente grado de generalidad. Por ello la TCD se conforma con el término usual ("validez jurídica") pero reduciendo su significación a "pertenencia".[8] Con ello, en realidad, la TFD está proponiendo precisamente el término "pertenencia" como término con el que expresaría el concepto formal y universal de validez jurídica.

1.2 Validez, pertenencia, juridicidad

"Pertenencia" indica una propiedad que es común a todos los casos en que, en el interior de un ámbito jurídico,

---

8. *Idem*, pp. 360 – 365; 366 – 371.

es dable hablar de "validez jurídica": dicha propiedad es la inclusión del elemento en el conjunto, o si se prefiere la imputación del elemento al conjunto. Se trata, en efecto, de un simple conector, y es imposible ampliar su significación más allá de ahí. Ello no impide, sin embargo, que pueda reconstruirse su significado pleno, partiendo de esta significación formal. Una teoría de la validez jurídica no se construye simplemente con la delineación del concepto formal de validez como pertenencia. Necesita ser, además de una conceptualización formal que conduce al conector lógico, una teoría de lo conectado por aquél. ¿Cómo se construye una teoría de la validez jurídica a partir de un concepto formal de validez? En realidad, el método es el opuesto: se construye el concepto formal de validez una vez que se tiene una teoría, aún tosca, de la validez jurídica. A su vez, la teoría de la validez jurídica se construye tomando como punto de partida las acepciones del término "validez jurídica" en el uso del lenguaje de los juristas, es decir, partiendo de los diversos y variados "conceptos" de validez jurídica corrientes en la doctrina jurídica y en la historia de la filosofía del derecho. Ello parecería que nos llevara a un círculo vicioso, pero lo que sucedería en realidad es que no estaríamos distinguiendo entre el nivel "ordinario" del lenguaje jurídico, y el nivel "teórico". La Física no definió el átomo sin estudiar la materia. La Teoría del Derecho no debería definir teóricamente la validez sin antes proponer una teoría sobre ella. Y, como la materia de nuestros conceptos ha de ser comunicacional, el punto de partida para dicha teoría lo conforma el esclarecimiento de las acepciones que el término "validez" tiene en el uso jurídico "ordinario" del lenguaje.

1.3 Validez "formal", "material" y "plena"

Gregorio ROBLES en su *Teoría del Derecho* distingue entre validez "formal", validez "material" y validez "plena".⁹ Esta distinción es un expediente de que se sirve la TCD para *distinguir y al mismo tiempo conectar* la "pertenencia" con sus "razones". El *dato* (la constatación de la pertenencia de la norma o del acto al ámbito jurídico) no es lo mismo que las *razones* que hay para afirmar (o negar) dicha pertenencia. El que la TFD acoja en su seno esta distinción obedece a la conveniencia pedagógica de establecer un vínculo entre las razones de la pertenencia (que es aquello a lo que se hace referencia cuando se habla de validez "formal" y "material") y el concepto formal de la validez jurídica como pertenencia. No hay otra razón para mantener esta distinción, dado que la pertenencia no puede ser "plena" o "incompleta". Los elementos, o bien pertenecen al ámbito, o bien no pertenecen a él. Por otra parte, la pertenencia es siempre una característica "formal" en el sentido que hemos indicado anteriormente. Cuando se habla de validez "material", en realidad se está significando "pertenencia por razones materiales". Incluso el carácter "material" de las razones para la pertenencia del acto o de la norma al ámbito jurídico es relativo. Es material por contraste con la pertenencia por razones "formales", es decir, por actuación conforme a los procedimientos tipificados por el sistema jurídico. Pero éstas últimas son también *razones de la pertenencia* y no la pertenencia misma como dato formal. Cuando se habla de validez "material", que se predica si el acto o la disposición enjuiciados no vulneran normas que contienen deberes y están comprendidas en el sistema jurídico de referencia, se está elevando la conformidad con normas deónticas a la condición de razón de la pertenencia del acto o de la disposición al ámbito jurídico de referencia. Del mismo modo, cuando se habla de validez "formal", no se está aludiendo simplemente al concepto de validez formalmente depurado y reducido por la TFD a la

---

9. *Idem*, pp. 372 – 376.

condición de mero conector lógico ("pertenencia"). Por el contrario, se está haciendo referencia a otro conjunto de "razones de la pertenencia", establecidas en todo sistema jurídico por determinadas normas, tanto directas como indirectas, las cuales constituyen los presupuestos y los elementos subjetivos, objetivos y procedimentales de la *acción jurídica*, cuya verificación en el caso concreto es elevada por el sistema jurídico a la condición de *razones de la pertenencia* del acto o de la disposición respectiva al ámbito o sistema jurídico de referencia.

2. La pertenencia y el sentido de la acción jurídica: el *tema* de la validez jurídica

2.1 El concepto formal de validez como pertenencia es la forma más abstracta que existe de afirmar la especificidad del sistema jurídico como esquema de ordenación/interpretación de la vida social. El sistema jurídico con sus notas características se expande en forma de ámbito jurídico mediante el concepto de pertenencia como conector de los elementos de éste. Decisión, regulación e institución, que son propiedades del texto jurídico,[10] impregnan todos los elementos del ámbito jurídico y, característicamente, la *acción jurídica*. La determinación de la pertenencia de la acción al ámbito jurídico es, por otra parte, el primer paso en el proceso de su interpretación y valoración, es decir, de su construcción hermenéutica como "acción jurídica". La acción jurídica es la acción en cuanto constituida y regulada en un *sistema jurídico,* cuerpo textual cuya síntesis y compendio lo constituye el *sistema de las normas jurídicas*. Estas son producto de la actividad hermenéutica de los juristas, la cual consiste en

---

10. Gregorio ROBLES, *Teoría del Derecho*, Vol. 1, *op. cit.*, pp. 95 – 99.

interpretar las *disposiciones jurídicas* en términos establecidos en el sistema jurídico de referencia.[11] A su vez, estas disposiciones jurídicas son el resultado o producto de ciertas acciones, igualmente definidas y reguladas por normas pertenecientes al sistema jurídico de referencia. Tanto la acción interpretativa como la acción productora de actos y disposiciones son *acciones jurídicas*, respecto de las que es posible, por consiguiente, efectuar un juicio de pertenencia al ámbito jurídico (que recaerá, en el primer caso, sobre las normas construidas *via* interpretación, en el segundo, sobre los actos y las disposiciones jurídicas producidas *via* decisión) y, posteriormente, un juicio de validez o invalidez jurídica de disposiciones y de normas. Pero hay otras acciones respecto de las cuales, siendo posible el juicio de pertenencia, no lo es sin embargo el juicio de validez jurídica (ejemplo: el asesinato). El concepto de pertenencia es por consiguiente más comprensivo y con una designación más rica que el concepto de validez jurídica. Ello hace necesario afinar en el análisis de la validez jurídica, que la teoría formal del derecho debe (si puede) aflorar y esclarecer.

2.2 El concepto meramente formal de validez jurídica como pertenencia pone el énfasis en el lugar correcto: si se quiere entender cómo es un ámbito jurídico,

---

11. Por ejemplo, en el sistema jurídico español la construcción interpretativa de normas jurídicas aparece tratada ya en el texto ordinamental (art. 3.1 del Código civil). Ahora bien, esta regulación ordinamental del método constructivo de normas jurídicas no es necesaria, aunque sea usual en los países con derecho codificado. En países de derecho no codificado, con acendrada tradición de construcción jurisprudencial del sistema, como Inglaterra o los Estados Unidos, las reglas de construcción interpretativa de normas jurídicas son producidas principalmente por la jurisprudencia de los tribunales de apelación y por la doctrina jurídica. Si se quiere un estudio profundo sobre el particular, vid. Karl N. LLEWELLYN, *The Common Law Tradition – Deciding Appeals*, Boston, Little. Brown, 1960.

hay que comprender que la pertenencia al mismo se determina de manera abstracta en el corpus textual Ordenamiento/Sistema. El carácter más "formal" o más "material" de las razones de la pertenencia es contingente en los ámbitos jurídicos. Lo que es permanente en ellos es que hay reglas estables y formales de determinación de los elementos que los integran y que aparecen formuladas de forma más o menos explícita en los sistemas jurídicos. Ahora bien, con el simple apoyo en el concepto formal de pertenencia, la TFD no logrará describir un ámbito jurídico. La forma de los ámbitos jurídicos se expresará mejor combinando éste con otros conceptos formales, como los de "sistema jurídico", "acción", "norma" y los tipos de normas que es posible distinguir en el seno de los sistemas jurídicos. Por otra parte, como ya hemos señalado, el concepto formal de validez como pertenencia no da razón completa de lo que se intenta explicar cuando se hace una *teoría de la validez jurídica*. Esta teoría, que conforma lo que hemos llamado el *tema* de la validez jurídica, puede considerarse como una reconstrucción a partir de los aportes de la teoría formal del derecho, de la teoría de la dogmática jurídica y de la teoría de la decisión jurídica, y por consiguiente desciende un peldaño en la escala de la abstracción, sin abandonar de todos modos el nivel de generalidad propio de la teoría del derecho, examinando formas de organizar la pertenencia que pueden darse o no darse en cada ámbito jurídico que ha existido, que existe o que puede existir. Se trata, insistimos, de una teoría de la validez jurídica que combina el concepto formal de validez como pertenencia antes enunciado, con una teoría sobre las *razones de la pertenencia* y con una teoría sobre las *implicaciones o consecuencias de la pertenencia*, en el seno de los ámbitos jurídicos.

2.3 Esta teoría de la validez jurídica, en todo caso, mostrará cómo *la determinación de las relaciones de pertenencia entre el ámbito jurídico y sus elementos es una función propia del complejo textual Ordenamiento – Sistema*. "Pertenencia" es un concepto abstracto, pero al mismo tiempo referido a un ámbito jurídico concreto y determinado. Se trata, además, de un concepto que, más allá de su significación formal como pertenencia, sólo adquiere significado pleno en el interior del complejo Ordenamiento/Sistema: cualesquiera que sean las propiedades de una acción que se tomen como "razones de la pertenencia", éstas sólo serán predicables como tales razones en la medida en que el complejo textual mencionado las incluya en la "teoría de la validez" propia del ámbito jurídico de que se trate. En cada ámbito jurídico estará vigente una específica teoría de la validez jurídica, lo que, de todos modos, no impedirá hacer una investigación que permita generalizar algunos rasgos de las teorías de la validez jurídica, para conformar una *teoría general de las razones de la pertenencia*. Dicha teoría general puede encuadrarse en el seno de la teoría de la dogmática jurídica y es una componente esencial del "tema" de la validez jurídica.

2.4 El concepto formal de validez no va más allá de la idea de *juridicidad* o *pertenencia* a un ámbito jurídico. Los ámbitos jurídicos son totalidades de sentido, en los que el esquema de interpretación constituido por el complejo textual Ordenamiento – Sistema se erige en *creador del ámbito*, esto es, que en el ámbito jurídico todo cuanto existe (todo cuanto pertenece a él) existe (y pertenece) en cuanto *participa* de los rasgos básicos de lo jurídico, los cuales cobran expresión en el complejo textual Ordenamiento – Sistema que es el eje en torno al cual todo el ámbito jurídico gira, y al mismo tiempo es el motor que *produce* comunicacional e interpretativamente el mundo de lo jurídico. Este es un rendimiento neto de la teoría formal del derecho. Esta sitúa el concepto (formal) de validez en la estructura de los ámbitos jurídicos.

III. Función y técnicas de la pertenencia

1. Introducción

Siendo la determinación de la pertenencia de elementos al ámbito jurídico una función propia del complejo textual ordenamiento/sistema jurídico, es preciso hacer una breve incursión funcional – estructural, no tanto para perfilar el concepto formal de validez jurídica, sino para entender cabalmente su *funcionamiento* en el interior de los ámbitos jurídicos. Este análisis tiene tres partes: la primera, a la que dedicamos este apartado, se centra en investigar las *técnicas de la pertenencia*, esto es, las estructuras comunicacionales a través de las cuales la pertenencia a los ámbitos jurídicos se operativiza y, en consecuencia, éstos son construidos y reconstruidos. La segunda determina la *función de la pertenencia* a través de una *pragmática de la pertenencia*. Como marco general y tercera parte, haremos algunas reflexiones sobre la *función general* de los sistemas jurídicos, en cuanto que son sistemas comunicacionales *prácticos*, esto es, sistemas reguladores de la acción.

2. Pertenencia y función general de los sistemas jurídicos

Como hemos dicho anteriormente, el concepto de pertenencia es un concepto vacío de significado. Su significación se reduce a la de ser un conector lógico que determina la inclusión de un elemento determinado en un conjunto determinado. Para que adquiera significado, el concepto debe ser puesto en juego, es decir: debe efectuarse (aunque sólo sea de forma "teórica") la conexión entre el elemento y el ámbito al que pertenece; sólo así pueden atisbarse a nivel teórico los mecanismos o técnicas de determinación de la pertenencia, y el funcionamiento de la pertenencia, esto es, los tipos de conexiones elemento – ámbito que el concepto "pertenencia" comprende o, lo que es lo mismo, el conjunto de acciones que la verificación o no – verificación de la pertenencia hace posibles – determina. Dicho más sencillamente, el desenvolvimiento del concepto involucra la investigación de las condiciones o razones de la pertenencia a un ámbito jurídico, así como de las implicaciones o consecuencias que la pertenencia de un elemento al ámbito jurídico supone. Esta doble investigación permitirá a su vez plenificar el significado del término "validez", usual en lenguaje jurídico.

La clarificación y depuración del concepto dogmático de validez jurídica emprendida por la TFD permite sortear las aporías de que adolece la doctrina de la validez jurídica elaborada por la dogmática, la cual ha sido tomada en muchas ocasiones tal cual por la filosofía jurídica, particularmente por la positivista, sin dar explicación satisfactoria del salto lógico, teórico y conceptual entre las diversas propuestas de concepto de validez jurídica y el desarrollo doctrinal y el funcionamiento mismo de la validez jurídica en el interior de los sistemas jurídicos.[12] La formulación del concepto de validez jurídica mediante el recurso al concepto

---

12. Sin extendernos sobre el particular, nos remitidos a ROBLES, *op. cit.*, capítulos XLIV a L, en los que efectúa una exposición y un análisis crítico de las concepciones de la validez jurídica del Derecho Natural Clásico, del Positivismo Normativista y del Sociologismo. En particular, se recomienda la lectura de las páginas 362 – 363, en las que el autor explica la paradoja del "asesinato válido". Como muestra de las aporías a que llega una concepción normativista de la validez jurídica, puede consultarse, del mismo autor, "Die Grenzen der Reinen Rechtslehre", en Werner Krawietz/Jerzy Wróblewsky (Hgs.), *Sprache, Performanz und Ontologie des Rechts –Festgabe für Kazimierz Opalek*, Berlín, Duncker & Humblot, 1993.

"pertenencia", producto de la teorización al máximo nivel de abstracción y generalidad, es además el primer paso de una nueva investigación, encaminada a formular, de manera más precisa y mejor articulada que la que puede hallarse en el interior de los sistemas jurídicos, una teoría de la pertenencia que dé cuenta adecuada de sus razones y de sus implicaciones, esto es, que complete la significación del término como conector lógico con una *semántica de la pertenencia*, destinada a investigar las acepciones de la validez jurídica, las razones por las cuales es posible predicarla, y asimismo con una *pragmática de la pertenencia*, que investigue los interpretantes de la pertenencia, esto es, las acciones que es plausible acometer una vez se ha respondido, afirmativa o negativamente, a la pregunta por la validez jurídica de una acción. Naturalmente, esta doble investigación debe partir de una caracterización general del sistema jurídico como sistema de comunicación, hecha en tales términos que permita entender el conjunto de operaciones (técnicas) que determinan la pertenencia de los elementos al ámbito, así como el conjunto de las operaciones que la pertenencia verificada hace posibles (implicaciones o consecuencias).

3. Sistema jurídico como sistema de la acción, que explicita sus reglas o criterios de pertenencia

La caracterización del sistema jurídico que proponemos en este trabajo se sirve de un tipo de análisis del derecho que usualmente es considerado como propio de la sociología del derecho, consideración que creemos debería ser revisada, a la luz de lo que diremos seguidamente. El tipo de análisis presuntamente "sociológico" que proponemos sirva como base para una nueva exploración que ayude a formular una teoría de la validez jurídica que sea verdaderamente explicativa es el *análisis funcional*. No pretendemos, ni mucho menos, abandonar el punto de vista interno que preside todas las elaboraciones de la TCD.

Por el contrario, afirmamos que el análisis funcional, so pretexto de su origen en la sociología teórica, y a pesar de su constante alusión a hechos, causas y efectos como puntos de anclaje con la sociología, no es otra cosa que la expresión del *punto de vista instrumental* sobre el derecho. Este, contrariamente a lo que suele pensarse, no es un punto de vista externo, sino interno. Es cierto que el funcionalismo ha sido históricamente el enfoque propio de aquellos que han propugnado el desplazamiento de la ciencia jurídica y de la filosofía del derecho por otras "ciencias sociales", y por consiguiente han defendido el abandono del punto de vista interno de los juristas y su suplantación por puntos de vista externos en el estudio del derecho.[13] Aun así, instrumentalismo y funcionalismo apelan erróneamente a las ciencias sociales empíricas. Un ejemplo sencillo permitirá ilustrar este punto: cuando se examina la utilidad

---

13. Sobre este aspecto puede consultarse SÁNCHEZ DÍAZ, Félix Francisco, *Decisión Judicial y Ciencia Jurídica – La propuesta de Karl N. Llewellyn*, Ed. Comares, Albolote (Granada), 2002, pp. 125, 149 - 150, ilustrativo acerca de la confusión en que un conspicuo representante del Realismo Jurídico Americano al tiempo que uno de los más matizados como Karl N. LLEWELLYN incurría a la hora de dar un concepto de "función". Así, con citas de LLEWELLYN en *Recht, Rechtsleben und Gesellschaft* (Berlin, Duncker & Humblot, 1977, pp. 87 – 89), se presenta su posición sobre la mejor clasificación de las formas de conducta, que para LLEWELLYN ha de ser por su *función*. Esta es definida como *"la finalidad, la tarea, que parece cumplir un determinado complejo de formas de conducta, en el contexto de una cultura determinada, para la gente del lugar.* No se trata, pues, de la tarea que ese complejo de formas de conducta *debería* realizar para funcionar de forma *adecuada*, sino de la tarea que *de hecho* realiza, mejor o peor". No obstante, LLEWELLYN se muestra consciente del sesgo valorativo presente en el concepto de función, y por eso precisa que *"no podemos evitar las valoraciones subjetivas. Pero debemos manejarlas con escepticismo en la medida de lo posible... Aquí intentaremos atenernos al reconocimiento de que 'la' tarea concebida de esta forma no puede estar dada de una manera irreprochablemente objetiva. Lo que realmente debería sonar así: si medimos la estructura, de acuerdo con nuestra idea sobre su tarea, hallamos que..."* (en cursiva las citas literales de Llewellyn).
Otro ejemplo notable de confusión lo encontramos en Roscoe POUND. Vid. al respecto, GARCIA RUIZ, Leopoldo, *Derecho, intereses y civilización – El pensamiento jurídico de Roscoe Pound*, Ed. Comares, Albolote (Granada), 2002. pp. 121 – 127, donde el iusfilósofo español muestra esta confusión del fundador de la jurisprudencia sociológica, e incluso se deja llevar un tanto por ella.

de cualquier herramienta manual, digamos, por ejemplo, un martillo, o bien cuando se examina la potencialidad de cualquiera de los aparatos tecnológicos que nos acompañan en nuestra vida diaria, digamos, por ejemplo, una computadora, el método de análisis que siguen los ingenieros industriales o los expertos en informática no consiste en observar qué uso se hace, en realidad, del martillo o de la computadora. Dicha observación rinde resultados interesantes, y mucho, para el analista de mercados o para el director comercial de la empresa que produce estos instrumentos. Pero a partir de dicha observación no es costumbre extraer conclusiones a propósito de la *función* del martillo o de la computadora. Dicha función es, en realidad, una conclusión que el ingeniero extrae a partir del *análisis interno* del diseño de la herramienta, y de los rendimientos o resultados que son previsibles en su uso, en virtud de sus propiedades formales. Sólo conociendo sus características, su configuración interna, en suma, su forma o estructura, es posible llegar a conclusiones a propósito de la *función* que el objeto cumple en la actividad humana. El concepto *función* es, como el de pertenencia, un concepto relacional, sólo que, a diferencia de aquél, no está vacío de significado, sino que incorpora a su significación desnuda de *relación* la idea de *contribución, aportación o rendimiento* del elemento al que se le atribuye una función determinada. Es claro que el rendimiento o aportación sólo puede determinarse si, previamente, existe un esquema de metas o finalidades, de valores, en suma, que sirvan como marco heurístico para fijar lo que es una contribución y lo que no lo es.[14] El concepto de función está penetrado de una visión instrumental del mundo, en la que los fines del hombre son el patrón o criterio por el cual no sólo valora, sino incluso

---

14. En relación con la concepción funcionalista del derecho, sus deficiencias y fortalezas, sus limitaciones y utilidades, puede consultarse SÁNCHEZ DÍAZ, Félix Francisco, *op. cit.*, pp. 180 – 191.

define los elementos de su entorno. Además, en dicha visión, el mundo se relaciona instrumental – funcionalmente con los fines del hombre formando *sistemas*, esto es, conjuntos organizados por un criterio de organización determinado pero nunca ajeno a las principales necesidades, preocupaciones e intereses humanos. Puede decirse, por tanto, que el funcionalismo es una concepción que resulta de una *hermenéutica instrumentalista*.

El análisis funcional se revela de esta forma como una variedad más del análisis que es propio del *punto de vista interno* de cualquier sistema de la acción. No supone una contradicción el que el concepto de función pueda llevar el análisis hacia afuera del sistema. Cualquier sistema de la acción conecta al hombre con su entorno, de manera que siempre será posible definir su función en términos de la específica intervención del sistema en su entorno, derivada de su configuración y operación interna. Por otra parte, no debe temerse un influjo inadecuado de los patrones e ideas de valor en la definición de las funciones del sistema. Por el contrario, no hay, no puede haber, sistemas de la acción sin valores, dado que se trata de organizaciones específicas de la acción, y ésta, como movimiento intencional, precisa de valores (del tipo que sea) que la orienten. Por consiguiente, las funciones del sistema han de estar (no puede ser de otro modo) estrechamente conectadas con el plexo de valores que presiden dicho sistema.

4. Los sistemas de la acción están presentes allí donde hay humanidad. Por su parte, la humanidad es inescindible de la vida en sociedad. Los hombres vivimos en sociedad, la sociedad nos define como seres humanos, y la sociedad es organización de la acción (y, todavía más en la base, *comunicación*[15]).

---

15. Vid. Niklas LUHMANN, "The Autopoiesis of Social Systems", en *Sociocybernetic Paradoxes: Observation, Control and Evolution of Self-Steering Systems*,

Podría decirse que las sociedades son *ámbitos de la acción* que regionalizan la humanidad, constituyendo variedades de lo humano. Cuantas más sociedades hay, más modos (relativamente diversos) existen de ser humano. Dentro de cada sociedad, la acción aparece organizada de formas más o menos específicas, conformando *ámbitos de la acción*, ya prácticos, ya óntico – prácticos, los cuales son *expresables* (y, por consiguiente, comunicables: tienen que serlo o de otro modo la sociedad es imposible o inexistente) mediante *sistemas de la acción*. Los sistemas de la acción, por consiguiente, expresan las formas específicas de organizar la acción social formando ámbitos más o menos concretos. Dicha forma en que se organiza la acción estará lógicamente conectada con la *función* o aportación característica que ese ámbito de la acción supone en el seno de una sociedad. Esta función no es, en este ámbito, producto de una investigación empírica sobre la interacción entre los diversos sistemas de la acción, que atienda al efectivo decurso de la comunicación y la acción en el seno de cada ámbito,

---

eds. F. Geyer and J. Van d. Zeuwen. Londres *Sage*, 1986. Pp. 172 – 192, 178. Luhmann considera la comunicación como el elemento básico de los sistemas sociales, con prioridad teórica sobre el sujeto y la acción. Pilar GIMÉNEZ ALCOVER (*El Derecho en la teoría de la sociedad de Niklas Luhmann*, op.cit., p. 83) explica esta elección: "Luhmann elige la comunicación y no la acción como elemento último del sistema por considerar que sólo aquella es necesariamente social... *la comunicación no es un tipo de acción porque contiene siempre un sentido mucho más rico que el simple expresar o enviar mensajes... la perfección de la comunicación implica comprensión y comprensión no es parte de la actividad del comunicador y no puede atribuírsele* (*The Autopoiesis of Social Systems*, 10)... El sistema, sin embargo, atribuye acciones, es decir, atribuye la responsabilidad de la selección de la comunicación, como una **simplificación interna** que permite localizar las decisiones o selecciones del proceso para, de esta forma, poder continuar su autopoiesis, y poder empalmar entre sí las comunicaciones para poder también elaborar comunicaciones reflexivas".
Entra dentro del abanico de intereses de este artículo la prioridad teórica que LUHMANN otorga a la comunicación sobre la acción. Esta prioridad suscita importantes preguntas acerca de los parecidos y las diferencias entre la Teoría Comunicacional del Derecho y la Sociología del Derecho del sociólogo alemán. Sin embargo, no hay espacio aquí para abordarla siquiera mínimamente. Quede, pues, para otro trabajo.

sino más bien el *valor* o *conjunto de valores* dominante en el sistema de la acción respectivo, según se expresa gracias a la manifestación de los sistemas de la acción como sistemas *comunicacionales*. La sociología ha confundido constantemente hechos con valores, al definir la función de los sistemas en términos empírico – sociológicos.

5. La organización de la acción en *ámbitos* regidos *sistemas de la acción* presididos por valores conlleva, por otro lado, su estandarización o semi – automatización y cumple, por consiguiente, una función facilitadora de la vida y de la interacción humana, al ahorrar de modo considerable el consumo de energía (física y mental) necesario para una interacción social satisfactoria. Toda sociedad consiste precisamente en un conjunto de sistemas de la acción que la estandarizan o semi – automatizan, sobre la base de un valor o función matriz. Ninguna sociedad es posible sin la semi – automatización de la acción, conseguida al precio de homogeneizarla mediante el *diseño de la acción* mediante el establecimiento de *tipos* o *procedimientos generales* (así, el contrato, el matrimonio, el saludo, el ritual religioso, los actos públicos solemnes, las celebraciones, etcétera), o de marcarla con un *elemento común, general o estándar* que permite tratar acciones diferentes de modo similar,[16] de manera que opera un *diseño de la interacción social*. Hay diversos sistemas de la acción que producen esta semi – automatización de la acción: el desarrollo de la técnica, los usos sociales y, en lo que a nuestro estudio importa, el

---

16. Esta técnica es la que permite detectar infracciones de normas deónticas. Estas últimas no canalizan acciones típicas, sino que excluyen del contenido de cualquier acción cierto elemento de su contenido o resultado, el cual puede estar presente en tipos de acciones muy diversos. Así, la estafa es un tipo delictivo que alude a un aspecto de múltiples tipos contractuales. La conducción temeraria es un delito que puede perpetrarse adelantando, frenando, conduciendo en línea recta, yendo a mucha o a poca velocidad. Las infracciones medioambientales pueden producirse en el contexto de una actividad industrial, comercial, de servicios o meramente lúdica como una excursión. Etcétera.

desarrollo de *ámbitos jurídicos*.[17] Como específico *sistema organizador de la acción*, al sistema jurídico le corresponde la *función de asegurar la previsiblidad de acciones y expectativas*, manteniendo a su vez la *compatibilidad necesaria con y entre los restantes sistemas de la acción presentes en el seno de la sociedad*. Definiciones clásicas del valor "justicia" como "dar a cada uno lo suyo", o "no perjudicar a nadie" expresan con un nivel sorprendentemente alto de abstracción esta función de equilibrio o compatibilidad entre diferentes sistemas de la acción dentro de una misma sociedad. Esta compatibilidad, que ha de darse necesariamente entre todos los subsistemas sociales es, vista sociológicamente, una cuestión de *equilibrio* de la estructura social. Desde el punto de vista interno al sistema jurídico, ese equilibrio se interioriza y cobra expresión a través de los *valores* que el sistema jurídico admite o repele de su seno. Es específica del sistema jurídico la organización en instituciones estables de acciones diversas que presentan la particularidad de que sobre ellas inciden diversos sistemas de la acción, la preservación o aseguramiento de cuya compatibilidad o equilibrio son percibidas

---

17. ROBLES define el ámbito jurídico en su *Teoría del Derecho*, (op. cit., pp. 479 y ss) como un espacio virtual que encierra los procesos de comunicación que tienen como eje la dualidad Ordenamiento – Sistema jurídico. Ya en *Las Reglas de los Juegos y las Reglas del Derecho* (ed. Facultad de Derecho de Palma de Mallorca, 1984, pp. 31 – 43) había acuñado el término "ámbito óntico – práctico", concepto con el que hacía referencia a un conjunto de reglas organizadoras (en el sentido más amplio) de la acción, creadas convencionalmente. En su discurso de ingreso en la Real Academia de Ciencias Morales y Políticas (recientemente publicado con el título *Comunicación, Lenguaje y Derecho* (Fontamara, México, 2012) avanzó una definición de "ámbito jurídico", que mantiene en su *Teoría del Derecho*, como conjunto de procesos comunicativos que tienen como referencia directa a un ordenamiento jurídico determinado (p. 17). Dichos procesos pueden ser interpretados desde diversas perspectivas: económica, sociológica, moral o jurídica. Desde la perspectiva del derecho, los diversos procesos comunicativos (sociales, si se quiere) son leídos de conformidad con el marco de interpretación que el derecho es, entre otras cosas, quedando integrados en su ámbito, esto es: en el ámbito jurídico o ámbito de "lo jurídico".

como importantes.[18] Tanto la función (garantizar la estabilidad de las expectativas sociales junto con la coherencia de los subsistemas sociales) como la técnica organizativa (la creación de un *ámbito jurídico*, una "realidad virtual" conformada por acciones tipificadas y organizadas en un espacio y un tiempo definidos por el propio sistema jurídico)[19] son específicas del sistema

---

18. Podría pensarse que esto es una incursión en el terreno de la sociología. Sin embargo, es preciso no perder de vista que se trata de una *interpretación* sobre lo que algo llamado "Sistema Jurídico" *puede hacer* en sociedad, vistas sus propiedades formales, y no sobre lo que *de hecho* hace. Se trata pues de una idea que sintetiza el cuerpo de mensajes en su globalidad, y no de un compendio de los resultados de la observación sociológica de la influencia del Derecho en otros subsistemas de la sociedad (o a la inversa, de la sociedad en el derecho). Si la sociología teórica ha propuesto modelos de funciones sociales del Derecho, ello no ha sido resultado de la puesta en práctica de su propio método, sino de la incorporación al pensamiento sociológico, a través de una reformulación que les da "tono" sociológico, de ideas y principios ya presentes en los sistemas jurídicos conocidos, que han sido objeto de una vasta operación de camuflaje, destinada a "convertirlos" en fundamentos presuntamente independientes de una ciencia joven, necesitada de un cuerpo teórico propio y destinada a competir y superar a los saberes tradicionales (entre ellos, los saberes jurídicos) sobre la vida social. Por otro lado, no puede negarse que la sociología ha enriquecido por esta vía a la propia teoría del derecho. Al trabajar en categorías propias de esta última y darles nueva formulación y nuevos contenidos, la sociología ha enseñado a los teóricos del derecho a formular sus teorías utilizando estas nuevas categorías, que en realidad no son sociológicas, sino producto de *la teoría del derecho que el sociólogo ha necesitado para desarrollar su ciencia*.

19. Hay una segunda cuestión que es preciso plantearse, en relación con la función del sistema jurídico tal y como la hemos formulado. Es ésta: ¿por qué precisamente mencionamos estas funciones y no otras? ¿qué es lo que motiva nuestra elección? La respuesta que podemos dar es que éstas son las funciones que se condensan en el oscuro vocablo "justicia". Se trata, desde luego, de una interpretación, que reconocemos arriesgada, de los elementos comunes de todos los usos que conocemos de aquel vocablo: seguridad, previsibilidad, igualdad formal en el tratamiento de las situaciones, ponderación y equilibrio son valores que plausiblemente quedan compendiados en el término "justicia". Sumemos a ello que el sujeto de la justicia, el ciudadano, pertenece a una agrupación social que integra en un cuerpo único (la "polis") todas las subdivisiones sociales, y que procura integrar bajo un poder organizador único la heterogeneidad funcional y estructural de la sociedad. La función del derecho, órgano de expresión de la comunidad política moderna, parece desprenderse por sí misma de lo expuesto. Y todo ello sin que sea preciso derivarla de una investigación empírica de los hechos sociales, con excepción de uno: la existencia, en

jurídico. Su desvelamiento es vital para entender y concretar el funcionamiento del concepto formal de validez jurídica como *pertenencia*. La especificidad del sistema jurídico frente a otros sistemas de la acción hunde sus raíces en su función específica, y ésta se expresa en la especificidad de sus mecanismos facilitadores de la acción. Dicho carácter específico no reside tanto en la contextura de éstos como en *la específica combinación* en que aparecen en el sistema jurídico. Se trata de una combinación de técnicas que se caracteriza por hacer abstracción, ya de los objetos, ya de los contenidos o fines concretos de las acciones estandarizadas. En lugar de ello, atienden a rasgos genéricos presentes en todas las acciones, cualquiera que sea el ámbito de la vida social o el subsistema social al cual puedan ser adscritas. Esta es la clave que permite entender la capacidad del sistema jurídico de extender su operatividad a todas las facetas de la vida social, ligada a una *determinación convencional* por el sistema jurídico de las acciones que considera incluidas o pertenecientes a su ámbito. No lo hace individualizadamente, acción por acción; tampoco se limita a señalizar subsistemas sociales (el comercio, la familia, la política) "juridificables", pues ello es contingente, variable, históricamente condicionado por la evolución de la sociedad. La selección se hace mediante la doble técnica de señalar, en cada subsistema social, objeto contingente de regulación jurídica, las acciones cuyas propiedades más generales

---

todas las sociedades modernas, de corpus textuales dotados de las notas propias de un Ordenamiento/Sistema Jurídico: regulación de la acción, institucionalización abstracta de la misma en forma de complejos normativos, y creación y regulación de mecanismos decisorios encargados de 1) producir nuevos aportes al cuerpo textual; y 2) procurar el acomodo del devenir social al diseño que del mismo efectúa el cuerpo textual Ordenamiento/Sistema Jurídico.

Gregorio ROBLES, *Teoría del Derecho*, op. cit. p. 483: "...un ámbito jurídico no es otra cosa que un espacio virtual (comunicacional) que tiene como eje central la dualidad ORD/SIS, alrededor de la cual se generan múltiples procesos de comunicación..."

las hacen ingresar (o no) en el ámbito jurídico.[20] Esto último se logra mediante la explicitación, en el interior de los sistemas jurídicos, de *reglas de pertenencia*. En todos los sistemas de la acción puede encontrarse, aunque implícitas, reglas de pertenencia. Pero los sistemas jurídicos las formulan de forma explícita, y sólo en los sistemas jurídicos esta formulación explícita de reglas o criterios de pertenencia alcanza un nivel de abstracción tan elevado que llega al extremo de la tautología (como sucede con la norma fundamental kelseniana o con la regla de reconocimiento hartiana). Este nivel de abstracción de las reglas de pertenencia es reflejo del elevado nivel de abstracción alcanzado por las propias técnicas de estandarización o semi – automatización de la acción que son propias de los sistemas jurídicos, necesarias, según hemos indicado, para que los sistemas jurídicos incorporen a sus ámbitos respectivos acciones susceptibles de ser encuadradas en los más diversos subsistemas sociales.

6. La *específica combinación* de técnicas de estandarización de la acción que es propia de los sistemas jurídicos

6.1 Es sobradamente conocido por el lector aficionado a la filosofía del derecho que desde antiguo los autores han vacilado a la hora de afirmar la juridicidad

---

20. Es cierto que hay ciertos complejos de relaciones (p. ej., el matrimonio) que aparecen concretamente mencionados, aludidos y regulados en los sistemas jurídicos. Aun así, no todos los aspectos de la vida matrimonial interesan al derecho. Tan sólo las acciones que afectan a la economía matrimonial, y ciertas acciones (no todas) de la vida íntima y la crianza de los hijos son objeto de regulación jurídica. Su definición nunca es concreta, sino mediante *tipos* de acción, que abstraen sólo ciertas propiedades – las que interesan jurídicamente – de las acciones concretas que se dan en la realidad de la vida familiar. Así, por ejemplo, el amor conyugal carece de relevancia jurídica. El deber de mutua asistencia, la comunidad económica matrimonial, y ciertos aspectos básicos de la educación y el sostenimiento de los hijos, lógicos corolarios del amor conyugal, sí que son materia propia del corpus textual Ordenamiento – Sistema Jurídico.

de determinadas normas que se oponían a otras de contenido prescriptivo. Así, ya en Tomás de AQUINO nos encontramos con su disquisición sobre las normas de derecho positivo contrarias al Derecho Natural que debían ser consideradas no como ley sino como corrupción de la ley, frente a aquellas otras que, oponiéndose igualmente al Derecho Natural, dada la naturaleza menos grave de su transgresión, podían seguir siendo consideradas como leyes, aun siendo injustas.[21] John LOCKE dio curso intelectual al *appeal to heaven*, cuando la transgresión del Derecho Natural a manos del gobernante era de tal entidad que a los gobernados no les quedaba otro recurso que Dios.[22] Y los

---

21. Tomás de AQUINO, *Suma de Teología, I – II*, Madrid, BAC, 1989: cuestión 95, artículo 2: "Según dice San Agustín en I *De lib. arb.*, *la ley que no es justa no parece que sea ley*. Por eso tendrá fuerza de ley en la medida en que sea justa. Ahora bien, en los asuntos humanos se dice que una cosa es justa cuando es recta en función de la regla de la razón. Mas la primera regla de la razón es la ley natural, como ya vimos (q.91 a.2 ad 2). Luego la ley positiva humana en tanto tiene fuerza de ley en cuanto deriva de la ley natural. Y si en algo está en desacuerdo con la ley natural, ya no es ley, sino corrupción de la ley". Y, cuestión 96, art. 5: "las leyes pueden ser injustas de dos maneras. En primer lugar, porque se oponen al bien humano, al quebrantar cualquiera de las tres condiciones señaladas: bien sea la del fin, como cuando el gobernante impone a los súbditos leyes onerosas, que no miran a la utilidad común, sino más bien al propio interés y prestigio; ya sea la del autor, como cuando el gobernante promulga una ley que sobrepasa los poderes que tiene encomendados; ya sea la de la forma, como cuando las cargas se imponen a los ciudadanos de manera desigual, aunque sea mirando al bien común. Tales disposiciones tienen más de violencia que de ley. Porque, como dice San Agustín en I *De lib. arb.*: *La ley, si no es justa, no parece que sea ley*. Por lo cual, tales leyes no obligan en el foro de la conciencia, a no ser que se trate de evitar el escándalo o el desorden, pues para esto el ciudadano está obligado a ceder de su derecho, según aquello de Mt 5,40.41: *Al que te requiera para una milla, acompáñale dos; y si alguien te quita la túnica, dale también el manto*".

22. John LOCKE, *Segundo Tratado sobre el gobierno civil*, § 20: "Allí dónde la posibilidad de apelar a la ley y a los jueces constituidos está abierta, pero el remedio es negado por culpa de una manifiesta perversión de la justicia y una obvia tergiversación de las leyes para proteger o dejar indemnes la violencia o las injurias cometidas por algunos hombres o por un grupo de hombres, es difícil imaginar otro estado que no sea el de guerra; pues siempre que se hace uso

Escolásticos de la Escuela de Salamanca se plantearon con toda formalidad la cuestión del *tiranicidio* cuando las disposiciones del monarca resultaban ser excesivamente injustas.[23] Finalmente, dando un considerable salto temporal, Hans KELSEN hace encajar dentro de su teoría presuntamente formalista de la validez jurídica la idea de que la pertenencia de normas al sistema jurídico, a veces, aunque no siempre, depende de que la norma subordinada se atenga a los contenidos prescritos por la norma supraordinada.[24] KELSEN no proporciona, por cierto, un criterio por el cual unos contenidos, por contraste con otro, son convertidos por el sistema jurídico en razones para predicar la validez o la invalidez de la norma subordinada.

---

de la violencia o se comete una injuria, aunque estos delitos sean cometidos por manos de quienes han sido nombrados para administrar justicia, seguirán siendo violencia e injuria, por mucho que se disfracen con otros nombres ilustres o con pretensiones o apariencias de leyes. Pues es el fin de las leyes proteger y restituir al inocente mediante una aplicación imparcial de las mismas, y tratando por igual a todos los que a ellas están sometidos. Siempre que no se hace algo *bona fide*, se está declarando la guerra a las víctimas de una acción así; y cuando los que sufren no tienen el recurso de apelar en la tierra a alguien que les dé la razón, el único remedio que les queda en casos de este tipo es apelar a los Cielos".

23. Juan DE MARIANA, *Del Rey y de la Institución Real*, en *Obras del Padre Juan de Mariana*, Tomo Segundo, Biblioteca de Autores Españoles, Madrid, M. Rivadeneyra, 1854, p. 485: "Muy infamemente obran por cierto los que así nos engañan con obsequios y sin que les hayamos dado motivo provocan nuestra ruina, o aun habiéndosele dado, atentan contra nosotros después de una sincera reconciliación, después de haber celebrado tal vez un pacto de alianza. Mas no espere nunca el tirano que se hayan reconciliado con él los ciudadanos si no ha variado de costumbres; tema hasta a los que vayan a ofrecerle dádivas; recuerde que es lícito atentar de cualquier modo contra su existencia, con tal que no se le obliga a que sabiéndolo o ignorándolo, se mate con su propia mano".

24. Hans KELSEN, *Teoría Pura del Derecho*, 2ª ed. vertida al español por Roberto J. VERNENGO, México, UNAM, 1979, 1986, p. 245: "Como se indicara ya, la producción de una norma inferior a través de una superior, puede estar determinada en dos direcciones. La norma superior puede determinar tanto el órgano que produzca la norma, como el procedimiento en que se la produzca, pudiendo también determinar el contenido de la norma".

Todos los ejemplos mostrados en el párrafo anterior apuntan hacia una debilidad de la filosofía jurídica de todos los tiempos a la hora de *explicar las razones de la validez jurídica*, típicamente de las normas, pero también de los actos, esto es, una incapacidad de la filosofía del derecho hasta la fecha formulada de presentar una teoría coherente de lo que es "jurídico" y lo que no lo es (cosa muy distinta del discurso, obviamente necesario, vital para el complejo comunicacional en que consiste el derecho, acerca de lo que es conforme a derecho y lo que no lo es – lo "antijurídico"), y de los mecanismos que producen o construyen esta distinción. Digamos de entrada que la explicación "normativa", la que se limita a hacer depender la validez de una norma o de un acto de la conformidad con otras normas que ya pertenecen al ámbito jurídico es manifiestamente insuficiente, como se ha mostrado en el somero repaso histórico que se ha hecho de las distintas variantes de la misma en párrafos anteriores. Y ello por varias razones: la primera, que no toda antijuricidad (esto es: vulneración de normas deónticas) supone invalidez, ni en el iusnaturalismo ni en el positivismo normativista; la segunda, que ni el iusnaturalismo ni el positivismo normativista nos dan una explicación convincente del criterio que se sigue para determinar cuándo la antijuricidad debe ser considerada razón para la invalidez; y, tercera, que ni el iusnaturalismo ni el positivismo normativista explican (de hecho, ni siquiera lo intentan), el fenómeno de lo "a – jurídico". Cabe preguntarse si un nuevo intento de explicar el mecanismo de la distinción entre lo que es jurídico y lo que no lo es, que sin abandonar las normas profundice en las *técnicas de la pertenencia* y dé cuenta, por consiguiente, del sentido profundo de las *razones de la pertenencia* que en cada ámbito jurídico constituyen una parte integral de su específica teoría de la validez jurídica, permitirá aclarar algo sobre lo que los juristas de todos los tiempos se han orientado de forma intuitiva, sin tener un mapa preciso del mecanismo que el cuerpo textual Ordenamiento/Sistema crea para formar el ámbito jurídico, incluyendo o no en él, y a veces expulsando de él ciertas acciones.

6.2 Estandarización jurídica de la acción y pertinência

Como hemos dicho anteriormente, en los ámbitos jurídicos es posible advertir la existencia de una combinación específica de diversas técnicas de estandarización de la acción. En particular, existen:

6.2.1 La *estandarización del entorno y de los actores*, mediante la formulación de normas *ónticas*. Estas fijan los presupuestos espacio - temporales y los elementos subjetivos de toda acción susceptible de pertenecer al ámbito jurídico.

6.2.2 La *estandarización de los procedimientos*, mediante la formulación de reglas *técnicas* que establecen *tipos* de acciones.

6.2.3 La *estandarización de los contenidos – resultados de la acción,* mediante la formulación de *normas deónticas.*[25] Estas imponen a la acción jurídica una dirección a un resultado concreto, excluyente de otras direcciones y de otros resultados posibles a través de ese procedimiento. La técnica de la norma deóntica es una técnica de homogeneización de la acción más ambiciosa que la de estandarización de los procedimientos a través de normas procedimentales, pero al mismo tiempo es una técnica más débil, menos potente, lo cual se revela en el hecho de que las normas deónticas suelen requerir del refuerzo de otras

---

25. Sobre los tipos de normas jurídicas, vid. Gregorio ROBLES, *Teoría del Derecho, Vol. I, op. cit.,* pp. 208 y ss.

normas deónticas que regulan la represión de las conductas desviadas mediante la imposición del deber de aplicar la fuerza por ciertos actores del ámbito a aquéllos otros cuya conducta se desvía de la prescrita por la norma deóntica reforzada.[26]

Las normas deónticas presuponen un *entorno de normas ónticas y procedimentales* para poder existir. Sin normas ónticas que atribuyan la acción a un centro de imputación (sujeto), y determinen la cuadrícula espacio – temporal de la acción, y sin normas procedimentales que determinen los procedimientos incluidos en el ámbito jurídico, no pueden existir normas deónticas que, desde la cuadrícula espacio – temporal y el marco subjetivo, otorguen el carácter de debidas o autorizadas a las acciones definidas por el sistema.[27] Ello tiene una

---

26. Vid. Gregorio ROBLES, *idem*, pp. 236 – 7. Robles clasifica las normas deónticas, como subtipo de normas directas de la acción, en tres especies: normas de conducta, de decisión y de ejecución. Es en éstas en las que reside la nota de la coactividad como característica de los sistemas jurídicos: "En estas normas de ejecución es donde vemos aparecer el aspecto *coactivo* del Derecho. Un ordenamiento jurídico que careciese de normas de ejecución sería un ordenamiento jurídico que habría renunciado al uso de la fuerza". Más adelante (p. 392) aludirá a la coacción como técnica de refuerzo de la regulación de la acción mediante normas deónticas: "La imposición coactiva de los deberes jurídicos constituye... el último medio para lograr el respeto del ordenamiento jurídico y, por tanto, de la paz social. Está programada para cuando no sea suficiente la motivación de cumplir las normas de manera espontánea... Para eliminar ese peligro y para castigar la transgresión, se prevé el uso de la fuerza... Pero estas consideraciones son de carácter psico – social, y pertenecen, por tanto, más a la Sociología del Derecho que a la Teoría jurídica. Desde el punto de vista de esta última, la característica de la coactividad se concreta en que las normas jurídicas prevén el uso de la fuerza. Para ser más exactos, hay que decir que la afirmación de que el Derecho es coactivo implica que *algunas* de las normas deónticas (o sea, las que establecen deberes) imponen a determinados órganos y en determinadas circunstancias el deber de actuación por medio de *actos coactivos*".

27. *Idem*, pp. 461 – 462: "El deber jurídico implica el vínculo o sujeción de un sujeto, que se concreta en la *exigencia* de realizar u omitir una acción. Esa exigencia es formulada por una norma deóntica emitida por una *autoridad* jurídica. Sin autoridad no hay exigencia, y sin exigencia, no hay deber jurídico. Las autoridades son, a su vez, establecidas por normas del mismo sistema, las

trascendencia que al principio puede no ser perceptible en la formulación del concepto formal de validez jurídica. La norma deóntica califica como debidas, no debidas (lícitas) o prohibidas (ilícitas) a las acciones "jurídicas", esto es, adscritas o pertenecientes al ámbito jurídico de referencia. La acción jurídica, lícita o ilícita, *primero* es jurídica, esto es, *pertenece* al ámbito jurídico. Sólo una vez comprobada su pertenencia tiene sentido el juicio de licitud. Esto quiere decir que la técnica de estandarización de la acción que corresponde a las normas deónticas está, en principio, más allá de los alcances originales del concepto formal de validez como "pertenencia". Significa, por consiguiente, que el concepto de "acción lícita" o "ilícita" contiene en su significación la idea de pertenencia y al mismo tiempo la desborda. Cómo el sistema jurídico reconduce una nota de la acción como su licitud, reveladora de la presencia de técnicas de estandarización de la acción que ya presuponen la definición de la pertenencia, a una "redefinición" de la pertenencia en términos de licitud es un asunto que hay que tratar despacio. Digamos por ahora que la estandarización de la acción debida, mediante la conversión de su licitud en requisito de su propia validez es un refuerzo más que el sistema jurídico utiliza en apoyo de una técnica de estandarización (la estandarización del contenido o resultado) ambiciosa pero poco potente. Esta técnica es específica de las disposiciones jurídicas, generales y particulares, pues éstas son las que dejan de pertenecer al ámbito jurídico en el caso de que sean producidas a través de actos cuyo contenido o resultado es contrario a la norma deóntica. El acto (la decisión generadora de la disposición jurídica) no deja de ser jurídico por ser indebido, pero su resultado, la disposición, no ingresa o, mejor dicho, ha de ser expulsada del ordenamiento

---

cuales señalan asimismo las competencias de dichas autoridades y los procedimientos que tienen que usar para formular las exigencias".

jurídico mediante procedimientos y por autoridades establecidas por el sistema jurídico. Aquí es preciso tener en cuenta el poderoso mecanismo que es la "presunción de validez", nombre con el que se designa la regla del sistema que establece que la pertenencia o no de una disposición al ámbito jurídico sea objeto de una *decisión* que se toma de manera institucionalizada en el interior de los sistemas jurídicos. La pertenencia al ámbito jurídico sólo puede ser decidida respecto de las disposiciones jurídicas como variedad y/o resultado de determinadas acciones comunicativas, no pudiendo el jurista que efectúa un juicio de validez de una disposición decidir sobre la pertenencia al ámbito de las *normas jurídicas* que él mismo, como intérprete del derecho, o bien que otros juristas que puedan sustentar posiciones discrepantes de la suya, *postulan* como integrantes del sistema jurídico. En efecto, las normas jurídicas, en tanto que son *construcciones interpretativas* efectuadas a partir de las disposiciones jurídicas y otros textos del complejo textual Ordenamiento – Sistema, o son postuladas como pertenecientes al sistema, o simplemente se niega su existencia en el seno del Sistema, por más que la disposición jurídica que las haga nacer exista y pertenezca al Ordenamiento. Entonces, aunque es posible juzgar sobre la pertenencia de las normas jurídicas a un sistema jurídico concreto y determinado, sin embargo no cabe hablar de normas nulas, sino sólo de disposiciones nulas.[28] Y ya hemos visto que una disposición "nula"

---

28. La postulación de una norma jurídica como resultado de la interpretación sistémica de una o varias disposiciones jurídicas se hace en un contexto comunicacional, bien dogmático, bien práctico. En el primero no está institucionalizada (nunca lo está) la forma de determinar qué normas integran el sistema jurídico, dando pie con ello al debate, a la existencia de postulaciones alternativas de normas jurídicas distintas y hasta contrarias en un mismo asunto – tipo, y a una indefinición característica (representada por la típica expresión "la doctrina está dividida...") que, aun salvable mediante el expediente de la opinión mayoritaria o dominante, no deja de producir perplejidad, sobre todo cuando se piensa en la vocación sistemática de la dogmática jurídica.

permanece integrada en el seno del ámbito jurídico de referencia, hasta que un órgano del sistema la expulsa del ámbito, previo un *juicio de nulidad,* que se concreta en otra disposición (sentencia judicial, resolución administrativa, Decreto gubernamental, etc.).

6.2.4 La *estandarización del juicio* previo a la acción, mediante la formulación de *principios,* los cuales son normas del pensamiento, construidas general pero no exclusivamente mediante generalizaciones de las normas que estandarizan el entorno de la acción y la acción misma. Los principios, en cuanto que normas del pensamiento, tienen un claro carácter de *regla técnica.* Sin embargo, en virtud de su condición de generalizaciones o abstracciones a partir de normas deónticas, parecen compartir rasgos de las técnicas de estandarización de primer y de segundo nivel. En realidad, se trata de una modalidad completamente diferente de estandarización de la acción, diferente por cuanto su objeto es la ponderación previa a la decisión jurídica. Los principios exigen tener en cuenta ciertos deberes (no necesariamente propios de quien decide) a la hora de tomar una decisión jurídica. De esta forma, la norma deóntica pasa a formar parte del proceso mental de ponderación previa a la toma de una decisión discrecional, pero no por ello se

---

En contextos comunicacionales "prácticos" como, por ejemplo, el proceso legislativo o judicial, el debate doctrinal sobre normas que integran el sistema jurídico cede el paso ante mecanismos institucionalizados de *decisión jurídica.* Esta resuelve sobre la pertenencia de las disposiciones objeto de discusión, mediante una nueva disposición (característicamente, la sentencia judicial) que se pronuncia sobre su pertenencia al sistema jurídico y/o eventualmente ("sentencia interpretativa") sobre la norma jurídica que debe considerarse como perteneciente al sistema jurídico, en cuyo caso el debate doctrina sobre la norma jurídica queda zanjado en la práctica jurídica. Cuando el juicio es de nulidad, supone la expulsión del ámbito jurídico de la disposición anulada, con efectos tanto más extensos cuanto más severo es el juicio de nulidad (diferencia entre la "nulidad de pleno derecho" y la "anulabilidad").

estandariza directamente un contenido o resultado de la acción, sino más bien un aspecto (el intelectual) de su desarrollo o procedimiento y, en este sentido, los principios son una modalidad específica de reglas técnicas, por más que su solemnidad y la gravedad de las situaciones en que son invocados induzca a considerar que su utilización es un deber de los actores del ámbito jurídico. La elevación del respeto a ciertos principios a la condición de razón de la pertenencia (o no) de una disposición a un ámbito jurídico se convierte de este modo en una particular concreción de las reglas de pertenencia del primer nivel (las que convierten el procedimiento en razón de la pertenencia) que tiene la particularidad de que *la acción se encuentra estandarizada no sólo en sus aspectos más "externos" (aquellos que hacen referencia a propiedades o elementos externos de la acción) sino además en sus aspectos "internos", intrapsíquicos o intelectuales*. Es verdad que no puede accederse a dichos aspectos "internos" sin que aquellos se manifiesten externamente. Por ejemplo: no puede saberse si la ponderación de una decisión discrecional ha respetado el principio de igualdad de las partes en el proceso sin comprobar cuál ha sido el tratamiento efectivo que el Tribunal ha otorgado a las partes, aun respetando las reglas procedimentales más "externas", esto es, los trámites precisos del procedimiento judicial. Aun así, el juicio sobre dicha actuación decidirá, a partir del aspecto externo de la actuación del Tribunal, si efectivamente el principio de igualdad de las partes ha pesado o no en las decisiones discrecionales que el Tribunal ha tomado -así, la admisión de medios de prueba propuestos por las partes. Y dicho juicio puede ser determinante de la decisión que un Tribunal revisor adopte a propósito de la nulidad de la sentencia dictada, aun de conformidad con todos los trámites procesales, por el Tribunal inferior.

El campo de acción natural de esta técnica de estandarización de la acción es el de la producción de decisiones jurídicas. La decisión conforme a principios contiene, probablemente, la menor dosis posible de estandarización, y es la más abierta a la *ponderación,* es decir, al juicio de valor, a la examinación evaluativa de que hablaba Charles MORRIS.[29] Ello no hace de dicha acción algo impredecible, al menos en ciertos aspectos muy básicos, pero sí que la hace enormemente difícil de predecir en su configuración total, dado que en ella las circunstancias específicas desempeñan un papel crucial en el propio juicio previo a la acción decisoria.

En los ámbitos jurídicos es el sistema jurídico el que decide cuándo es posible y/o cuando se debe recurrir a la examinación evaluativa, es decir, a la discrecionalidad, a la ponderación. Las acciones que empleen la ponderación de las circunstancias allí donde el sistema jurídico no lo ha previsto pueden ser encuadradas en uno de estos tres tipos de acción jurídica: *a)* delictivas (en sentido amplio), sancionables mediante la fuerza ordenada por normas deónticas; *b)* inválidas, es decir, no pertenecientes al ámbito jurídico; o *c)* pertenecientes al ámbito en cuanto procedimientos, aunque su resultado, la disposición discrecional, ya sea individual o general, se considera, *en virtud del procedimiento empleado en su producción,* inválida, es decir, incapaz de enriquecer el sistema jurídico con la norma que resultaría de su interpretación a la luz del sistema. De nuevo aquí opera el mecanismo de la presunción de validez.

---

29. En *La Significación y lo Significativo, op. cit.* pp. 53 – 54.

7. Cómo se forma el *juicio de pertenencia*

7.1 La estandarización de actores, entorno y tipos de procedimiento es, por consiguiente, la técnica básica de facilitación/semi – automatización de la acción propia de los sistemas jurídicos. La estandarización de contenidos/resultados de la acción no es una técnica básica, sino de segundo grado, lo que significa que re – estandariza una acción ya estandarizada mediante la técnica básica.[30] No obstante, está generalizada en los sistemas jurídicos existentes y puede considerarse en este sentido como típica de los complejos textuales Ordenamiento – Sistema. La estandarización del juicio previo a la acción es especialmente visible en sistemas jurídicos en los que el desarrollo doctrinal y jurisprudencial es considerable, aunque lo cierto es que cabe pensar en sistemas jurídicos primitivos apoyados en unas pocas reglas básicas y mucha ponderación y discrecionalidad en el juicio decisorio. Sin embargo, este aspecto "primitivo" no debe confundirnos. Las reglas ónticas y procedimentales están implícitas allí donde topamos con sistemas aparentemente integrados por unas pocas reglas deónticas y principios de ponderación decisional. La sofisticación de un sistema jurídico no consiste sino en el proceso que vuelve explícita su complejidad.

---

30. Esto no vale para muchos delitos penales. En ellos, la estandarización de la acción consiste directamente en la represión de acciones definidas tanto por elementos subjetivos, espacio – temporales y de contenido. En tales casos, no hay propiamente una re – estandarización de la acción delictiva, porque no hay una estandarización de la conducta prohibida, sino de la acción represiva de la conducta prohibida. De este modo, puede decirse que los delitos son, en cuanto tales, inmunes al juicio de validez/invalidez jurídica, aunque, respecto de ellos es perfectamente posible, y hasta necesario, en cuanto presupuesto de su calificación jurídica, formular un juicio de pertenencia.

7.2 El juego conjunto de normas ónticas y técnicas es la expresión en el sistema jurídico de la combinación de dos técnicas básicas de estandarización de la acción (estandarización del entorno y de los actores; estandarización de los procedimientos) que puede considerarse como propia (si bien no exclusiva) de los sistemas jurídicos. De ella resultan en el sistema reglas de pertenencia de primer nivel, que se corresponden con la categoría a que hace referencia la expresión usual "validez formal", esto es, aquella que se funda en la adecuación del acto a las reglas de personalidad, competencia y procedimiento contenidas en el sistema jurídico. La pertenencia de un acto al ámbito jurídico se decide, pues, primariamente, mediante el recurso a una combinación de normas ónticas y técnicas. La conformidad con normas deónticas puede ser elevada – pero no lo es necesariamente – por el sistema jurídico a la condición de razón de pertenencia, pero sólo en el caso de las disposiciones jurídicas (pudiendo incluir determinados actos jurídicos privados que dan lugar a disposiciones singulares, como el contrato o el testamento). La conformidad con *principios jurídicos,* en cuanto que normas procedimentales del pensamiento jurídico, puede ser asimismo elevada por el sistema jurídico a la condición de razón de la pertenencia de la disposición en cuya producción intervienen.

8. Cómo se forma el juicio de no – pertenencia. La presunción de validez

La *no pertenencia* de un acto o de una disposición a un ámbito jurídico concreto y determinado (nulidad) no es automática, sino que está mediada o controlada por un mecanismo específico de los ámbitos jurídicos, denominado *presunción de validez*: dicha presunción implica que la expulsión de los elementos "defectuosos" del ámbito jurídico (es decir, de aquellos elementos que no cumplen con los criterios de validez establecidos por el sistema jurídico de referencia), ha de efectuarse mediante la acción de un sujeto y por procedimientos establecidos en el propio sistema jurídico, y en virtud de criterios establecidos en función de la teoría de la validez vigente en dicho ámbito jurídico. La presunción de validez opera como refuerzo de la semi – automatización de la acción lograda por el sistema jurídico, y confiere al concepto de validez un carácter plenamente formal, al establecer la regla de que la *apariencia de validez* es razón suficiente para predicar la pertenencia del acto o de la disposición al ámbito jurídico. Una vez establecida esta pertenencia, la misma es imborrable, cualesquiera que sean los defectos ("formales" ó "materiales") de que el acto o la disposición adolezcan. Dichos defectos únicamente determinarán (y éste es un efecto contingente, pues depende de la acción efectiva de los operadores del ámbito jurídico) la *expulsión* de la disposición emitida del ámbito jurídico, mediante una nueva disposición producida conforme a las reglas del sistema jurídico, y que consiste en una *decisión* incorporada por el sistema jurídico al conjunto de acciones pertenecientes al ámbito jurídico de referencia. Por último, la presunción de validez acaba de asegurar el carácter *interno* o *inmanente* al sistema jurídico del concepto formal de validez jurídica como pertenencia. Gracias a ella ninguna calificación de la acción conforme a sistemas de la acción no jurídicos tiene *por sí misma* influjo alguno en la pertenencia de acciones al ámbito jurídico. Sólo en la medida en que el sistema jurídico de referencia *incorpora* a su teoría de la validez jurídica criterios que suponen el recurso a sistemas de la acción no jurídicos, puede decirse que éstos "deciden" sobre la pertenencia de una acción determinada a un ámbito jurídico concreto.[31] Y sólo puede decirse

---

31. Sobre la "incorporación" de normas pertenecientes a otros órdenes sociales en el orden jurídico, vid. Gregorio ROBLES, *Teoría del Derecho, op. cit.*, epígrafes XCVI (sobre las relaciones intertextuales), CVII, CVIII, CX (sobre los usos sociales), CXI (sobre la moral del Derecho) y CXII (sobre las normas religiosas). Merece la pena citar expresamente el siguiente pasaje en p. 860: "Los contenidos de un ordenamiento jurídico son Derecho porque están en los textos

esto haciendo abstracción de la presencia de la *presunción de validez*, mecanismo de que se dotan los sistemas jurídicos desarrollados para formalizar enteramente la regla de pertenencia de disposiciones concretas al ámbito jurídico de referencia o, dicho de otro modo: para asegurar completamente que la pertenencia o no – pertenencia de una disposición es decidida conforme a criterios que, en última instancia, al menos, sean *internos al sistema jurídico de referencia*.

9. Como conclusión de lo expuesto hasta aquí, puede afirmarse que los ámbitos jurídicos se caracterizan por estar dominados por *mecanismos de confirmación, aseguramiento y refuerzo de la estandarización de acciones*. Uno de ellos es la formulación de *reglas de pertenencia*. Dichas reglas de pertenencia son la expresión abstracta de las *teorías de la pertenencia o teorías de la validez*, internas a cada ámbito jurídico. Dichas teorías no son un producto "teórico", es decir, no son resultado de una investigación teórico – jurídica del mayor nivel de abstracción posible, sino que más bien son parte del sistema jurídico respectivo, en el cual, a partir de las elaboraciones dogmáticas resultantes del estudio y condensación del texto ordinamental en forma de texto sistémico y, por consiguiente, a partir de la producción y combinación de normas jurídicas, es posible articular las reglas que organizan la pertenencia de los elementos al ámbito jurídico, y asimismo, *para ese ámbito jurídico*, es posible proponer una teoría de las consecuencias o implicaciones de dicha pertenencia dentro del ámbito jurídico y a la luz de la doctrina consolidada en el sistema jurídico de referencia. Cumple a la teoría del derecho, no tan sólo el obtener *via* depuración conceptual un concepto "formal" de validez jurídica que sea operativo

---

jurídicos, independientemente de la índole de dichos contenidos. Estos pueden ser típicamente económicos, o típicamente educativos, o típicamente morales. En cuanto a la materia son eso: económicos, educativos o morales, o de cualquier otra especie. Pero, al estar en textos jurídicos pertenecientes a un ordenamiento jurídico, son asimismo jurídicos en el sentido de que forman parte del derecho vigente".

en todos y cada uno de los casos en que las reglas del lenguaje jurídico autorizan el uso de la expresión "validez jurídica" y de todos sus derivados, sino además el ofrecer una explicación teórica de las reglas de la *semántica de la validez jurídica*, esto es, de los posibles criterios de pertenencia de elementos al ámbito jurídico y de las formas en que los mismos se combinan y se hacen operativos en los distintos sistemas jurídicos, y, por otra parte, el ofrecer al menos en esbozo una *pragmática de la validez jurídica*, esto es, una descripción de las reglas que definen los *interpretantes de la pertenencia,* es decir, las acciones que son esperables una vez que se ha contestado, bien afirmativa, bien negativamente, la pregunta por la validez jurídica de un acto o de una disposición (esto es, una vez que se ha contestado la pregunta por su *pertenencia* al ámbito jurídico de referencia). Hasta aquí hemos esbozado tan sólo una teoría funcional – estructural de la semántica de la validez jurídica, definida por la TFD como pertenencia. En lo que resta del trabajo daremos unas pinceladas a propósito de la pragmática de la pertenencia.

IV. La pragmática de la pertenencia

1. Hemos dicho reiteradamente que el concepto formal de validez jurídica (pertenencia) es un *concepto vacío de significado.* Tomando de MORRIS la diferencia entre significación y significado, hemos apuntado que éste último sólo puede formarse si a la significación determinada por reglas sintácticas y semánticas se le une una descripción de los *interpretantes* del signo de que se trate, regidos éstos últimos por reglas pragmáticas. La pragmática de la validez jurídica ha de ser, en consecuencia, la teoría que muestre las operaciones que el actor del ámbito jurídico está en condiciones de realizar, cuando ha respondido conforme a la teoría de la validez jurídica imperante en el ámbito jurídico de referencia, bien afirmativa, bien negativamente, a la pregunta por la pertenencia al

ámbito del acto o de la disposición de que se trate. La pragmática de la pertenencia completa, en el interior de los ámbitos jurídicos, la teoría de la validez que rige en ellos. Cada ámbito jurídico puede tener su propia teoría de la validez y, por consiguiente, puede tener su propia pragmática de la pertenencia. Aquí intentaremos únicamente hacer una enumeración, sin pretensiones de exhaustividad, de los interpretantes más obvios.

2. Que una acción determinada pertenezca o no a un ámbito jurídico concreto tiene una serie de implicaciones que componen, tanto aisladamente como en conjunto, una dimensión básica del significado teórico del término "validez jurídica", en tanto que se trata de sus *interpretantes*. Por un lado, la pertenencia de una norma al sistema jurídico la hace apta para ser *invocada* por juristas y legos en el decurso de su actuación en el seno del ámbito. Por otro lado, la pertenencia, tanto de normas como de acciones, a un determinado ámbito jurídico *determina* su significación y, de rechazo, las vuelve *inteligibles*. Además, la pertenencia desempeña un papel crucial en el juicio de *justificación* de una norma o de un acto en términos de los valores del ámbito de referencia. Finalmente, la juridicidad o pertenencia de una acción a un ámbito jurídico desencadena, de acuerdo con las normas del sistema jurídico respectivo, la producción de otras acciones jurídicas que el sistema jurídico respectivo *coordina* con aquélla, formando así el entramado institucional que caracteriza a los ámbitos jurídicos. Así pues, la pragmática de la pertenencia comprende un conjunto de tesis que ayudan a una mejor construcción de las teorías de la dogmática y de la decisión jurídica.

   a. *Pertenencia e invocabilidad.* Para las normas del sistema, la pertenencia implica la posibilidad de ser *invocadas* por sus distintos "usuarios": juristas, ciudadanos, autoridades, estudiosos… todos los operadores jurídicos se encuentran en posición de desarrollar su discurso recurriendo a las normas sobre cuya pertenencia

TEORIA COMUNICACIONAL DO DIREITO

al ámbito jurídico existe consenso o, al menos, opinión mayoritaria favorable. Cuando el jurista se pregunta cuál es la norma válida en un ámbito jurídico determinado respecto de una situación concreta, está preguntando, entre otras cosas, pero de modo destacado, cuál es la norma que puede invocar o a la que debe recurrir y emplear en la resolución del caso de que se trate. La invocabilidad derivada de la pertenencia al ámbito de la disposición jurídica influye – sin determinarla completamente – sobre la invocabilidad de la norma jurídica que es el resultado de la construcción hermenéutica del sentido del texto ordinamental, efectuada conforme a reglas de interpretación – construcción, establecidas por el sistema jurídico. Así pues, cuando hablamos de invocabilidad de las normas jurídicas como interpretante pragmático de su validez o pertenencia, debemos pensar en un proceso estructurado más o menos de la siguiente forma:

Producción de disposiciones jurídicas → *juicio de pertenencia de las mismas al ámbito jurídico*

Invocación de disposiciones jurídicas en el proceso de construcción hermenéutica de normas jurídicas

Construcción interpretativa de normas jurídicas → juicio de pertenencia de las mismas al sistema jurídico

Invocación de las normas jurídicas resultantes

307

b. *Pertenencia e inteligibilidad.* La pertenencia de la acción a un ámbito jurídico determinado le otorga el marco de sentido (sistema jurídico) que la hace inteligible para el actor dentro del ámbito, pero también para el observador fuera de él. El ámbito jurídico orbita, como ya sabemos, en torno al gran complejo textual Ordenamiento – Sistema Jurídico, que proporciona al observador y al actor tanto los criterios de pertenencia como las claves interpretativas de las acciones del ámbito. En primer lugar, pues, establece los criterios que permiten distinguir las acciones que están *dentro* y *fuera* del ámbito jurídico. Dichos criterios son las reglas de pertenencia. Sólo una vez establecida la pertenencia o juricidad de la acción es posible dar el paso siguiente en la construcción hermenéutica de la acción jurídica: calificar dicha acción conforme a las reglas (y a las reglas de la interpretación) del sistema jurídico de referencia. Por consiguiente, la pertenencia al ámbito jurídico es el primer elemento o condición de la *intelegibilidad* de la acción jurídica en tanto que jurídica, y también de su resultado, fáctico o disposicional. Sin dicho elemento, el *sentido específico* de la acción sería muy distinto, lo que es tanto como decir que no estaríamos ante una acción jurídica, cuyo sentido sólo es discernible a la luz de la totalidad textual Ordenamiento – Sistema, sino ante acciones cuyo sentido habría que esclarecer en otros marcos interpretativos. La consecuencia pragmática de ello es evidente: el jurista, y en general el actor del ámbito jurídico, interpretará (o no) en términos del sistema jurídico de referencia, un acto o disposición concreta y determinada, en función del resultado de la *calificación previa* de aquellos como pertenecientes (o no) al ámbito jurídico de referencia. Dicho más sencillamente: la juridicidad de la acción es *presupuesto lógico* de su calificación jurídica.[32]

c. *Pertenencia y justificación.* Sin un previo juicio de pertenencia y sin la consiguiente intelección de la acción jurídica en tanto que jurídica no es posible decidir o juzgar sobre la *justificación* de una acción en el marco de un ámbito jurídico determinado. El juicio de justificación de una acción del ámbito jurídico puede ser positivo o negativo.[33] Así, una acción jurídica delictiva como el homicidio no está justificada. Una ley cuyo contenido es contrario a la constitución, tampoco. Es obvio que entre la primera y la segunda hay importantes diferencias que será necesario detallar, puesto que el juicio de justificación del homicidio y el de justificación constitucional de la ley tienen consecuencias en el interior del ámbito jurídico cuya contextura es diferente en términos de la forma en que el complejo textual Ordenamiento – Sistema organiza las

---

32. Presupuesto lógico, que no temporal. Vista como un proceso, la calificación jurídica de un acto ya incorpora el juicio de juridicidad. Cuando interpretamos determinadas expresiones recíprocas como un contrato válidamente celebrado entre dos o más partes, no decidimos primero que se trata de un acto jurídicamente relevante y luego lo calificamos como un contrato, sino que hacemos ambas calificaciones de un golpe, simultáneamente. Sólo el juicio de invalidez es temporalmente anterior a la expulsión del acto o disposición del ámbito jurídico.

33. Este es el código "conforme/no conforme a derecho" que Niklas LUHMANN considera como elemento básico de la comunicación jurídica. Vid. Niklas LUHMANN, *El derecho de la sociedad*, Herder, México, 2ª ed. española, 2005, pp. 116, 123 – 128 (donde se define la comunicación jurídica en términos de uso apropiado del código conforme/no conforme a Derecho); p. 149 (donde se define el "programa" como la "regla que decide acerca de la asignación de los valores"); p. 153 (donde se afirma que las comunicaciones que no se ajustan al código están fuera del sistema). El pensamiento luhmanniano, a pesar de los parecidos con la TCD, muestra en este respecto, como en otros, su diferente perspectiva. Insistimos en que hace falta un estudio de los parecidos y las diferencias entre la sociología sistémica de Luhmann y la TCD.

diferentes acciones que pueden tener lugar dentro del ámbito jurídico de referencia. En cualquiera de los dos casos, el *juicio de justificación* se hace en términos de los *valores propios (internos)* del ámbito jurídico de referencia, los cuales son construidos y proclamados por su sistema jurídico. Y lo que nos interesa resaltar ahora es que, si la acción no pertenece al ámbito, carece de sentido preguntarse por su justificación en términos de los valores propios de dicho ámbito. Por ello puede afirmarse que una consecuencia o implicación pragmática de la pertenencia es la *enjuiciabilidad* de la acción en términos de los valores propios del ámbito al cual pertenece. Y, por consiguiente, uno de los interpretantes pragmáticos de la pertenencia de una acción o de una norma a un ámbito jurídico será precisamente la disposición del actor del ámbito a enjuiciar las acciones incluidas en él conforme a los *valores* propios del ámbito jurídico, y que son producidos por el complejo textual Ordenamiento – Sistema y particularmente por normas deónticas. Además, el juicio de justificación puede ser una acción más del ámbito jurídico de referencia, o no: puede ser una acción externa, en tanto que acción propia del *observador,* pero puede alcanzar la condición de *elemento de la acción jurídica* cuando se trata de una decisión jurídica que enjuicia o revisa actos o disposiciones.

d. Hemos dicho anteriormente que el juicio de conformidad de una disposición del ámbito con normas deónticas pertenecientes al sistema jurídico de referencia puede ser elevado por éste a la condición de *criterio de validez o razón de la pertenencia* de la disposición jurídica al ámbito de referencia. Véase así cómo semántica y pragmática jurídicas se imbrican recíprocamente: el juicio de justificación, interpretante pragmático de la pertenencia de la norma N_1, pasa a ser, una vez formulado, parte de la semántica de la pertenencia de la disposición D_2, de cuya interpretación resulta, en caso de que D_2 sea considerada "válida", la norma N_2, coherente con N_1 en términos de los valores del sistema jurídico. De ser juzgada inválida, operará el mecanismo de la presunción de validez, que mantiene a D_2 dentro del Ordenamiento hasta que, en virtud de una decisión que incorpora dicho juicio de validez, sea expulsada del mismo y por consiguiente del ámbito jurídico de referencia. Así resulta que, paradójicamente, la pertenencia de la acción al ámbito es condición necesaria de su invalidez y ulterior expulsión del ámbito jurídico, fundada en un juicio de invalidez.

e. *Pertenencia y coordinación de acciones*. La pertenencia de una acción a un ámbito jurídico es la clave de su *coordinación* con otras acciones y con otros elementos del ámbito. Desde un punto de vista *estrictamente interno*, la autorización (A) ha de darse si y sólo si se ha formulado y presentado la solicitud (S), y ambas deben reunir las notas subjetivas, ambientales y procedimentales establecidas en el sistema jurídico de referencia. La pertenencia conecta la acción con el ámbito jurídico, pero esto significa, en última instancia, que la engarza en el entramado de acciones diseñado por el sistema jurídico y que constituye dicho ámbito jurídico. Como consecuencia, *ante una acción propia del ámbito, puede esperarse la realización de otra u otras acciones, igualmente pertenecientes al ámbito* y engarzadas con aquélla mediante reglas del sistema jurídico. Trátase de: i) acciones de concretización o desarrollo y ii) de transformación ordenada del ámbito jurídico.

(i) Por ejemplo: la construcción hermenéutica de la muerte de un hombre a manos de otro como "homicidio" entraña, desde el punto de vista pragmático, la adopción de un conjunto de *decisiones*, acciones engarzadas con la primera por el sistema jurídico y dotadas de status jurídico, pertenecientes por tanto al mismo ámbito que aquélla. Tales decisiones implican *grosso modo* y sin entrar en la minucia de las múltiples acciones y actos decisorios contemplados por el sistema: la conexión del hecho "desencadenante" con un proceso de investigación, averiguación y detención del autor o de los autores, la puesta a disposición judicial del presunto culpable y el inicio del proceso penal encaminado a determinar su responsabilidad criminal, el dictado de una sentencia, disposición jurídica singular resultante de la terminación del proceso penal, que ordena mantener o variar el status de libertad del acusado. Y, caso de ordenar lo segundo y *vía* ejecución de la sentencia, el comienzo de un nuevo proceso de tratamiento penitenciario del reo.

(ii) La "pertenencia" común de todas las acciones coordinadas entre sí a un mismo ámbito jurídico asegura pragmáticamente la unidad del sistema jurídico y proporciona seguridad y orientación a los actores del ámbito ante eventuales cambios en las acciones estandarizadas y en las correspondientes expectativas. La unidad del ámbito jurídico no es importante por sí misma. Su importancia no es de orden lógico ni epistemológico. Tan sólo es importante *pragmáticamente*. Sólo así es posible aceptar la pragmática de la validez propuesta por Luhmann, como forma que asegura la unidad del sistema jurídico.[34]

V. Conclusiones

1. La Teoría Comunicacional del Derecho ha sabido construir un concepto de validez jurídica que incide en la componente relacionada con la *función* que dicho concepto cumple en la estructura de la comunicación jurídica. Ello, sin embargo, no debe conducir al teórico del derecho a pensar que queda todo dicho con la postulación de un concepto formal de validez jurídica en términos de *pertenencia* al ámbito jurídico. Más allá del *concepto* de validez jurídica, se halla el *tema* de la validez jurídica. Esclarecer dicho tema ha de ser el propósito de una auténtica teoría del derecho. Para ello, sin duda, es imprescindible un previo esclarecimiento conceptual, que la teoría formal del derecho aborda, a nuestro parecer, con pleno éxito.

2. En este trabajo se sugiere el empleo del par de conceptos "significación – significado", tal y como los definió el eminente filósofo y teórico norteamericano del lenguaje Charles MORRIS, como punto de arranque para la construcción de una *teoría de la validez jurídica*. Dicha teoría es a no dudarlo una de las temáticas centrales de la teoría del derecho, y contiene (1) la *teoría de las razones de la validez*, esto es, de las razones que hacen que, dentro de un ámbito jurídico, los actores de dicho ámbito prediquen o nieguen la validez de determinadas acciones; y (2) la *teoría de las consecuencias, implicaciones o*

---

34. Niklas LUHMANN, *El Derecho de la Sociedad*, op. cit., pp. 154 y ss.

interpretantes pragmáticos de la validez jurídica, que investiga precisamente las consecuencias pragmáticas de la validez en cuanto contempladas por normas del sistema jurídico de referencia. Mientras "(1)" puede ser considerada como una *semántica de la validez jurídica*, cuyo esclarecimiento correspondería a la teoría de la dogmática jurídica, "(2)" puede ser calificada como una *pragmática de la validez jurídica*, de cuya investigación se ha de encargar la teoría de la decisión jurídica. Una y otra "sub-teorías" de la validez jurídica se beneficiarán grandemente de una acertada definición del concepto formal de validez jurídica, que corresponde a la teoría formal del derecho.

3. La validez jurídica se define formalmente como *pertenencia*. Se trata de un concepto vacío de significado, cuya significación hace referencia a su condición, desnuda pero crucial, de conector lógico. Su gran abstracción, lejos de ser un defecto, es su mayor virtud, puesto que gracias a ella es viable organizar teóricamente las diversas acepciones del término "validez jurídica", de forma que podamos diferenciar las razones o condiciones de la validez de sus consecuencias o implicaciones pragmáticas, y al mismo tiempo conectar unas con otras y todas ellas con el concepto formal, componiendo de este modo una explicación realista, comprensiva y convincente de cómo funcionan los ámbitos jurídicos.

4. La *teoría de las razones de la validez* no puede limitarse a ser un recuento y clasificación de los distintos tipos de razones o condiciones que los sistemas jurídicos estatuyen en sus normas como motivos para afirmar (o denegar) la validez jurídica de los elementos que aparentemente los integran. Esta teoría ha de procurar, además, una *explicación* de la forma específica en que operan los sistemas jurídicos en tanto que sistemas comunicacionales prácticos (*sistemas de la acción*). En este trabajo hemos procurado ofrecer una explicación

instrumentalista, es decir, funcional – estructural, de dicha operatoria, que creemos tiene la virtud de resolver algunas de las aporías clásicas de la teoría de la validez: la "excesiva abstracción" de un concepto formal de validez jurídica deja de ser "excesiva" en cuanto se comprende que dicha abstracción es imprescindible para la efectiva expansión del derecho a todas las áreas de la vida social, capacidad que, lejos de ser mero resultado de una constatación sociológica, es perfectamente perceptible cuando se examina el interior de los sistemas jurídicos empleando un punto de vista interno a los mismos, aunque además sea consciente de la vocación "externa" que el derecho tiene, como sistema comunicacional que es. Lo que se afirma en este trabajo es que dicha "vocación" incide decisivamente y al mismo tiempo "explica" de un modo completo las peculiaridades de sus reglas de funcionamiento, que una teoría formal tan sólo puede describir, pero no hacer comprensibles. La breve incursión que hacemos en la peculiar combinación de técnicas de estandarización de la acción propia de los sistemas comunicacionales "jurídicos" permite explicar de forma coherente la paradoja de que una disposición nula pertenezca al ordenamiento mientras no sea anulada por un órgano decisor, o la paradoja de que, estando presupuesta de ordinario la juridicidad de una acción sobre cuya licitud se discute, dicha licitud sea en ciertas ocasiones instituida como condición de la validez jurídica de la acción respectiva.

Somos conscientes de que las propuestas contenidas en este trabajo pueden parecer a primer golpe de vista contrarias a algunos postulados fundamentales de la teoría comunicacional del derecho. Sin embargo, defendemos que se trata de una contradicción más aparente que real, en tanto que no hemos abandonado en ningún momento el "punto de vista interno", aunque es cierto que lo hemos abierto, de tal modo que interiorice el propio influjo del sistema jurídico en el conjunto de la vida social, lo cual no es más que un reflejo de la propia operatoria de los sistemas jurídicos, que absorben la vida que regulan en su seno, reflejándola para organizarla mejor.

Obviamente no pretendemos cerrar con este trabajo el debate sobre la validez jurídica a que hacíamos referencia en sus pasajes iniciales. Al contrario, quisiéramos reabrirlo en una dirección productiva. En este camino nos encontraremos con todos aquellos que, desde cualquier posición teórica, puedan ayudarnos a ver más claramente allí donde sólo hemos entrevisto formas borrosas, que quizá nos hayan confundido, a pesar de nuestro esfuerzo.

LA TEORÍA COMUNICACIONAL DEL DERECHO Y EL CONCEPTO COMUNICATIVO DEL DERECHO: UNA COMPARACIÓN

Fernando Galindo[1]

Resumen

El trabajo expone las virtualidades, suficiencias e insuficiencias de la Teoría comunicacional y el concepto comunicativo del Derecho para satisfacer demandas sociales que se hace a los juristas, en especial a los abogados, en relación a su ejercicio profesional en la sociedad actual.

Introducción: las teorías

¿Por qué teorías? Siempre hacen falta explicaciones, aproximaciones o hipótesis que ayuden a articular cualquier realidad. De ello se ocupan los filósofos o teóricos. Hacen sus propuestas atendiendo al contexto histórico en el que se manifiestan, o al geográfico que constituye el lugar en el que viven o aquel sobre el que quieren opinar. Sus autores son conscientes de los métodos de construcción de

---

1. Universidad de Zaragoza. E-mail: cfa@unizar.es

las mismas que son propios del momento y la materia sobre las que las elaboran.²

Los profesionales del Derecho las precisan, especialmente siempre que sean explicaciones relativas a sus necesidades profesionales, o, para ser más exactos, sean válidas para articular y potenciar sus competencias profesionales: el ejercicio de aquello a lo que les habilita su titulación profesional.³

Sobre teorías del Derecho trata este trabajo en el que se presentan, comparativamente, tras haber presentado las notas fundamentales de las competencias profesionales de los juristas, dos teorías basadas en la comunicación que, por lo que aquí se expresa, se considera adecuadas para explicar y proyectar dichas competencias.

Las competencias

Las competencias profesionales de los juristas son fijadas mediante el ejercicio de una práctica acomodada a las condiciones culturales y geográficas en las que las ejercen.⁴ En el Estado de Derecho dichas competencias quedan fijadas por las Leyes que establecen genéricamente los procedimientos destinados a la promulgación y la aplicación del Derecho. Recientemente por Leyes y normas que se ocupan de fijarlas expresamente. Este es el caso en

---

2. Una interesante aproximación actual, pluralista, general, a la teoría del derecho y la justicia se encuentra en: S. Douglas-Scott. *Law after Modernity*, Oxford, (2013), ver: pp. 382-396

3. Este es el enfoque que toma al introducir sobre el Derecho, por ejemplo, Tercio Sampaio Ferraz Junior. Ver: T.S. Ferraz, *Introducción al estudio del Derecho. Técnica, decisión, dominación*, Madrid (2009), pp. 20 y ss.

4. Un detallado estudio de las competencias de los abogados en Europa atendiendo a su papel en el ámbito judicial y más allá del mismo hecho desde una perspectiva interdisciplinar puede verse en: A. Vauchez y B. de Witte, *Lawyering Europe. European Law as a Transnational Social Field*, Oxford (2013).

España donde se han regulado las condiciones de acceso a la profesión de abogado al especificarse las funciones o competencias que deben cumplir en su trabajo profesional. Esto es lo que observamos a continuación.

La Ley que regula el acceso a la profesión de abogado[5] define al abogado, en su artículo 1.1, como colaborador "en el ejercicio del derecho fundamental a la tutela judicial efectiva, con el fin de garantizar el acceso de los ciudadanos a un asesoramiento, defensa jurídica y representación técnica de calidad". La definición se concreta en mayor medida en el art. 1.2:

> La obtención del título profesional de abogado en la forma determinada por esta ley es necesaria para el desempeño de la asistencia letrada en aquellos procesos judiciales y extrajudiciales en los que la normativa vigente imponga o faculte la intervención de abogado, y, en todo caso, para prestar asistencia letrada o asesoramiento en Derecho utilizando la denominación de abogado; todo ello sin perjuicio del cumplimiento de cualesquiera otros requisitos exigidos por la normativa vigente para el ejercicio de la abogacía.

Las cualificaciones profesionales requeridas quedaron especificadas en el Reglamento que detalla la Ley citada[6] al regular el aprendizaje que han de realizar dichos profesionales tanto mediante la participación en cursos impartidos por profesores universitarios y abogados, cuanto que en la realización de ejercicios en el periodo de formación práctica que debe tener lugar en instituciones donde se realizan las actividades jurídicas profesionales. Resulta de interés a estos efectos atender al contenido del art. 10 del

---

5. Ley 34/2006, de 30 de octubre, sobre el acceso a las profesiones de Abogado y Procurador de los Tribunales.

6. Real Decreto 775/2011, de 3 de junio, por el que se aprueba el Reglamento de la Ley 34/2006, de 30 de octubre, sobre el acceso a las profesiones de Abogado y Procurador de los Tribunales

Reglamento que concreta las "Competencias de los cursos de formación para el acceso a la profesión de abogado". El interés del artículo reside en que es una reseña suficientemente significativa y detallada de las competencias que se requieren para el ejercicio de la profesión de abogado en la actualidad, y que la Ley y el Reglamento requieren. Estas normas establecen, además, los procedimientos de examen o comprobación destinados a averiguar si una persona las practica y conoce o no, y por consiguiente saber si está capacitado para obtener la titulación oficial que faculta al ejercicio de la profesión.

El artículo define las siguientes competencias (los números no están presentes en la norma: han sido añadidos para ser utilizarlos como referencia con posterioridad en este trabajo):

[1] "Poseer, comprender y desarrollar habilidades que posibiliten aplicar los conocimientos académicos especializados adquiridos en el grado a la realidad cambiante a la que se enfrentan los abogados para evitar situaciones de lesión, riesgo o conflicto en relación a los intereses encomendados o su ejercicio profesional ante tribunales o autoridades públicas y en las funciones de asesoramiento."

[2] "Conocer las técnicas dirigidas a la averiguación y establecimiento de los hechos en los distintos tipos de procedimiento, especialmente la producción de documentos, los interrogatorios y las pruebas periciales."

[3] "Conocer y ser capaz de integrar la defensa de los derechos de los clientes en el marco de los sistemas de tutela jurisdiccionales nacionales e internacionales."

[4] "Conocer las diferentes técnicas de composición de intereses y saber encontrar soluciones a problemas mediante métodos alternativos a la vía jurisdiccional."

[5] "Conocer y saber aplicar los derechos y deberes deontológicos profesionales en las relaciones del abogado con el cliente, las otras partes, el tribunal o autoridad pública y entre abogados."

[6] "Conocer y evaluar las distintas responsabilidades vinculadas al ejercicio de la actividad profesional, incluyendo el funcionamiento básico de la asistencia jurídica gratuita y la promoción de la responsabilidad social del abogado."

[7] "Saber identificar conflictos de intereses y conocer las técnicas para su resolución, establecer el alcance del secreto profesional y de la confidencialidad, y preservar la independencia de criterio."

[8] "Saber identificar los requerimientos de prestación y organización determinantes para el asesoramiento jurídico."

[9] "Conocer y saber aplicar en la práctica el entorno organizativo, de gestión y comercial de la profesión de abogado, así como su marco jurídico asociativo, fiscal, laboral y de protección de datos de carácter personal."

[10] "Desarrollar destrezas y habilidades para la elección de la estrategia correcta para la defensa de los derechos de los clientes teniendo en cuenta las exigencias de los distintos ámbitos de la práctica profesional."

[11] "Saber desarrollar destrezas que permitan al abogado mejorar la eficiencia de su trabajo y potenciar el funcionamiento global del equipo o institución en que lo desarrolla mediante el acceso a fuentes de información, el conocimiento de idiomas, la gestión del conocimiento y el manejo de técnicas y herramientas aplicadas."

[12] "Conocer, saber organizar y planificar los recursos individuales y colectivos disponibles para el ejercicio en sus distintas modalidades organizativas de la profesión de abogado."

[13] "Saber exponer de forma oral y escrita hechos, y extraer argumentalmente consecuencias jurídicas, en atención al contexto y al destinatario al que vayan dirigidas, de acuerdo en su caso con las modalidades propias de cada ámbito procedimental."

[14] "Saber desarrollar trabajos profesionales en equipos específicos e interdisciplinares."

[15] "Saber desarrollar habilidades y destrezas interpersonales, que faciliten el ejercicio de la profesión de abogado en sus relaciones con los ciudadanos, con otros profesionales y con las instituciones."

Ya cabe preguntarnos, atendiendo a la existencia de teorías que explican, presentan o expresan la realidad, ¿qué teorías son las más adecuadas para presentar y fundamentar el ejercicio en las competencias profesionales que se requieren al abogado?

Para responder a la pregunta hay que tener en cuenta, resumiendo lo que se encuentra regulado en el Reglamento, que las competencias hacen referencia a las siguientes actividades típicas del abogado:

a) Actividades jurídicas propiamente dichas:

– dominar los conceptos abstractos, dogmática o ciencia del derecho, por medio de los que se conoce el ordenamiento [1], el marco jurídico nacional e internacional [3] y los distintos ámbitos de la práctica profesional [10]

– interpretar el Derecho atendiendo a la regulación de la práctica judicial [2] y la caracterización de los problemas [8]

– aplicar el Derecho en forma judicial y extrajudicial [1] [4]

b) Actividades profesionales de gestión, conformes con reglas éticas [5] [6] [7] y administrativas propias de la organización y puesta en funcionamiento de oficinas, negocios o empresas [9] [12].

c) Actividades de ejercicio y uso de herramientas propias de la "sociedad del conocimiento" en la que vivimos [11].

d) Actividades comunicativas propiamente dichas: dirigidas al logro y mantenimiento del diálogo y el consenso, así como a poner en práctica las ventajas del trabajo en equipos interdisciplinares [13] [14] [15].

e) Actividades orientadas por la puesta en acción de los principios de justicia o de salvaguarda de los derechos humanos en el Estado de Derecho tal y como se concreta en los siguientes textos descriptivos de las competencias a las que se hace referencia en el art. 10 del Reglamento tomado en consideración:

- "evitar situaciones de lesión, riesgo o conflicto en relación a los intereses encomendados o su ejercicio profesional ante tribunales o autoridades públicas y en las funciones de asesoramiento" [1]

- "conocer las diferentes técnicas de composición de intereses..." [4]

- "conocer y saber aplicar los derechos y deberes deontológicos profesionales..." [5]

- "conocer y evaluar las distintas responsabilidades vinculadas al ejercicio de la actividad profesional, incluyendo el funcionamiento básico de la asistencia jurídica gratuita y la promoción de la responsabilidad social del abogado" [6]

- "saber identificar conflictos de intereses y conocer las técnicas para su resolución, establecer el alcance del secreto profesional y de la confidencialidad, y preservar la independencia de criterio" [7]

– "desarrollar destrezas y habilidades para la elección de la estrategia correcta para la defensa de los derechos de los clientes..." [10]

– "saber desarrollar destrezas que permitan al abogado mejorar la eficiencia de su trabajo y potenciar el funcionamiento global del equipo o institución en que lo desarrolla..." [11]

– "...extraer argumentalmente consecuencias jurídicas, en atención al contexto y al destinatario al que vayan dirigidas, de acuerdo en su caso con las modalidades propias de cada ámbito procedimental" [13], y

– "saber desarrollar habilidades y destrezas interpersonales, que faciliten el ejercicio de la profesión de abogado en sus relaciones con..." [15].

Con lo hasta aquí dicho cabe volver a plantear la pregunta ¿qué teorías son las más adecuadas para presentar ordenadamente, y profundizar en las mismas, las competencias profesionales que se requieren al abogado?

La respuesta inicial puede ser: las teorías básicas que han sido y son propuestas a los juristas desde el Renacimiento hasta nuestros días. Sustancialmente dos: el iusnaturalismo y el positivismo jurídico.[7]

---

7. Aquí se hace uso de estas denominaciones porque son las que se extienden frecuentemente en manuales y discusiones. Hace tiempo que no son suficientes para denominar a la discusión filosófico-jurídica. En: A. Marmor, *The Routledge Companion to Philosophy of Law*, New York (2012), p. XIX, se hace un resumen actual de las denominaciones de posiciones filosófico jurídicas actuales utilizando las siguientes expresiones: naturaleza del Derecho, razonamiento jurídico e interpretación, teorías sobre áreas particulares del Derecho, Derecho como orden coactiva, obligaciones morales hacia el Derecho y Derechos e igualdad. Estas son las denominaciones de los capítulos de la obra.

La primera teoría pone énfasis en proponer al jurista, en general, considerar el origen y legitimación natural-racional o teológica del Derecho como teoría justificadora del mismo y por lo mismo ser su mecanismo idóneo para su amplificación y desarrollo, capaz de articular, expandir y dar consistencia a los textos jurídicos a efectos de poder resolver problemas aparecidos en la práctica diaria.

La segunda teoría: el positivismo jurídico, propone como solución admitir las reglas y principios establecidos por el contenido de las Constituciones y el funcionamiento del esquema básico del Estado del Derecho, integrado por el principio de separación de poderes, y que se concreta en el reconocimiento de que el Derecho está integrado por las leyes aprobadas por el Parlamento. El positivismo jurídico centra sus indicaciones en proponer al jurista el texto de las leyes y el resto de las normas promulgadas por las instituciones competentes (que integran los poderes legislativo, ejecutivo y judicial) como único elemento articulador de sus actividades, aplicando en éstas simplemente las composiciones hechas a partir de las normas por la dogmática o ciencia del derecho como soluciones adecuadas a los problemas aparecidos en la práctica diaria.

Esta breve reseña significativa del contenido básico de ambas teorías nos muestra claramente su insuficiencia para servirnos como elemento de articulación y desarrollo del contenido de todas las competencias profesionales requeridas al abogado, y al jurista en general, en la actualidad tal y como son prescritas por la Ley y el Reglamento mencionados.

Revisando la lista de competencias expresada más arriba el iusnaturalismo y el positivismo jurídico sólo pueden, a lo sumo, dotar de propuestas a la organización de conceptos: competencias [1] y [3]. En escasa medida pueden dotar de contenido a las restantes, que hemos visto eran en su totalidad 15, una vez que éstas hacían mención a exigencias que no se satisfacen simplemente por el estudio reglamentado de los textos jurídicos o de su origen y legitimación. Es decir iusnaturalismo y positivismo jurídico podían tener alguna utilidad cuando se entendía que el cometido fundamental del ejercicio de la profesión de abogado residía en saber utilizar la dogmática y las reglas de interpretación de las normas resumidas por Savigny en las expresiones: interpretación lógica, gramatical, histórica y sistemática, dirigidas a ampliar el contenido de las leyes y por lo mismo el de su ámbito formal de aplicación: la realización de la subsunción del caso concreto a resolver en el texto legal, lo que no ocurre cuando, como sucede en la actualidad y hemos visto más arriba, las normas prescriben y reconocen que juristas como los abogados son competentes en actividades diferentes al estudio conceptual de los textos jurídicos, actividad que es una parte de las cinco (de la a) a la e))en las que han quedo sistematizadas las competencias que prescribe el art. 10 del Reglamento.

Por tanto ¿qué teorías jurídicas sirven hoy a los abogados para el ejercicio de sus competencias? Antes de responder a la pregunta, observada las insuficiencias del iusnaturalismo y el positivismo jurídico, hacemos a continuación algunas consideraciones complementarias sobre algunos requerimientos que desde necesidades sociales concretas presentes en hipotéticos casos a resolver por los abogados se hace socialmente a los juristas en relación a un ejercicio de competencias como las mencionadas cuyo dominio está requerido satisfacer por prescripción legal y reglamentaria a quienes quieran obtener la titulación de abogados.

La necesidad: algunos ejemplos

La reforma de 2011 de la Constitución española, art. 135,[8] obliga a que la vida de las instituciones administrativas esté regida por el principio de legalidad a la vez que el del equilibrio presupuestario, lo que pone de relieve la importancia en su práctica diaria de las reglas que rigen el presupuesto, por supuesto las normas aprobadas por los órganos parlamentarios, pero también las reglas que arbitran la realización de su contenido que tienen carácter económico. Esto obliga a que los juristas en su trabajo diario, auxilien a la Administración o a los ciudadanos en sus contenciosos con la Administración a ser conocedores o, al menos, tener sensibilidad suficiente de las reglas, económicas especialmente, que rigen el principio de "estabilidad presupuestaria". Ello está indicado, entre otras, por la competencia [8] "Saber identificar los requerimientos de prestación y organización determinantes para el asesoramiento jurídico."

Ambos principios (legalidad y eficiencia económica) también rigen en la puesta en acción de la organización judicial a través de las reformas procesales y organizativas propiamente dichas que tienen lugar desde hace algunos años si atendemos a los principios de eficiencia que son tenidos en cuenta en la normativa que establece la reforma de su funcionamiento[9] aceptando las propuestas de

---

8. "1. Todas las Administraciones Públicas adecuarán sus actuaciones al principio de estabilidad presupuestaria. – 2. El Estado y las Comunidades Autónomas no podrán incurrir en un déficit estructural que supere los márgenes establecidos, en su caso, por la Unión Europea para sus Estados Miembros. Una ley orgánica fijará el déficit estructural máximo permitido al Estado y a las Comunidades Autónomas, en relación con su producto interior bruto. Las Entidades Locales deberán presentar equilibrio presupuestario". La ley orgánica existe: es la "Ley Orgánica 2/2012, de 27 de abril, de Estabilidad Presupuestaria y Sostenibilidad Financiera"

9. "Todas las personas tienen derecho a obtener la tutela efectiva de sus

cambios de su práctica acomodándola a los requerimientos que hacen instituciones como el Banco Mundial.[10] Ello se recoge, entre otras, en la competencia [11]

> Saber desarrollar destrezas que permitan al abogado mejorar la eficiencia de su trabajo y potenciar el funcionamiento global del equipo o institución en que lo desarrolla mediante el acceso a fuentes de información, el conocimiento de idiomas, la gestión del conocimiento y el manejo de técnicas y herramientas aplicadas.

Otra consideración, ligada a la puesta en práctica de la competencia [11], es la referida a las exigencias de la sociedad del conocimiento, sus características y herramientas. La realización de la seguridad de la sociedad en la que vivimos ha de atender en la actualidad al contenido

---

derechos ante los tribunales. Así se reconoce en nuestro ordenamiento jurídico en el artículo 24.1 de la Constitución y en el artículo 14.1 del Pacto Internacional de Derechos Civiles y Políticos. Para salvaguardar dichos derechos de los ciudadanos es necesaria la modernización de la Administración de Justicia, campo esencial para consolidar el Estado de Derecho y mejorar la calidad de nuestra democracia. En este contexto de modernización, uno de los elementos de mayor relevancia es, precisamente, la incorporación en las oficinas judiciales de las nuevas tecnologías. Su uso generalizado y obligatorio contribuirá a mejorar la gestión en las oficinas judiciales, actualizando su funcionamiento e incrementando los niveles de eficiencia. Las nuevas tecnologías permiten igualmente abaratar los costes del servicio público de justicia, pero también suponen una mejora de la confianza en el sistema, lo que se traduce en mayor seguridad. Ello incide de manera directa e indirecta en el sistema económico, pues los cambios generan nuevas perspectivas en las relaciones económicas, acrecentando la seguridad y la fluidez de las mismas". Ley 18/2011, de 5 de julio, reguladora del uso de las tecnologías de la información y la comunicación en la Administración de Justicia. Preámbulo I.

10. "Desde hace unas dos décadas se reconoce que la reforma legal y judicial es un componente esencial del desarrollo sustentable. Esto se debe a que un sistema judicial eficiente que imparte justicia conforme a un marco legal actualizado es un elemento esencial para: i) proteger las libertades civiles y los derechos contractuales y de propiedad; ii) estimular el crecimiento económico por medio del fomento a la participación del sector privado en la gestión del sector público; iii) facilitar la solución pacífica de conflictos, y iv) lograr la buena gestión pública." Ver al respecto las indicaciones del Banco Mundial en: <https://goo.gl/LpG4EQ>. (Consultado el 02 de marzo de 2017).

del ordenamiento jurídico en su totalidad, que ha de ser adaptado, aprobado, interpretado y aplicado, contando con la circunstancia de que existen relaciones y servicios que se prestan en forma tradicional, como parte de productos y servicios propios de las sociedades industrial y agraria, mientras que otros se ofrecen únicamente en formato digital, formato propio de la sociedad del conocimiento debiendo amparar la legislación sus posibles vulneraciones.[11] Hasta la misma solución de conflictos en el ámbito judicial, mediante el proceso,[12] progresivamente se produce en ámbito digital utilizando los recursos que ofrecen las tecnologías de la información y la comunicación (TIC) como antes decíamos.

Cuando se hace precisa la regulación de nuevos fenómenos sociales se ha de tener en cuenta la normativa existente y también las reglas de uso o práctica, como los denominados códigos de práctica o lo estándares industriales, que permiten la puesta en acción de los fenómenos sociales y la resolución de los conflictos, que no son normas o leyes. Atender exclusivamente a la regulación vigente, nacida para fenómenos sociales distintos, implica cercenar la propia obligación de la legislación que consiste en dar soluciones nuevas a conflictos sociales nuevos. Ello se recoge, entre otras, en la competencia [4] "Conocer las diferentes técnicas de composición de intereses y saber encontrar soluciones a problemas mediante métodos alternativos a la vía jurisdiccional."

Si nos fijamos no sólo en las necesidades sociales, expresadas a modo de ejemplo en los problemas que acaba de reseñarse que podían ser repetidos en prácticamente todos

---

11. Pagos de impuestos por las empresas, solicitud de subvenciones y permisos...

12. Los juicios de carácter civil son grabados en vídeo...

los problemas y campos de acción de los juristas,[13] sino que también tenemos en cuenta las consideraciones generales que sobre el conocimiento y sus características se hacen en nuestra sociedad, que expresan que el conocimiento se realiza mediante la implicación de los valores y emociones en las que cree quien conoce con el objeto conocido que se produce en el proceso comunicativo que sucede entre ambos,[14] ello también nos permite considerar que no es posible tener en cuenta en cualquier actividad jurídica por el agente, jurista, que la realiza, ni por cualquier otro participante en la actividad, los textos jurídicos: las normas en abstracto, sino las relaciones o implicaciones de los mismos con las personas, la sociedad en la que viven y los respectivos valores en los que se realiza el conflicto social por el que se realiza la actividad jurídica,[15] como precisan, por ejemplo, las competencias [1] [2] [4] [6] [10] [11] [13] y [15] requeridas al abogado.

Todo lo anterior nos hace concluir que ni el iusnaturalismo ni el positivismo jurídico, es decir las teorías que se fijan en los textos de las leyes y en las fundamentaciones utilizadas supuestamente por sus promulgadores, son suficientes teorías para que los abogados con su ayuda puedan ser competentes en la resolución de problemas sociales. En la actualidad hemos observado que, considerando simplemente la propuesta de ambas teorías de atender a dichos textos, el ordenamiento o la legislación, éstos han de ser

---

13. Por ejemplo un estudio sociológico sobre los comportamientos con sus clientes de los abogados dedicados a la asistencia jurídica de carácter social, se encuentra en: D. Newman, *Legal Aid Lawyers and the Quest for Justice*, Oxford (2013).

14. P. Thagard, *Hot Thought: Mechanisms and applications of Emotional Reason*, Cambridge (2006)

15. De la expansión generalizada de estas concepciones se da cuenta en el estudio del razonamiento jurídico del Tribunal Europeo de Justicia que se recoge en: S. Sankari, *European Court of Justice Legal Reasoning in Context*, Groningen (2013), pp. 249-253.

entendidos en sentido amplio, es decir tener en cuenta que incluyen en muchas ocasiones algo que no está recogido explícitamente por los mismos: los códigos de práctica existentes, por ejemplo, las reglas aplicadas de la programación para la resolución de servicios concretos, las reglas de la gobernanza o los estándares técnicos.

Estos recursos son generados por el mismo desarrollo social e incluso tecnológico, una vez que originan situaciones que no están contempladas por los órganos legislativos en las leyes, siendo las reglas de uso de las mismas: las reglas propuestas por los creadores de servicios a sus usuarios, por ejemplo, las que han de ser tenidas en cuenta como regulación efectiva en caso de aparición de conflictos, siendo ello coherente con la circunstancia de que el pacto entre las partes, que no vaya contra la Ley, es considerado regla válida en el Estado de Derecho.

Todo lo cual hace reconocer que hacen falta teorías del Derecho más precisas y concretas que las señaladas hasta ahora (positivismo y iusnaturalismo) que tomen como referencia las necesidades sociales o todas las actividades y el conjunto de competencias necesario para ser abogado, como ejemplo de jurista, y no sólo las competencias [1] y [3], aspecto internacional, en lo referido a: "Poseer, comprender y desarrollar habilidades que posibiliten aplicar los conocimientos académicos especializados adquiridos en el grado a la realidad cambiante a la que se enfrentan los abogados para evitar situaciones de lesión, riesgo o conflicto en relación a los intereses encomendados o su ejercicio profesional ante tribunales o autoridades públicas y en las funciones de asesoramiento." Estas competencias son las que están referidas directamente al estudio de los textos jurídicos tratados por los conocimientos académicos especializados: la dogmática o ciencia del Derecho. Frente a ello, como resumíamos, las competencias requeridas a los abogados, sujetos fundamentales de la vida jurídica, son más amplias, hacen referencia a actividades jurídicas propiamente dichas (incluyendo dominio de conceptos jurídicos, interpretación y aplicación del Derecho), actividades profesionales conformes con reglas éticas, de gestión y de comercialización, actividades propias de la "sociedad del conocimiento", actividades comunicativas y actividades guiadas por la consecución del valor justicia o su plasmación en la regulación sobre derechos humanos.

Estas circunstancias hacen que en muchas ocasiones se organicen las teorías jurídicas como mal menor, teniendo en cuenta que ante los conflictos son los jueces y los integrantes de los tribunales de arbitraje quienes tienen que tomar resoluciones que atiendan a normas, intereses y al logro del consenso/justicia/seguridad al que el ordenamiento democrático está abocado, como el resto de las competencias antes indicadas expresan en parte. A ello se refiere la teoría comunicacional del Derecho a la que nos referimos a continuación.

La teoría comunicacional del Derecho

Los ejemplos dados son una muestra significativa de que se hace preciso contar con una teoría comunicacional del Derecho (TCD) que, más allá de versiones positivistas o iusnaturalistas, centradas en la exclusiva consideración de los textos regulativos aprobados por los órganos responsables, o las reglas y principios de carácter social comúnmente aceptados o revelados, se fije, sin perder como referencia básica el principio de legalidad propio del Estado de Derecho, en el contexto o el ámbito comunicativo concreto que permitan tener en cuenta todos aquellos elementos que son precisos en la solución de problemas jurídicos concretos.

Lo anterior concreta prácticamente la propuesta de TCD de Robles:

> Mi propuesta concreta de Teoría del Derecho se basa en contemplar este último como un *conjunto de procesos de comunicación* entre los hombres cuya misión inmanente es dirigir la acción humana. Como tal conjunto de procesos de comunicación, es analizable como lenguaje, como una pluralidad de mensajes y de *signos*. – Esta es la idea básica de lo que he denominado Teoría *comunicacional* del Derecho.[16]

Teoría que Robles concreta más al expresar su conexión con la teoría de los juegos: el Derecho es un juego en cuanto que en él se dan como en todo juego

> los siguientes elementos necesarios ("necesarios" quiere decir aquí que no es posible el juego sin ellos): el reglamento del juego (llámese así o de cualquier otra manera), el espacio, el tiempo, los sujetos (jugadores), las competencias de éstos, los procedimientos para jugar, así como los poderes y los deberes de los jugadores al realizar las acciones de juego.[17]

Estas concreciones satisfacen, igualmente, las exigencias que se hacen a toda teoría científica para considerarla como tal.

A partir de la misma Robles elabora su Teoría del Derecho. Fundamentos de Teoría Comunicacional del Derecho, Volumen 1, en la que construye un detallado y preciso sistema comunicativo que ofrece soluciones jurídicas mediante la aplicación de la teoría de los juegos de alcance mayor que el mero estudio de los textos legales o los principios subyacentes a los mismos.

El autor realiza en su obra un acto de comunicación con el lector, del que presume es un estudiante de Derecho, exponiendo en 23 capítulos, explicados en 121 lecciones, los elementos básicos de su Teoría. Elementos que están

---

16. G. Robles, *Teoría del derecho. Fundamentos de teoría comunicacional del Derecho*. Volumen I, Cizur Menor (2013), p. 169.

17. Ibidem, p. 887.

integrados por propuestas de contenido jurídico conformadas por los textos de las leyes y reflexiones hechas sobre ellos por la teoría o la filosofía del derecho y la dogmática jurídica en relación a un problema jurídico hipotético, el objetivo del capítulo correspondiente, precisamente definido en sus características fácticas, comprendiendo las institucionales. Los problemas se dan o pueden darse en la realidad.

Todo ello hace que el conjunto de los elementos de la Teoría sean un instrumento de indudable valor director para satisfacer las competencias [1] y [3] requeridas al abogado según el Reglamento que tomamos en consideración desde el comienzo de este trabajo. No se ocupa del resto de competencias y actividades de las que se ocupa el Reglamento y que anteriormente hemos expuesto como necesarias socialmente.

Lo último hace preciso que nos sigamos preguntando: ¿basta una teoría comunicacional o son necesarias más teorías? Hemos expresado que las actividades en las que han de ser competentes los juristas tienen características de plural carácter: no sólo hacen relación a los textos jurídicos. Recuérdese que hemos hablado de actividades conformes con reglas éticas, de gestión y de comercialización, actividades propias de la "sociedad del conocimiento", actividades comunicativas y actividades guiadas por la consecución del valor justicia o su plasmación en la regulación sobre derechos humanos. Lo cual nos hace decir que no son sólo teorías jurídicas las precisas sino también aportes de otras teorías que estudian y dan propuestas a otras actividades: las necesarias para hacer competentes a los profesionales del Derecho. La TCD de Robles se fija en los signos objeto de comunicación: los textos jurídicos y las reflexiones e incluso instituciones que con los mismos se crean, pero ello no es suficiente: es preciso prestar atención, igualmente, a las características de la misma comunicación y a las de las actividades que la realizan. También a otros instrumentos que se utilizan en dichas actividades. Por lo anterior cabe concluir que en Derecho es preciso utilizar otras teorías explicativas y articuladoras de actividades, conocimientos y valores distintos a los presentes explícita o implícitamente en textos jurídicos.

Ello es lo que ha realizado la denominada Metodología jurídica que, desde el siglo XIX, ha utilizado las propuestas de distintas teorías procedentes del terreno de la discusión científica, especialmente, a las que luego nos referimos, para aportar fundamentaciones a las actividades o competencias propias de los profesionales del Derecho y no sólo a los textos jurídicos, los signos, considerados objeto de las mismas.

¿Hace falta, por ello, instruir a los juristas en todas las teorías que explican sus competencias profesionales? De ello se trata en la formación del Master para ser abogado en donde se prevé la impartición de materias y prácticas dirigidas a dicha instrucción interdisciplinar, pasando la formación jurídica de estar centrada en el estudio de materias dogmáticas: las diferentes ciencias jurídicas, fundamentalmente,[18] a una formación en otras materias precisas para la práctica profesional, centrada ésta, como sucede en la actualidad, en el ejercicio de las competencias o habilidades que resumíamos al presentar el contenido del Reglamento en forma de competencias integradas en actividades.[19]

Aquí no vamos a centrarnos en exponer el contenido de esas otras materias o teorías.[20] En verdad cada especialista

---

18. Ello se deja como contenido propio para la formación del Grado en Derecho.

19. Una aproximación práctica se encuentra en: M.J. López. *Acceso a la Abogacía*. 2013-2014, Madrid (2013).

20. Están expresadas en los Masters aprobados conducentes al ejercicio profesional de abogado y procurador de los Tribunales. Un ejemplo es el Máster Universitario en Abogacía por la Universidad de Zaragoza ya aprobado y cuyo ex-

o experto en ellas ha de proponer lo que entienda sea pertinente para la formación y el ejercicio profesional en forma de competencias. Aquí vamos a optar por proponer algo más limitado aun cuando tenga potencialmente los mismos efectos. Lo que vamos a hacer es proponer una teoría del Derecho escasamente explícita: un concepto comunicativo de Derecho, coherente con las teorías que fundamenten la instrucción en competencias, que sirva como apoyo teórico a los juristas que tienen que aprender y practicar todo tipo de habilidades y actividades, y no tan sólo el estudio ordenado o sistematizado de los textos de derecho positivo o los valores que amparan.

La utilización de un concepto como marco teórico es un recurso de uso extendido en el ámbito jurídico: la precisión de un concepto de Derecho que pueda ser utilizado como referencia por los juristas como criterio orientador práctico para el ejercicio de las competencias que se le requieran como jurista, superando con ello las debilidades que tiene el uso de una red de conceptos, instituciones o textos que expresen un contenido concreto, siempre caduco por efecto de los factores tiempo y espacio, elaborado a partir de la aceptación de que el Derecho es norma o justicia.

En este sentido en varios trabajos hemos propuesto considerar al Derecho como actividad justa de juristas con relación a textos jurídicos.[21] Este es un concepto

---

pediente de aprobación y contenido puede leerse en: http://derecho.unizar.es/v_calidad/documents/MemoriaRegistrada.pdf (consultado el 11 de noviembre de 2013).

21. F. Galindo y otros, "El concepto de Derecho. De la argumentación a la comunicación", *Anuario de Filosofía del Derecho* (1993), pp. 223-254. F.Galindo, "The communicative concept of Law", *Journal of legal Pluralism and Unofficial Law* (1998), pp. 111-129. Un manual de introducción elaborado a partir del concepto comunicativo es: F. Galindo, *El acceso a textos jurídicos. Introducción práctica a la Filosofía del Derecho*, Zaragoza (1993).

comunicativo. A continuación resumimos sucintamente el contenido de la definición.

Actividad significa atender a que el Derecho, plasmado en signos escritos y no escritos: imágenes por ejemplo,[22] siempre se pone en acción por profesionales del Derecho mediante la realización de actividades o actos concretos analizables y escrutables a través del uso de los recursos que permiten las ciencias sociales para estudiar los comportamientos humanos y no sólo el estudio de los textos jurídicos.

El concepto también atiende a que los profesionales del Derecho están siempre guiados por la consecución de una u otra apreciación del valor justicia, que está presente heterogéneamente, sin poder obviarse, como creencia, prejuicio, convicción o sentimiento, en cualquier resolución, profesional o no (por medios judiciales o extrajudiciales), de conflictos jurídicos.

---

22. El vídeo en el que se graba un juicio civil, por ejemplo. Artículo 147 (Ley de Enjuiciamiento Civil). Documentación de las actuaciones mediante sistemas de grabación y reproducción de la imagen y el sonido. "Las actuaciones orales en vistas, audiencias y comparecencias celebradas ante el Tribunal, se registrarán en soporte apto para la grabación y reproducción del sonido y la imagen. – Siempre que se cuente con los medios tecnológicos necesarios, el Secretario judicial garantizará la autenticidad e integridad de lo grabado o reproducido mediante la utilización de la firma electrónica reconocida u otro sistema de seguridad que conforme a la ley ofrezca tales garantías. En este caso, la celebración del acto no requerirá la presencia en la sala del Secretario judicial salvo que lo hubieran solicitado las partes, al menos dos días antes de la celebración de la vista, o que excepcionalmente lo considere necesario el Secretario judicial atendiendo a la complejidad del asunto, al número y naturaleza de las pruebas a practicar, al número de intervinientes, a la posibilidad de que se produzcan incidencias que no pudieran registrarse, o a la concurrencia de otras circunstancias igualmente excepcionales que lo justifiquen. En estos casos, el Secretario judicial extenderá acta sucinta en los términos previstos en el artículo anterior. – El Secretario judicial deberá custodiar el documento electrónico que sirva de soporte a la grabación. – Las partes podrán pedir, a su costa, copia de las grabaciones originales."

Este concepto, más allá de iusnaturalismo y positivismo jurídico, tiene la propiedad de que en cuanto apela a actividades, textos y valores, permite fundamentar el aprendizaje jurídico en todo el ámbito de comunicación al que es preciso apelar en el ejercicio de las distintas competencias jurídicas. Con él el aprendiz, futuro profesional, que lo utilice estará precavido y preparado para resolver cualquier problema jurídico con consciencia de su complejidad, estando dispuesto a admitir la necesidad y relevancia de la intervención y participación de otros agentes sociales en la resolución de conflictos junto a las suyas propias.[23]

A esto lo llamamos utilizar el concepto comunicativo de Derecho como teoría.

Concepto comunicativo del Derecho

Esta perspectiva es más satisfactoria/enriquecedora que la que se fija únicamente en que el Derecho es el imperativo externo descubierto histórica y filosóficamente que protege y promueve el ejercicio de la libertad al que Savigny se refería a finales del siglo XVIII[24] en tiempos en los que el Derecho y su aplicación debían ser coherentes con las exigencias del desarrollo industrial y su realización por la puesta en práctica de los principios propios del libre mercado. También lo es con respecto a conceptos normativos del derecho más recientes como los de Dreier y Alexy que exponemos a continuación.

---

23. Sobre distintas propuestas que hablan de esta necesidad hoy ver: R.Banakar, M. Travers, *Law and Social Theory*, Oxford (2013)

24. F.K. v. Savigny. *Metodología jurídica* (1802-1803), Buenos Aires (1979), pp. 5-11.

El primero de ellos, formulado por Dreier a comienzos de los años ochenta, dice lo siguiente:[25]

> Derecho es la totalidad de las normas que pertenecen a la Constitución de un sistema normativo organizado estatal o cuasiestatalmente, una vez que este sistema de normas es socialmente real, en general y en su totalidad, y satisface mínimamente la justificación ética o la justificación en general, y las normas que son creadas en desarrollo de esta Constitución, una vez que éstas incorporan en sí mismas una mínima referencia a la realidad social o a la posibilidad de realidad social y a la justificación ética o a la posibilidad general de justificación.

El concepto de Alexy, propuesto en mil novecientos noventa y dos, dice:[26]

> El Derecho es un sistema normativo, (1) llamado a la justicia, (2) integrado por la totalidad de las normas que pertenecen a una Constitución reconocida socialmente, y no son absolutamente injustas, así como por la totalidad de las normas que han sido dictadas en virtud de esa Constitución, muestran un mínimo de realidad social o posibilidad de realidad social y no son absolutamente injustas, y por (3) los principios y los argumentos normativos especiales en los que se fundamenta y/o debe fundamentarse el procedimiento de aplicación jurídica para satisfacer las exigencias de justicia.

El concepto comunicativo, a diferencia de los anteriores centrados de una u otra forma exclusivamente en la norma, se fija en lo que es más relevante del Derecho en la actual compleja sociedad: su actuación en actividades concretas por los profesionales del Derecho en forma respetuosa con la idea de justicia que queda recogida, especialmente, en textos jurídicos aprobados por los organismos

---

25. R. Dreier, "Der Begriff des Rechts", *Neue juristische Wochenschrift* (1980), p. 896.

26. R. Alexy, *Begriff und Geltung des Rechts*, Freiburg (1992), p. 201.

responsables de su aprobación a la vez que en otras reglas de práctica o convicciones que sin haber sido aprobadas por el Parlamento no van en contra de los textos legales.

Este estilo de acción o política jurídica profesional es coherente con la exigencia de que el Derecho ha de ser ejercido por los poderes en forma compatible con la puesta en práctica de los principios propios del Estado de Derecho, principios que resumen la acción de la democracia que, por mandato legal, gobierna la acción de los poderes públicos, es decir todos aquellos asuntos sobre los que éstos son competentes en cuanto son agentes activos en la vida social y política de la sociedad del conocimiento. Ello se predica especialmente de la aplicación del Derecho, realizada por los juristas, según se reconoce, en el proceso judicial de forma compleja: atendiendo al mecanismo de la ponderación, propio de la gobernanza, más que al de la aplicación "automática" de la subsunción, modelo liberal.

Es conveniente resumir a estos efectos la guía de acción básica propuesta como Metodología jurídica a juristas por algunos de los estudiosos, filósofos del Derecho, que fundamentan la propuesta de un concepto comunicativo del Derecho, para con las decisiones judiciales desde un tiempo ya lejano como el constituido por los comienzos del siglo XX cuando comenzaba a ponerse en cuestión la realización capitalista de la revolución industrial mediante la reducción del Derecho a normas y su puesta en acción por el positivismo jurídico.

Desde aquella época, justamente desde el comienzo de la obligación de los jueces de poner en ejecución el Código Civil alemán bajo su responsabilidad ante todos los casos que los ciudadanos les plantearan, surgieron consideraciones críticas con respecto a la idea de que la aplicación del Derecho por los jueces estaba reducida a la realización de la subsunción del caso concreto en la Ley, como planteaban y presumían los Códigos liberales y la Metodología jurídica positivista. Ehrlich, junto a los tratadistas y jueces que se integraron en el Movimiento de Derecho Libre, puso de manifiesto que el proceso de aplicación del Derecho no podía estar reducido a la subsunción una vez que la irremediable existencias de lagunas jurídicas hace que la mayor parte de las resoluciones judiciales sean creaciones "libres", de los mismos jueces, a efectos de no incurrir en la responsabilidad correspondiente por no tomar decisiones en casos, sometidos a su decisión por imperativo legal, cuyos supuestos y soluciones no coincidieran con los previstos por la Ley.[27]

A partir de estas consideraciones surgieron a lo largo del siglo XX hasta la actualidad reflexiones dirigidas a completar el proceso de aplicación judicial del Derecho con otras explicaciones. Algunas de las soluciones propuestas han sido las siguientes: el conocimiento de las concepciones y convicciones sociales (propuesta hecha por Ehrlich a través de la Sociología: el derecho vivo), la consideración de que el proceso judicial y el razonamiento jurídico están integrados por tópicos o lugares comunes que auxilian a la aplicación (Viehweg),[28] el establecimiento de sistemas normativos auxiliares a la aplicación elaborados mediante el uso de la lógica contando con la construcción de la pirámide normativa que amplía racionalmente el ámbito legal (Kelsen),[29] la propuesta del estudio de las leyes atendiendo a que se interpretan a partir de la "precomprensión"

---

27. E. Ehrlich, *Freie Rechtsfindung und freie Rechtswissenschaft*, Leipzig (1903), pp. 7-17.
28. T. Viehweg, *Topik und Jurisprudenz*, München (1974), pp. 111-119.
29. H. Kelsen, *Teoría general del Estado*, México (1979), pp. 21-27.

de su contenido (Esser,[30] Engisch[31] y Gadamer[32]), el estudio de la aplicación judicial del Derecho atendiendo al amplio ámbito y contenido de las argumentaciones[33] que en la misma se produce (Perelman,[34] Alexy[35]), la consideración del acuerdo de legitimación social: el consenso, al que están dirigidas las leyes y la organización estatal en su totalidad (los tres poderes) en las sociedades democráticas (Habermas)[36] la consideración de que todas las actividades humanas son realizadas atendiendo a un conocimiento de la realidad producido en el contacto mantenido con la misma realidad: "autopoiéticamente" (Maturana),[37] y no por la mera elucubración o desarrollo intelectual de las propuestas científicas...

Conclusión

El trabajo ha resumido las razones por las que es preciso en Derecho poner énfasis en el contexto comunicativo propio de la aplicación judicial, actividad jurídica ejemplar,

---

30. J. Esser, *Principio y norma en la elaboración jurisprudencial del derecho privado*, Barcelona (1961), pp. 309-339.

31. K. Engish, *La idea de concreción en el derecho y en la ciencia jurídica actuales*, Pamplona (1968), pp. 349-394.

32. H. G. Gadamer, *Verdad y método:* fundamentos de una hermenéutica filosófica, Salamanca (1977), p. 360.

33. Una breve reseña histórica del contenido de las teorías de la argumentación se encuentra en: P. Breton, G. Gauthier, Histoire des théories de l'argumentation, Paris (2011).

34. Ch. Perelman, *La lógica jurídica y la nueva retórica*, Madrid (1979), pp. 176-233.

35. R. Alexy, *Begriff und Geltung des Rechts*, Freiburg (1992), pp. 201-206.

36. J. Habermas, *Faktizität und Geltung. Beiträge zur Diskurstheorie des Rechts und der demokratischen Rechtsstaats*, Frankfurt (1993), pp. 208-237.

37. H. Maturana. *El árbol del conocimiento: las bases biológicas del conocimiento humano.* Santiago de Chile (1988), pp. 159-165.

a efectos de explicarla y darle soluciones más complejas que las que establece la subsunción o el discurrir formal sobre los textos jurídicos, siendo por ello dichas indicaciones plenamente válidas y eficaces con las propuestas hechas para todas las actividades jurídicas por el concepto comunicativo del Derecho que presenta al Derecho como actividad justa de juristas con relación a textos jurídicos. Es por ello que, sin olvidar el valor que tiene una Teoría comunicacional del Derecho cuya referencia para la construcción de sus elementos es la comunicación sobre los signos que constituyen los textos jurídicos, aquí se propugna un concepto comunicativo del Derecho en cuanto está abierto en mayor medida a fundamentar el aprendizaje interdisciplinar en competencias y habilidades que es preciso para un jurista en la sociedad actual.

– ORDENAMENTO, SISTEMA E ÂMBITO JURÍDICOS: CATEGORIAS DA TEORIA COMUNICACIONAL DO DIREITO DE GREGORIO ROBLES

Flávia Holanda[1]

> La Teoría comunicacional concibe el derecho, no como una cosa (en el sentido, por ejemplo, en que usa DURKHEIM esta palavra), sino como un *conjunto de procesos de comunicación*, cuya variedad y complejidad dependen de las características de cada sociedad.[2]

I. Algumas anotações introdutórias

Articulando noções que se voltam para conceito de direito, não é difícil encontrar, ao longo de séculos de estudos

---

1. Doutora e Mestre em Direito do Estado pela Pontifícia Universidade Católica de São Paulo – PUC/SP; Especialista em Direito Internacional Tributário pela Universidad de Salamanca – USAL; Especialista em Direito Tributário pela COGEAE-PUC/SP; Professora Conferencista nos Seminários de Filosofia do Direito da Universidad San Pablo em Madri/Espanha; Professora Conferencista nos cursos de pós-graduação em Direito Tributário da Fundação Getulio Vargas – FGV/Rio de Janeiro, COGEAE-PUC/SP e IBET. Advogada.

2. ROBLES, Gregorio. *Pluralismo jurídico y relaciones intersistémicas.* Madrid: Thomson Civitas, 2007, p. 32.

jurídico-filosóficos, inúmeros juízos de valor diferentes entre si. Definir é uma atitude que repercute uma redução de complexidades, que evidencia a necessária interação do homem com o objeto, qual seja, a sua incansável busca por denominações, nomes, escalonamento de caracteres e a seleção de elementos capazes de diferenciar os objetos entre si, tornando-os únicos.

Mas atribuir nomes, não repercute *necessariamente* numa atitude que rompe com as dificuldades etimológicas, antropológicas e/ou sociais dos termos. Definir o conceito de direito e a partir dele construir noções de ordenamento, sistema e âmbito jurídicos, em definitivo, não é uma tarefa fácil, afinal o trato com a linguagem, a interpretação e a compreensão de textos é, antes de tudo, um ato de valoração.

O laconismo dos juristas quanto ao conceito de direito é resultado da amplitude semântica inerente ao referido objeto de estudo, vale dizer, cada definição poderá remeter o intérprete à identificação das mais diversas estruturas jurídicas aptas a compor a diferentes ordens jurídicas. Vale dizer, o intérprete, sob o controle absoluto de sua subjetividade, é capaz de construir os mais distintos cenários possíveis a depender dos pontos de referência eleitos.

De Kant a Hart, o que se percebe são reflexões que nem sempre alcançam respostas completas, pois a parcialidade nas respostas indica o cerne da atitude incansável de definir, especialmente em se tratando do conceito de ampla carga valorativa como o do direito. Não se trata, portanto, de um laconismo proposital, muito pelo contrário, vislumbra-se, é bem verdade, o domínio do direito em sua máxime semântica a partir de uma atitude epistemológica que se propõe infinita.

Ao longo dos séculos, o que a ciência tem buscado fazer é sistematizar a aproximação do direito, na medida em que empenha suas energias em traçar o conjunto de caracteres capaz de compor um conceito de direito ou em identificar os elementos estruturais comuns a qualquer ordenamento jurídico. Na dicção de Gregorio Robles:

> (...) derecho es sencillamente una palabra, un nombre, para designar o mostrar un conjunto variopinto de fenómenos que tienen lugar invariablemente en todas las sociedades, tanto en las del pasado como en las del presente, y es de suponer que también en las del futuro. El nomen "derecho" remite, para decírlo de una manera abreviada que enseguida aplicaremos y matizaremos, a la diversidad plural de ordenamientos jurídicos que han existido en la realidad humana, existen y existirán.[3]

A atitude inicial de um cientista perante um objeto, que se apresenta em linguagem textual – a palavra –, é analisar qual relação há entre o contexto no qual este intérprete está inserido e a forma como o objeto se apresenta. Noutros termos, é preciso observar se o texto encontra-se escrito em um idioma cujo intérprete domine o uso (importância do código na percepção da mensagem); bem como se o intérprete possui linguagem suficiente para iniciar uma conduta analítica de conhecimento (destaque para o código, a mensagem, o canal e o contexto).

O ato de conhecer, valorar e elaborar juízos/noções/conceitos é, portanto, uma atitude linguística inaugurada por atos de fala. E "falar" é ato de comunicação. Tercio Sampaio Ferraz Jr. afirma, em suas lições introdutórias ao estudo do Direito, que, "falar é dar a entender alguma coisa a alguém mediante símbolos linguísticos. A fala, portanto, é um fenômeno comunicativo".[4]

---

3. ROBLES, Gregorio. Comunicación, lenguaje y derecho: algunas ideas básicas de la Teoría Comunicacional del Derecho. Madrid: Real Academia de Ciencias Morales y Políticas. 2009, p. 17.

4. FERRAZ JR, Tercio Sampaio. Introdução ao estudo do direito. 4ª ed. São Paulo: Atlas S.A. 2003. "Para que um símbolo se torne tal, ele tem de aparecer num ato humano, o ato de falar. Falar é atribuir símbolos a algo, falar é predicar

Comunicação, *a priori*, expressa a necessidade de relacionamento entre os homens dentro de uma comunidade e a participação recíproca nos seus modos de ser,[5] como forma de exercício da liberdade. A livre participação é característica intrínseca ao ato de comunicar, haja vista o fato de estar a todo instante levando em consideração as interações humanas e suas respectivas interferências, sem exsurgir em face de seu contexto de racionalidade, despreocupando-se com tudo que pode envolver as relações entre os seres não humanos e/ou irracionais. Por isso, a liberdade de cada ser humano emana como garantia para uma comunicação autônoma.

Veja que no contexto da palavra comunicação encontram-se os termos liberdade, relação/interação/interferência, comunidade (comum), homem e reciprocidade. Tanto é assim que, à luz dos estudos linguísticos de R. Jakobson,[6] *comunicar é a passagem de sinais através de um canal que vai de um emissor a um receptor*. Perceba que o contexto histórico e cultural – as coordenadas de tempo e espaço – são fatores que podem influenciar diretamente na compreensão das mensagens articuladas, provocando ou não ruídos/falhas na comunicação, caso o emissor e receptor sejam contemporâneos ou não, respectivamente.

Neste universo plural, de crescente complexidade tecnológica, científica, sociológica e social, o homem vive inserido em um contínuo heterogêneo de informações, mensagens, ícones, símbolos e de tantas outras perspectivas linguísticas capazes de irradiar uma diversidade de significados. A cada dia, novos contextos, ambientes e personagens se formam, moldando-se à realidade dinâmica que se

---

[...]. A fala refere-se ao uso atual da língua."

5. ABBAGNANO, Nicola. *Dicionário de filosofia*. 6ª ed. São Paulo: Martins Fontes, 2012, p. 188.

6. Idem, p. 189.

constrói e reconstrói com o passar dos segundos, como se fosse impossível fazer um recorte, ainda que epistemológico, na realidade.

Contudo, em que pese à dose exacerbada de dinamismo condizente com a era das informações instantâneas e o compartilhamento em tempo real dos acontecimentos e das intimidades,[7] não nos parece jurássico falar em critérios mínimos e indispensáveis para se estabelecer a comunicação, quais sejam: (1) contexto, (2) canal; (3) emissor; (4) receptor; (5) mensagem.[8] Isso se confirma na medida em que, para que uma comunicação se opere, um sujeito emissor deve enviar uma mensagem para um sujeito receptor, através de um canal, ou seja, um meio de propagação; devendo ambos ocuparem um mesmo contexto social e histórico, evitando-se assim, versões díspares de um mesmo conteúdo em razão da mera mudança de ponto de referência.

Instaurada a comunicação social, a mensagem poderá ser expressa de diversas *formas*, dentre elas: verbal, musical, escrita, idiomática, icônica, mímica, etc. Entretanto, quando se trata da comunicação jurídica, somente uma forma é convencionalmente aceita: a escrita, tudo em virtude da própria

---

7. FERRAZ JR. Tercio Sampaio. *Estudos de Filosofia do Direito*. 3ª ed. São Paulo: Atlas S.A. 2009, p. 154. "Nesses cenários, que muito têm de um 'admirável mundo novo', coloca-se o foco de luz, vindo do futuro para o presente, sobre a necessidade atual de pensar (ou repensar) o tema da liberdade, à medida que a proteção da espontaneidade individual (livre iniciativa, sigilo) contrapõe-se ao interesse público (transparência, direito à informação, repressão ao abuso de poder) de forma imprecisa, ora pendendo para o fechamento do círculo protecionista em torno do indivíduo (sigilo bancário, sigilo de dados como garantias radicais), ora para o devassamento por meio da autoridade burocrática (legitimação de investigação administrativa sem acompanhamento ou mesmo autorização judicial).

8. Consideramos oportuno destacar o código e a conexão psicológica, elementos que devem ser agregados à composição do conceito de mensagem, embora não tenhamos indicado como critérios indispensáveis à comunicação, como sugeriram R. Jakobson e Paulo de Barros Carvalho, respectivamente.

segurança jurídica das prescrições do direito posto.

Por esta razão, a Teoria Comunicacional do Direito toma como paradigma o fato de reconhecer o direito enquanto texto, sendo texto, o suporte físico para todas as manifestações juridicamente possíveis. Enquanto meio de organização da sociedade, o direito é a mais importante forma de resoluções de conflitos e instauração da paz.[9]

> El punto de partida de esta concepción de la Teoría del Derecho es que éste se nos aparece en nuestra vida como un sistema de comunicación entre los humanos cuyo objetivo consubstancial es la organización de la convivencia social.[10]

O Direito Moderno para ser válido dever ser posto por escrito, inclusive aquele baseado nos costumes (consuetudinário), é assim que se opera nas sociedades civilizadas. O fato de ser escrito não elimina o aspecto linguístico do Direito das Sociedades primitivas, muito pelo contrário, só enfatiza que onde há mais de um ser humano, relações intersubjetivas, há linguagem, independe da forma na qual se expresse.

Afirmar que o direito é linguagem não significa esbarrar em fundamentos ontologicamente expressivos, significa apenas aceitar este como o corte metodológico da chamada Teoria Comunicacional do Direito. Como exemplo de corte metodológico, também podemos citar o *normativismo* de Hans Kelsen, que, no século XX, o levou a propor a chamada Teoria Pura do Direito, segundo a qual seria possível reduzir os fenômenos jurídicos a uma dimensão exclusiva e própria, capaz de ordená-los coerentemente. A Teoria *Normativista* propôs uma ciência jurídica preocupada em

---

9. ROBLES, Gregorio. *Teoría del derecho:* fundamentos de teoría comunicacional del derecho. Volumen I. Tercera Edición. España: Thomson Reuters, 2010, p. 85.

10. Idem, p. 87.

ver, nos diferentes conceitos, o seu aspecto normativo, reduzindo-os a normas ou relações entre normas.[11]

Dentre as categorias elencadas pela chamada Teoria Comunicacional do Direito, estão os complexos conceitos de Ordenamento (ORD), Sistema (SIS) e Âmbito Jurídico. As duas primeiras estruturas, embora tenham sido amplamente estudadas pela ciência do direito ao longo dos séculos, surgem aqui com uma conotação um pouco distinta, projetando a delimitação desses conceitos sob a perspectiva da comunicação – o enfoque/cerne do direito moderno. Dentre as categorias descritas, a última (Âmbito Jurídico) chama a atenção, por se tratar de um termo poucas vezes visto na literatura e utilizado para identificar aquelas que seriam as arestas "flutuantes" ou "derivadas" das "formas linguisticamente geométricas" dos termos ORD e SIS.

Visto isso, passemos à análise dessas categorias.

II. Ordenamento Jurídico (ORD)

Para definir ordenamento jurídico é preciso, primeiramente, compreender sua formação, ou seja, determinar qual ato é capaz de criá-lo. Os indivíduos e grupos sociais, em sua própria composição e para que se estabeleçam longe do que se poderia chamar de *barbárie*, exigem a identificação de um líder, capaz de exercer atos concretos de poder, enquanto autoridades legítimas para atuar em nome destes grupos.

Elege-se uma autoridade através de critérios estabelecidos pela própria sociedade, que os convencionam como suficientes para atribuir competência a alguém para exercer atos de controle. Todo ato concreto de poder

---

11. FERRAZ JR., Tercio Sampaio. *A ciência do direito*. 2ª ed. São Paulo: Atlas S.A., 2010, p. 37.

(competência) tem como pressuposto uma tomada de decisão, ato, por si só, seletor de possibilidades, preconizado, originariamente, por um ato de fala.

Não se pretende, neste trabalho, fazer uma imersão na Teoria dos Atos de Fala iniciada pelo filósofo inglês John L. Austin e desenvolvida por John Searle, afinal este não é o nosso objeto de aproximação. O que nos interessa demonstrar é que qualquer comunicação é inaugurada por um ato de fala, decorrente de um ato de vontade, uma decisão.

A decisão é ato de vontade através do qual um sujeito realiza uma escolha dentro de um universo infinito de possibilidades. No direito não é diferente, a criação de uma norma jurídica implica um ato de decisão, atitude volitiva de uma autoridade no exercício de suas competências. A decisão é o fim buscado pelo próprio direito na consecução de sua finalidade de controle. A *coercitividade normativa*, neste contexto, é meio para garantir a regulação das condutas intersubjetivas através da força do direito positivo.

Diante de um fato social genérico conflituoso que tende a gerar uma lide, o primeiro ato da autoridade competente é o da **decisão normativa**, aquela que cria critérios para dirimir os conflitos em sentido amplo, construindo normas.[12] Nesta medida, as decisões normativas – no plano do direito posto – é reconhecida como um complexo universo de enunciados que contemplam, semanticamente, conflitos hipotéticos, capazes de serem descritos no antecedente jurídico das normas gerais e abstratas.

---

12. ROBLES, Gregorio. *Teoría del derecho:* fundamentos de teoría comunicacional del derecho. Volumen I. Tercera Edición. España: Thomson Reuters, 2010, p. 508. "Las normas pertenecen a o sistema jurídico, el cual las construye sobre la base del texto bruto del ordenamiento. Esto es así porque, como hemos estudiado, las normas constituyen las unidades lingüísticas elementales del sistema y son el resultado de la construcción hermenéutica."

O segundo ato é da **decisão resolutória**, através do qual se pretende pôr termo a conflito concreto, aplicando-se a norma (fenômeno da subsunção) ao fato. O conflito é, por natureza, a referência para se compreender como surge o Direito e qual a sua principal função diante da sociedade. Por este ato, identificam-se os critérios que compunham as normas no seu plano geral a abstrato, concretizando as condutas antes hipotéticas e individualizando os agentes/sujeitos.

Abrem parênteses. As normas jurídicas são postas para alcançar o controle das relações intersubjetivas e permitir o convívio pacífico dos sujeitos em uma sociedade com convenções e regras positivadas. Em um plano utópico, caso não existissem conflitos entre interesses (direitos e deveres recíprocos) dos seres sociais, o direito perderia um pouco da sua força, tornando-se objeto em "desuso". Fecham parênteses.

Exemplificando estes que chamamos de 1º e 2º atos de decisão, temos os legisladores ocupando a função de criar leis e, portanto, tomar as chamadas decisões normativas; enquanto os sujeitos competentes – Executivo, Judiciário – assumem a função de aplicar as normas, tomando, portanto, as decisões resolutórias que põem termo à lide, à luz dos valores inerentes à separação dos poderes, tal como advertia Montesquieu. Logo, percebe-se que não há norma sem decisão, pois a norma jurídica é antes de tudo um ato de vontade.

Destarte, não é possível falar em atos de poder, atos de vontade e decisão, sem falar em competência. Entretanto, nesta oportunidade, não convém adentrar no vasto tema das competências, mas demonstrar que as normas que as definem são aquelas que não buscam delimitar comportamentos, estabelecendo a deonticidade dos modais obrigatório (O), permitido (P) e proibido (V).

Segundo as balizas da Teoria comunicacional do Direito, as normas jurídicas que definem competências são hierarquicamente superiores, não ocupam o mesmo plano das normas de conduta, sequer único plano. Muito embora exercer um ato de poder seja um comportamento, sendo no fundo uma norma de conduta, o fato é que as normas que definem a criação das demais normas precisam ser o próprio fundamento de validade do sistema como um todo, caso contrário, restaria inócua a definição de normas de competência (atos que criam as normas) em situação hierárquica idêntica à das demais normas jurídicas.

Seria uma espécie de Criador (norma de competência) e criatura (demais normas), podendo, esta hierarquia das normas jurídicas, ser ilustrada através de uma estrutura escalonada, onde as normas superiores são o fundamento de validade das normas inferiores.

Sendo assim, o direito é composto por normas *postas* por atos de fala de autoridades competentes. Do conjunto de decisões geradoras de normas, vão surgindo conjuntos de *textos concretos* que, unidos uns aos outros, constituem um grande texto, o *ordenamento jurídico – ORD*. Vale dizer, o ordenamento jurídico é texto jurídico bruto em sua totalidade, composto por enunciados normativos que foram resultado de decisões concretas tomadas por autoridades competentes.

O ordenamento jurídico tem início com o texto constitucional, cujo *pálio* é uma decisão constituinte. Deste texto constitucional, aproximam-se os textos de lei, os Códigos (civil, penal, tributário, comercial, trabalhista, etc.) e dos demais instrumentos introdutores de normas.

A Constituição, por ser texto hierarquicamente superior (fundamento de validade de todo o conjunto de enunciados prescritivos), se sobrepõe aos demais textos (leis em sentido amplo e estrito) para solucionar antinomias e preencher lacunas através de um procedimento jurídico chamado de controle de constitucionalidade das leis. Os tratados internacionais se juntam ao conjunto normativo das leis e aliados com as normas administrativas (instruções normativas, portarias, circulares etc.) também são submetidos ao controle de legalidade.

Todo este conjunto de normas, produto de decisões jurídicas, que está representado por texto escrito, deve ser chamado de texto jurídico bruto ou ordenamento jurídico. Este, que é heterogêneo, quanto à origem, e dinâmico, na medida em que se inova diariamente com a publicação em *Diário Oficial* de leis, decretos, instruções normativas, portarias e demais atos normativos.[13]

Em uma imersão histórica, essas noções de direito posto ou positivo já podiam ser vistas em período anterior à Revolução Francesa quando a sociedade burguesa clamava por mais segurança jurídica. Nesta época, o poder da força ameaçava sobremaneira a realização da justiça, comprometendo os próprios efeitos das decisões.

As primeiras exigências, quanto à reunião dos textos jurídicos, a fim de compor um conjunto de juízos normativos, surgiu nos discursos dos pensadores iluministas, estes que preconizaram o surgimento do positivismo legalista como forma de oferecer mais segurança jurídica aos homens em sociedade,[14] assumindo, os escritos, o efeito

---

13. ROBLES, Gregorio. *Comunicación, lenguaje y derecho:* Algunas ideas básicas de la teoría comunicacional del derecho. Madrid: Real Academia de Ciencias Morales y Políticas, 2009, p. 26. "El ordenamiento jurídico es el texto global bruto, es decir, tal como sale en la prensas oficiales. La constitución, los tratados internacionales, las leyes de las diversas clases, los reglamentos y demás normas de las administraciones públicas, los convenios colectivos, las condiciones generales de contratación, la jurisprudencia de los tribunales, y demás fuentes del derecho, son otras tantas decisiones jurídicas que generan textos cuyo conjunto compone el ordenamiento."

14. FERRAZ JR., Tercio Sampaio. *A ciência do direito.* 2ª ed. São Paulo: Atlas

concreto do compromisso com a ordem juridicamente estabelecida. Veja que surge, neste período, a configuração de uma estrutura fechada, composta pela unicidade de juízos normativos competentes, postos mediante regras de inclusão plenamente aceitas, válidas e vigentes, em tempo e lugar, para controlar uma sociedade.

A segurança jurídica, almejada pelos burgueses e aclamada pelos iluministas, pode ser buscada a partir da formalização dos textos jurídicos em Códigos, tempo a partir do qual os direitos, deveres e sanções positivados passaram a ser aplicados pelo Estado e respeitados por uma comunidade. O direito, através dos textos formais, começou então a regular com veemência os comportamentos e estabelecer regras de conduta no ambiente social com o condão coercitivo inerente ao direito positivo, o que antes era promovido, quase que exclusivamente, pelo apego aos costumes. Sendo assim, a Teoria Comunicacional do Direito observa o ordenamento a partir do fenômeno do positivismo legal,[15] no qual a codificação se fazia necessária à limitação do poder das armas sobre tudo e sobre todos.

O ordenamento jurídico surge como texto desorganizado, bruto, composto por todos os textos resultados de decisões normativas. Pode ser ordenado didaticamente em Códigos, em razão da matéria, o que por si só não lhe atribui homogeneidade e elaboração sistemática, apenas reúne um conjunto de textos repletos de mensagens prescritivas, as normas.

S.A., 2010, p. 31.

15. ROBLES, Gregorio. *Comunicación, lenguaje y derecho*: algunas ideas básicas de la teoría comunicacional del derecho. Madrid: Real Academia de Ciencias Morales y Políticas, 2009, p. 27. "El positivismo jurídico, tanto el propio del siglo XIX como el del siglo XX, ha subrayado la idea del carácter coactivo del derecho. Para esta mentalidad, el derecho es antes que nada un conjunto de normas coactivas, o sea, de normas que prevén sanciones. Al derecho se le contempla como fuerza, coacción organizada e institucionalizada. El rasgo de la fuerza, de la coacción, de la sanción, viene situado en el primer plano."

O ordenamento jurídico é mera cumulação de enunciados tal como publicados no *Diário Oficial*; conjunto de livros repletos de textos, marcas de tinta no papel, que exigem atos de um sujeito cognoscente capaz de lhes atribuir algum sentido jurídico dentro deste aglomerado de escritos jurídicos desordenados. Não por outro motivo, tudo no direito deve guardar conexão com algum ordenamento jurídico, este que é o conceito central da teoria do direito.[16]

O ordenamento jurídico é o suporte físico ou sintático de qualquer ato de vontade, fala ou decisão perante o direito, ou seja, qualquer manifestação jurídica deverá tomar como ponto de partida os termos jurídicos positivados de acordo com normas jurídicas de superior hierarquia. O direito somente se manifesta a partir do texto bruto devidamente formalizado, não sendo aceitas decisões jurídicas que tomem por fundamento o juridicamente impossível ou inexistente.

Contudo, em que pese a existência de um conjunto de textos jurídicos positivos imprescindíveis à compreensão do direito, a aplicação da normatividade, construída a partir destes enunciados prescritivos, apenas ganha força e aplicabilidade se observada a partir de um mínimo de organização racional, com a identificação de critérios capazes de garantir a subsunção de fato à norma, ou seja, de uma premissa maior geral e abstrata tornar possível construir uma premissa menor baseada nas características do caso concreto.

Portanto, o ordenamento jurídico é um conjunto de textos brutos reunidos em estruturas convencionalmente didáticas. Observe que o fato de estarem organizadas em Códigos, não atribui, ao texto, um significado, o mínimo de

---

16. ROBLES, Gregorio. *Teoría del derecho:* fundamentos de teoría comunicacional del derecho. Volumen I. Tercera Edición. España: Thomson Reuters, 2010, p. 68.

racionalidade esperado somente seria passível de construção a partir da ótica do sistema, este sim, capaz de construir discursos inteligíveis a partir de métodos hermenêuticos.

A interpretação dos textos brutos, postos na ordem jurídica, é o ponto de partida para construção dos sistemas jurídicos que adiante serão definidos. Segundo a Teoria Comunicacional do Direito, para a compreensão dos textos jurídicos é necessário algo além de um suporte físico bruto e desordenado – é imprescindível uma construção elaborada que ofereça sentido ao texto bruto, função que será desempenhada pelo conceito de Sistema Jurídico enunciado por Gregorio Robles.

III. Sistema Jurídico (SIS)

A Ciência do Direito, a Jurisprudência e a Dogmática Jurídica têm como tarefa precípua a interpretação dos textos jurídicos brutos a fim de transformá-los em textos jurídicos elaborados. O Sistema Jurídico é o resultado da elaboração científica do texto jurídico bruto do ordenamento,[17] refletindo-o de forma mais extensa e completa, indo além do próprio ordenamento, livrando-o de contradições e ambiguidades. O ordenamento é o suporte físico do sistema jurídico, o objeto de aproximação epistemológica da Ciência do Direito.

Sistematizar é organizar, a partir de critérios definidos, uma determinada classe de elementos, elucidando circunstâncias obscuras, tornando-as mais coerentes, assim o é o sistema jurídico produzido pelos juristas científicos. O ordenamento jurídico contém inúmeros elementos que precisam ser interpretados, situados em contextos

---

17. ROBLES, Gregorio. *Teoría del derecho:* fundamentos de teoría comunicacional del derecho. Volumen I. Tercera Edición. España: Thomson Reuters, 2010, p. 142.

possíveis, para que sejam revelados de forma clara e passíveis de aplicação.

O sistema jurídico expressa o ordenamento na medida em que ajusta os seus significados a partir de técnica de hermenêutica jurídica.[18] Por ser resultado de um processo de interpretação, o sistema tende a ser mais amplo, com estruturas melhor definidas e com linguagem tecnicamente mais rigorosa, coadunando conteúdos e formas na sintonia dos textos jurídicos brutos positivados através de decisões normativas. É justamente por este motivo que não há apenas uma doutrina jurídica acerca do ordenamento jurídico, mas diversas, muitas vezes contraditórias entre si.

Interpretar, assim como sistematizar, é ato repleto de subjetividade. Para se interpretar determinado texto devem-se levar em conta, além do contexto histórico-social do intérprete, os seus valores, crenças, preconceitos, conceitos, até o estado emocional no momento do ato de decisão. Noutros termos, deve-se levar em consideração tudo capaz de influenciar na formação do juízo de valor a partir daquele texto jurídico bruto. Logo, o sistema jurídico não é uno, é múltiplo, justamente por ser uma construção do homem com a necessária interferência da subjetividade na sua elaboração, o que não o desqualifica enquanto argumento de autoridade.

---

18. ROBLES, Gregorio. *Teoría del derecho:* Fundamentos de teoría comunicacional del derecho. Volumen I. Tercera Edición. España: Thomson Reuters, 2010, 143. "Que refleja el ordenamiento quiere decir que el sistema no trata de inventarse nada que no esté, de una o de otra manera, en el ordenamiento. Lo que ocurre es que, dada la limitación del lenguaje y la necesidad de expresión escueta del legislador, y otras condiciones como la necesidad de legislar prontamente, la sucesión de decisiones normativas sobre la misma materia, etcétera, el ordenamiento contiene potencialmente elementos que han de ser desentrañados, revelados, extraídos y puesto de manifiesto de manera patente. El sistema expresa mejor que el ordenamiento lo que este mismo dice. Y, al expresarlo mejor, dice más cosas, pero esas cosas que dice no están en contradicción con el texto del ordenamiento, sino todo lo contrario: *el sistema permite el ajuste de los significados de todos los elementos textuales que componen el ordenamiento.*" (grifo nosso).

Por isso que os sistemas jurídicos são textos elaborados com apego e rigor às técnicas científicas e ao conteúdo, para que se possa alcançar maior precisão quando da aproximação de seu objeto de conhecimento (texto bruto do ordenamento jurídico). São exatamente os sistemas construídos nestes parâmetros que ganham o respeito da comunidade jurídica e dos aplicadores do direito, passando a ser notoriamente reconhecidos como *sistemas dominantes*.

O que há entre ordenamento e sistema é uma relação contínua, que tentamos ilustrar logo abaixo através de um diagrama que descreve um processo de construção de sentido, pois sobre um ordenamento inicial é possível construir um sistema inicial; que por sua vez pode dar origem a um novo ordenamento e, por conseguinte, a outro sistema elaborado, haja vista ter partido de novo suporte físico, e assim por diante.[19]

Ilustração 01:

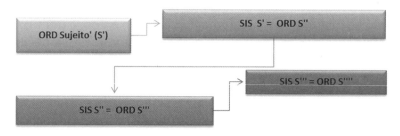

Tem-se, nesta ilustração 01, um verdadeiro processo de comunicação, através do qual se toma inicialmente um texto bruto (ORD) por um Sujeito', a partir dele constrói-se um texto elaborado 1 (SIS S') – um sistema que o Sujeito' foi capaz de construir. Outro Sujeito, agora S", diante do

---

19. ROBLES, Gregorio. *Teoría del derecho:* fundamentos de teoría comunicacional del derecho. Volumen I. Tercera Edición. España: Thomson Reuters, 2010, p. 149.

texto elaborado pelo Sujeito', toma-o como suporte físico (SIS S'= ORD S") para construção de seu próprio texto elaborado (SIS S"). Que, para o Sujeito''', tem natureza de texto bruto (SIS" = ORD S'''), passível de elaboração e construção do chamado SIS S''', e, assim, sucessivamente.

Os Sistemas jurídicos dominantes, portanto, são capazes de influenciar a criação de ordenamentos jurídicos mais arrojados, que acompanhem, ainda que no tempo do direito, as crescentes complexidades da vida em sociedade. Tomamos essa construção como uma verdade que flexibiliza os conceitos de texto bruto e texto elaborado, colocando um toque de subjetividade nesta construção, que parece óbvia, mas que reflete a complexidade das construções de sentido, especialmente em se tratando de sentido jurídico.

Não por outro motivo, Gregorio Robles conclui que:

> El sistema jurídico es el texto global bruto. Refleja el ordenamiento de referencia pero al mismo tiempo lo completa y lo aclara mediante el método científico-jurídico o dogmático. Si en los procesos de comunicación del ordenamiento intervienen los operadores jurídicos de la más diversa especie, el sistema es obra de los juristas científicos o dogmáticos. La tarea de éstos consiste en presentar de manera sistemática, conceptualmente depurada y lo más completa posible la materia jurídica ordinamental.[20]

Entre o suporte físico – ORD e o texto elaborado – compreensão do texto bruto – SIS – há inúmeros processos comunicativos cuja intensidade revela as dimensões do contexto em que ambos estão inseridos. Quanto maior a complexidade do entorno e rigor técnico do dogmático, mais intensos serão os processos de comunicação. Por esta razão, a dualidade ORD/SIS é ininterrupta e

---

20. ROBLES, Gregorio. *Comunicación, lenguaje y derecho:* algunas ideas básicas de la teoría comunicacional del derecho. Madrid: Real Academia de Ciencias Morales y Políticas, 2009, p. 38.

permanente, ambos vivem uma relação de reciprocidade intertextual ao longo do tempo, cujo viés é, inequivocamente, hermenêutico.

A Dogmática Jurídica (Ciência do Direito) trata da relação comunicacional entre o emissor e o destinatário da mensagem jurídica, pois é a elaboração sistemática dos textos científicos que decodificam as letras do ordenamento positivo e transformam-nas em material acessível à sociedade. O próprio método científico de aproximação do objeto pressupõe a analiticidade dos processos comunicativos e, naturalmente, ensejam a interpretação e construção de enunciados claros e capazes de transmitir uma mensagem ao receptor.

No entanto, é o contexto que define a perspectiva do sistema jurídico, afinal, as ordens jurídicas refletem o Estado em que estão inseridas, ou seja, o direito estatal que estão representando. Logo, o sistema jurídico não se pretende único, pretende-se fiel ao seu objeto de aproximação – o ordenamento – sua linguagem objeto, delineando o entorno a partir das técnicas hermenêuticas.

Por se tratar de uma metalinguagem (texto que fala de outro texto - linguagem que toma como objeto outra linguagem), os textos elaborados (sistemas) conseguem ir além do texto bruto, por força da expressão, do ajuste de sentido e dos significados dos elementos textuais do ordenamento. Isso não implica dizer que o sistema é *descritivo*,[21] mas *interpretativo* de sua linguagem objeto.

---

21. ROBLES, Gregorio. *Teoría del derecho*: Fundamentos de teoría comunicacional del derecho. Volumen I. Tercera Edición. España: Thomson Reuters. 2010, p. 142. "Aun así, el positivismo normativista (KELSEN, ROSS, HART), si bien no identifica el Derecho y ley, ya que abre el concepto de ordenamiento al incluir en él otros tipos de normas, además de la ley, sigue pensando el Derechoen términos de lo puesto por los órganos de decisión y, por tanto, como una realidad que nos viene dadas de antemano. De ahí su actitud descriptivista. Si las normas nos vienen dadas de antemano, y eso es el Derecho, es lógico soste-

IV. Âmbito Jurídico

Até o presente momento, falamos nas leis em sentido amplo e estrito, na Constituição, nos Códigos (textos brutos), Dogmática Jurídica, Ciência Jurídica, Jurisprudência (textos elaborados), mas não se fez qualquer menção aos instrumentos particulares – contratos, peças processuais produzidas pelos advogados, consultorias jurídicas, testamentos, e aos demais textos que fazem referência ao ordenamento e ao sistema, tomando-os como elementos autorizativos de condutas, fundamentos de validade, mas que não podem ser incluídos nas classes do ordenamento, nem do sistema.

O ordenamento jurídico é o núcleo central do âmbito jurídico,[22] isso porque o ordenamento é a totalidade textual do direito vigente: a Constituição, as leis, os tratados internacionais, os regulamentos administrativos, os convênios, as jurisprudências dos tribunais superiores, etc. Os Sistemas também são textos globais, mas produzidos por juristas científicos e não por legisladores. Tratando-se, pois, de texto mais amplo em virtude da complexidade hermenêutica inerente à Ciência do Direito e à Dogmática Jurídica.

É esta dualidade ente ordenamento e sistema que constitui o centro de todo o Âmbito Jurídico, pois este consegue ser mais amplo que o ordenamento e o sistema juntos, por se tratar do universo onde se instauram as relações jurídicas.

Todos os atos jurídicos constituem processos interativos de comunicação entre agentes diversos, pessoas físicas,

---

ner que la ciencia jurídica se limita a discribir dichas normas."

22. ROBLES, Gregorio. *Teoría del derecho:* fundamentos de teoría comunicacional del derecho. Volumen I. Tercera Edición. España: Thomson Reuters, 2010, p. 504.

pessoas jurídicas e estes atos só fazem algum sentido jurídico ou merecem a atenção do direito, porque refletem o ordenamento na medida em que são por ele regulados na prática jurídica.

Existem atos que não geram nem texto bruto nem texto elaborado, mas que somente obtêm algum significado relevante se relacionados ao ordenamento ou ao sistema jurídico em sua completude.

> Un ámbito jurídico comprende, pues, al ordenamiento jurídico y al sistema jurídico. Además comprende también un conjunto de actos comunicativos (traducibles por tanto en textos concretos) que se producen o puedan producirse en relación con aquéllos. Por último, también comprende aquellos actos que en sí no son generadoras de texto en sentido estricto pero que adquieren su sentido desde la lectura que se hace de ellos a partir del ordenamiento/sistema.[23]

Trata-se de um espaço virtual[24] comunicacional que têm como eixos centrais o ordenamento e o sistema e que ao redor geram múltiplos processos de comunicação, conjunto de fenômenos comunicativos que vão além daqueles já descritos enquanto parte do conjunto ordenamento e enquanto elemento do conjunto sistema.

Senão vejamos na ilustração 02 que segue:

---

23. ROBLES, Gregorio. *Teoría del derecho:* fundamentos de teoría comunicacional del derecho. Volumen I. Tercera Edición. España: Thomson Reuters, 2010, p. 507.

24. Idem.

Ilustração 02:

As pessoas enquanto titulares de direitos e deveres e enquanto partes de relações jurídicas, também são partes do Âmbito Jurídico.

Neste sentido, atos que são a concretização de procedimentos estabelecidos por normas jurídicas próprias do ordenamento e do sistema, são atos que não pertencem nem a um nem a outro, mas ao universo intitulado de âmbito jurídico. Neste contexto, as situações jurídicas, assim como as relações jurídicas interpessoais, intersistêmicas (entre sistemas) e interordinais (entre ordens normativas) compõem o chamado âmbito jurídico. É como se, por exclusão, num ato lógico negativo, o que não está no ordenamento nem no sistema, mas refere-se a eles, com forma e conteúdo competentes, integrasse o âmbito jurídico.

Com esta classificação, entendemos que Gregorio Robles ofereceu as respostas que a comunidade acadêmica aguardava no que referiam às categorias jurídicas que iam além do texto bruto (ORD) e do texto elaborado (SIS), conceituando âmbito jurídico como o conjunto de processos comunicativos que fazem referência direta a um determinado ordenamento, refletindo e reproduzindo os instrumentos regulados pelo direito posto, mas que não é resultado de um processo legislativo, nem de um método científico de sistematização, são manifestações jurídicas praticadas pelos particulares que não assumem nenhum dos caracteres próprios de sistema, sequer de ordenamento – conjunto de textos prescritivos brutos.

V. Referências

ABBAGNANO, Nicola. *Dicionário de filosofia*. 6ª ed. São Paulo: Martins Fontes, 2012.

FERRAZ JR, Tercio Sampaio. *Introdução ao estudo do direito*. 4ª ed. São Paulo: Atlas S.A. 2003.

_____. *A ciência do direito*. 2ª ed. São Paulo: Atlas S.A., 2010.

ROBLES, Gregorio. *Teoría del derecho:* Fundamentos de Teoría Comunicacional del derecho. Volumen I. Tercera Edición. España: Thomson Reuters, 2010.

_____. *Pluralismo Jurídico y relaciones intersistémicas*. Madrid: Thomson Civitas, 2007.

_____. *El derecho como texto – Cuatro estudios de teoría comunicacional del derecho*. 2ª Edición. Madrid: Civitas, 1998.

_____. *Comunicación, Lenguaje y Derecho:* Algunas ideas básicas de la Teoría Comunicacional del Derecho. Madrid: Real Academia de Ciencias Morales y Políticas. 2009.

ORDENAMIENTO, SISTEMA, ÁMBITO: LA FUNCIÓN COMUNICACIONAL DE LA DOGMÁTICA JURÍDICA

Gregorio Robles[1]

1. La designación "teoría comunicacional del derecho"

La designación "teoría comunicacional del derecho" (en adelante, TCD) responde al hecho de adoptar una determinada perspectiva para la investigación del fenómeno jurídico: la perspectiva de la comunicación.[2]

Esta afirmación implica varias consecuencias. La primera y fundamental es la de reconocer que el fenómeno

---

1. Dr. juris. Catedrático (*ordinary professor*) de Filosofía del Derecho en la Universidad de las Islas Baleares (Palma de Mallorca). Académico de Número de la Real Academia de Ciencias Morales y Políticas (Madrid). Obra básica: *Teoría del Derecho. Fundamentos de Teoría comunicacional del Derecho*. Ed. Thomson Reuters-Civitas. Dos volúmenes: vol. I, 6ª ed. 2015 (950 pgs.); vol. II, 1ª ed. 2015 (630 pgs.). Última monografía publicada: *Hans Kelsen. Vida y Obra*. Ed. Thomson Reuters-Civitas: Cizur Menor (Navarra) 2014 (200 pgs.).

2. Para caracterizar la TCD en mis trabajos uso también estas otras designaciones: teoría de los textos jurídicos, teoría hermenéutico-analítica y análisis del lenguaje de los juristas. Las cuatro designaciones no son incompatibles. Suponen simplemente que se pone el acento en un aspecto, o en otro, desde un mismo enfoque. Lo he explicado con algo de detalle en el Prólogo a la sexta edición de *Introducción a la Teoría del Derecho*. Barcelona: Editorial Debate, 2003, pp. 18-27.

jurídico es susceptible de ser estudiado desde diversos puntos de vista, cada uno de los cuales tiene su propio objeto e interés. Así, por ejemplo, el fenómeno jurídico puede ser abordado desde la perspectiva sociológica, lo cual supone entenderlo como un aspecto de la sociedad, esto es, como un conjunto de hechos o fenómenos sociales, y además implica la necesidad de ponerlo en relación con otros hechos de naturaleza social como, por ejemplo, las relaciones de poder. Otra perspectiva es la del filósofo moral que, desde una teoría de la justicia, intenta comprender y valorar el derecho, como una emanación de aquella o, por el contrario, como una desviación más o menos pronunciada. Otros ángulos serían los propios del historiador, del antropólogo, del teólogo, o del economista. Cada uno de ellos verá el derecho desde una perspectiva distinta. Todas las perspectivas, en su conjunto, darían una visión completa del fenómeno jurídico. Por tanto, la TCD no pretende en absoluto desplazar o minusvalorar otras perspectivas. Antes al contrario, admite su propia autolimitación como uno de sus rasgos básicos. Al mismo tiempo, subraya que toda perspectiva es limitada; por tanto, también la del sociólogo, la del filósofo moral, la del historiador, la del antropólogo, la del teólogo o la del economista. El conocimiento humano, por su propia naturaleza, es perspectivista: ve las cosas en escorzo, desde un determinado ángulo.

Ahora bien, cuando se elige una perspectiva para investigar algo, es preciso justificar esa elección. ¿Por qué razón me he decidido por la perspectiva comunicacional, esto es, por ver el derecho como un fenómeno de comunicación? Esta pregunta apunta a lo que puede denominarse la *decisión epistemológica*.

La razón de haber elegido la comunicación como perspectiva para conocer el derecho la he extraído de la *experiencia* de la vida cotidiana. Reconozco que puede parecer extraño esto que acabo de decir, pues la TCD se caracteriza por un alto nivel de abstracción. Podría pensarse que dicho nivel se compadece mal con la experiencia de la vida diaria. Y, sin embargo, no falto a la verdad si afirmo que así es: el impulso para analizar el derecho desde los esquemas epistemológicos y metodológicos propios de la TCD me viene de tratar de comprender el derecho tal como se manifiesta en la vida de todos los días.

Supongamos el siguiente conjunto de hechos bastante comunes. Tengo que concertar un negocio, para lo cual he de viajar de Palma de Mallorca a Madrid. Por Internet compro los pasajes de avión correspondientes y, al mismo tiempo, contrato un seguro de viaje. Llego a Madrid y alquilo un automóvil. En la entrevista programada alcanzamos un acuerdo tras una conversación de un par de horas. Si me paro a pensar, me doy cuenta de que en estas operaciones he celebrado cuatro contratos. Y me pregunto: ¿qué es un contrato? Respondo algo bien sabido: un contrato es un concierto de voluntades en virtud del cual cada parte se obliga a una cosa: la prestación y la contraprestación; todo ello de acuerdo con la ley. Me sigo preguntando: ¿Qué he hecho para celebrar esos cuatro contratos? Respondo: me he puesto en contacto con la otra parte y he alcanzado un acuerdo con ella. Esto es, nos hemos comunicado y a través de la comunicación hemos llegado a celebrar cada uno de los contratos. Me sigo preguntando: ¿Cómo sé que lo que he hecho, en cada una de esas ocasiones, es celebrar un contrato? Respondo: porque así lo establece el Código Civil. ¿Por qué me obligan los contratos y también obligan a quienes contratan conmigo? Por la misma razón: porque la ley – el Código Civil – preceptúa claramente que los contratos tienen fuerza de ley entre las partes contratantes y deben cumplirse a tenor de los mismos. ¿Por qué me obliga el Código Civil? Porque es la "voluntad" del legislador, que así me lo ha comunicado al promulgar el mencionado Código. El legislador, al cumplir su función de elaborar y aprobar las leyes, se erige en emisor privilegiado de comunicación jurídica dirigida a muchísimas personas; a veces, incluso a todas las personas. Pasa el tiempo y resulta que yo he cumplido el contrato que celebré en Madrid, pero no así la persona con la que contraté. Le reclamo el cumplimiento (nuevo acto de comunicación), pero no obtengo la respuesta satisfactoria. Decido entonces acudir a los jueces interponiendo una demanda. ¿Qué es una demanda? Es una solicitud escrita dirigida al juez, en la cual se plantea una acción procesal, para que éste – aceptándola – comience un proceso. Me he comunicado con el juez a través de la demanda. El juez ha dado tramitación a la misma comunicándola a la otra parte. Y después viene el proceso. ¿Qué es un proceso sino un conjunto de actos comunicativos que siguen el procedimiento establecido por las leyes procesales? El proceso es, en efecto, una conversación – casi siempre algo tensa –, en la cual se debate sobre un problema que enfrenta a las partes y que concluye con otro acto de comunicación: la sentencia.

Todo este conjunto de *procesos comunicativos* se concretan mediante actos de locución o actos de habla (*actus loquendi*, que decían algunos clásicos). Estos actos se expresan por lo común de dos modos: oralmente o por escrito.[3] Los primeros, los expresados oralmente, son susceptibles, en todo caso, de ponerse por escrito. Consecuentemente, todos los procesos comunicativos – al menos los que tienen lugar en los ámbitos jurídicos – o bien *son textos* o bien *son "textualizables"*. Tenemos entonces estos aspectos a

---

3. Simplifico aquí un poco la cuestión. El lenguaje puede ser oral, escrito y mímico. Por ejemplo, el guardia de la circulación me hace un gesto con la mano para que detenga mi automóvil. También podemos expresarnos mediante sistemas de signos como el "morse". Están además los "actos concluyentes", actos mediante los cuales se expresa un consentimiento o una voluntad sin decir nada, pero sí haciendo algo o dejando hacer.

considerar: la comunicación se realiza mediante el lenguaje[4] y se concreta en textos escritos. *Comunicación, lenguaje* y *texto* constituyen los tres términos de partida de la teoría comunicacional del derecho.

2. ¿Cómo ha surgido la teoría comunicacional del derecho?

Muchas veces me hacen esta pregunta cuando doy una conferencia o acudo a un seminario. ¿Cuál es el origen de esta concepción, cuáles sus fundamentos filosóficos, en qué se inspira?

Lo primero que tengo que decir, para despejar dudas, es que *no* se inspira en la obra de Jürgen Habermas. Con todos los respetos hacia este destacado autor, considero que no es un jurista, ni tampoco – por consiguiente – un filósofo del derecho en el sentido en que yo entiendo la filosofía del derecho. Digo esto porque no es infrecuente que los que no leen las obras de los autores, sino que más bien se imaginan lo que en ellas se halla escrito, suelan adscribir a la TCD la filiación habermasiana por el simple hecho de que dicho filósofo también trata de la "comunicación". Quien se tome el trabajo de examinar y comparar, podrá comprobar que ambas concepciones distan mucho de tener planteamientos comunes. Para empezar, las separa claramente el hecho de que mientras la concepción habermasiana mezcla constantemente planos epistemológicos, la TCD se esfuerza en separarlos. Además, si aquella parte de enfoques filosóficos generalistas para descender al derecho, ésta se construye desde la base de una continua investigación del

---

4. Entiéndase bien. La comunicación no tiene lugar mediante el lenguaje en abstracto sino, por lo general, mediante una lengua. "Lenguaje" es la palabra que designa al conjunto de todas las lenguas, tanto vivas como muertas, y también puede incluir los signos lingüísticos que no son lenguas.

derecho positivo. La TCD es una filosofía jurídica *de juristas y para juristas*. Creo bastante difícil que una persona sin formación jurídica la pueda entender cabalmente. Por último, si la primera se inspira en la corriente de la Escuela de Frankfurt, de gusto más bien hegeliano y neomarxista, la segunda simpatiza más con el kantismo y el neokantismo, con la hermenéutica y la filosofía del lenguaje.

Si miro hacia atrás, hacia los casi treinta y cinco años en que vengo elaborando y publicando esta concepción, y hago un auto-análisis, creo que sería adecuado afirmar que la TCD surge, por un lado, como respuesta a las aporías que me planteaba la teoría pura del derecho de Hans Kelsen y, por otro lado, como propósito de utilizar en la teoría del derecho el análisis del lenguaje de los juristas, la filosofía del lenguaje y la hermenéutica filosófica.

Mi interés por los autores de la Escuela de Viena se remonta a mi época de estudiante. Junto a los autores vieneses (Kelsen, Merkl, Verdross) siempre he prestado mucha atención a las grandes obras de teoría general del derecho y del estado (Jellinek, Thon, Bierling, Austin, Holland, Hart, Levi, Carnelutti, Bobbio, Ross, Olivecrona, Guasp, Nawiasky, Carré de Malberg, Larenz, etc.) y a los estudios del derecho positivo, fundamentalmente del derecho español, pero también del alemán y del ordenamiento jurídico de la Unión Europea.[5] He sido y soy asiduo lector de obras de dogmática jurídica (aquí tengo que citar especialmente a Castán, Garrigues, De Castro Bravo, Antón Oneca, García de Enterría, y Diez Picazo). El haber sido profesor de la asignatura "Derecho de la Unión Europea" durante 25 años me ha exigido, además de conocer la bibliografía específica sobre dicho ordenamiento, el tener que prestar atención al derecho comparado y a la jurisprudencia del Tribunal de

---

5. No es preciso añadir que los libros de filosofía del derecho han formado y forman parte de mis lecturas habituales.

Justicia de Luxemburgo. Ésta ha sido una experiencia muy rica que me ha exigido el contacto permanente con obras de derecho positivo y con la jurisprudencia de diversos tribunales. Los estudios de sociología del derecho me han llevado fundamentalmente a Eugen Ehrlich, Max Weber, Theodor Geiger y Émile Durkheim.

Desde muy pronto, adquirí conciencia de lo importante que es, para hacer teoría del derecho, fijarse en las palabras de los juristas, o sea, en sus modos de expresión y en el significado profundo de estos modos. Mi interés por la filosofía del lenguaje – de la que la hermenéutica es una modalidad – proviene, me parece, del hecho de la curiosidad que siempre he sentido por el lenguaje jurídico.[6] Lo que más me desazonaba cuando era estudiante era encontrarme con profesores que usaban el lenguaje sin mucho rigor, y esa desazón era mucho mayor aun cuando ese defecto lo encontraba en los libros de texto que tenía que estudiar para los exámenes. No pocas veces sustituí el libro recomendado por otro que yo consideraba de mayor altura y penetración. No soportaba los breves "manualitos" condensados en escasas páginas, apenas inteligibles sin una explicación más extensa. Empecé a sentir verdadera vocación por el derecho gracias a que elegí buenos libros para preparar las distintas asignaturas, independientemente de que fueran los recomendados por los profesores. Gracias también a que tuve tres profesores (no más) muy buenos.

---

6. Por ejemplo, ya de estudiante me llamaba la atención expresiones de los juristas como "efecto constitutivo de las normas jurídicas", "sentencias declarativas, constitutivas y de condena", "fuerza de cosa juzgada", etc. Antes de estudiar filosofía del lenguaje fui muy consciente del carácter "performativo" del derecho. El lenguaje jurídico es un buen laboratorio para experimentar con todas las funciones posibles del lenguaje. Con ello me refiero no sólo al lenguaje de la constitución y de las leyes, sino asimismo de los procesos, de las negociaciones, de los contratos, etc.; esto es, al lenguaje jurídico en sus más diversas manifestaciones.

Este *modus operandi*, consistente en estudiar constantemente el derecho positivo, nunca lo he abandonado totalmente, ni siquiera durante los cinco largos años de preparación de la tesis doctoral que escribí sobre Ortega y Gasset. Ese tiempo lo dediqué sobre todo a estudiar filosofía, en especial la que rodeaba o presuponía la investigación de la obra orteguiana. Así me puse en contacto con el neokantismo, la fenomenología, el existencialismo, el vitalismo y la filosofía política liberal. También profundicé bastante en el pensamiento marxista. Durante esos años y buena parte de los siguientes, hasta ganar la cátedra de Palma de Mallorca, leí también las principales obras de los clásicos de la filosofía jurídica y política. Todos ellos me impresionaron, pero el que más fue Thomas Hobbes, seguido de Alexis de Tocqueville. Esa actividad lectora me ocupó intensamente durante trece o catorce años.

En los últimos venticinco años han sido muy importantes para la construcción de la TCD los seminarios semanales de filosofía del derecho en los que he podido debatir con mis colegas algunas de las tesis principales. Asimismo han sido decisivos los encuentros con profesores extranjeros, entre los que es de justicia destacar de manera muy especial los habidos en el "Grupo de Estudos", dirigido por el profesor y eminente jurista Paulo de Barros Carvalho,[7] quien ha elaborado una concepción que tiene algunos puntos en común con la TCD: me refiero al denominado "constructivismo lógico-semántico".[8]

---

[7]. Especial interés teórico-jurídico reviste la obra de Paulo de Barros Carvalho, *Direito Tributário. Linguagem e Método*. 6ª Edição revisada e ampliada. São Paulo: Noeses, 2015.

[8]. Fruto del intercambio de ideas es el libro *Teoria Comunicacional do Direito: Diálogo entre Brasil e Espanha*. Coordenadores: Paulo de Barros Carvalho & Gregorio Robles. Ed. NOESES. São Paulo 2011. La obra recoge 28 estudios agrupados bajo diez epígrafes: Teoria comunicacional do direito (Gregorio Robles; Paulo de Barros Carvalho). O problema do conceito de direito (Clarice Von Oertzen de Araujo, Fernando H. Llano, Fabiana Del Padre Tomé). O direito

Vuelvo ahora a la Escuela de Viena. Encontré que la teoría pura era una teoría del derecho incompleta, ya que en ella no se expone una teoría de la dogmática jurídica ni una teoría de las decisiones jurídicas (salvo algunos rasgos – pocos- formales). Además, por otra parte, me pareció que la teoría pura se había apartado del formalismo al introducir la voluntad (concepto psicológico) y la eficacia (concepto sociológico) en sus análisis, sobre todo de la validez tanto de los actos como de las normas.

Era, pues, necesario ampliar su esquema, y eso es lo que he hecho al entender que la TCD comprende, junto al nivel de la teoría formal (o pura), el de la teoría de la dogmática y el de la teoría de las decisiones. Ello conllevaba dar un paso filosófico decisivo: abandonar el ontologismo positivista e introducir de lleno la filosofía del lenguaje en el terreno de la teoría del derecho. Esto lo hice, como explicaré a continuación, adoptando el esquema tripartito propio de la lingüística (sintaxis, semántica, pragmática). Creo haber conseguido de ese modo la ordenación completa de la materia propia de una teoría verdaderamente general del derecho. Soy consciente de que los tres niveles mencionados plantean matices metódicos algo diferentes, pero dentro de un mismo método global: el método hermenéutico-analítico. Lo que – en mi opinión – hace la teoría de Kelsen es reducir la teoría del derecho a la teoría formal, es decir, a la sintaxis. Mi propuesta es mantener la teoría

---

como texto (Félix Francisco Sánchez Díaz, Aurelio de Prada García, Héctor López Bello, Aurora Tomazini de Carvalho, Ignacio Sánchez Cámara). As decisões no direito (Tárek Moysés Moussallem, Liliana Mijancos Gurruchaga, Guilherme Adolfo Mendes, Ana Carolina Papacosta Conte de Carvalho Dias). Ordenamento e Sistema (Tácio Lacerda Gama). Dogmática jurídica e Teoria comunicacional do Direito (Paulo Ayres Barreto, Patricia Santos Rodríguez, Tathiane dos Santos Piscitelli, Arturo Cadenas Iturriozbeitia). As normas jurídicas (Marta Albert Márquez, Robson Maia Lins, Renata Elaine Silva, Flavia L.P. Holanda). A ação no direito (Mercedes Gómez Adanero, Fernando Rister de Sousa Lima). Validade dos atos e das normas (Diego Medina Morales, Florence Haret). Coatividade (Virginia Martinez Bretones).

formal, pero junto a ella abordar asimismo los otros dos niveles de análisis lingüístico.

Por otro lado, la teoría pura del derecho ha introducido en sus exposiciones conceptos y elementos que no son meramente formales, sino referentes a hechos. Estas concesiones al sociologismo y al psicologismo las considero improcedentes, pues son propias de la psicología y la sociología jurídicas. Mi tratamiento de la teoría formal es exclusivamente formalista, si bien no es descriptivista sino *constructivista*: las normas jurídicas no aparecen en el ordenamiento, sino en el sistema jurídico propiamente dicho (SIS), como construcciones a partir del texto ordinamental potencialmente normativo. En el plano de la teoría formal – puedo decir – soy más formalista que Kelsen.

En lo que sigue trataré de dar cuenta ajustada de las ideas precedentes. Comenzaré por aclarar el sentido de los tres niveles de análisis lingüístico propios de la TCD.

3. Los tres niveles de análisis del lenguaje de los juristas

Los tres niveles de análisis mencionados corresponden a los ya clásicos de la filosofía del lenguaje: la sintaxis, la semántica y la pragmática. De igual manera a como en el estudio del lenguaje son precisos estos tres marcos problemáticos, así debía suceder con el derecho desde el momento en que se lo concibe como un conjunto de procesos de comunicación, esto es, como un conjunto de textos que, a su vez, son manifestaciones lingüísticas.

Sintaxis, semántica y pragmática constituyen, en efecto, tres aspectos de la investigación lingüística perfectamente trasladables al derecho. Al ser entendido éste como un conjunto de procesos de comunicación que, por su propia naturaleza, son expresables en textos, es legítimo aplicar a su investigación aquel modelo tripartito. Puede entonces hablarse de una sintaxis jurídica, de una semántica jurídica y de una pragmática jurídica.

La sintaxis (o morfosintaxis) se ocupa de las formas del lenguaje. La sintaxis jurídica tiene por objeto, consecuentemente, las formas del lenguaje jurídico; esto es, de los conceptos y estructuras formales del derecho. A la sintaxis jurídica la denomino *teoría formal (o pura) del derecho*. Constituye una parte de la teoría comunicacional: la que se encarga de investigar, dentro del más estricto formalismo, los conceptos jurídicos formales y las relaciones formales que los unen.

Esta parte – la teoría formal – ya fue objeto de estudio, aunque parcial, en el libro *Las Reglas del Derecho y las Reglas de los Juegos*. Universidad de Palma de Mallorca 1984; 2ª ed. UNAM, México 1988 (Hay edición alemana: Springer, Wien/New York 1987; y brasileña: NOESES, Sao Paulo 2009),[9] y en otros trabajos. La teoría formal del derecho tal como se la entiende desde la TCD está hoy expuesta ampliamente en mi obra *Teoría del Derecho. Fundamentos de Teoría comunicacional del Derecho*. Volumen I. 6ª edición. Thomson Reuters-Civitas: Cizur Menor (Navarra) 2015. A lo largo de las diversas ediciones de esta última obra (la primera edición es de 1998) he ido ampliando su contenido, hasta llegar a un libro bastante voluminoso (más de 950 páginas).

La semántica estudia cómo se forma el significado de las palabras, de las frases; en definitiva, de los textos. En el derecho, hallar y exponer el significado de los textos jurídicos normativos es la tarea que corresponde a la dogmática jurídica – llamada también "ciencia jurídica", "ciencia de los juristas", "doctrina jurídica" o "jurisprudencia". Los

---

9. G. Robles, *As Regras do Direito e as Regras dos Jogos. Ensaio sobre a teoria analítica do direito*. Traduçao de Pollyana Mayer. São Paulo: Noeses, 2011.

libros en los que estudiamos las diversas disciplinas –derecho civil, mercantil, administrativo, penal, etc. – forman partes de la dogmática jurídica. Ésta es una disciplina cuyo objeto es exponer sistemáticamente los contenidos de sentido de los textos normativos de *un* ordenamiento jurídico determinado. Su objetivo es construir el sistema de dicho ordenamiento, El sistema refleja y expresa el ordenamiento en su forma más acabada y perfecta. El sistema es la mejor versión del ordenamiento. Es la versión inteligente del ordenamiento. La dogmática jurídica no es teoría del derecho, ya que aquella se centra en el estudio de un ordenamiento determinado, mientras que ésta tiene por objeto la investigación del derecho posible: su objeto es el derecho en general, esto es, el conjunto de los ordenamientos jurídicos, tanto los del pasado, como los del presente y los del futuro. Dentro de la TCD el segundo nivel corresponde a lo que denomino *teoría de la dogmática jurídica*.

La teoría de la dogmática jurídica no debe equipararse a la dogmática jurídica. Esta última es una disciplina idiográfica, ya que su objeto lo forma *un* ordenamiento, mientras que la teoría de la dogmática jurídica es una disciplina nomotética, ya que tiene el cometido de analizar cómo se construye el sistema, y cuáles son los caracteres de la dogmática.[10] Esta parte de la TCD constituye el volumen II de *Teoría del Derecho. Fundamentos de Teoría comunicacional del Derecho*, publicado en Thomson Reuters-Civitas en 2015. Algunos estudios referentes a esta problemática de la teoría de la dogmática jurídica están recogidos en mi libro *Epistemología y Derecho*. Prólogo de Antonio Hernández Gil. Editorial Pirámide: Madrid 1982. Asimismo, avanzo algunas tesis en el libro *El Derecho como Texto* (Civitas.

---

10. "Idiográfica" es un término que se refiere a lo que es individual o particular. "Nomotética", a lo que es general.

Madrid, 1ª ed. 1998; 2ª ed. 2006; versión brasileña en 2005),[11] en *Comunicación, Lenguaje y Derecho* (Madrid 2009; también en Ed. Fontamara. México 2012) y en el estudio titulado "Dogmática jurídica y Teoría de textos" (en el volumen *Argumentación, Lógica y Hermenéutica Jurídica Contemporánea*. Coordinador: Pablo Elías González Monguí. Universidad Libre. Facultad de Filosofía. Oficina de Relaciones Interinstitucionales (ORI). Bogotá 2011; pp. 81-103).

También he abordado la cuestión de las relaciones entre dogmática jurídica y sociología del derecho, en especial en: *Sociología del Derecho* (Civitas. Madrid 1993; 2ª ed. 1997); en *Ley y Derecho vivo. Método jurídico y Sociología del Derecho en Eugen Ehrlich*. Centro de Estudios Políticos y Constitucionales. Madrid 2002) y en *Crimen y Castigo (Ensayo sobre Durkheim)* (Civitas, Madrid 2001).

Por último, tenemos la pragmática. En el campo de la lingüística la pragmática es la disciplina que investiga los usos del lenguaje. Dicho de otra manera: el cometido de la pragmática es indagar la relación entre la comunicación, el sujeto de la misma, las situaciones comunicacionales y los actos en que la comunicación toma cuerpo (a veces reducidos a los actos de habla, pero que – en mi opinión – tiene un contenido más amplio).[12]

La pragmática en el derecho es especialmente relevante en los procesos de creación de textos normativos.

---

11. G. Robles, *O Direito como Texto. Quatro estudos de teoria comunicacional do direito*. Tradução: Roberto Barbosa Alves. Prefácio de Paulo de Barros Carvalho. Barueri: Manole (Sao Paulo) 2005.

12. El habla es sólo una forma de comunicación. Ésta comprende otros aspectos tan importantes como el habla y que, sin embargo, son otra cosa. Los jugadores de ajedrez se comunican en el juego sin necesidad de decir una palabra. La música es comunicación. Lo mismo se puede decir de toda manifestación artística. En el derecho, los actos con relevancia jurídica poseen un carácter comunicacional. El campo de la comunicación no son los actos de habla, sino el mundo de los significados.

Así, al generarse la constitución habrá que indagar las relaciones entre el sujeto de la comunicación constituyente (el poder constituyente), el contenido de la comunicación (la constitución como texto), la situación en que se produce el acto constituyente (el proceso constituyente) y la manera en la que dicho acto se manifiesta (el "acto de lenguaje" o "acto comunicacional" constituyente). Esquema similar es aplicable a cualesquiera otras decisiones creadoras de textos jurídicos potencialmente normativos. La ley es consecuencia de un acto de comunicación en virtud del cual el legislador (emisor del mensaje) se dirige a los destinatarios de dicho acto (receptores del mensaje) con la finalidad de organizar determinado aspecto de la sociedad o del estado y también de regular las acciones y, dentro de las acciones, las conductas. El mensaje del legislador es la ley entendida como un texto, el texto legal. Por su parte, la actividad judicial, al emitir sentencia, es analizable en términos parecidos. El juez (emisor) emite su mensaje (sentencia) dirigida a los justiciables (receptores directos) y al resto d elos individuos (receptores indirectos). La sentencia es un acto de comunicación que se concreta en un texto, el texto de la sentencia. Análogamente puede hacerse este análisis comunicacional respecto de cualquier acto lingüístico que tenga por objeto la creación de texto potencialmente normativo.

En el campo de la TCD, a la pragmática jurídica la denominamos *teoría de las decisiones jurídicas*, justamente por ser las decisiones los actos comunicacionales que crean texto potencialmente normativo. La decisión constituyente, la decisión legislativa, la decisión judicial y la decisión administrativa conforman el núcleo principal de su problemática. A esta parte de la TCD he dedicado alguna atención, pero queda aún su tratamiento *in extento*.

En algunos lugares he tratado de las decisiones jurídicas desde el punto de vista teórico en *Epistemología y*

Derecho, ya citada; en *Las Reglas del Derecho y las Reglas de los Juegos*, citada; así como en la parte denominada "Introducción" de *Teoría del Derecho*, vol. I, cit.; en *El Derecho como texto*, cit.; y en el trabajo "La Decisión en el Derecho y la Tópica jurídica". Boletín Mexicano de Derecho Comparado (Núm. 54). Sept-Dic de 1985, pp. 951-984.

La idea de la teoría del derecho entendida como análisis del lenguaje de los juristas en sus tres niveles de sintaxis o morfo-sintaxis (teoría formal del derecho), semántica (teoría de la dogmática jurídica) y pragmática (teoría de las decisiones jurídicas) está ya apuntada en *Epistemología y Derecho* (1982), pp. 119 y ss.; y desarrollada en una contribución sin título en el volumen *Problemas abiertos en la Filosofía del Derecho*, publicado en el nº 1 de la revista *Doxa. Cuadernos de Filosofía del Derecho*, 1984; pp. 203-208; y en el "Apéndice II" de *Las Reglas del Derecho y las Reglas de los Juegos*.[13]

Atiendo también a estos tres niveles de análisis en *Sociología del Derecho* (Civitas. 2ª ed. 1997), aunque desde la perspectiva externa (sociológica).[14] En esa obra se distinguen estas tres dimensiones: sociología formal del derecho, sociología de las instituciones jurídicas y sociología de las decisiones jurídicas.

4. ¿Un nuevo tridimensionalismo?

La TCD, al hacer del análisis del lenguaje jurídico el centro de su interés, aplica la idea de los tres niveles propios de la lingüística y de la filosofía del lenguaje: sintaxis,

---

13. G. Robles, *As Regras do direito e as Regras dos Jugos*, citada; pp. 285 y ss: "Apêndice II".

14. La teoría del derecho adopta la perspectiva interna, mientras que la sociología jurídica y otras ciencias (como la psicología y la antropología jurídica) adoptan una perspectiva externa.

semántica y pragmática. Para adaptar ese esquema a la terminología más propia de los estudios jurídicos, y en concreto de la filosofía y teoría del derecho, sustituye las denominaciones lingüísticas anteriores por las de teoría formal del derecho, teoría de la dogmática jurídica y teoría de las decisiones jurídicas. A pesar de esta sustitución en los términos, no se pierde de vista la similitud metódica. Por tanto, su propósito es la investigación de esos tres niveles con los instrumentos propios de la filosofía lingüística. Ahora bien, al ser su objeto el lenguaje de los juristas – o lenguaje jurídico – aplica dichos instrumentos a su específico objeto, y en ello trata de enlazar con la tradición del pensamiento jurídico. Esa es la razón de que su modo de proceder, en las cuestiones que aborda, tienda a cumplir los siguientes pasos: primero, un análisis del lenguaje ordinario en relación con el concepto que se examina; segundo, el examen del lenguaje jurídico, tanto en su dimensión ordinamental (lenguaje legal, etc.) como doctrinal – haciendo uso de las doctrinas principales – también en relación con el concepto examinado; tercero, la crítica – si procede – de dicho lenguaje; y cuarto, la propuesta desde la perspectiva comunicacional. Quien estudie el manual de *Teoría del Derecho. Fundamentos de Teoría comunicacional del Derecho*, ya citado, podrá encontrar en los diversos capítulos ese modo de proceder.

Algún autor (por ejemplo, Diego Medina Morales – de la Universidad de Córdoba, España – en el trabajo que aparece en este mismo volumen) ha destacado que la TCD constituiría un *nuevo* "tridimensionalismo" o "tridimensionismo", en atención a que, como estamos viendo, propone tres niveles de análisis del lenguaje de los juristas. No hay nada especial que objetar a esa manera de ver las cosas. En efecto, la TCD implica una concepción tridimensional. Ahora bien, dado que con la palabra "tridimensionalismo" se suele aludir a la concepción del derecho que lo contempla ontológicamente, como una realidad objetiva, cuyos lados son la norma, el hecho y valor,[15] conviene advertir que la TCD está muy alejada de dicha filosofía jurídica.

El nuevo tridimensionalismo de la TCD consiste, ante todo, en que no es de naturaleza ontologista, sino nominalista y lingüística.

El tridimensionalismo clásico sostiene que el derecho es una realidad objetiva definible combinando el hecho, el valor y la norma; por tanto, dentro de esta concepción se supone que el derecho es una realidad en la que se dan, mezclados, estos tres elementos. El derecho sería, al mismo tiempo, hecho, valor y norma. Se trataría de tres dimensiones ontológicas. Para la TCD, la investigación de los hechos corresponde exclusivamente a la sociología jurídica, disciplina que es concebida como *paralela* a la teoría del derecho. La TCD no sostiene una tesis ontologista. Para ella, el derecho no es una "cosa", sino una "palabra" que sirve para designar el conjunto de los ámbitos jurídicos posibles, con todo lo que entraña este último concepto de ámbito jurídico (al cual me referiré después).

Además, si a la TCD se la puede calificar de "tridimensionalista" o "tridimensionista", es preciso añadir que se trata de una tridimensionalismo o tridimensionismo *lingüístico*. Son las tres dimensiones de la filosofía del lenguaje (sintaxis, semántica y pragmática) las que se tiene en cuenta, separando los tres niveles de análisis.

Desde otro punto de vista, también se puede criticar la TCD aduciendo que tan sólo se fija en *uno* de los aspectos del derecho: en el aspecto lingüístico. Si se arguyera así, habría que sostener – contrariamente a la postura anterior – que la concepción propia de la TCD no es tridimensional,

---

15. En Brasil, dicha concepción la puso en boga Miguel Reale.

sino es unidimensional, puesto que la dimensión o perspectiva elegida es la del lenguaje.

5. La tesis nominalista de la TCD

Para la TCD, el derecho no es una "cosa" sino un *nomen* designativo de todos los ámbitos jurídicos posibles.

El derecho como tal no existe, sólo existen los ordenamientos, los sistemas, los ámbitos jurídicos. El ordenamiento jurídico español es derecho, y también lo es el ordenamiento jurídico colombiano, y el brasileño; asimismo, es derecho el ordenamiento jurídico internacional, y el ordenamiento europeo. También son derecho los ordenamientos que han existido en la historia, y lo serán los que existan en el futuro. No existe, por tanto, el derecho en sí mismo, sino los ordenamientos jurídicos. Dicho de otro modo: cuando se afirma la existencia del derecho, lo único que se quiere decir es que hay ordenamientos.

Algo parecido sucede con otros nombres, como "lenguaje", y como "juego". *El* lenguaje como tal no existe en la realidad. Es tan sólo una palabra, un *nomen*, para designar a la totalidad de las lenguas o idiomas o – generalizando – a los conjuntos de signos que han servido, sirven y servirán a los humanos para comunicarse entre sí. Nadie habla *el* lenguaje, sino una o quizás varias lenguas o idiomas. Tampoco tiene existencia real *el* juego, sino como una palabra para designar todos los juegos posibles. Nadie juega *al* juego, sino al ajedrez, al parchís, al fútbol, etc.

Esta tesis nominalista desmarca a la TCD respecto de las concepciones que se plantean, como punto de partida de la reflexión teórica, la definición del concepto de la *cosa* llamada "derecho". Sobre el concepto de derecho se han escrito ríos de tinta, sin que se haya llegado a una definición sobre la que haya acuerdo. Las múltiples definiciones que se han dado acentúan un aspecto u otro del fenómeno jurídico, como no puede ser de otra manera. Ello ha conducido fatalmente a que este problema de la definición sea una manifestación más de la torre babélica de los juristas y de los filósofos.

La TCD renuncia a dar una definición del concepto de derecho, y se limita a *mostrarlo*. No todas las realidades son susceptibles de definición – si por "definición" entendemos una breve fórmula expresiva de todos los elementos necesarios y suficientes de lo definido. Alguna vez me han preguntado: ¿Cuál es en definitiva *su* concepto de derecho? A lo cual suelo contestar: lea mis libros y ahí encontrará *mi* "concepto" del derecho. Es evidente que la pregunta se dirige a que proporcione una breve fórmula. Pero mi respuesta implica que no estoy por esa labor, y que en definitiva el derecho es una compleja realidad que sólo me atrevo a ir mostrando aquí y allí, paso a paso. Igual que si montáramos en una avioneta y recorriéramos los diversos lugares que conforman un país. Veríamos valles y montañas, colinas y cerros, ríos y tierras de diversos colores, ciudades, pueblos, casas aisladas, plantaciones, mares de distintos colores y diversas profundidades. Es labor de la teoría del derecho construir el complicado "paisaje" de los ámbitos jurídicos. Para llevarla a cabo, la TCD ha elegido *una* perspectiva: la comunicacional o lingüística.[16]

6. Ordenamiento, sistema, ámbito

El referente semántico de la palabra "derecho" es el conjunto de ámbitos jurídicos. Me centraré ahora en tratar de explicar qué implica este concepto, que puede ser

---

[16]. Lo cual no quiere decir que sea la mejor o la más acertada, aunque a mí sí me lo parece. Una teoría del derecho es *una propuesta* para analizar el fenómeno complejo que se denomina genéricamente "derecho".

considerado como una aportación original de la TCD al pensamiento jurídico.

Un ámbito jurídico no es un ordenamiento jurídico, ni un sistema jurídico; pero para entender su significado es preciso conectarlo con esos dos conceptos. Como vamos a ver, un ámbito jurídico integra en su seno un ordenamiento y el sistema que refleja dicho ordenamiento; y además comprende todos aquellos procesos comunicativos y actos y situaciones dotados de relevancia jurídica por su conexión con el eje central ordenamiento / sistema. Más en general, puede afirmarse que el ámbito jurídico comprende en su seno todos los aspectos y elementos jurídicamente relevantes, dada su conexión con el eje ordenamiento / sistema En adelante usaré a veces ORD para ordenamiento jurídico; SIS para sistema; AMB para ámbito; ORD/SIS para el eje ordenamiento/sistema. Para explicarme mejor, recurriré a algunos ejemplos así como a algunas situaciones imaginadas.

a) El ordenamiento jurídico

Imaginemos que penetramos en una buena biblioteca de derecho. Supongamos que se trata de una biblioteca de derecho español, pero lo mismo podría decirse de una biblioteca de derecho colombiano, de derecho brasileño o de derecho chino. En una parte de esta biblioteca, excelentemente bien organizada, tenemos todos los textos que componen el ORD de que se trate: allí está la constitución y las sentencias del tribunal constitucional (en el supuesto de que exista este órgano); las leyes y reglamentos y las sentencias del tribunal supremo o tribunales superiores;[17] tenemos también las normas de las administraciones públicas; los convenios colectivos; los tratados internacionales

---

17. En España, existen los Tribunales Superiores de Justicia de las Comunidades Autónomas, que son "supremos" para determinadas materias.

y comunitarios (éstos en el caso del derecho español); la legislación europea y las sentencia del Tribunal luxemburgués (Tribunal de la UE), etc. En esa parte de la biblioteca tenemos, en suma, todos los *textos* que componen ese ORD concreto, el español. Podremos afirmar que el ORD es un gran texto, compuesto por textos parciales (cada ley, cada sentencia, etc.), los cuales en su conjunto conforman una unidad, y por eso somos capaces de referirnos al conjunto como *un* ORD. Esos textos parciales han sido creados en momentos históricos diferentes, por diversos autores. No son, por tanto, homogéneos, ni responden siempre a la misma mentalidad o enfoque. Por eso, puede afirmarse que todo ORD constituye un texto jurídico *bruto*.

Es ciertamente así. Los textos que componen la totalidad textual que es un ORD presentan muchas dificultades para su comprensión y, por tanto, para su aplicación a los casos. Adolecen, en primer lugar, de indeterminación. Quiero decir que muchas veces no es sencillo concretar el sentido de las palabras de los textos constitucionales o legales. Por su propia naturaleza el lenguaje es, en general, indeterminado. Precisa para su determinación de ser explicado y aclarado. De esto tenemos muchas experiencias cotidianas en nuestras conversaciones normales. Cuando hablamos con una persona para transmitirle nuestras impresiones sobre algo, o para pedirle cualquier cosa, es natural que nos explayemos para que esa persona nos entienda. Normalmente no nos limitamos a expresar nuestras impresiones o nuestra petición en breves palabras. Pretendemos que la otra persona quede convencida, y para ello necesitamos esforzarnos aclarando lo que queremos decir con la mayor exactitud posible. Los malentendidos surgen cuando no nos hemos tomado la molestia de hablar con un poco de calma de lo que nos interesa. Ahora bien, el lenguaje de las leyes y, en general, del derecho no es explicativo. Es natural que así sea, ya que en caso contrario, los textos legales serían muy voluminosos y, por tanto, inabarcables para el común de los mortales. Al manejar términos y fórmulas generales, la indeterminación les es consustancial.

En segundo lugar, los textos adolecen de ambigüedad, la cual es una consecuencia de la indeterminación o vaguedad del lenguaje. Las palabras y las expresiones legales pueden entenderse de variadas maneras, muchas veces incompatibles entre sí. Esta multiplicidad de interpretaciones posibles se eleva exponencialmente cuando un determinado precepto ha de entenderse en conexión con otros preceptos, bien del mismo cuerpo legal o de otro distinto – emitido, por tanto, en una época diferente y por un legislador distinto. Las posibles interpretaciones de un conjunto de textos conectados conllevan una tarea compleja de concreción, que normalmente busca determinar lo que el legislador o los legisladores quisieron decir. Añádase a las indeterminaciones (vaguedades) y ambigüedades las contradicciones o antinomias, las lagunas y los solapamientos. Súmense los llamados conceptos jurídicos indeterminados, las referencias a los principios jurídicos, o a conceptos axiológicos de difícil precisión, como la justicia, la libertad o la igualdad.

A un primer vistazo de nuestra biblioteca, diríamos que la totalidad textual en que consiste un ORD se nos antoja amplia. Pero, después, vemos que en realidad el texto ordinamental se nos queda corto. ¿Cuándo vemos esto último? Cuando queremos resolver un problema jurídico algo complejo. Hay aquí escondida una gran paradoja. Si tuviésemos que leer todos los textos que componen un ORD tardaríamos bastante tiempo, sin lugar a dudas; probablemente no podríamos acabar, ya que cada día hay un buen número de textos normativos nuevos. Un ordenamiento moderno es un texto amplio; muy amplio. Y, sin embargo – y aquí está la paradoja –, se nos queda corto cada vez que tenemos que resolver un problema jurídico algo complejo.

TEORIA COMUNICACIONAL DO DIREITO

Para intentar resolverlo acudimos, en busca de luces e incluso de solución, al sistema jurídico (SIS), esto es a la denominada "doctrina científica".

b) El sistema jurídico[18]

El sistema jurídico (o sistema doctrinal prevalente o dominante) (SIS) aparece en sociedades dotadas de un alto nivel de civilización, ya que supone una elaboración intelectual escrita que tiene como referente al ordenamiento (ORD). Durante milenios la humanidad conoció los ordenamientos jurídicos, pero no los sistemas. No se conoce comunidad humana que, por primitiva que sea, carezca de ORD. No podría ser de otro modo, pues la convivencia humana requiere ineludiblemente preceptos que hagan posible la organización – por mínima que ésta sea – y la regulación de las conductas. Pero no sucede lo mismo con los sistemas jurídicos. Para entender esto cabalmente es preciso recordar qué entendemos por sistema jurídico.

Para ello penetraremos de nuevo en la imaginaria biblioteca en la que hemos encontrado antes, bien dispuestos en los anaqueles de una de sus partes, los textos que componen la totalidad textual que es un ORD. Observamos de inmediato que en esa biblioteca ideal, además de los textos ordinamentales perfectamente agrupados y ordenados, hay otros anaqueles – en este caso, muchos más – ocupados por libros que no son textos ordinamentales. No son la constitución, las leyes, los reglamentos, los tratados internacionales, las sentencias de los tribunales, etc., sino que son textos que se refieren a ellos, a esos textos

---

18. Remito al lector al volumen 2º de mi *Teoría del Derecho. Fundamentos de Teoría comunicacional del Derecho*, citada, sobre todo al capítulo 12 (pp. 545-619), titulado "El sistema jurídico. Sistema didáctico-expositivo y sistema jurídico propriamente dicho (SIS)". Em ese capítulo encontrará el lector una exposición más detallada de la distinción entre sistema expositivo o didáctico y sistema jurídico propriamente dicho o sistema jurídico em sentido próprio o estricto (SIS).

ordinamentales. Vamos leyendo los títulos de dichos libros: "introducción al derecho constitucional", "manual de derecho civil", "tratado de derecho mercantil", "compendio de derecho administrativo", "elementos de derecho comunitario europeo", etc. Seguimos, y vemos enseguida libros con títulos expresivos de una materia más restringida que los anteriores: "la compraventa", "el negocio jurídico", "la impugnación de los actos administrativos", "el efecto directo de las directivas comunitarias", etc. Seguimos, y podemos comprobar enseguida la existencia de una multitud de revistas en las que encontramos artículos sobre aspectos muy variados del derecho, reseñas de libros jurídicos, comentarios de sentencias, etc.

¿Qué nos dice todo esto? ¿Cómo calificamos ese ingente material textual? Lo primero que nos ha llamado la atención es que es mucho más extenso que el material del ORD. Si comparamos el espacio que ocupa éste con el que guarda para sí este segundo grupo de textos, veremos que por cada parte del ORD encontramos un volumen amplio de comentarios. Los calificamos de *doctrina*. El conjunto de esos libros forma el sistema doctrinal. Para ser más exactos: del conjunto de esos libros de derecho extraeremos lo que en un momento dado constituye el *sistema doctrinal de los autores*. Este sistema doctrinal tiene carácter expositivo o didáctico. Por eso lo podemos denominar *sistema expositivo* del ordenamiento jurídico.

Para comprender bien lo que es la doctrina, tomemos un volumen cualquiera. Por ejemplo, el tomo tercero de la obra de José Castán Tobeñas, titulada *Derecho Civil Español, Común y Foral*. Dicho tomo tercero lleva por título "Derecho de Obligaciones. La obligación y el contrato en general."

Lo primero que encontramos en este volumen es una "Guía bibliográfica", en la que se recoge una amplia lista de libros, de autores españoles y extranjeros, sobre la misma materia: la teoría general de las obligaciones y de los contratos. Esta circunstancia ya nos da a entender que la doctrina no es una labor meramente individual, por mucho que el autor del libro que tenemos entre manos sea un individuo, sino que es un trabajo colectivo. El autor nos está diciendo implícitamente que su trabajo se inserta en un gran diálogo académico con otros juristas (profesores, jueces, abogados, etc., que han escritos sobre las mismas materias). El *diálogo académico* es, evidentemente, una modalidad de comunicación jurídica. Esta primera impresión se ve ratificada por el hecho de que el autor (Castán) comenta en su obra las posturas de otros autores; a veces para apoyar sus propios asertos, otras veces para criticar posiciones diferentes a las suyas. La construcción de la doctrina se lleva a cabo mediante un gran esfuerzo de *diálogo comunicacional*. Supone una gran conversación con otros autores que han escrito sobre los mismos asuntos. Esa gran conversación se lleva a efecto dando razones (argumentos) que avalen la propia opinión. En el tratamiento "científico" del derecho las cosas son, en efecto, "opinables". Esto no debe extrañar, pues la doctrina supone comentario de textos (constitución, leyes, etc.), y todo comentario implica opinión. Sobre este aspecto volveré después, cuando abordemos el problema de la *communis opinio*.

Lo segundo que llama nuestra atención es que Castán, a lo largo del libro, nunca pierde de vista el ordenamiento jurídico español vigente. En concreto, su referencia es, sobre todo, los preceptos del Código Civil español que regulan la materia propia de los aspectos generales relativos a las obligaciones y los contratos. En el Libro Cuarto del mencionado cuerpo legal encontramos estos preceptos. Este Libro se titula precisamente "De las obligaciones y contratos". En él se contienen no sólo los aspectos generales, sino asimismo la regulación de los contratos concretos, y además el régimen económico matrimonial. El volumen tercero de la obra de Castán se limita al comentario de los dos primeros Títulos del mencionado Libro Cuarto. El Título I ("De las obligaciones") y el Título II ("De los contratos"). En el Código Civil que tengo ante mí en estos momentos ocupan estos preceptos desde la página 309 hasta la página 345; lo cual hacen 37 páginas. El volumen tercero de Castán tiene 529 páginas (sin contar el índice). Aquí tenemos otra evidencia: el texto doctrinal ocupa por lo general muchas más páginas que el texto ordinamental. Es normal que sea así, ya que el texto doctrinal es un comentario del texto – en este caso, de la ley.

Tenemos, por tanto, un hecho muy claro: la doctrina no pierde de vista el texto del ordenamiento, va necesariamente referida a dicho texto. Es su comentario. Como consecuencia, normalmente el texto doctrinal es más amplio que el ordinamental. El texto de referencia de la doctrina está formado, en este caso, por los artículos 1.088 a 1314, ambos inclusive. El volumen tercero de la obra de Castán es, sustancialmente, un comentario de esos artículos.

Un tercer aspecto que hay que subrayar se refiere a la rotulación de los diversos capítulos del libro doctrinal en relación con los rótulos que aparecen en el Código. Uno saca la impresión de que el autor del libro doctrinal trata de seguir el mismo orden y titulación que el Código, aunque a veces no lo sigue puntualmente. Téngase en cuenta que esta materia – las generalidades en materia de obligaciones y contratos – es quizá una de las partes del derecho más estructuradas de acuerdo a criterios científicos, por haber sido objeto de tratamiento desde hace muchos siglos. Nos podemos encontrar con más frecuencia sectores ordinamentales menos elaborados y estructurados conceptualmente, de modo que la doctrina se ve obligada en esos casos a no seguir el orden y la rotulación legales. En cualquier caso, incluso en obligaciones y contratos, la doctrina rotula de acuerdo con sus propios criterios que, con la pretensión de extraer lo más posible del texto del Código, no se reducen a repetir las titulaciones que éste emplea.

La doctrina usa su propia ordenación de la materia y, al hacerlo, justifica por qué motivos lo hace de un modo u otro. Si nos atenemos al libro de Castán, comprobamos que el mencionado volumen tercero se divide en dos secciones tituladas, la primera, "teoría general de la obligación", y la segunda, "teoría general del contrato". Estas denominaciones responden a una tradición en la dogmática jurídica, que suele dividir la materia objeto de su consideración en doctrina o doctrinas generales (con esa designación o la de "teoría general", como sucede en el presente caso) y la parte especial, que en materia de obligaciones y contratos ocupa otro volumen de la obra de Castán, en el cual se estudian "las particulares relaciones obligatorias", esto es, los diversos tipos contractuales y las obligaciones extracontractuales.

Todo ello sugiere que la ordenación de la materia responde a un criterio "científico" o "doctrinal", que viene justificado al comienzo del volumen tercero, donde se estudia en qué consiste el derecho de obligaciones, así como el lugar que ocupa en la exposición general del derecho civil. Este es el cuarto aspecto que hay que subrayar: la doctrina sistematiza la materia jurídica y lo hace siguiendo criterios que han de ser fundamentados racionalmente. Algunas veces esos criterios coincidirán con los propios del legislador, pero otras veces no. La sistematización es muy importante pues es lo que hace que un cuerpo doctrinal sea expuesto con rigor. Si el sistema de la materia de que se trate no está bien pensado, difícilmente tendremos la impresión de estar ante un edificio científico.

El quinto aspecto que nos llama la atención es que las referencias a la historia y al derecho comparado son abundantes en el libro que comento. Una buena dogmática

393

jurídica se nutre de las fuentes del pasado, tanto de las fuentes legislativas y jurisprudenciales como de las fuentes de conocimiento doctrinales. Como suele decirse, en fórmula abreviada, pero no por ello menos sólida, el derecho es historia. Bien es cierto que todo es historia. Pero cuando se pronuncia la frase mencionada lo que se quiere decir, en realidad, es que no puede entenderse de verdad una determinada institución de un ordenamiento jurídico sin tener en cuenta la génesis de dicha institución, así como los aportes jurisprudenciales y doctrinales que la han acompañado. Evidentemente, en el Código Civil no encontraremos la historia de las materias reguladas en él. Todo lo más podremos leer algo relativo al pasado en la "exposición de motivos". Esto es absolutamente normal, pues la función de un texto legal no es presentar la historia de la institución o de las instituciones por él reguladas, sino regularlas. Pero un comentario de los preceptos, que no quiera pecar de ramplón y escasamente explicativo, no tiene más remedio que investigar los antecedentes legislativos, jurisprudenciales y doctrínales. Para comprender cabalmente un artículo de una ley o el conjunto de una institución, el recurso a la historia es imprescindible.

También arrojan luz las comparaciones con otros ordenamientos jurídicos. La recepción o imitación de regulaciones ajenas es un fenómeno constante en la historia del derecho. En el libro de Castán encontramos referencias continuas al derecho comparado. La doctrina extranjera está también presente, de manera moderada. Este modo de presentar la materia hace que el lector amplíe su cultura jurídica y, al mismo tiempo, posea una comprensión más rica de los textos legales.

El sexto aspecto al que hay que atender es el de la conceptualización. No hay tratado doctrinal que no preste atención especial a determinar conceptualmente el significado de los términos esenciales de la materia tratada. Qué es cada cosa y cómo se relaciona con las demás en el sistema, es una labor difícil de realizar pero absolutamente imprescindible. La conceptualización va vinculada estrechamente a la clasificación. Por ejemplo, en el mencionado volumen tercero encontramos enseguida el tratamiento del concepto de "obligación"; y a continuación, la clasificación de los distintos tipos de obligaciones.

Vamos al tratamiento del concepto de obligación y nos encontramos con los siguientes pasos: 1) Etimología y acepciones. ¿De dónde procede la palabra "obligación"? ¿Cuáles son los significados que se atribuye a esa palabra? 2. Concepto de obligación. Vemos en este punto que Castán se remonta al derecho romano (concepto de "obligatio"), después analiza el concepto dado por autores modernos. 3. Definición legal. La definición que propone Castán va vinculada a los artículos del Código Civil; por eso se trata de una definición *legal*, y no – podríamos decir – teórica o filosófica.

Este es un punto importante a tener en cuenta. Podemos dar la definición general de un concepto, por ejemplo el de obligación. Si hacemos esto, estaremos en el plano de la teoría del derecho, la cual no se plantea ajustar sus conceptos a un ordenamiento determinado. Pero el libro de Castán no es un libro de teoría del derecho, sino de dogmática jurídica civilista. Esa circunstancia le exige dar un concepto de obligación que se ajuste a los preceptos del Código Civil – y no de cualquier Código Civil, sino precisamente del Código Civil español. El concepto obtenido no es – o, al menos, no tiene por qué ser – un concepto general, propio de la teoría del derecho, sino que se trata de un *concepto relativo a un ORD* puesto que toma sus notas características de los preceptos que aparecen en los textos que componen dicho ORD. Sobre la base de dichos textos, el tratadista construye el concepto dogmático-jurídico, de manera que se ajuste a lo que ha pretendido el legislador al utilizar la palabra "obligación".

Hay, por tanto, que diferenciar claramente los conceptos propios de la dogmática jurídica de los que caen en el campo de la teoría del derecho. Hay que distinguir los conceptos dogmático-jurídicos y los conceptos teórico-jurídicos. Cuando se hace dogmática jurídica no se está haciendo teoría del derecho. Ésta última sirve de guía en la conceptualización dogmática, pero nada más que de guía. El tratadista que estudia un ORD tiene que "bajar" a los textos de dicho ORD, y ajustar sus definiciones a las peculiaridades del mismo.

Las siguientes páginas las dedica Castán al estudio de la estructura de la obligación. Al establecer ésta un vínculo entre dos o más personas y al tener como contenido las prestaciones y contraprestaciones, una prolongación natural del concepto exige el análisis detenido de sus elementos. Se demostrará así la complejidad que se esconde bajo el término "obligación", y aparecerán nuevos conceptos para su análisis.

Muy vinculada a la conceptualización está la clasificación. Una vez definido un concepto dogmático-jurídico y analizada su estructura interna, la cuestión que se plantea es la relativa a los tipos que ese concepto engloba. La dogmática jurídica es una disciplina que precisa de las clasificaciones para poder poner orden en la maraña de los textos jurídicos. Una clasificación bien construida – o sea, de acuerdo a criterios adecuados – proporciona un cuadro completo y claro de la materia, con orden intelectual, de modo que penetra enseguida en la mente el amplio panorama que el concepto comprende. Como sucede con el concepto, la clasificación de los diversos tipos que en él se integran se presenta en la dogmática jurídica con el propósito de adaptarse a lo preceptuado por los textos jurídicos normativos.

Todas las operaciones anteriores, aludidas hasta ahora, implican la más importante de todas y que a todas las resume: la interpretación.

El sistema es el resultado de la construcción interpretativa del material textual proporcionado por el ordenamiento. Aquí no es el lugar para explayarme en lo que significa la interpretación, tarea clave de la dogmática jurídica y cuáles son los métodos o criterios para llevarla a cabo. Si existe una temática, dentro de la teoría de la ciencia jurídica, sobre la que la bibliografía es inabarcable, es precisamente ésta. Baste decir ahora que todos los aspectos destacados anteriormente adquieren su plenitud de sentido como instrumentos para interpretar el material textual ordinamental. La interpretación usa todos ellos, y especialmente se fija en los conceptos jurídicos, en los intereses que las normas contemplan y en las valoraciones que subyacen a dichos intereses. Puede decirse, simplificando un poco, que el debate metodológico en la ciencia o dogmática jurídica gira en torno a estos aspectos básicos: conceptos, intereses y valoraciones. Se han desarrollado, en efecto, en el seno de la metodología tres corrientes, cada una de las cuales ha puesto el acento en uno de esos aspectos básicos. Primero fue la jurisprudencia de conceptos; después, la jurisprudencia de intereses; y, por último, la jurisprudencia de valoraciones. No creo que pueda excluirse ninguna de ellas. Antes bien, las tres se implican recíprocamente y se apoyan mutuamente, sobre la base de la interpretación de los textos ordinamentales.

Lo que persigue la dogmática es presentar el material textual del ORD de una manera más amplia y explicativa, con un sistema depurado, unos conceptos definidos, y unos intereses valorados desde la perspectiva del propio ORD. Todo ello, para hacer comprensible el derecho vigente y así aplicarlo a los casos. Por eso, hay que afirmar que *el sistema expositivo es el resultado de la construcción hermenéutica del ordenamiento (ORD)*; y que es en el sistema donde realmente encontramos las normas, las instituciones y las decisiones que las han creado de un modo más completo y comprensible.

Se plantea, sin embargo, una gran dificultad, que es la siguiente: ¿Cómo podemos "localizar" el sistema jurídico propio de un ordenamiento jurídico determinado? Se trata del problema de la determinación o concreción de aquellas doctrinas que son las que constituyen el sistema jurídico propiamente dicho (SIS) en un momento dado.

Esta dificultad no la tenemos respecto del ORD. Los textos ordinamentales nos vienen dados por los boletines oficiales, por la publicación oficial de dichos textos. En nuestra imaginaria biblioteca podemos encontrar enseguida dichos textos, con sólo buscarlos. De hecho, es lo que hacemos todos los días que se nos presenta la necesidad de resolver una duda o de dirimir un conflicto jurídico. No tardamos en encontrar lo que buscábamos: tal o cual Código, tal o cual ley, esta o aquella sentencia. Incluso podemos llegar a tener un archivo informático en el que vayamos introduciendo el nuevo material normativo, y eliminando el derogado. Es verdad que tendremos algunos obstáculos para saber si una norma está o no derogada. Pero, en todo caso, la tarea de localizar el material normativo, los textos vigentes, no tiene por qué presentar graves inconvenientes.

Otra cosa sucede con el sistema jurídico propiamente dicho (SIS). ¿Cómo sabemos cuál es la opinión doctrinal, en un punto concreto, que representa lo que constituye la mejor versión de lo que el ORD preceptúa al respecto? En definitiva, ¿cómo podemos concretar los autores de libros de derecho, y estos mismos libros, que han de ser considerados como los que realmente expresan el sistema en un momento dado? ¿Cuáles son las autoridades doctrinales, y cuáles los libros y trabajos (textos) en que sus doctrinas están expuestas?

Hay situaciones en las que es muy fácil localizar la opinión doctrinal dominante. Por ejemplo, en tiempos en que Castán era presidente del Tribunal Supremo en España, su tratado de derecho civil recogía lo que podemos llamar la opinión civilista dominante. Castán no era sólo el presidente de la más alta jurisdicción, sino asimismo catedrático de derecho civil de la Universidad de Madrid y autor del tratado doctrinal más relevante en materia de derecho civil. Se reunían en su persona condiciones más que suficientes para que pudiera afirmarse que, en materia de derecho civil, el sistema estaba constituido por la doctrina civilista tal como la había expuesto Castán en su conocido y exitoso tratado. Dicho tratado no sólo se usaba como libro de texto en las Facultades de derecho, sino que servía igualmente para preparar los concursos y oposiciones a notarías, a registros y a judicaturas (pensadas estas últimas tanto para jueces como para fiscales). Quiero decir con esto que, en esa época – estamos hablando de los años cuarenta y cincuenta, y posiblemente también buena parte de los sesenta –, no planteaba muchas dificultades determinar qué doctrinas constituían el sistema jurídico español (SIS) en materias de derecho civil. Con algunos matices quizás (por ejemplo, la posible influencia de las obras del notario Juan Vallet de Goytisolo en derecho de sucesiones), las doctrinas de Castán eran las que se aplicaban profusamente por los tribunales. Esto quiere decir que el derecho civil español de esa época, además de contenerse en el Código Civil y en las leyes civiles especiales, alcanzaba su expresión más "redonda", más completa y acabada, en la obra de Castán. Los abogados que tenían que preparar sus alegaciones para un pleito acudían de inmediato, si se trataba de un asunto civil, a las páginas del famoso tratado, donde encontraban las opiniones de su autor desarrolladas en base a la legislación vigente, a la jurisprudencia de los tribunales y a los demás aspectos que hemos señalado anteriormente. Similares consideraciones merecerían otras ramas del derecho. Así, el libro fundamental en la doctrina mercantilista era el *Curso* de Joaquín Garrigues y en derecho penal se disponía, sobre todo del libro de José Antón Oneca, y del de Antonio Quintano Ripollés.

Mas en otras situaciones o momentos, o con respecto a otras materias, no siempre ha sido ni es fácil encontrar las opiniones doctrinales que pueden ser tenidas por "sistémicas". Incluso en las mencionadas siempre fue posible la discrepancia, no sólo entre autores, sino asimismo entre tribunales. El sistema jurídico propiamente dicho (SIS), por tanto, es una realidad fluida de contornos imprecisos, aquejada de incertidumbre más o menos profunda, dependiendo de las condiciones concretas de la materia en que nos movamos. En eso se diferencia, obviamente, del ORD. Mientras que éste es fácilmente delimitable atendiendo al sistema de fuentes oficialmente establecido, el SIS, sin llegar a ser una "ficción" – como lo he calificado otras veces para destacar su carácter incierto –, constituye una realidad textual más problemática. No obstante, no puede negarse su existencia efectiva, ni tampoco su practicidad respecto de la vida jurídica ordinaria. Los juristas prácticos, en su trabajo diario, toman entre sus manos para su consulta los textos ordinamentales, y también los doctrinales, y con ellos se orientan para encontrar las normas jurídicas que componen el sistema jurídico propiamente dicho (SIS). Esto supone diferenciar claramente entre *sistema expositivo* o didáctico de un ordenamiento y *sistema jurídico* propiamente dicho o *en sentido estricto* (*SIS*).

Cuando es una labor compleja la determinación de las opiniones doctrinales dominantes en una determinada materia, la ruta para encontrarlas viene marcada por la *jurisprudencia* de los tribunales. La doctrina legal es la doctrina jurisprudencial, decía el civilista Federico de Castro y Bravo. Daba a entender así que lo que se desprende de la ley como "doctrina" es justamente lo que dicen los tribunales; más en concreto, lo afirmado por el Tribunal Supremo y en la actualidad también por el Tribunal Constitucional. De ahí la identificación mencionada. Es trabajo de los autores (los juristas teóricos – que no hay que confundir con los teóricos del derecho) presentar en sus trabajos (tratados, manuales, monografías) la doctrina unánime o dominante. Eso supone que en un buen libro de dogmática jurídica vamos a encontrar las claves doctrinales que la jurisprudencia ha destacado como relevantes. Supone, en definitiva, que mediante el estudio podemos establecer cuál sea la *opinión "sistémica"* en esa área o en ese punto concreto que nos interesa. No se me escapa que la labor es ingente y que requiere, junto a la consulta paciente de las sentencias de los jueces, una inteligencia aguda y asimismo una gran claridad de ideas para expresarlas adecuadamente. Condiciones todas estas que no siempre se encuentran, desgraciadamente, en los libros doctrinales de derecho.

El trabajo doctrinal, propio de la dogmática jurídica, requiere, por consiguiente, un continuo contacto con la jurisprudencia de los tribunales. Yo diría que quien se dedica a una disciplina dogmática está obligado, por su profesión, a leer diariamente las sentencias judiciales que afectan a su materia o a sus materias. Estar al día en el conocimiento de la jurisprudencia requiere un esfuerzo enorme, que puede ser paliado si se organizan equipos de investigadores que realicen en conjunto esa labor de manera eficaz. Además, es imprescindible tomar nota de modo ordenado (por ejemplo, en fichas) de las sentencias, pues sólo de este modo será posible utilizar su cita ordenadamente y con cierta comodidad. Mientras que para la teoría del derecho se requiere que *natura* nos haya dotado de "imaginación teórica", de un talento especial capaz de idear y construir allí donde todo parecía acabado, la disciplina dogmática exige una gran paciencia, una labor artesanal diaria, unida a las facultades propias de una mente organizadora y comentarista. En el fondo, lo que hace un tratadista de derecho es comentar los textos jurídicos normativos. Su labor no es otra que la del *comentario de textos*. Bien es verdad que con ciertas diferencias respecto del comentario de textos literarios. Es éste un punto interesante que habrá que desarrollar en otro momento.

Para concluir este apartado dedicado al sistema jurídico, me voy a referir a lo que podemos denominar los dos tipos básicos de dogmática jurídica: la "cerrada" y la "abierta". Estas dos palabras son, sin duda, ambiguas y, por eso mismo, simplificadoras, pero nos sirven muy bien para comprender que hay dos manera de construir un sistema jurídico. La "cerrada" es la que no permite que entre "aire" de fuera. No admite ni críticas ni incorporación de elementos que considera extra-jurídicos. La "abierta", por el contrario, acepta las dos cosas. Comprende que es preciso realizar críticas al derecho vigente, con el objetivo de mejorar la legislación (y en su caso, la jurisprudencia) en el futuro. Y también entiende que, para la labor de interpretación constructiva del sistema, no sobra el conocimiento de realidades extra-jurídicas. Esto se traduce entonces en que presta una atención especial a las ciencias "factualistas", tales como la sociología, la psicología y la economía.

La dogmática jurídica "cerrada" es la estrictamente conceptualista. Es el ideal de los más firmes partidarios de la llamada jurisprudencia de conceptos. La ciencia jurídica tendría, desde esa perspectiva, el cometido de reducir el material textual ordinamental a un conjunto articulado de conceptos – los conceptos jurídicos – que encarnaran el todo ordinamental, de tal modo que de los conceptos mismos se pudiesen derivar de modo natural las normas jurídicas. Lo que importaría sería el extremo rigor en la acuñación de conceptos, de manera tal que en ellos estuviera expresado el conjunto de las regulaciones. No soy un detractor de la jurisprudencia de conceptos, como suele ser hoy habitual. Opino que su aportación a la ciencia jurídica es grandiosa y que toda modalidad de conocimiento, si pretende el nombre de "ciencia", debe ser capaz de elaborar un sistema conceptual riguroso. En suma, la dogmática jurídica no puede dejar de ser conceptualista, pero a esto hay que añadir que no puede quedarse en ser conceptualista. Los conceptos son instrumentos para conocer la realidad y también para interpretar el material textual del ORD. Pero la interpretación no tiene por qué excluir aspectos que ayudan a entender mejor dicha materia textual. Además, la crítica no debe excluirse en el tratamiento dogmático del derecho, aunque deba tener un lugar propio y unas características determinadas.

Más ajustada a las necesidades intelectuales de los juristas parece la dogmática jurídica "abierta". Sobre la base previa de un aparato conceptual bien construido, puede permitirse incorporar conocimientos de las disciplinas factualistas con el propósito de entender mejor los textos jurídicos propios de la materia ordinamental. Aquí se abre un amplio panorama metodológico que exige compatibilizar el hacer característico de la dogmática con el de las ciencias factualistas. A mi modo de ver, esto es posible si se las concibe, a la primera y a las segundas, como disciplinas hermenéuticas. No me voy a extender ahora en este punto, pero queda dicho. La dogmática jurídica y las disciplinas factualistas del derecho (sobre todo, la sociología jurídica, la psicología jurídica y la antropología jurídica) encuentran su punto de unión metodológico en la posibilidad de ser tratadas como disciplinas hermenéuticas.

c) Las relaciones entre ordenamiento y sistema

Ambos, ordenamiento y sistema (expositivo; en sentido estricto), constituyen sendos todos textuales, sendas *totalidades textuales*. Cada una de dichas totalidades está compuesta por determinados textos, de tal modo que éstos sólo pueden ser plenamente comprendidos en conexión con la totalidad a la que pertenecen; y, a su vez, cada totalidad, al no ser sino el texto compuesto que resulta de todos los textos parciales, no puede ser entendida si se prescinde de alguno de ellos. El ordenamiento es el conjunto de textos generados por las autoridades jurídicas (entendiendo este término, "autoridades", en un sentido muy amplio). El sistema expositivo es el conjunto de textos producidos por la labor de los juristas que comentan los textos ordinamentales. De entre estos extraemos los textos que representan el sistema jurídico en sentido propio (SIS). Los textos sistémicos expositivos tienen que pasar una prueba: la de pertenecer al sistema jurídico propiamente dicho (SIS). Es obvio que siempre que un autor elabora un tratado, un manual o una monografía, persigue que las doctrinas que defiende en ellos pasen a formar parte del SIS. También es claro que no todos lo consiguen y asimismo que, aunque algún autor lo consiga, nadie garantiza su permanencia. Hay que diferenciar entre la doctrina jurídica y la doctrina jurídica *sistémica (SIS)*. Esta última es una parte de aquella. Todo lo que escriben los juristas, como autores de libros de derecho, es doctrina jurídica. Pero sólo una parte de dicha doctrina pasará a formar parte del sistema jurídico en sentido propio (SIS), y lo hará de un modo que difícilmente se puede calificar de constante o permanente.

Sucede, en efecto, lo descrito porque tanto ORD como SIS son variables. Son realidades textuales fluidas que se están haciendo y rehaciendo continuamente. De ahí la dificultad para comprender bien su funcionamiento interno en cada una de ellas y en sus recíprocas relaciones.

ORD es un texto que varía prácticamente todos los días. Se aprueban nuevas leyes, la administración pública genera disposiciones "motorizadamente", los organismos supranacionales también, los tratados internacionales introducen nuevos preceptos de aplicación interna, la jurisprudencia de los tribunales es basculante y, a veces, experimenta notables giros. Si bajamos un poco en la escala de los textos ordinamentales, vemos que los convenios colectivos (en materia laboral) y las condiciones generales de los negocios cambian sus contenidos. Las costumbres se transforman a medida que se modifica la mentalidad social, y los principios jurídicos (para algunos, inamovibles) pueden sufrir cambios notables de la noche a la mañana (piénsese, por ejemplo, que hasta hace muy poco era un principio básico del derecho de familia que sólo podían contraer matrimonio personas de distinto sexo – hombre y mujer –, hasta el punto de considerarse dicho principio como de "orden público", esto es, como principio fundamental del ordenamiento jurídico español).

El texto ordinamental es, por tanto, cambiante; y lo es con una frecuencia notable en los cambios. Si lo tenemos recogido en un archivo informático tendremos que cambiarlo cada día, suprimiendo las leyes derogadas, añadiendo las nuevas, introduciendo las nuevas sentencias, etc. Todas estas operaciones las tendríamos que realizar en ese archivo todos los días. Esta dinamicidad portentosa dificulta la comprensión íntegra de un ORD, sobre todo en las sociedades actuales, en las cuales el derecho ha adquirido un nivel de complejidad muy elevado. La historia del derecho se hace cargo de todos estos procesos. El ORD que estuvo vigente se convierte en precedente del actual. Para la dogmática jurídica sólo este último es objeto de su consideración directa. El análisis diacrónico (temporal) deja así paso al análisis sincrónico, que supone la "paralización" del ORD en un momento determinado. La dogmática vierte sus efectos precisamente en ese momento actual, sólo le interesa el derecho vigente (el derecho que estuvo vigente también le interesa pero sólo en virtud de sus capacidades explicativas del actualmente vigente).

Este carácter mudable del ORD lo diferencia de otras modalidades textuales, como pueden ser una novela o la totalidad textual que constituye la Biblia. Sabido es que entre la dogmática jurídica y la dogmática teológica existen similitudes notables: ambas son disciplinas hermenéuticas y prácticas. Lo primero, en cuanto que su tarea consiste en interpretar textos; lo segundo, porque las dos van dirigidas a la práctica: la teología a dirigir las creencias y conductas de los creyentes; la dogmática, a ayudar a resolver las dudas y los casos que plantea la vida jurídica ordinaria. Pero también hay diferencias notables entre estas dos disciplinas dogmáticas. Mientras que en la teología el texto – la Biblia – no cambia, sino que siempre es el mismo, en la ciencia jurídica el derecho vigente cambia todos los días. En aquella el texto de referencia permanece idéntico a lo largo del tiempo, y su labor consiste entonces en adaptarlo a las condiciones cambiantes de la sociedad. En ésta, el texto, es decir, el ORD se transforma todos los días.

Si el ORD vigente cambia, es evidente que el sistema (tanto el expositivo como el sistema jurídico en sentido propio) tiene que cambiar con él. De ahí la desazón que produce en todos nosotros – los juristas – el hecho de que, habiendo estudiado unas leyes concretas, tengamos que aprender otras porque las primeras han sido cambiadas o derogadas (que, para el caso, es lo mismo). El sistema *refleja* el ORD, y como el ORD cambia todos los días, el sistema (en sus dos modalidades) tiene necesariamente que seguir sus pasos. Si dispusiéramos de un archivo en el que estuviera contenido el sistema doctrinal no tendríamos otro remedio que cambiarlo también cada día. El sistema no tiene vida independiente. El ORD sí, es la realidad primaria del derecho. Si no tenemos un ordenamiento jurídico, carecemos de derecho en absoluto. Lo tenemos desde que disponemos de una constitución. Desde el momento en que una comunidad humana acuerda o acepta una norma constitucional, dicha comunidad tiene una constitución jurídica. Basta con que se pongan de acuerdo en una cosa: en quién manda en la comunidad y, por tanto, en que sus mandatos deben ser obedecidos por todos. La constitución más sencilla posible diría simplemente esto: "X es el poder superior", lo cual equivale a esto otro: "Todos tienen el deber jurídico de obedecer a X", o bien: "Es un deber jurídico obedecer a X". A partir del momento en que se acordase que X es el poder supremo, ya se sabría que las órdenes de X no serían simples órdenes, sino verdaderas normas del derecho. X, lógicamente, se pondría a la tarea de emitir órdenes jurídicas, y de esta manera iría generándose el resto del ordenamiento jurídico. Desde el punto de vista teórico, basta con una disposición – la constitucional – para que quede constituido el ordenamiento jurídico.

Pues bien, como digo, un ORD puede existir por sí mismo; tiene una existencia autónoma, independiente. Por decirlo de un modo metafórico, tiene su propia vida. Por esa razón, es posible la existencia de un ORD sin la de un sistema (en cualquiera de sus dos modalidades). Un ordenamiento jurídico de una sociedad primitiva (carente de escritura) no va acompañado de un sistema. El sistema requiere ciertas cualidades intelectuales en el conjunto de la sociedad: existencia de escritura, personas dedicadas a construirlo, capacidad de racionalización de los preceptos en conceptos acuñados con sutileza y orden suficientes como para servir de ayuda a entender el ordenamiento. Si el ordenamiento jurídico es una realidad en todas las sociedades humanas (se suele decir: *ubi societas ibi ius*), el sistema es sólo posible allí donde se dan determinadas condiciones. Por eso, el sistema sólo aparece en sociedades dotadas de un cierto nivel de cultura y civilización. No es posible imaginar a los miembros de una tribu primitiva escribiendo libros de derecho, entre otras cosas por carecer de escritura. En el derecho primitivo todo es oral; por eso, el sistema (en cualquiera de sus dos modalidades: expositiva y SIS) no existe.

En el mundo actual, por el contrario, todo ORD va acompañado por un sistema, tanto expositivo como jurídico en sentido estricto (SIS). La primera función del sistema – como sabemos – es reflejar el ordenamiento jurídico. ¿Qué significa que el sistema refleja el ORD? ¿Acaso lo refleja como un espejo refleja la realidad física? Detengámonos un momento en esta comparación. En nuestras casas todos tenemos espejos, su función consiste en reflejar tal como somos físicamente; de ese modo, podemos ver si la barba está suficientemente afeitada o – si somos portadores de barba – si está cuidada como queremos, podemos ver también si nos cae bien el traje y, en general, si nuestro aspecto es presentable. Hay personas utilizan mucho el espejo para prepararse, y esperan que el espejo refleje su realidad lo más fielmente posible. Hay espejos cóncavos y convexos, y los hay con modulaciones extrañas: todos estos espejos no reflejan la realidad sino que la deforman, y por eso nos hacen reír. En las ferias de los pueblos no suele faltar un puesto en el que podemos observar en espejos múltiples nuestras sorprendentes figuras. Pero para nuestra vida ordinaria lo que queremos es un espejo que nos refleje tal como somos, sin deformaciones artificiales. Queremos – podemos decir – espejos "objetivos", meramente "descriptivos" de lo que reflejan.

Suelo decir que éste es precisamente el ideal epistemológico y metodológico del positivismo. La mentalidad positivista exige que el conocimiento y, por tanto, el método que lo procura reflejen fielmente la realidad, sin quitar ni añadir nada a lo que ésta contiene. El positivismo es "descriptivista": su modelo de ciencia exige que el método sea lo suficientemente fiel a la realidad como para reflejar ésta tal cual es. En el terreno jurídico no es infrecuente que los positivistas empleen el término "descripción" para definir lo que consideran tarea de la ciencia del derecho. Así, por ejemplo, Kelsen suele decir en sus escritos que la ciencia jurídica "describe" (*beschreibt*) su objeto, que es el derecho.

Cuando afirmo que el sistema refleja el ordenamiento, ¿estoy pensando en ese modo de reflejar que constituye el ideal positivista, un modo de reflejar semejante al del espejo que nos refleja tal cual somos en la realidad? Es muy claro que no pretendo eso. La dogmática no refleja objetos físicos, sino significados. Ahí las cosas se complican. No podemos entender la palabra "reflejo" ni el verbo "reflejar" tal como los entendemos cuando los empleamos en relación con los espejos que reflejan realidades físicas. En rigor, no es posible "describir" el derecho. Obsérvese lo extraño que parece la afirmación kelseniana de que la ciencia jurídica "describe" el derecho, es decir, las normas jurídicas. ¿Qué puede querer decir "describir" una norma jurídica? Pongamos como ejemplo el siguiente precepto del Código Civil: "La mayor edad comienza a los dieciocho años cumplidos". Se trata, obviamente, de una disposición bastante sencilla. ¿Qué significaría "describir" esta norma? ¿Repetirla? ¿Examinar el número de palabras, sílabas y letras que contiene? ¿Determinar el lugar que ocupa en el Código, esto es, el Título en el que está inserta, el Libro al que pertenece? Puedo describir esta mesa en la que trabajo, esa librería que tengo enfrente de mí, ese cuadro que representa una flor azul, los árboles que veo a través de la ventana, la ventana misma.

Puedo describir todas las cosas que me rodean. Pero ¿puedo realmente describir una norma? Creo que no. Lo que puedo hacer con una norma o, mejor dicho, con un artículo de un Código, es tratar de comprenderlo; esto es, intentar averiguar su sentido, su significado. Esto es lo que hace la dogmática jurídica: interpreta el material textual del ordenamiento y lo transforma en material textual del sistema. Y, al transformarlo, lo que se pretende es que el sistema refleje el ordenamiento. Ese reflejo no es descriptivo sino *constructivo*. La dogmática construye el sistema a partir de la materia textual ordinamental (el texto en bruto del ORD) y lo interpreta constructivamente para que sus significados potenciales se hagan expresos en un texto que, por fuerza, es mucho más amplio y, además, está más elaborado desde el punto de vista intelectual.

La dogmática produce de esta manera el texto jurídico elaborado (sistema) que refleja al texto jurídico bruto (ordenamiento). Así, respecto del precepto citado, en el sistema encontraremos la explicación de la noción "mayoría de edad" y las consecuencias de que un individuo sea "mayor de edad" para el derecho. Para ello, se diferenciará entre mayoría y minoría de edad y el consiguiente status jurídico que corresponde a cada una de esas situaciones. Si abrimos el clásico libro de Derecho de la Persona, por ejemplo el de Federico de Castro y Bravo, nos encontramos con los siguientes epígrafes: La edad. Significado jurídico general de la edad. Edades especialmente consideradas por el derecho civil. El cómputo de la edad. La mayoría de edad. El sistema de la mayoría de edad. Especialidad del sistema. Antecedentes (Roma. Derecho germánico. Antiguo derecho español. El tránsito al sistema moderno). Sistema moderno español. Regulación de la mayoría de edad. Requisitos para alcanzar la mayoría. Significado jurídico de la mayoría de edad. Especialidades de derecho foral (explicación: se denomina "derecho foral" al derecho civil particular vigente en determinadas regiones españolas). A continuación, de modo similar, aborda el mencionado libro la minoría de edad.

¿Qué conclusión extraemos de esta breve enumeración de los aspectos que atañen a la mayor edad? Podemos extraer la certera conclusión de que la dogmática lo que hace, es *comentar* el ordenamiento con la finalidad de hacerlo más transparente e inteligible, y siempre teniendo en cuenta el "espíritu" de dicho ordenamiento, esto es, con la pretensión de ser fiel a lo que el ordenamiento preceptúa. El sistema es, por tanto, el reflejo del ordenamiento, reflejo que alcanza a través de los comentarios propios de la dogmática. El trabajo de la dogmática jurídica para construir el sistema es, por consiguiente, el del *comentario de textos*; de los textos ordinamentales. Se trata, como sabemos, de comentarios sometidos a determinadas condiciones de rigor conceptual, de criterios clasificadores y de fidelidad a la voluntad de la ley (y/o del legislador). Esas condiciones de rigor son impuestas por una tradición, la tradición de los juristas dogmáticos.

Para la TCD, en consecuencia, la dogmática jurídica es una disciplina hermenéutica, cuyo objeto es el comentario de los textos jurídicos potencialmente normativos. La preocupación metodológica de los juristas, cuando ha existido, se ha centrado en buscar aquellos aspectos que, en el derecho, son más relevantes para llevar a cabo dicho comentario de textos. Como se ha señalado, son tres aspectos los que más han destacado: la acuñación de los conceptos jurídicos, la investigación de los intereses que las disposiciones de los códigos y de las leyes tratan de proteger, y las valoraciones que dichas protecciones implican, con lo que – unidos a esta últimas – también se han considerado relevantes los valores encarnados por el ordenamiento. Mediante el comentario la dogmática intenta reflejar el texto ordinamental, y lo hace elaborando una nueva totalidad textual: el sistema. Junto al trabajo de comentario se alza así la necesidad de sistematización.

La idea de la dogmática es que el sistema por ella construido refleja el ordenamiento completándolo y resolviendo sus ambigüedades, equivocidades, contradicciones y lagunas del ordenamiento. Por eso, el sistema jurídico propiamente dicho (SIS) representa la versión más acabada, más inteligente del ordenamiento (ORD).

El comentario de los textos ordinamentales exige, en efecto, la contemplación de la totalidad textual ordinamental en su conjunto. El ordenamiento es considerado globalmente. Aunque la dogmática, siguiendo la tradición, organiza la materia en disciplinas (derecho constitucional, civil, administrativo, penal, procesal, etc.), es consciente de que el derecho vigente constituye una unidad textual, de modo similar a como la Biblia es asimismo una totalidad textual unitaria. Unas partes son examinadas desde la perspectiva de otras partes del texto global. La razón de esto estriba en que no es posible construir un sistema coherente sin poner en relación unos textos parciales con otros textos parciales, pertenecientes todos a la totalidad textual ordinamental. La búsqueda de la *coherencia* constituye, por tanto, una tarea ineludible de la dogmática al construir el sistema. Y junto a la coherencia, el sistema supone una visión completa del derecho vigente. Por eso, mientras que el ORD es defectuoso y lagunoso, el SIS es pleno. La *plenitud* del SIS es un ideal ineludible de la dogmática jurídica.

Si compramos en un momento determinado del derecho vigente de un país el ORD con el SIS que lo refleja, nos daremos cuenta enseguida de que este último es mucho más extenso, mucho más claro, mucho más coherente y mucho más completo que aquel.

Que el sistema expositivo es mucho más extenso que el ordenamiento es algo que salta a la vista su visitamos una buena biblioteca y comparamos los textos que componen el primero con los que conforman el segundo. Los ordenamientos jurídicos actuales son extensos, sin duda alguna. Pero no lo son en comparación con los respectivos sistemas que los reflejan. Además, es de sentido común que sea así. Cuántas veces nos encontramos con una voluminosa monografía (perteneciente potencial o actualmente al sistema expositivo) cuyo cometido es tan sólo comentar, conceptualizar y sistematizar el contenido de un artículo de una ley.

Resulta que un artículo da como resultado una o varias monografías. Esto sucede en todas las materias sin excepción. Cuando estamos ante un texto doctrinal que es más "corto" que el texto legal de referencia (por ejemplo, un manual de derecho civil más breve que el Código en número de páginas), por mucho que el autor se haya esforzado, no encontraremos en dicho manual la solución a las muchas dudas que se nos planteen, tanto en relación a los significados de los preceptos cuanto a lo que respecta a la aplicación a los casos concretos. La dogmática es una ciencia *explicativa*, y para explicar hay que extenderse textualmente. Por el contrario, los preceptos de los textos legales (y similares: tratados, reglamentos, etc.) son – y tienen que ser – breves. Sería intolerable un Código Civil de miles de páginas. Sin embargo, de un tratado que estudie toda la materia del derecho civil es lo que se espera.

También se espera mayor claridad en el sistema que en el ordenamiento. Esto puede parecer una paradoja, pues las leyes se hacen para todo el mundo y su ignorancia no excusa de su incumplimiento. Sin embargo, por su brevedad consustancial, los artículos de la ley precisan del comentario. Los comentarios que hacen posible la aclaración de los preceptos legales los hacen los juristas y los leen los juristas. ¿Alguien ha visto alguna vez a un lego (no jurista) comprar un libro de derecho dotado de rigor científico? Es posible que una persona sin formación jurídica compre un libro que se titule "el abogado en casa", o con títulos similares, pero nada más. Puede haber quien piense que la dogmática complica las cosas y que saca punta a lo que en la ley está claro. Éste es un modo de pensar sincero e ingenuo, pero erróneo. Precisamente porque el lenguaje es como es – y el lenguaje de las leyes no escapa a esa condición general –, es absolutamente necesario el comentario riguroso que transforme las palabras de la ley en una exposición sistemática (ordenada) y rigurosa en la utilización de los términos, de modo que queden claros los significados o, cuando menos, la pluralidad de significados posibles con la consiguiente propuesta de los autores para inclinarse por uno u otro.

La claridad ha de llevar necesariamente a la coherencia. En el comentario puede quedar claro que el legislador ha sido ambiguo, equívoco o contradictorio en la utilización de las palabras, que esa ambigüedad, equivocidad o contradicción parecen extenderse a la exposición de motivos de la ley que se estudia, incluso pueden surgir dudas respecto del significado que ha querido dar a sus palabras, a la luz de la investigación de los debates habidos en el parlamento y en las comisiones legislativas preparatorias de los anteproyectos y los proyectos de ley. Un primer paso de la tarea dogmática consiste justamente en señalar con claridad esas ambigüedades, equivocidades y contradicciones. Ya el mero hecho de determinar con nitidez esas imperfecciones de la ley constituye un paso importantísimo, el primero para continuar con el segundo, consistente en hacer las propuestas oportunas que eliminen dichas imperfecciones legales. El sistema, por tanto, ha de presentarse como un texto elaborado y coherente. Bien es cierto que esa coherencia está sometida al movimiento del ordenamiento y que, por ello mismo, se trata de una coherencia que hay que ir construyendo sobre la marcha.

El sistema jurídico es, pues, resultado de la construcción hermenéutica. Es el texto amplio, elaborado y coherente, depurado conceptualmente y sistematizado de acuerdo a criterios (que pretenden ser) racionales que tienen su raíz en la tradición de los juristas. Todo esto es lo que significa la frase "el sistema es el reflejo del ordenamiento". Se trata de un reflejo peculiar, pero reflejo al fin y al cabo. El sistema no puede perder de vista el ordenamiento. Los instrumentos que emplee para interpretar y resolver las contradicciones han de llevar a resultados interpretativos que "quepan" en el texto ordinamental. Todo ello se exige de un buen tratado o manual de dogmática jurídica. Hay que ser consciente, sin embargo, de que no siempre se cumplen esas condiciones. Aquí se abre el gran tema de la "buena" y la "mala" dogmática, es decir, el tema de la calidad de la dogmática jurídica. No voy a entrar ahora en él. Sólo me permito apuntar que, al igual que en otros campos del saber y del arte, tampoco en la dogmática jurídica es oro todo lo que reluce.

    Otro aspecto importante, que he subrayado a menudo, es el siguiente: Las normas jurídicas aparecen propiamente en el sistema jurídico en sentido propio o estricto (SIS). El ordenamiento proporciona la materia para construir las normas, y éstas vienen construidas en el sistema. Por tanto, tanto el sistema jurídico como las normas jurídicas son el resultado de la construcción hermenéutica realizada sobre el ordenamiento jurídico. Esto parece contradecir el uso habitual del lenguaje. Por ejemplo, "cuando se dice: el juez al aplicar el Código penal...", surge la impresión inmediata que el juez lo que aplica es el ordenamiento (en este caso el Código Penal). Sin embargo, un examen detenido de las sentencias de los jueces proporciona la verdadera realidad de la "aplicación del Código". El juez se ve en la necesidad de interpretar las disposiciones del Código, para lo cual – consciente o inconscientemente – echa mano de sus estudios, o sea, de la dogmática penal, del sistema. Está dentro de las reglas del juego judicial el que no "reconozca" este hecho, sino que se limite a afirmar que "aplica la ley". Pero pregunto: ¿Si la función judicial exige sólo aplicar la ley, tal cual viene escrita, sin más contemplaciones, a qué viene que tenga que estudiar durante años de manera muy exigente?

    Me parece obvio que ese estudio prolongado responde a la necesidad de incorporar, a su haber intelectual como juez, los contenidos desarrollados por la dogmática penal. De este modo, por decirlo así, los jueces llevan dentro de sí, incorporado a su mente, todo un conjunto de conceptos, principios, modos de interpretar, doctrinas y soluciones ya generadas por otros tribunales. La psicología judicial, educada en las fórmulas tradicionales del legalismo, lleva siempre a sus protagonistas a eludir confesar esa realidad. Esa puede ser la razón de que en las sentencias no se cite a las autoridades doctrinales definidoras del sistema. Un conocido economista (Keynes) solía decir que las cosas que dicen los políticos de turno no son sino la copia o imitación, más o menos fiel, de las ideas que teóricos de la economía y de la política han elaborado unos cuantos lustros antes. Algo parecido sucede con la aplicación judicial del derecho. Los jueces aplican el derecho, sí, por supuesto. Pero no tal cual viene en la ley escueta, sino como aparece reformulado en el sistema, en las doctrinas de los autores que posiblemente estudiaron en la Facultad cuando tenían veinte años. El día que desaparezca el prejuicio legalista de manera inteligente, quizás los jueces nos sorprendan con citas de los autores a los que siguen en sus sentencias. Entretanto, nos dejan a los juristas teóricos la tarea – algo ingrata – de "localizar" las doctrinas sistémicamente relevantes.

Ahora bien, la dogmática jurídica, para construir las normas jurídicas de un ordenamiento, precisa de una *previa* teoría de las normas del derecho. Me explico.

El ordenamiento nos suministra un material textual, cuyas unidades podemos denominarlas disposiciones, preceptos, provisiones, o de formas similares (también, incluso, normas o reglas – aunque en este caso se introduce un factor de confusión si se quiere – como es el caso de la TCD – reservar el concepto de "norma" para el sistema). Aparecen en los artículos de la constitución, de las leyes, de los reglamentos, de los tratados internacionales, en los fundamentos de los precedentes judiciales. Un artículo puede contener una o varias disposiciones. Cada una de sus frases puede ser considerada una disposición. Hay, además, disposiciones implícitas. Por ejemplo, un artículo que diga: "La mayor edad se adquiere al cumplir los 18 años", puede considerarse que contiene dos disposiciones, una explícita (la que declara la propia disposición), y otra implícita ("hasta que se cumplan los 18 años se es menor de edad)." Esta segunda no hace falta que venga expresada en el artículo de la ley, basta con que éste determine a qué edad se adquiere la mayoría.

El material textual del ordenamiento (texto jurídico en bruto) hay que ordenarlo por materias, y además hay que ordenarlo también – en cada una de estas materias – construyendo las normas jurídicas que se desprenden de dicho material textual bruto. Todo este trabajo va implícito en la construcción hermenéutica del sistema (texto jurídico elaborado). Para construir las normas jurídicas a partir del material textual ordinamental se precisa, evidentemente, de un modelo teórico que conteste estas preguntas: primera, ¿qué es una norma jurídica?; segunda, ¿cuáles son los tipos de normas jurídicas?; tercera, ¿de acuerdo a qué criterios se distinguen los diversos tipos de normas jurídicas?; cuarto, ¿cómo se relacionan entre sí las distintas especies de normas jurídicas?; quinto, ¿cuál es la relación entre el sistema jurídico y las normas que lo componen? Todos estos aspectos los he desarrollado ampliamente en mi *Teoría del Derecho*, vol. I, 6ª ed. 2015, obra citada. Aquí no me voy a extender en ellos; simplemente me interesa destacar que la tarea de la dogmática jurídica presupone necesariamente una teoría de las normas, cuestión ésta propia, no ya de la dogmática, sino de la teoría del derecho. Junto con la teoría de las normas, la dogmática requiere asimismo una teoría de los conceptos jurídicos formales, aplicables a todos los derechos positivos posibles. He expuesto dichos conceptos, tal como los entiende la TCD, en la mencionada obra, y a ella remito al lector interesado. En definitiva, lo que trato de transmitir ahora es que la tarea de sistematización y conceptualización tan sólo se puede llevar a efecto si se dispone de una *teoría formal* del derecho.

Sin embargo, los conceptos elaborados en el seno de la teoría del derecho no se identifican con los generados en la dogmática jurídica.[19] Los primeros son nomotéticos; los segundos, idiográficos. Los primeros los podemos denominar conceptos teórico-jurídicos (también conceptos jurídicos formales o universales). A los segundos los llamaremos conceptos dogmático-jurídicos. Mientras que los conceptos jurídicos formales están presentes – consciente o inconscientemente, expresa o implícitamente- en todo derecho positivo, los conceptos dogmático-jurídicos son los propios de uno o varios ordenamientos, pero no tienen el carácter de "necesarios", sino que son "contingentes" (puede que un ordenamiento los maneje o los suponga, y también puede que no sea así).

Bastarán un par de ejemplos para entender enseguida esta diferenciación. Ejemplos de conceptos formales o teórico-jurídicos (propios de la teoría del derecho, tienen carácter universal y por tanto "necesario"): los conceptos de norma jurídica, de deber jurídico, de derecho subjetivo, de situación jurídica, de relación jurídica. Ejemplos de conceptos dogmático-jurídicos (tienen carácter particular y, por tanto, "contingente"): los conceptos de contrato de seguro, de marca, de expropiación forzosa, de recurso de casación, de tribunal constitucional.

Por último, y para concluir este apartado, deseo destacar el *efecto "boomerang"* que el sistema tiene sobre el ordenamiento. Ya hemos estudiado que la función primaria y, por decirlo así, natural del sistema es reflejar el ordenamiento jurídico de referencia. Hemos comprendido que

---

19. Véase, para mayor amplitud, el volumen 2º de *Teoría del Derecho. Fundamentos* etc., cit, pp. 515-544.

ese verbo, "reflejar" tienen unas connotaciones especiales, que no permiten asimilar su significado al de un "espejo positivista". Vamos a ver ahora el efecto contrario: cómo el sistema actúa, una vez construido, sobre el ordenamiento, bien para mantenerlo, o mantener alguna de sus partes, bien para transformarlo. Lo diré de un modo breve y explicaré después el sentido de la fórmula empleada. El sistema tiene una *función de política legislativa* con respecto al ordenamiento al que sirve y del que es reflejo.

Lo normal y lo lógico es que el sistema actúe sobre el ordenamiento al que sirve y refleja, para transformarlo en aquellos puntos que precisen de cambio, bien para rellenar lagunas, bien para simplificar regulaciones complejas, bien para descartar ambigüedades y contradicciones, bien para adaptarlo a lo que se estima son nuevas necesidades sociales. Estas operaciones se conectan con lo que podemos denominar la función *crítica* de la dogmática jurídica. Ésta no sólo debe reflejar el ordenamiento del modo estudiado. Puede permitirse también el examen del derecho vigente para localizar sus imperfecciones. Esta tarea crítica es una de las facetas de la función de política legislativa propia de la dogmática. Una vez mostrados los puntos débiles del ordenamiento jurídico vigente, el segundo paso es plantear soluciones *lege ferenda*.

d) El ámbito jurídico[20]

Junto al ordenamiento y al sistema, tenemos un nuevo concepto elaborado desde la TCD y desconocido hasta ahora por la Teoría del Derecho: el concepto de ámbito jurídico (AMB).

---

20. Para mayores desarrollos remito al lector a *Las Reglas del Derecho y las Reglas de los Juegos* (1984), pp. 168 ss. (Versión Brasileña: *As Regras do direito e as Regras dos Jugos*, citada, pp. 169 y ss. *Comunicación, Lenguaje y Derecho* (2009; 2012), passim. "El concepto de ámbito jurídico en la Teoría comunicacional del Derecho", en: *Nos ad justitiam esse natos*. Universidad de Valparaíso (Chile), 2011 vol. II, pp. 1241-1254. *Teoría del Derecho*. 6ª ed. cit., pp. 485 y ss.

Las tesis principales son: Todo ordenamiento (ORD) conlleva un ámbito (AMB). En el derecho de las sociedades civilizadas (no primitivas) el eje central del ámbito (AMB) lo constituye la dualidad ordenamiento jurídico / sistema jurídico propiamente dicho (ORD/SIS). Trataré a continuación de explicar estas tesis.

Para ello comenzaré por algunos ejemplos. Tengo ante mí ahora mismo un dictamen que elaboré hace años para un despacho de abogados. Se trata de un dictamen sobre un asunto de derecho de marcas (a los dictámenes, en otros países como Brasil, los denominan pareceres o informes). En dicho dictamen se recogen, en primer lugar, los hechos que dieron lugar a la consulta. Después, la consulta misma, esto es, las preguntas concretas respecto de las cuales el mandante requiere una respuesta. A continuación, se extiende el estudio propiamente dicho de la cuestión, en el cual se analiza la legislación vigente (incluida la comunitaria europea), la jurisprudencia de los tribunales y asimismo la doctrina científica. El dictamen ocupa 18 páginas a espacio sencillo, y resulta ser un estudio bastante denso de las cuestiones planteadas, si bien al final expone en breves conclusiones el parecer del emisor del informe, o sea, mis conclusiones. Un dictamen como éste es, obviamente, un texto. Es, además, un texto jurídico, puesto que trata de derecho, y en concreto del derecho de marcas (español y comunitario europeo – en cuanto que éste es de aplicación en España, y por tanto también derecho español). Afirmar que es un texto jurídico no quiere decir, como es natural, que lo sea en el mismo sentido en que lo es una ley, una sentencia judicial o una monografía doctrinal. Se trata, evidentemente, de un texto de caracteres diferentes a estos últimos. Para elaborarlo he tenido en cuenta los textos legales, los jurisprudenciales y los doctrinales. O sea, he tenido en cuenta tanto al ordenamiento (ORD) como al sistema (en sus dos modalidades, sobre todo el sistema jurídico propiamente dicho: SIS) que lo refleja y lo comenta.

Las preguntas entonces son las siguientes: Este dictamen sobre un asunto concreto de derecho de marcas, ¿es un texto que pertenece al ordenamiento jurídico? Parece evidente que no. Segunda cuestión: ¿Es un texto que pertenece al sistema jurídico doctrinal? Parece evidente que tampoco. No pertenece ni al sistema expositivo o didáctico ni al sistema jurídico en sentido propio. Es sólo la opinión de un jurista sobre un problema concreto del derecho de marcas español y europeo. El dictamen que tengo ante mí no forma parte del ordenamiento, y tampoco del sistema. ¿Qué es entonces? Es un texto que tiene que ver tanto con uno como con otro, con el derecho positivo vigente y con la doctrina jurídica (de los autores y de los tribunales). No pertenece al ordenamiento jurídico español, tampoco al sistema jurídico español. Sin embargo, pertenece al ámbito jurídico español.

Esto mismo puede decirse respecto de este otro escrito que tengo también aquí encima de mi mesa: se trata de una demanda judicial. La ha escrito un abogado, en representación de su cliente, y en ella se reclama la tutela judicial para conseguir el pago de una cantidad debida por el demandado. Se exponen los hechos, los fundamentos de derecho – donde se mezclan los preceptos jurídico-positivos con otro tipo de consideraciones de carácter doctrinal – y se concluye con el *petitum*, esto es, con la solicitud concreta. ¿Es este escrito una parte del ORD? Evidentemente, no. ¿Pertenece acaso al SIS? Está claro que tampoco. Sin embargo, forma parte del derecho es, un escrito jurídico. Pertenece al AMB.

En fin, todos los textos que se producen en lo que suele llamarse "la práctica del derecho" – salvo la jurisprudencia de los tribunales y los actos administrativos con valor de precepto, que pertenece al ordenamiento – son textos jurídicos pertenecientes a un ámbito jurídico.

También pertenecen al AMB todos los debates que preceden o acompañan a las decisiones jurídicamente relevantes. En un proceso constituyente tiene lugar un intercambio de argumentos entre los diversos representantes de las fuerzas políticas existentes. Ese intercambio de ideas, que usualmente va acompañado de negociaciones, no forma parte del texto mismo de la constitución, pero sí tienen sentido en relación con ella. Por otro lado, la constitución sólo puede interpretarse y, por tanto, entenderse a la luz de los debates constituyentes.[21] Lo mismo sucede con los debates parlamentarios que conducen a las decisiones legislativas o a cualesquiera otras medidas para las que el parlamento sea competente. Por su parte, los procesos judiciales no pueden entenderse plenamente sin tener en cuenta los argumentos esgrimidos por las partes. La discusión forense y los preparativos de las partes (asesoramientos, peritajes, etc.) forman parte de un proceso comunicacional que desemboca en la sentencia judicial.

Generalizando esta idea, podemos afirmar que todos los procesos decisionales conllevan un conjunto de actos – entre los que destacan los actos comunicacionales – de diverso género cuyo sentido sólo es pensable en relación con la decisión jurídica misma.

Ahora bien, el AMB no sólo comprende los textos jurídicos escritos y los actos comunicativos relativos a los procesos de decisión jurídica. También comprende los actos o acciones relevantes jurídicamente. Me explicaré de nuevo de la mano de algunos ejemplos.

---

21. El poder constituyente es um poder extra-ordinamental, pero es jurídico en el sentido de que está dentro del ámbito, ya que sólo se le puede entender como tal poder constituyente dentro de él.

Una persona se matricula como alumno en la Facultad de derecho de Palma de Mallorca. Para ello, presenta los documentos exigidos en una oficina determinada dentro del plazo establecido. Decimos entonces que ha realizado el acto de matricularse. Dicho acto no forma parte del ordenamiento, tampoco del sistema, pero sí del ámbito jurídico español. Dos brasileños celebran un contrato en Madrid y en sus cláusulas establecen que el cumplimiento de dicho contrato tendrá lugar en Brasil. Aunque el contrato se haya celebrado en España, dicho acto de contratación se rige por el derecho brasileño. Ese acto no pertenece al ORD, tampoco al SIS, pero sí al AMB jurídico brasileño.

Un individuo del Estado A mata a otro del Estado B en territorio del Estado C. Los tribunales de este último Estado C lo sentencian a prisión de 30 años. El acto de introducir a dicho individuo en el establecimiento penitenciario y la situación jurídica a que queda sometido no forman parte ni del ORD, ni del SIS, pero sí del AMB del Estado C.

Para la TCD, los actos (acciones) también son textos.[22] ¿Cómo puede explicarse esto? Para la TCD, un acto (acción) es el significado o sentido de un movimiento o conjunto de movimientos físico-psíquicos. Por ejemplo, si vemos que una persona levanta la mano y nos preguntamos qué es lo que hace, además de levantar la mano, diremos que saluda a un conocido, llama a un taxi, presta juramento ante un jurado, realiza un saludo político, está comprobando si llueve, o en qué dirección va el viento, está llamando la atención de alguien, quiere intervenir en una asamblea, sabe la respuesta a una pregunta del profesor, vota una propuesta, detiene el tráfico de automóviles, dice ¡basta!, pita un libre indirecto en el fútbol, y otras cosas

---

22. Cfr. G. Robles, *O Direito como Texto. Quatro Estudos de Teoria Comunicacional do Direito.* Tradução: Roberto Barbosa Alves. Prefácio de Paulo de Barros Carvalho. São Paulo: Manole, 2005.

similares. Para saber en concreto qué es lo que hace esa persona al levantar la mano, tendremos que interpretar el movimiento en función de la situación que contemplamos. La situación incluye tanto componentes externos como internos (consciencia, intención, etc.) del sujeto que realiza el movimiento. Si no somos capaces de entender la situación en que se produce el movimiento, difícilmente sabremos lo que significa. En cualquier caso, ante un movimiento decidiremos cuál es su significado. Habremos realizado con el movimiento las mismas funciones intelectuales que llevamos a cabo al leer un texto escrito. Ver el movimiento equivale a ver los caracteres de un texto escrito. Interpretar el movimiento en función de la situación equivale a interpretar un texto en función de su lugar en un texto más amplio (co-texto, contexto).[23] Comprender un movimiento es similar a comprender un texto escrito. Decidir qué significa un texto escrito es parecido a decidir el significado de un acto.

Para interpretar un movimiento y poder decidir qué tipo de acto es, se necesita un marco hermenéutico de referencia desde el cual llevar a cabo la interpretación. Por ejemplo, si veo a un árbitro de fútbol levantar el brazo en un partido, interpretaré ese movimiento a la luz de las reglas del fútbol. Si veo que alguien levanta el brazo y a su lado se detiene un taxi, interpretaré el movimiento teniendo como referencia hermenéutica las reglas de la vida cotidiana, y diré que ha llamado a un taxi. Si, además, quiero saber el significado jurídico de ese movimiento, cambiaré de marco de referencia hermenéutico y tendré en cuenta el derecho positivo. Diré entonces que el individuo que ha levantado el brazo ha contratado los servicios de un taxista

---

23. Por ejemplo, el "co-texto" de un artículo de la Ley de Sociedades Anónimas es el capítulo en que el artículo está inserto, y más ampliamente, el conjunto de la Ley de S.A. El "contexto" es el marco socioeconómico y político de la Ley, y más en concreto de lo que el artículo preceptúa.

o, lo que viene a ser equivalente, ha celebrado un contrato de arrendamiento de servicios con un taxista.

La relevancia jurídica de los actos surge de contemplar sus movimientos constitutivos a la luz del derecho. Dicho con mayor exactitud: si queremos saber el significado jurídico de un acto hemos de contemplar el movimiento correspondiente (o la falta de movimiento en las omisiones) desde el ángulo del ordenamiento jurídico. Como el ORD se ve reflejado y completado en el SIS, podríamos decir que el ángulo hermenéutico es el sistema jurídico en sentido propio. Bien es verdad que, como el sistema refleja el ordenamiento, lo más acertado es afirmar que la dualidad ORD / SIS constituye, en su conjunto, la *perspectiva comunicacional* adecuada.

El AMB integra, como su eje central, al ordenamiento y al sistema. Esta dualidad (ORD/SIS) constituye el *eje hermenéutico*, gracias al cual podemos entender los textos jurídicos no ordinamentales ni sistémicos, así como los actos jurídicamente relevantes.

No solamente textos y actos, sino también cualesquiera otros elementos que concreten aspectos jurídicos son incorporados hermenéuticamente del mismo modo. Por ejemplo, la situación jurídica de un solar, el derecho a la educación de una persona, el deber jurídico de un individuo de pagar el alquiler de la vivienda alquilada, la condición de sujeto jurídico de un patrimonio, etc. Me detendré un momento, de la mano de estos ejemplos, a explicar lo que quiero decir.

Primer ejemplo: La situación jurídica de un solar. Supongamos que alguien nos consulta sobre si puede construir en un solar de su propiedad y en qué condiciones. La cuestión no es abstracta, sólo puede responderse a la luz del ordenamiento vigente, matizado en su caso por las

425

aportaciones doctrinales del sistema. Es evidente que el solar no constituye una realidad que pertenezca al ordenamiento, ni tampoco al sistema. No obstante, usamos la dualidad ORD/SIS para determinar su situación jurídica dentro del ámbito jurídico español. La situación jurídica del solar en cuestión forma parte entonces, aquí y ahora, del AMB. El ámbito es una realidad global que abarca, junto a su eje hermenéutico central (ORD/SIS) todos los elementos o realidades cuya relevancia o irrelevancia jurídica es definida desde la perspectiva de dicho eje.

Segundo ejemplo: el derecho a la educación de una persona. Según la actual Constitución española, "todos tienen derecho a la educación". Al aparecer este precepto entre los que están respaldados por recurso de amparo, podemos afirmar –sin temor a equivocarnos- que el derecho a la educación es un derecho fundamental en el ordenamiento jurídico español. Los derechos fundamentales constituyen una modalidad de derechos subjetivos, y estos, a su vez, pueden ser considerados como situaciones jurídicas del género de las activas. El derecho a la educación es, por consiguiente, una situación jurídica activa de la persona. Si nos referimos a una persona concreta, Sempronio, será la situación jurídica activa de Sempronio. Esa situación jurídica de una persona determinada no forma parte del ordenamiento ni del sistema, pero sí del ámbito jurídico español.

Este mismo razonamiento es aplicable, *mutatis mutandis*, al tercer ejemplo: El deber jurídico de una persona de pagar el alquiler de la vivienda en la que habita. En este caso nos encontramos ante una situación jurídica de deber, prevista por el ordenamiento, esto es ante una situación jurídica pasiva. La situación jurídica pasiva de la persona concreta que tiene el deber jurídico de pagar el alquiler, no forma parte del ordenamiento, tampoco del sistema, pero sí del ámbito jurídico español.

En el derecho tributario se planteó en su día el problema de si los patrimonios son sujetos pasivos, o sea, si deben pagar impuestos. En algunas leyes se introdujo entonces un precepto que establecía qué patrimonios debían tributar y, por tanto, era preciso darles la calificación de sujetos tributarios. Tal sucedió, por ejemplo, con la *hereditas iacens*. Para el derecho tributario la herencia yacente es un sujeto jurídico pasivo. Esta atribución del carácter de "sujeto jurídico" al patrimonio hereditario implica una situación jurídica de dicho patrimonio. Todo esto deriva del eje básico ORD / SIS. Si nos preguntamos ahora acerca de la situación jurídica de la herencia yacente tras la muerte del señor Z, tendremos que decir que, entre otras cosas, dicha herencia está en situación jurídica de pendencia y que además constituye un sujeto jurídico tributario. La situación concreta de la herencia del señor Z no pertenece al ordenamiento, tampoco al sistema, pero sí al ámbito jurídico español.

El ámbito jurídico, por tanto, es *la realidad jurídica global* en la cual se insertan todos aquellos elementos (sujetos, situaciones, relaciones, etc.) relevantes jurídicamente desde la perspectiva del eje hermenéutico ORD/SIS. No es identificable ni con el ordenamiento ni con el sistema. Comprende a ambos, pero junto a ellos, comprende asimismo todas aquellas realidades que adquieren su sentido jurídico a la luz del eje hermenéutico básico ORD/SIS. Esta dualidad viene a ser el centro del ámbito, alrededor del cual giran todos los demás procesos comunicacionales así como todos los demás aspectos o elementos cuya calificación jurídica depende del eje fundamental. Todo el conjunto heterogéneo de elementos conforma el AMB, que se erige así en una realidad *virtual*, no identificable con ninguno de los elementos señalados u otros que se podrían señalar. Es un ámbito *de significado jurídico*.

Este concepto – que precisa sin duda alguna de ulteriores profundizaciones – desborda los esquemas tradicionales de la Teoría del Derecho. Al tenerlo en cuenta, el derecho comprendería no sólo el ordenamiento y al sistema (en ambas modalidades de sistema expositivo-didáctico y sistema jurídico propiamente dicho), sino también a todos aquellos aspectos o elementos cuya relevancia jurídica depende del eje central. Ordenamiento, sistema, actos lícitos e ilícitos, procesos comunicacionales de diversa especie, situaciones y relaciones jurídicas, sujetos jurídicos y personas, etc., *están dentro* del ámbito. Constituye éste la realidad jurídica omnicomprensiva. Es *un "espacio" virtual*.

7. La función comunicacional de la dogmática jurídica

¿Cuál es el cometido de la dogmática jurídica en relación con todo lo descrito hasta ahora? ¿Qué papel cumple la dogmática como ciencia de los juristas? ¿Es pensable el funcionamiento del derecho moderno sin la intervención de la dogmática (con éste o con otro nombre: doctrina jurídica, doctrina científica, ciencia del derecho, ciencia de los juristas, jurisprudencia)?

La palabra "dogmática" tiene en nuestros días mala prensa: se la vincula a posiciones rígidas, estereotipadas. Se suele entender hoy que los "dogmas" son ante todo verdades de fe, por tanto, fuera del control de la razón. La dogmática (teológica, jurídica) sería así una disciplina presidida por la actitud de acatamiento, sin examen racional previo. No vamos a negar que la dogmática teológica implica algo de eso, puesto que presupone la fe en Dios y en su revelación. Pero reducir el pensamiento dogmático a los caracteres mencionados es un modo de desconocer la realidad de la dogmática y también supone ignorar su historia.

Como ha expuesto Herberger en un espléndido libro,[24] el origen de la palabra "dogmática" está vinculado al conocimiento empírico, observacional y experimental. Es en el campo de la medicina griega en el que, por primera vez, se emplea el término. El sentido de la palabra griega poco tiene que ver con la dogmática teológica. Muy al contrario, el dogma médico es la conclusión a la que se llega tras observar a muchos pacientes. Su punto de partida son los hechos y la observación de los mismos. A partir, por ejemplo, de los síntomas de una enfermedad, la medicina llega a establecer determinadas "verdades", que no son otra cosa que ciertas "ideas" que se tienen por ciertas en relación con el diagnóstico y los medios de curación. Esas "verdades" o "ideas", producto de la observación de los enfermos y de las reacciones de las enfermedades ante la acción de los medios curativos, son los "dogmas" médicos.

Posteriormente, el término "dogmática" se aplica también al derecho. Entre la medicina y el derecho hay ciertas similitudes metódicas, al menos en cuanto se refiere a los periodos iniciales o fundacionales de las ciencias respectivas. La medicina llega a establecer sus "verdades" por medio del tratamiento de los pacientes, es decir, por medio del estudio de los *casos*. A través de ese estudio de casos determina los diversos *tipos* de enfermedades. Cada tipo de enfermedad se manifiesta de una determinada manera, de modo que el diagnóstico es posible si se conocen los caracteres típicos. Para cada uno de los tipos de enfermedad los médicos disponen de *remedios*. Estudio de casos, determinación de tipos y aplicación de remedios: éstos son los pasos de la dogmática médica.

En el derecho, los romanos procedieron de manera parecida. Primero, el jurista romano se encuentra ante

---

24. Maximilian Herberger, *Dogmatik. Zur Geschichte von Begriff und Methode in Medizin und Jurisprudenz*. Vittorio Klostermann. Frankfurt am Main 1981.

casos, cada uno de los cuales supone un conflicto o situación problemática. Por medio del análisis de los casos llega a establecer *tipos* de casos y de acciones que requieren un "tratamiento". Ese tratamiento lo posibilitan los distintos *remedios jurídicos* inventados para atajar los diversos problemas. La tópica se erige así en el primer nivel de la dogmática o ciencia de los juristas. A través del estudio de los casos, de su clasificación en tipos y de la aplicación de remedios – fundamentalmente procesales – se van generando un conjunto de "verdades jurídicas", de "ideas jurídicas generales" que tienen su origen en la experiencia y que vuelven a los casos para resolverlos. Éste sería el origen intelectual de la dogmática jurídica, que en su sentido más genuino sólo aparece cuando los saberes jurídicos se van consolidando en sistema.

Las palabras "dogmática" y "dogma" se aplicarán posteriormente también a la teología y a la filosofía, y se generalizan en sectores científicos aparentemente poco apropiados para su uso; precisamente porque su significado es sinónimo de "ideas" o "principios básicos" elaborados con fundamento racional. Como sinónimo de "dogmas" se emplea habitualmente el término "doctrinas". Por eso, en el derecho se puede identificar la expresión "dogmática jurídica" con la de "doctrina jurídica" o "doctrina científica". "Doctrina" tiene que ver con "doctor" y con "docere" (enseñar). Lo que se enseña, son "verdades"; ya sean médicas, jurídicas, teológicas o filosóficas.

El derecho moderno no puede entenderse en absoluto sin la dogmática o ciencia de los juristas.[25] Para concluir este estudio veamos, con orden y brevedad, cuáles son

---

25. Aquí paso por alto la cuestión de si la dogmática jurídica es una ciencia o no. Depende del concepto de ciencia que se acepte como idóneo, para dar a esa cuestión una respuesta u otra. Desde un punto de vista "práctico" la pregunta es irrelevante, ya que, en todo caso, la dogmática jurídica es indispensable e insustituible.

algunas de las funciones principales de dicha ciencia, todas las cuales tienen un aspecto en común: el ser funciones comunicacionales. De destacarlas y estudiarlas se encarga la TCD en el segundo de los niveles señalados, el de la teoría de la dogmática jurídica.

En el derecho moderno la dogmática jurídica cumple una *función comunicacional mediadora*. La dogmática, en efecto, se sitúa entre el ordenamiento y el sistema. Se puede decir que constituye un filtro en virtud del cual el texto bruto ordinamental se transforma en texto elaborado sistémico. Su papel de *mediación* es permanente. No hay nada en el ordenamiento que quede excluido de su trabajo. Por ella, el ORD se transforma en SIS: de ahí su función *transformadora*. Convierte un texto complejo, desajustado, generado en fases sucesivas por distintos autores a la vista de problemas diferentes, y semánticamente inconsistente (ORD), en un texto menos complejo[26] en cuanto a su estructura interna, armonioso y semánticamente depurado (SIS). El texto sistémico es, sin duda, mucho más amplio que el ordinamental, pero su estructura interna es más clara y coherente: permite la comprensión del todo textual ordinamental de un modo más transparente.

La dogmática jurídica consigue cumplir su función mediadora y transformadora mediante la construcción. No es una disciplina descriptiva, sino *constructiva*. La dogmática construye el sistema, y lo hace guiada por una teoría formal del derecho, que le proporciona los instrumentos formales básicos de carácter estructural. Esa labor de construcción

---

26. El texto sistémico es menos complejo que el ordinamental en el sentido de que, para los juristas, está mejor organizado, maneja los conceptos con rigor, es más explícito. Al hacer esta afirmación no pretendo decir que el sistema carezca de complejidad en otro sentido. De hecho, un sistema es una construcción compleja que exige una preparación intelectual especializada para comprenderla, pero que, una vez se posee dicha preparación, permite su comprensión de un modo transparente.

presupone una red conceptual, un plan, un proyecto, que ha de ir rellenándose con los significados concretos provenientes del texto ordinamental. La construcción se realiza sobre *un* ordenamiento y genera *un* sistema. La dogmática jurídica es una disciplina *idiográfica,* ya que tiene como objeto una realidad singular e irrepetible (*un* ordenamiento jurídico) que, sin embargo, presenta un gran parecido de familia con otras realidades del mismo género. La similitud está en la base del derecho comparado, pues sólo pueden compararse aquellas realidades que, siendo disímiles en unos aspectos, son similares en otros.

El trabajo del jurista dogmático (científico) es, por un lado, individual, y por otro, colectivo. Presenta esta doble faz que no es característica de ninguna otra ciencia o disciplina,[27] salvo – quizás – de la teología. Es *individual* en cuanto que cada autor firma sus propios trabajos, en los cuales expresa su opinión. Es *colectivo* en la medida en que la doctrina que ha de formar parte del sistema es la unánime o – al menos – la dominante. Esta es una diferencia caracterizadora de la dogmática jurídica o ciencia de los juristas, que la separa de los comentarios de textos propios de la literatura. Aunque en la crítica literaria puedan darse opiniones dominantes o unánimes, ello no conlleva ninguna consecuencia especial. En la literatura lo que más llama la atención de los lectores y de los propios críticos es la interpretación original y novedosa. El comentario de textos (ordinamentales) en que consiste la dogmática se propone – consciente o inconscientemente – "triunfar": el "triunfo" consiste en que la doctrina expresada por el autor forme

---

27. Al menos no lo es en el mismo sentido. Es evidente que en todas las ciencias existe el trabajo individual y el colectivo. Pero en la dogmática el primero sólo adquiere su plenitud si se integra en el segundo, esto es, si la doctrina elaborada tiene "´éxito", lo cual supone que sea reconocida como la válida o vigente por los tribunales de justicia y, en general, por los órganos aplicadores del sistema jurídico.

parte también de la doctrina jurisprudencial de los jueces y, en general, de la doctrina de los órganos aplicadores, esto es, del sistema jurídico en sentido propio (SIS).

El carácter colectivo del trabajo dogmático impele a los autores a debatir entre ellos. Las polémicas doctrinales forman parte del trabajo propio de la dogmática jurídica. Una obra de derecho puede contentarse con exponer directamente la opinión del autor. Pero adquiere mayor fuerza si en ella se ocupa de las opiniones ajenas, tanto doctrinales como jurisprudenciales, para, en diálogo con ellas, hacer surgir – fundamentados – los propios puntos de vista. Tiene lugar así una gran "conversación" o "debate" entre autores que es posible que acaben agrupándose en *escuelas*. La formación de escuelas[28] en la dogmática jurídica no es un fenómeno infrecuente, pero depende también de las modas intelectuales y académicas de cada momento histórico.

El trabajo colectivo de los juristas dogmáticos conduce a la exigencia de que los autores conozcan no sólo la legislación y la jurisprudencia, sino también las opiniones doctrinales ajenas. En este aspecto, es relevante el fenómeno de las "citas" de dichas opiniones. La cita de otros autores es un carácter cuasi-esencial de un trabajo dogmático bien

---

28. Una "escuela" es un conjunto de juristas cuyos análisis y opiniones acerca de la interpretación del texto ordinamental y de la construcción del sistema coinciden en aspectos básicos, o por lo menos, son similares. Las "escuelas", en este sentido, tienen poco que ver con los "grupos de presión" académicos que suelen formarse a efectos de estrategias profesionales (ocupar cátedras, conseguir puestos, influencia, etc.), lo que les lleva a ostentar un cierto carácter sectario. A veces, una "escuela" también actúa como "grupo de presión", exigiendo a sus miembros no sólo opiniones determinadas, sino también conductas eficaces para el mantenimiento profesional del grupo, entre las que sobresalen las tácticas de exclusión de los oponentes (la fundamental de estas tácticas, y la más frecuente, es la *reductio ad silentium*, cuyo objetivo es convertir al oponente en *outsider* a través de la "prohibición de citarle"). Sería muy interesante una investigación sociológica de este problema no minúsculo, pues esas tácticas, además de injustas, reducen la transparencia del funcionamiento efectivo en el seno de un ámbito jurídico. Esta investigación tendría su objeto en el campo de intersección entre la sociología jurídica y la sociología del conocimiento y de la ciencia.

hecho. La formación del sistema manifiesta así relaciones intertextuales internas, o sea relaciones entre textos de distintos autores que expresan doctrinas sobre la misma materia. Esta exigencia es especialmente adecuada en las monografías (libros o artículos), es decir, en aquellos trabajos doctrinales cuyo propósito es profundizar en un punto o aspecto del ordenamiento jurídico de referencia. También debe ser cumplida en los tratados que se presentan como un tratamiento exhaustivo, o casi exhaustivo, de la materia abordada. Menos exigible es, probablemente, en los libros pensados como manuales o resúmenes para la docencia en las universidades. En este último caso, es suficiente con que se hagan algunas referencias básicas a otras posiciones doctrinales; aunque siempre será oportuno presentar una lista de libros (bibliografía) para quien quiera penetrar con más profundidad en los diversos temas. Este *modus operandi* es ya exigido por una larga tradición en el quehacer científico de los juristas dogmáticos; y constituye uno de los requisitos de la dogmática "buena". En efecto, si el autor no muestra un conocimiento suficiente de las opiniones doctrinales ajenas, mal podrá fundamentar las propias con la suficiente solvencia. Estas exigencias (conocimiento de la legislación, de la jurisprudencia de los tribunales y de la doctrina) muestran claramente cómo la dogmática no es una tarea meramente individual, sino que se inserta en un modo de hacer tradicional que impone cánones de actuación intelectual en el tratamiento de los textos jurídicos (legales, jurisprudenciales y doctrinales).

He usado varias veces la expresión "*comentario de textos*" en referencia al hacer característico de la dogmática jurídica. La dogmática jurídica, en efecto, consiste en el fondo en comentar textos. Lo mismo se puede decir de la dogmática teológica. De ahí que a ambas se las califique, certeramente, de disciplinas hermenéuticas. Ahora bien, el comentario de textos es una función intelectual cuya sede tradicional es la literatura. De hecho, pueden encontrarse numerosos libros con el título "comentario de textos" para su uso en los estudios literarios. Una corriente en los EEUU de Norteamérica se autodenomina "Derecho y Literatura" (*"Law and Literature"*), designación que sirve como "cajón de sastre" para introducir en él todos los estudios y enfoques que vean el derecho desde la perspectiva de los estudios lingüísticos, en el sentido más amplio de esta última palabra. No creo que haya inconveniente alguno en afirmar que, con todas las precisiones que se quiera, la TCD podría ser entendida como incluida en ese vasto movimiento. En cuanto que la TCD es definida como "teoría de los textos jurídicos" no hay obstáculo especial para no incluirla en esa amplia perspectiva. La TCD se ocupa de los textos jurídicos, y si se entiende que todo texto es una manifestación literaria, parece evidente que la TCD tiene que ver, o se integra, en la corriente mencionada.

¿No hay entonces ninguna diferencia entre el comentario de textos meramente literarios – como pueden ser una novela, un poema, una obra de teatro – y el comentario de textos jurídicos? Me parece que la diferencia radica en que el comentario del primer género y el propio del segundo género se insertan en tradiciones distintas. Ambos tipos de comentario suponen una labor *hermenéutica* o *interpretativa*. Pero se distinguen en el instrumental empleado en cada uno de ellos y en la finalidad que se proponen. La hermenéutica meramente literaria no se propone la construcción de un "sistema", ni tampoco lograr el "triunfo" y así formar parte de la doctrina dominante (al menos, no en el mismo sentido que la dogmática jurídica). Por mucho que la hermenéutica jurídica consista básicamente en un comentario de textos, no por eso se asimila sin más a la tradición hermenéutica literaria. Los caracteres específicos de la dogmática la separan muy claramente del comentario de textos literarios. Como ya hemos destacado antes, la dogmática jurídica, como disciplina hermenéutica, interpreta para comprender, y lo hace mediante un conjunto de operaciones: conceptualización, sistematización, valoración de intereses y principios directivos del ordenamiento, debate doctrinal. Además, la dogmática se singulariza porque a *dirigida a la práctica*, lo que no puede decirse del comentario de textos literarios.

El sistema jurídico (SIS), en efecto, no sólo es un reflejo del ordenamiento (ORD); no sólo es la mejor versión de este último. Es además el texto que – por contar con el apoyo de la comunidad de los juristas, representada por los más altos tribunales – cumple la función definitiva de resolver los casos. Cuando se afirma que la dogmática es una *ciencia práctica*, se está diciendo una verdad que no conviene olvidar nunca: el sistema construido no es sólo un sistema "expositivo", "teórico" – aunque también –, sino que posee además una función derivada, pero básica para la vida del derecho: es un sistema pensado para ser aplicado a los casos o problemas que se plantean diariamente a los operadores jurídicos. En esta función se separa claramente del comentario de textos literario. La construcción del sistema es una modalidad de comentario de textos, sin duda. Pero dicho comentario de los textos jurídicos está orientado directa y principalmente a la práctica; o sea, a la solución de los problemas, en definitiva: a las decisiones jurídicas.

Puede entenderse muy bien entonces de qué modo la dogmática jurídica se erige en intermediaria comunicacional de todos los procesos de comunicación que tienen lugar dentro de un ámbito. Todo pasa a través de ella. La formación conceptual de los términos usados en el ordenamiento, la sistematización de la materia textual bruta, la comprensión integral del texto ordinamental, la propuesta de cambios en la legislación y en la jurisprudencia de los tribunales, el planteamiento de directrices aplicativas y orientadoras de la práctica y asimismo la formulación de las normas jurídicas que han de aplicarse a los casos.

Permite además la *transmisión del conocimiento jurídico*. En las facultades de derecho lo que se estudia, básicamente, es dogmática jurídica organizada en las distintas disciplinas o asignaturas, como partes que son de un todo. Cumple así una función *pedagógica* en conexión con su función cognoscitiva. Gracias a ella se forman los nuevos juristas en la adquisición de los instrumentos propios de su profesión, en los modos de razonar, lo que posibilita la transmisión del cuerpo doctrinal elaborado por el colectivo. La enseñanza del derecho constituye también un proceso complejo de comunicación entre las diversas generaciones de juristas; proceso que suele estar presidido por el *respeto a la tradición*.[29]

Por medio del *eje comunicacional básico ORD/SIS* –un eje textual bipolar en el que el sistema jurídico en sentido propio se erige en el texto de referencia básico- es posible "leer" todos los elementos que se dan dentro del ámbito (AMB). Sujetos jurídicos, actos jurídicamente relevantes, situaciones jurídicas, relaciones jurídicas, deberes jurídicos y cargas, derechos subjetivos, potestades, expectativas; en suma, todo lo que pueda tener significado jurídico es determinable a partir de dicho eje comunicacional. Éste se erige en la referencia hermenéutica, en el *marco hermenéutico de referencia*, a partir del cual pueden concretarse los elementos jurídicos del ámbito con el preciso significado que les sea propio. E igualmente, se determinan a partir del eje comunicacional básico las relaciones jurídicas con otros ordenamientos / sistemas; esto es, las relaciones jurídicas intersistémicas.

---

29. Aunque últimamente asistimos a algunos "experimentos" excéntricos tendentes a sustituir los estudios del derecho romano y del derecho canónico – disciplinas ambas de gran valor formativo – por otros al parecer más "prácticos", como puede ser el derecho del turismo o el derecho bancario. En mi opinión, la facultad de derecho debe procurar una formación jurídica general, además de humanística. La especialización debe hacerse después.

TEORIA COMUNICACIONAL DO DIREITO E INFORMATIZAÇÃO FISCAL

Guilherme Lopes de Moraes[1]

Introdução

Temos observado, de forma atônita, o processo comunicacional do direito ser inovado por inúmeras tecnologias de informação, as quais buscam dinamizar essa área do conhecimento. Elas conferem maior agilidade aos processos e permitem que novos usos sejam incorporados por essa onda comunicacional digital.

Esse processo de informatização passa a estabelecer novas relações jurídicas a partir de um simples "clicar". Assinaturas digitais passaram a substituir documentos assinados "de punho". Eis que surgem novas situações e novos meios de prova, tudo isso a inovar o sistema do direito positivo.

Normas individuais e concretas são expedidas eletronicamente e passam, de maneira imediata, a fazer parte do sistema jurídico. Algumas formalidades exigidas para

---

1. Mestre e Doutor em Direito Tributário pela Pontifícia Universidade Católica de São Paulo - PUC/SP. Conferencista no Seminário de Filosofia do Direito 2013-2014 – CEU/Universidad San Pablo – Madrid. Professor do Instituto Brasileiro de Estudos Tributários – IBET. Auditor Fiscal da SEFAZ/GO.

a constituição de determinados fatos jurídicos vão dando espaço a certificados e assinaturas digitais, documentos de validade jurídico-virtual, arquivos magnéticos etc.

Não há dúvidas de que essas novas tecnologias agregam valores ao processo comunicacional do direito, porém esse novo cenário exige que as mesmas sejam compreendidas em sua profundidade, vez que fazem parte da enunciação das normas jurídicas.

A Teoria Comunicacional do Direito tem provado ser uma excelente ferramenta de análise do direito positivo e seus estudiosos, tendo ciência dessa realidade, devem utilizá-la no aprofundamento teórico das questões jurídicas impostas e expostas pela informatização fiscal.

Atualmente, as tomadas de ciência de alguns atos administrativos são digitais e endereços eletrônicos, uma realidade no cotidiano das administrações tributárias. Além disso, contribuintes e documentos existem apenas virtualmente, sendo que as pessoas contratam a quilômetros de distância por intermédio de um computador conectado à internet.

Essa nova realidade digital exigirá novos conhecimentos e novas posturas do intérprete do direito positivo. As respostas deverão ser buscadas junto às teorias existentes, de forma que só se manterão aplicáveis aquelas devidamente testadas, comprovadas e aprovadas.

A proposta do presente estudo é instigar a aplicação dos institutos da Teoria Comunicacional do Direito nessa nova realidade jurídico-comunicacional que se apresenta. Para tanto, abordaremos os institutos pensados por Gregorio Robles (ordenamento, sistema e âmbito jurídicos) e os elementos da comunicação de Roman Jakobson, focando nossa atenção no processo informatizado de emissão da Nota Fiscal Eletrônica e nos reflexos que sua utilização trouxe em relação à intersubjetividade das relações jurídicas.

Breve histórico da Nota Fiscal Eletrônica

Um dos maiores avanços na informatização fiscal brasileira (se não o maior) foi o sistema da Nota Fiscal Eletrônica (que passaremos a denominar simplesmente NF-e), que permitiu uma série de vantagens, entre as quais podemos destacar a facilidade de acesso ao documento fiscal eletrônico, a rapidez na troca de informações entre os interessados (remetentes, destinatários, administrações tributárias e outros órgãos públicos) e o armazenamento descomplicado e sem custos.

Para que fosse possível dar validade aos documentos expedidos de forma eletrônica, foi publicada a Medida Provisória n. 2.200-2, de 24 de agosto de 2001, através da qual foi criada a Infraestrutura de Chaves Públicas Brasileira – ICP – Brasil. O art. 10 desse ato normativo considerou esses documentos válidos para todos os fins legais e, no § 1º desse mesmo artigo, estabeleceu-se uma presunção de veracidade para todas as declarações constantes dos documentos em formato eletrônico, desde que produzidos com a utilização de certificação disponibilizada pela ICP – Brasil.

A partir desse marco inicial, foi possível a instituição do Sistema Público de Escrituração Digital – SPED, que contou com a participação efetiva e integrada de inúmeras administrações tributárias. Esse sistema é estruturado em três grandes bases de dados: a Nota Fiscal Eletrônica, a Escrituração Fiscal Digital e a Escrituração Contábil Digital. Nesse ponto, far-se-á um corte metodológico no sentido de focar o estudo da NF-e e seus efeitos jurídico-tributários.

A NF-e é um documento fiscal eletrônico (emitido e armazenado eletronicamente, de existência apenas digital) instituído pelo Ajuste SINIEF 07/05, de 05 de outubro de 2005, cuja validade jurídica é assegurada pela assinatura digital do emitente. Deverá, ainda, contar com a autorização de uso pela administração tributária do Estado (ou DF) do contribuinte, antes mesmo da constituição do fato jurídico tributário ("ocorrência do fato gerador", conforme § 1º da Cláusula Primeira do referido ajuste). Dessa forma, para que seja concluída a emissão da NF-e, é necessário que o contribuinte transmita o arquivo eletrônico para a Secretaria da Fazenda (ou de Finanças) de sua jurisdição, a qual devolverá uma Autorização de Uso da NF-e e gerará, ainda, um protocolo de confirmação de recebimento do arquivo.

Somente após essa autorização, o Documento Auxiliar da Nota Fiscal Eletrônica – DANFE poderá ser impresso para poder acompanhar as mercadorias até seu destino, conferindo portabilidade à NF-e. Esse documento consiste num suporte material (papel) que, além de contar com as informações fiéis e íntegras do registro eletrônico do fato jurídico tributário, auxilia na conferência das mercadorias e permite que seja colhida a assinatura do destinatário das mesmas. Quando do recebimento das mercadorias acompanhadas do DANFE, o destinatário deve verificar a autenticidade e a validade da NF-e, bem como a existência da Autorização de Uso da mesma.

Tomado como um ato comunicacional informatizado, o processo de emissão da NF-e servirá como pano de fundo para as questões levantadas no presente trabalho, vez que representa um importante e moderno recurso de informatização fiscal.

Os elementos da comunicação por Roman Jakobson e a Nota Fiscal Eletrônica

Nunca é demais lembrar que o sistema jurídico é composto pelo conjunto das normas jurídicas (fruto do trabalho interpretativo dos juristas) e que essas possuem, entre um de seus objetivos, a função de regrar as condutas intersubjetivas (normas deônticas propriamente ditas). Para isso, é necessário que esse sistema tenha um mínimo de eficiência no sentido de conseguir informar os indivíduos sobre a licitude ou não de suas possíveis condutas.

Na esteira desse raciocínio, podemos afirmar que o referido sistema se deve estabelecer como um processo comunicacional por excelência, vez que os sujeitos emissores de enunciados prescritivos o fazem com o propósito de que sejam recebidos pelos destinatários. Visto por esse viés, se perfaz num contexto comunicacional muito peculiar, uma vez que suas normas requerem canais específicos pelos quais possam trafegar em busca da ciência de seus destinatários.

Após esse breve introito, cabe-nos observar que o processo comunicacional do direito se enquadra nos moldes preconizados por Roman Jakobson,[2] para o qual os fatores constitutivos de todo ato de comunicação verbal se externam quando

> O REMETENTE envia uma MENSAGEM ao DESTINATÁRIO. Para ser eficaz, a mensagem requer um CONTEXTO a que se refere (ou "referente", em outra nomenclatura algo ambígua), apreensível pelo destinatário, e que seja verbal ou suscetível de verbalização; um CÓDIGO total ou parcialmente comum ao remetente e ao destinatário (ou, em outras palavras, ao codificador e ao decodificador da mensagem); e, finalmente, um CONTACTO, um canal físico e uma conexão psicológica entre o remetente e o destinatário, que os capacite a ambos a entrarem e permanecerem em comunicação.

Temos, então, seis elementos no total (emissor ou remetente, receptor ou destinatário, mensagem, contato, código e contexto), sem os quais não é possível o ato comunicacional. Há duas questões que merecem destaque nesse ponto do estudo. Uma delas diz respeito ao que Roman Jakobson

---

2. JAKOBSON, Roman. *Linguística e comunicação*. São Paulo: Editora Cultrix, 1999, p. 123.

nominou de contato. Para ele, como se pode observar no trecho acima, canal e conexão psicológica são partes integrantes do contato, estando ligados umbilicalmente a ele. E isso pode ser constatado pela análise da função fática da linguagem, que guarda íntima relação com o contato. Ao dizermos "Alô, está me ouvindo?" ao telefone, estamos tanto testando o canal como também checando se há conexão psicológica com nosso interlocutor. Dessa forma, podemos dizer que se o canal não funcionar perfeitamente ou se a conexão psicológica não for mantida, não haverá contato e, consequentemente, comunicação. Alguns doutrinadores enxergam a conexão psicológica como outro elemento do ato de comunicação, porém não nos parece ser o melhor caminho.

A segunda questão se relaciona com o contexto do direito positivo, elemento que apresenta grande amplitude no processo comunicacional. Esse elemento se encontra presente em todo ato de comunicação, porém uma grande dificuldade é estabelecer seus limites. A comunicação só ocorre porque se encontra dentro de um contexto, o que confere a qualquer mensagem uma função referencial (podendo vir acompanhada de outras).

Focando mais detidamente as construções jurídico-normativas rumo às condutas intersubjetivas, não poderíamos olvidar da dicotomia evento/fato. Segundo Nicola Abbagnano,[3] o evento nada mais é do que "uma porção do contínuo espaço-temporal", enquanto o fato, a articulação linguística desses fenômenos "reais". Assim, os fatos seriam as afirmações que fazemos acerca dos objetos. Pensando na incidência normativa, podemos dizer que esta se dá quando nos deparamos com três necessários substratos semióticos: i) uma linguagem verbal ou não verbal

---

3. ABBAGNANO, Nicola. *Dicionário de filosofia*. São Paulo: Martins Fontes, 1999, p. 391.

que represente o evento; ii) os enunciados conotativos das normas gerais e abstratas; e iii) o produto da união dos anteriores, responsável por traduzir o fato social (semiótico) em fato jurídico.

Em suma, o processo comunicacional do direito se estabelece quando um sujeito, portador de competência para tanto, expede um enunciado prescritivo que, a partir da ciência dos destinatários (expressa ou operacional, nos termos do art. 3º da Lei de Introdução às Normas do Direito Brasileiro – LINDB), passa a integrar o ordenamento jurídico. Esse enunciado, por sua vez, passará por um processo de interpretação, cujo produto será a norma jurídica em sentido estrito, fruto que é da construção intelectual dos juristas. Esse caminho interpretativo é também conhecido como *percurso gerador de sentido,* expressão cunhada por Paulo de Barros Carvalho.

Embora a classificação normativa da Teoria Comunicacional de Direito se baseie na diversidade da configuração linguística (caracterizada pelos verbos ser, ter que, poder e dever) e funcional das normas jurídicas, uma das maneiras de classificá-las seria tomá-las sob dois enfoques: o sujeito destinatário (que se encontra no consequente) e a materialidade (presente no antecedente). Quanto à materialidade, a norma pode fazer referência a um evento (situação de possível ocorrência) ou a um fato (devidamente ocorrido, com o perdão do pleonasmo). No primeiro caso, diríamos que se trata de uma norma abstrata, vez que estaríamos diante de uma suposição (caracterizada pela conjunção subordinativa condicional "se"), enquanto, na segunda situação, frente a uma norma concreta, eis que haveria um fato compondo o antecedente da mesma. Em relação aos sujeitos destinatários, a norma seria classificada em individual ou geral, tendo em conta os mesmos serem identificáveis ou não. Dessa forma, uma norma seria geral quando potencialmente se dirige a toda comunidade do discurso, enquanto a individual, aquela que tem como destinatário um sujeito específico (ou um grupo de sujeitos especificados).

Nosso foco de estudo será a norma individual e concreta, ou seja, aquela que efetua um recorte linguístico na realidade social para constituir um fato jurídico. E buscaremos, no ato de expedição da NF-e, compreender e analisar a presença dos seis elementos do ato de comunicação anteriormente citados.

Como *emissor*, temos a pessoa que acessa o sistema através de sua assinatura digital previamente cadastrada na ICP-Brasil, que, nesse ato, em regra, representa a empresa remetente das mercadorias (vendedor). Como dito anteriormente, a Medida Provisória n. 2.200-2/2001 estabeleceu as regras para dar segurança ao sistema e conferir validade jurídica aos documentos digitais expedidos.

Como *receptor* da mensagem, temos a administração tributária da unidade federada onde se localiza a empresa emitente da NF-e, sendo esta a destinatária por excelência das informações contidas na NF-e, cuja *mensagem* é exatamente seu conteúdo (tipo de mercadoria, quantidade, valor, empresa destinatária, transportador etc.). O *contato* deste ato comunicacional é fornecido pela conexão existente entre os computadores da empresa e os sistemas computadorizados do Fisco, que deve oferecer segurança na transmissão dos dados informatizados.

Para que a empresa possa utilizar esse canal e emitir uma NF-e, é necessário se cadastrar anteriormente com seu próprio certificado digital. Como frisamos linhas atrás, a expedição da NF-e se completa com o "retorno do protocolo de recebimento", o que confere intersubjetividade a este específico processo comunicacional. Isso significa a confirmação do recebimento da mensagem pela respectiva administração tributária, tendo, da mesma, tomado ciência em seu inteiro teor. Esse aspecto será importante quando estivermos analisando o recorte linguístico feito pela norma individual e concreta nos autolançamentos, que, em nosso entender, sofreu uma substancial alteração com o advento da NF-e.

O *código* nada mais é do que a linguagem informatizada que contém as informações vertidas em língua portuguesa (caracteres numéricos, letras, sinais de pontuação etc.). O sexto e último elemento diz respeito ao *contexto*, que não se limita ao parque computacional necessário para a expedição da NF-e, mas abrange o conjunto de normas jurídicas que se relacionam, direta ou indiretamente, com o sistema da NF-e. Não podemos nos esquecer de que essas informações são processadas sob o manto de um aparato jurídico, que confere aos respectivos atos e procedimentos a força jurídica necessária para irradiarem relações dessa mesma natureza.

Teoria Comunicacional do Direito e Informatização Fiscal

A mensagem expedida eletronicamente encontra-se dentro de um contexto comunicacional e se insere nas hostes do direito positivo, ou daquilo que chamamos de jurídico. O direito positivo, por sua vez, se encontra na contingência de buscar respostas para as questões relativas às mensagens jurídico-digitais. Isso porque, nesse contexto de crescente informatização fiscal, os fatos jurídicos tributários são constituídos eletronicamente, o que requer novos meios de provas, verificação de chaves de segurança, certificados digitais, perícias técnicas específicas etc. Nesse ínterim, as teorias comunicacionais ganham espaço dentre as existentes, visto oferecerem um maior aparato de ferramentas de análise, permitindo uma abordagem mais profunda do contexto no qual transitam as mensagens digitais.

Na vanguarda dessas teorias, encontra-se a Teoria Comunicacional do Direito, que situa essa área do conhecimento como um grande processo comunicacional. Nas palavras de Gregorio Robles,[4]

> A teoria comunicacional concebe o direito como um sistema de comunicação cuja função pragmática é organizar a convivência humana mediante, basicamente, a regulação das ações.
>
> Outra forma de expressar que o direito é um sistema de comunicação se obtém a partir da afirmação de que o direito é texto. Diversamente de outros textos, como o literário ou o histórico, o jurídico é um texto organizador-regulador.

Partindo dessa premissa, o referido autor se afasta de uma posição eminentemente positivista do direito que, em seu pensar, se esforça em descrever o direito positivo. Diferentemente, entende que a ciência jurídica é uma ciência construtiva e prática e não descritiva e teórica, como querem alguns autores. E a base desse pensamento vem justamente da diferenciação entre ordenamento e sistema jurídicos. Nesse pensar, o ponto de partida seria o ordenamento (mandamentos expressos), a partir do qual se debruça o intérprete para construir o sistema (composto pelas normas jurídicas).

No intuito de melhor compreendermos esta teoria, analisaremos, de uma forma ainda superficial, suas três figuras centrais: ordenamento, sistema e âmbito jurídicos. Além disso, nos importa relacionar esses institutos com os processos informatizados, buscando demonstrar a aplicação daqueles na correta compreensão destes.

O ordenamento jurídico, nas bem traçadas linhas de Gregorio Robles, é o conjunto de enunciados normativos

---

4. ROBLES, Gregorio. *O Direito como texto*: quatro estudos de teoria comunicacional do direito (Trad. Roberto Barbosa Alves). Barueri/SP: Manole, 2005, pág. 01.

(leis, decretos, tratados etc.) que representa uma das partes do arcabouço jurídico. O ordenamento, então, é composto por aquilo que "saiu da boca do legislador" (há que se registrar a utilização do termo "legislador" numa acepção ampla). Em outras palavras, o ordenamento representa aquilo que foi publicado no *Diário Oficial* (ou em outro meio de publicação equivalente).

O sistema jurídico, de seu turno, é fruto da ordenação do próprio ordenamento, visto que este é, por natureza, desordenado (ou não ordenado por completo). O sistema jurídico, então, surge do trabalho de construção do jurista, que, a partir do texto bruto, busca dar uma forma consistentemente científica ao ordenamento, agregando seus valores e suas concepções filosóficas.

Outra contribuição desta teoria, talvez aquela que complete o raciocínio de seu criador, é a figura do âmbito jurídico. Embora seja um instituto de difícil definição e aberto a estudos que lhe contornem os limites, afigura-se de extrema importância no contexto do estudo do direito positivo. Essa afirmação se baseia no fato de que há um contexto no qual o direito se processa, no qual o direito "dita as regras". Assim, toda e qualquer situação que envolva certa juridicidade, pertence ao âmbito jurídico, sem necessariamente pertencer ao ordenamento ou ao sistema. Nas palavras de Gregorio Robles,[5]

> Un ámbito jurídico comprende, pues, al ordenamiento jurídico y al sistema jurídico. Además comprende también un conjunto de actos comunicativos (traducibles por tanto en textos concretos) que se producen o puedan producirse en relación con aquéllos. Por último, también comprende aquellos actos que en sí no son generadores de texto en sentido estricto

---

5. ROBLES, Gregorio. *Teoría del derecho:* fundamentos de teoría comunicacional del derecho. Volumen I. 5. ed. Pamplona: Civitas, 2013, p. 491.

pero que adquieren su sentido desde la "lectura" que se hace de ellos a partir del ordenamiento/sistema.

Como se pode perceber pelas próprias palavras do jusfilósofo espanhol, o âmbito jurídico se configura num invólucro que envolve o eixo ordenamento/sistema, o que nos permite afirmar que todos os atos (inclusive provas, normas, situações, relações etc.) que se relacionam com este eixo pertencem ao âmbito jurídico.

Após essa breve reflexão acerca desses institutos da Teoria Comunicacional do Direito, acreditamos ser possível estabelecer algumas relações entre eles e os elementos da comunicação. O ordenamento se relaciona intimamente com o emissor do ato comunicacional, uma vez que o legislador, ao expedir um enunciado prescritivo, confere vida própria ao mesmo, o que significa dizer que tal enunciado adquire autonomia em relação ao emissor. Essa afirmação contraria o pensamento dos autores que buscam o sentido da mensagem legislada na vontade do legislador, a ultrapassada *mens legislatoris*. Em outro estudo de nossa lavra, tivemos oportunidade de nos posicionarmos nos seguintes termos.[6]

> Fica aqui consignado o desapreço por aqueles que defendem a vontade da lei (*mens legis*) ou a vontade do legislador (*mens legislatoris*). A lei, desse mirante, contém uma mensagem vertida em linguagem [...]. Nesse caminho, o exegeta fica preso apenas ao produto legislado, sendo irrelevantes questões atinentes ao legislador ou ao processo de produção, a não ser que o próprio texto contenha alguma referência.

Outra relação interessante diz respeito ao sistema jurídico e ao receptor da mensagem. Eis que o intérprete

---

6. MORAES, Guilherme Lopes de. *Definição conotativa nas normas gerais e abstratas em matéria tributária*. 2010. 251 f. Dissertação (Mestrado em Direito Tributário) – Pontifícia Universidade Católica de São Paulo, São Paulo, p. 82.

TEORIA COMUNICACIONAL DO DIREITO

constrói a mensagem legislada com base nos enunciados prescritivos, o que não quer dizer que o resultado será aquele desejado pelo legislador (emissor). O sistema jurídico será fruto dessa construção interpretativa, que tem no receptor da mensagem o responsável pela ordenação do texto bruto.

Por último, resta-nos relacionar o âmbito jurídico com o contexto em que a comunicação jurídica se estabelece. Podemos observar que estes dois elementos jurídico-comunicacionais apresentam um amplo espectro e seus contornos são de difícil caracterização. Mais uma vez, a precisa definição do conceito de Direito será crucial para delimitar as fronteiras desses institutos.

Voltando nossa atenção para a informatização fiscal, mais especificamente para a expedição de uma NF-e, podemos dizer que esse documento de formato apenas digital se encontra no âmbito jurídico, porém não faz parte do ordenamento e tampouco do sistema. Tal ato tem o condão de irradiar efeitos jurídicos próprios e, como tal, se situa no eixo ORD/SIS. Assim se expressou Gregorio Robles[7]

> Algunas de estas actividades comunicacionales crean texto ordinamental, por ejemplo, el acto de legislar. Otras actividades, las propias de los juristas teóricos que escriben libros sobre el derecho vigente en un país, crean texto sistémico. Hay además otras actividades o actos que no generan ni texto ordinamental ni texto sistémico, pero que sólo adquieren su sentido jurídico en relación con dichos textos globales.

Dessa forma, acreditamos ter demonstrado que alguns elementos comunicacionais de Roman Jakobson se relacionam intimamente com os institutos pensados por Gregorio

---

[7]. ROBLES, Gregorio. *Teoría del derecho*: fundamentos de teoría comunicacional del derecho. Volumen I. 5. ed. Pamplona: Civitas, 2013, p. 490.

451

Robles, o que nos faz crer que o estudo em conjunto desses dois autores proporcionará um grande avanço da Teoria Comunicacional do Direito.

Importa consignar, também, a complementaridade entre a teoria de Gregorio Robles e a linha dos ensinamentos de Paulo de Barros Carvalho. Âmbito jurídico e sistema do direito positivo (na acepção utilizada pelo professor paulista): quais as semelhanças e diferenças entre essas duas figuras jurídicas? As normas jurídicas (no contexto da obra de Paulo de Barros Carvalho) seriam equivalentes aos atos pertencentes ao âmbito jurídico? O que faz com que determinado ato seja um elemento do âmbito jurídico ou, em outras palavras, qual seria o critério de pertinencialidade daquele em relação a este? Essas e outras questões devem ser analisadas com profundidade no intuito de estreitar os laços que unem as obras desses dois grandes filósofos do Direito.

Intersubjetividade

O direito permite a vida em sociedade e a convivência pacífica entre os indivíduos, visto estipular direitos e deveres. Segundo Paulo de Barros Carvalho[8]

> A função pragmática que convém à linguagem do direito é a prescritiva de condutas, pois seu objetivo é justamente alterar os comportamentos nas relações intersubjetivas, orientando-os em direção aos valores que a sociedade pretende implantar. (...) E é desse modo que atua o direito, vertendo-se sobre as condutas intersubjetivas, já que as intrassubjetivas refogem de seu campo de abrangência, sotopondo-se aos preceitos da moral, da religião etc.

---

8. CARVALHO, Paulo de Barros. *Direito tributário:* fundamentos jurídicos da incidência. 8. ed. São Paulo: Saraiva, 2010, p. 13.

Partindo dessas afirmações, concluímos que a intersubjetividade é uma característica intrínseca das normas jurídicas, necessitando da ciência de seu destinatário para que possam surtir seus efeitos jurídicos próprios e instaurar novas relações jurídicas. Há situações em que a ciência do destinatário ocorre de diversas formas, como é caso dos lançamentos por homologação, nos quais a atividade do sujeito passivo deve ser expressamente homologada assim que a autoridade dela toma conhecimento (*caput* do art. 150 do CTN). Nessas situações, o contribuinte está obrigado a realizar o autolançamento e aguardar sua homologação, que pode ocorrer de forma tácita ou expressa, devendo esta ser tomada como regra geral. Dessa forma, podemos afirmar que há intersubjetividade na conduta do contribuinte em relação ao Fisco, a partir da caracterização jurídica de sua ciência.

Em regra, o enunciado prescritivo (lei, decreto, portaria, lançamento tributário ou uma sentença) deve possuir uma específica forma de ciência por parte de seu destinatário. Essa providência é de fundamental importância para o direito, pois somente a partir dela é que começam a contagem de prazos (de decadência, de prescrição, para ingressar com uma ação ou recurso etc.). As leis, decretos e outros atos normativos são publicados nos respectivos diários oficiais e, muitas das vezes, nem chegam ao conhecimento dos indivíduos. Essa é uma situação que o ordenamento jurídico busca contornar com um enunciado que opera como uma metanorma sobre todo o sistema. Como já tivemos oportunidade de mencionar, trata-se do art. 3º da Lei de Introdução às Normas do Direito Brasileiro – LINDB, segundo o qual "ninguém se escusa de cumprir a lei, alegando que não a conhece". Embora esse artigo não se refira à constituição do sistema normativo, "institui seu princípio de funcionalidade e condição de existência, o qual corresponde à própria imperatividade da lei", nas palavras de Clarice Von Oertzen de Araujo.[9]

Em se tratando do ato de emissão da NF-e, importa destacar o efeito jurídico da "ciência da administração tributária", que ocorre antes mesmo de sua emissão. Como o direito positivo existe para regrar as condutas intersubjetivas, se torna imprescindível a verificação do exato momento em que uma conduta intrassubjetiva passa para o campo da intersubjetividade ou, em outras palavras, quando uma situação passa a ser regrada juridicamente.

Essa ciência instantânea (ou, mais precisamente, anterior) provoca mudanças substanciais na maneira de encarar a intersubjetividade das relações jurídico-tributárias. Isso porque, além desse efeito jurídico na relação fisco-contribuinte, o sistema permitirá que o destinatário das mercadorias tenha conhecimento prévio da NF-e, de maneira que, em caso dessa não espelhar a negociação realizada, possa rejeitá-la de plano, impedindo sua emissão. Caso autorize, não terá como negar a realização do negócio.

Para melhor fixação da questão, tomemos o ato de emissão de uma NF-e em comparação com o sistema anterior. Em linhas gerais, para acobertar uma operação mercantil, o contribuinte emitia o documento fiscal e somente no final do mês (ou nos primeiros dias do mês seguinte) a operação era registrada no livro fiscal próprio. Após o encerramento do prazo, os contribuintes deviam entregar um arquivo magnético, no qual deveriam constar todas as operações ocorridas no período (entradas e saídas de mercadorias). Dessa forma, a administração tributária passava a ter conhecimento dessas operações bem depois de sua ocorrência, uma vez que o prazo de entrega desses

---

9. ARAUJO, Clarice Von Oertzen de. *Semiótica do direito*. São Paulo: Quartier Latin, 2005, p. 50.

arquivos se estendia até meados do mês subsequente. Ainda assim, esse conhecimento era apenas indicativo, uma vez que havia ainda a necessidade de se checar a veracidade das informações entregues eletronicamente, pois estas podiam divergir daquelas contidas nos livros fiscais (juridicamente válidas).

Com base nessas informações, a administração tributária se via em condições de lançar o crédito tributário de ofício, caso não fosse feito o recolhimento no prazo estipulado pela legislação. Com o advento da NF-e, as administrações tributárias passam a ter conhecimento das operações mercantis antes mesmo que elas sejam relatadas em linguagem competente, ou seja, antes da emissão do documento fiscal.

Esse procedimento previsto na legislação própria da NF-e, salvo melhor juízo, estabelece uma importante inovação em matéria tributária, vez que o sujeito passivo, de forma antecipada, "cientifica" o sujeito ativo da ocorrência da operação de circulação de mercadorias, conferindo intersubjetividade a esse ato comunicacional.

Dessa forma, o evento é recortado pela linguagem jurídica competente e o fato jurídico tributário devidamente constituído no momento da emissão da NF-e, visto ser instantânea a ciência do sujeito ativo da relação tributária. Temos, neste sentido, configurado o autolançamento conforme os precisos ensinamentos de Paulo de Barros Carvalho.

Enquanto no sistema anterior a emissão dos documentos fiscais independia da ciência do destinatário (administração tributária), a emissão da NF-e se perfaz com essa ciência, em razão do retorno do protocolo de autorização. A NF-e já configura um ato comunicacional, uma vez que conta com a presença do receptor da mensagem, cujo conteúdo faz referência a todos os critérios da regra-matriz de incidência tributária (no caso, do ICMS). Esse documento digital é o próprio recorte linguístico da ocorrência factual (evento) da circulação de mercadoria. Eis a norma individual e concreta expedida pelo sujeito passivo (autolançamento), ao qual compete, além de aplicar corretamente as normas gerais e abstratas, informar, ao Fisco, a ocorrência do respectivo fato.

Concluindo este tópico, podemos dizer que o sistema de emissão de NF-e resgatou a própria essência do ICMS (e outros tributos), uma vez que evidencia a distinção entre "circulação de mercadorias" e "apuração do imposto". Isso porque as sucessivas operações de circulação de mercadorias (que são os verdadeiros fatos jurídicos tributários) perdiam sua relevância quando comparadas à apuração do imposto. A sistemática de compensação, unida à ausência de comunicação prévia, retirava o foco do fato jurídico tributário, deslocando-o para sua apuração. Esse deslocamento prejudica o estudo desse imposto, pois mistura distintas normas (regras-matrizes, normas de crédito, normas de compensação etc.). No sistema anterior, a apuração do imposto se confundia com o autolançamento (norma individual e concreta), pois a informação recebida pela administração tributária era reunida no Livro de Apuração do ICMS, no qual se encontravam os débitos e também os créditos fiscais, em razão do regime de compensação.

Não há que se confundir as normas de direito ao crédito do contribuinte com as que se relacionam com os débitos oriundos da ocorrência dos fatos jurídicos tributários, porém o referido livro fiscal, ao unir essas duas realidades linguísticas, as apresenta como se fossem normas de mesma natureza. Com o sistema da NF-e, fica patente a separação entre norma individual e concreta para a constituição do fato jurídico tributário (momento da emissão da NF-e) e norma individual e concreta para usufruir o direito ao crédito fiscal (momento da entrega da respectiva escrituração digital com as correspondentes entradas).

Provas e Teoria da Informação

Outro assunto que atormenta os estudiosos do direito diz respeito às provas a serem produzidas na constituição dos fatos jurídicos tributários, quando se trata de processos informatizados. Essa questão deve ser pensada com o auxílio de ferramentas fornecidas pelas teorias da informação, uma vez que o processo de enunciação das normas jurídicas (em especial, as individuais e concretas, como é o caso da emissão de uma NF-e) passa por um procedimento muito específico, em linguagem informatizada.

Importante observar que vigora, na área jurídica, um demasiado apego ao papel, em razão de suas regras se apresentarem, em sua quase totalidade, numa linguagem escrita. Foge à regra a aplicação das normas de trânsito, normalmente executadas através de gestos de seus agentes (sinais e silvos), de placas sinalizadoras, semáforos, faixas de pedestres etc. Isso não quer dizer que essas regras não possam ser vertidas numa linguagem escrita. Pelo contrário! Todas as regras jurídicas devem ser verbalizáveis. Em cada gesto executado pelo agente de trânsito, ele nos comunica algo, como se o mesmo estivesse transmitindo sua ordem por escrito. Para que possamos decodificar a mensagem, necessitamos conhecer o código, pelo menos parcialmente, vez que este é fruto de convenções.

Para que a informatização fiscal gere ganhos de escala na execução de tarefas, é necessária a elaboração de diversos programas e rotinas periódicas, cujos comandos executam o processamento de inúmeras ações, todas elas visando a estabelecer novas relações jurídicas. O papel do programador deve ser bem delimitado para não se confundir com a expedição da norma jurídica em si, suscitando, dessa maneira, questionamentos jurídicos relativos a competências. Nesse cenário, ingressam novas regras no jogo do direito positivo, tais como as concernentes a programações, certificações digitais, assinaturas eletrônicas etc.

Essa nova configuração do direito positivo exige do jurista um maior conhecimento dos processos informatizados para conseguir interpretar os laudos técnicos produzidos pelos profissionais da área de informática. Nas situações de dúvidas, será necessária a elaboração desses laudos que, muitas vezes, farão parte do conjunto probatório. Como analisar essas provas sem o devido conhecimento de Teoria da Informação? Em nosso pensar, esse é um dos grandes desafios a ser enfrentado pelos estudiosos do direito positivo, aos quais compete a árdua tarefa de compreender juridicamente esses processos.

Assim, quanto maior a utilização da informatização, maior será a participação dos profissionais da área de informática na solução de problemas jurídicos. Na mesma proporção, crescerá a importância elucidativa de seus laudos, na busca de solução dos casos concretos. Chegados a esse ponto, cabe a seguinte indagação: a conclusão de um laudo técnico é incontestável? Nossa posição é clara.[10]

> Para a configuração de algumas situações, os textos normativos exigem laudos, perícias e relatos técnicos para sua perfeita comprovação. Isso faz crer, num primeiro momento, que a simples emissão de documento técnico já seria suficiente para se configurar uma situação, sem qualquer possibilidade de ocorrência de indeterminação. Não é bem assim que ocorre, dado que a própria elaboração de um laudo é fruto de uma interpretação.

Para que o estudioso do direito possa interpretar laudos técnicos realizados por profissionais de informática (peritos judiciais, por exemplo), é necessário que tenha um

---

10. MORAES, Guilherme Lopes de. *Definição conotativa nas normas gerais e abstratas em matéria tributária*. 2010. 251 f. Dissertação (Mestrado em Direito Tributário) – Pontifícia Universidade Católica de São Paulo, São Paulo, p. 82.

bom conhecimento de Teoria da Informação. Caso contrário, deverá recorrer a outro profissional dessa área que o auxilie na compreensão da mensagem pericial, pois aí se encontra a chave do processo de enunciação de algumas normas jurídicas.

Nesse universo virtual, as atenções se voltam para as normas procedimentais e também para a forma com que os atos ingressam no âmbito jurídico. Quais os recursos disponíveis para a aferição do papel do sujeito competente e de sua participação na expedição desse ato? Como aferir sua inserção ao âmbito jurídico? Essas e outras questões se avizinham com grande velocidade e passam a desafiar os atuais instrumentos de análise do direito positivo.

Conclusão

O avanço da informatização fiscal observado na maioria dos países é algo irreversível. A utilização da informática atingiu os mais diversos setores e vem agregando valores aos processos, além de diminuir consideravelmente os custos.

O âmbito jurídico tem sido inovado muito rapidamente e nele orbita toda uma gama de produção de atos jurídicos virtuais. Convivendo com o ordenamento jurídico, esse novo âmbito necessita ser analisado em profundidade para a boa compreensão das normas tributárias, principalmente quando estas resultam de um processo de enunciação virtual.

Uma coisa é certa: temos plena convicção de que o assunto não se esgota nesse breve e superficial trabalho. Buscamos analisar os elementos da comunicação e relacioná-los com os institutos da Teoria Comunicacional do Direito, tomando a NF-e como exemplo de processo informatizado.

Algumas considerações feitas ao longo deste trabalho merecem ser revisitadas, como é o caso da intersubjetividade. Em nosso sentir, este atributo é indispensável à caracterização das relações jurídicas e consequentes contagens de prazo, o que nos obriga a refletir sobre a inovação da NF-e e os efeitos jurídicos que tal sistemática provocou na correta interpretação dos enunciados prescritivos, quando estes se referem a obrigações tributárias constituídas pelo próprio sujeito passivo, como é o caso do ICMS.

Nesse novo cenário, entendemos que a Teoria Comunicacional do Direito pode auxiliar na análise dos processos de informatização fiscal, uma realidade em nosso cotidiano jurídico-tributário. Como reflexo dessa evolução tecnológica, o estudioso do direito positivo deve ter sua preocupação voltada para a questão probatória, uma vez que os processos informatizados (como é o caso da NF-e) reclamam novas abordagens para a melhor compreensão do processo virtual de enunciação das normas jurídicas e os seus efeitos sobre as relações tributárias.

TEORIA COMUNICACIONAL DO DIREITO E TOPOLOGIA DA LEGITIMIDADE JURÍDICA

Henrique Mello[1]

O presente trabalho surge em decorrência da apresentação por mim realizada no XXVI Congresso Mundial de Filosofia do Direito e Filosofia Social[2] da IVR (*Internationale Vereinigung für Rechts – und Sozialphilosophie*), que teve lugar na cidade de Belo Horizonte durante os dias 21 a 26 de julho de 2013.

Mencionada apresentação esteve envolta pelos debates ocorridos no *Special Workshop* de Teoria Comunicacional do Direito, coordenado pelos Professores Gregorio Robles e Paulo de Barros Carvalho, aos quais agradeço a honra de participar dos diálogos tidos entre Brasil e Espanha naquela oportunidade, sob os pontos de vista da Teoria Comunicacional e do Construtivismo Lógico-Semântico,

---

1. Advogado tributarista; Doutorando em Direito Econômico, Financeiro e Tributário pela USP; Mestre em Direito pela *Università degli Studi di Genova*; professor do Instituto Brasileiro de Estudos Tributários (IBET) e coordenador do IBET, em São José do Rio Preto (São Paulo); Presidente da Comissão de Direito Tributário da 22ª Subseção da Ordem dos Advogados do Brasil.

2. *XXVI World Congress of Philosophy of Law and Social Philosophy – Human Rights, Rule of Law and the Contemporary Social Challenges in Complex Societies*. Belo Horizonte: Editora Fórum, 2013, p. 407/414.

que tanto servem para o desenvolvimento da Teoria Geral do Direito e da Filosofia do Direito mundo afora.

Este texto traz quase o mesmo título daquela apresentação. Preferi, no entanto, acrescentar o adjetivo "Jurídica" ao termo "Legitimidade", buscando deixar mais claras as minhas intenções argumentativas, que serão tecidas a seguir de forma mais fundamentada e aprofundada, em comparação com a fala temporalmente limitada do Congresso Mundial. Durante o texto, o título escolhido será melhor explicado.

As palavras que seguirão servem como um testemunho de aplicabilidade da Teoria Comunicacional. Ver-se-á que uma verificação de ordem empírica, no âmbito do direito tributário, encontra explicação e solução baseadas na mencionada Teoria, comprovando sua utilidade enquanto Ciência do Direito, para o aprimoramento de seu objeto.

A fim de permitir uma melhor compreensão sobre o conteúdo do trabalho e, consequentemente, um melhor controle acerca das conclusões por parte do interlocutor, interessante se faz a fixação de algumas premissas sem as quais a leitura quedará prejudicada.

Algumas categorias necessárias serão buscadas no Construtivismo Lógico-Semântico, visualizado a partir do positivismo jurídico exclusivo,[3] fato que não se confunde com sincretismo metodológico,[4] já que o Construtivismo

---

3. Cf. TÔRRES, Heleno Taveira, em seu *Direito Constitucional Tributário e Segurança Jurídica* – Metódica da Segurança Jurídica do Sistema Constitucional Tributário. São Paulo: RT, 2012, p. 59: "Por uma hermenêutica dedicada ao plano do 'dever-ser' (a) e restrita ao *direito positivo* (b), resta examinar se a validade ou a interpretação das normas jurídicas podem admitir a inclusão da *moral* (ou dos valores sociais). Os que aceitam esta inclusão partilham da corrente positivista chamada de *direito positivo includente* (dualismo) e os que a negam aliam-se ao *direito positivo exclusivo*. São os monistas."

4. O direito é um objeto suscetível de múltiplos tratamentos teóricos, cada um estruturado com base numa determinada perspectiva do conhecimento, sujeito,

conversa muito de perto com a Teoria Comunicacional do Direito, como amigos que têm concepções de vida muito parecidas e, no que divergem, se complementam.

Buscando tratar do tema proposto, é importante fixar que quando se fala, aqui, de direito, se refere a direito positivo, corte metodológico fundamental a este trabalho, que exclui, desde logo, qualquer análise relacionada à compreensão includente do direito em relação às normas morais ou quaisquer outras normas de conduta que não estejam positivadas pelo ordenamento jurídico.

Falar do tema aqui indicado com base nos ensinamentos da Teoria Comunicacional do Direito pressupõe conceber o direito positivo como linguagem. Linguagem caracterizada por ser prescritiva de condutas inter-humanas (ou intersubjetivas).

O direito é um objeto cultural[5] construído idiomaticamente pelo ser humano na tentativa de prescrever comportamentos de modo a aproximá-los, o máximo possível, dos valores tidos por relevantes pelo contexto pelo qual está

---

portanto, a um pluralismo epistemológico (cf. ROBLES, Gregorio. *As regras do direito e as regras dos jogos*. São Paulo: Noeses, 2011, p. 10) e a uma pluralidade metodológica. O sincretismo metodológico seria a combinação equivocada de métodos distintos que divergem sobre modelos teóricos adotados para a compreensão do objeto de análise. Para nós, não há sincretismo metodológico na conversação entre o Construtivismo Lógico-Semântico e a Teoria Comunicacional do Direito, uma vez que ambos partem das mesmas categorias fundamentais para a compreensão do direito positivo. Sobre sincretismo metodológico, ver melhor em TÔRRES, Heleno Taveira, *op. cit.*, p. 44/47; SAINZ DE BUJANDA, Fernando, *Un arquétipo de derecho tributario* – Hacienda y derecho. Madrid: Instituto de Estudios Políticos, 1975, vol. 2, p. 225.

5. CARVALHO, Paulo de Barros. *Direito tributário:* linguagem e método. São Paulo: Noeses, 2008. Os objetos culturais são construídos pelos seres humanos, "são reais, têm existência espaço-temporal, susceptíveis, portanto, à experiência, além de serem valiosos, positiva ou negativamente. O acesso cognoscitivo se dá pela *compreensão* e o método próprio é o *empírico-dialético*, já que o saber, nesse campo, pressupõe incessantes idas e venidas da base material ao plano dos valores e, deste último, à concreção da entidade física que examinamos.", p. 17.

envolto.

Paulo de Barros Carvalho já teve oportunidade de ensinar que não há direito sem linguagem.[6] É da essência do direito o *ser linguagem*. E essa linguagem – como já mencionado, prescritiva – se faz presente num contexto comunicacional, uma vez que não há outra forma de alteração de condutas que não seja pela comunicação.[7] Toda linguagem, em sentido amplo, é um instrumento suscetível de gerar comunicação,[8] o que faz do direito positivo um modelo complexo e específico de comunicação humana. Em outras palavras, dizer que o direito é comunicação é dizer que, mediante signos linguísticos, os destinatários das regras jurídicas são comunicados de como devem proceder para agir de modo coerente com os valores escolhidos e marcados no objeto cultural em questão.

O direito positivo é construído de modo que o seu dado empírico possa ser utilizado por seus destinatários como base para a compreensão de qual conduta é esperada pelo ordenamento jurídico. O direito, portanto, é um fato

---

6. CARVALHO, Paulo de Barros: "[...] penso que nos dias atuais seja temerário tratar do jurídico sem atinar a seu meio exclusivo de manifestação: a linguagem. Não toda e qualquer linguagem, mas a verbal-escrita, em que se estabilizam as condutas intersubjetivas, ganhando objetividade no universo do discurso. E o pressuposto do 'cerco inapelável da linguagem' nos conduzirá, certamente, a uma concepção semiótica dos textos jurídicos, em que as dimensões sintáticas ou lógicas, semânticas e pragmáticas, funcionam como instrumentos preciosos do aprofundamento cognoscitivo.". *Op. cit.*, p. 162.

7. Cf. TOMAZINI DE CARVALHO, Aurora. *Curso de teoria geral do direito* – O Construtivismo Lógico-Semântico. São Paulo: Noeses, 2013. "Tendo em conta ser o sistema social constituído por atos de comunicação, sabemos que as pessoas só se relacionam entre si quando estão em disposição de se entenderem, quando entre elas existe um sistema de signos que assegure a interação. Sob esse referencial, logo percebemos que não há outra maneira a ser utilizada pela sociedade, para direcionar relações inter-humanas, que não seja por atos de comunicação." p. 171.

8. ROBLES, Gregorio. *Op. cit.*, p. 16.

comunicacional.[9] Sua linguagem prescritiva é transmitida como uma *mensagem* aos destinatários, tendo como conteúdo a conduta intersubjetiva considerada coerente com os valores reputados relevantes pela totalidade do sistema comunicacional jurídico, envolto pelo contexto social respectivo.

Para Robles, o direito é um meio de comunicação social e a mensagem é o significado dirigido a alguém para mover seu pensamento ou conduta em determinada direção.[10] A mensagem é dirigida por seu emissor ao destinatário com a finalidade de que este capte seu sentido, e assim estabeleça uma comunhão de ação entre ambos.[11] A mensagem do direito é a regra jurídica,[12] produzida pela autoridade legitimada e dirigida aos integrantes da comunidade.

Na medida em que a linguagem do direito lida com relações intersubjetivas, a prescrição de regras é fundamental, já que as regras, devidamente comunicadas, orientam ou dirigem determinados aspectos da ação humana.[13]

---

9. CARVALHO, Paulo de Barros: "Certo é que o direito, tomado como um grande fato comunicacional (...) Situa-se, como não poderia deixar de ser, no marco da filosofia da linguagem, mas pressupõe interessante combinação entre o método analítico e a hermenêutica, fazendo avançar seu programa de estruturação de uma nova e instigante Teoria do Direito, que se ocupa das normas jurídicas enquanto *mensagens* produzidas pela autoridade competente e dirigidas aos integrantes da comunidade social. Tais *mensagens* vêm animadas pelo tom da juridicidade, isto é, são prescritivas de condutas, orientando o comportamento das pessoas de tal modo que se estabeleçam os valores presentes na consciência coletiva." *Op. cit.* p. 164.

10. ROBLES, Gregorio. *O direito como texto* – Quatro estudos de teoria comunicacional do direito - *O que é a teoria comunicacional do direito?*. Barueri: Manole, 2005, p. 79.

11. ROBLES, Gregorio. *Op. cit.*, p. 79.

12. A expressão "regra jurídica" é aqui utilizada em coerência com a Teoria Comunicacional do Direito. Para o Construtivismo Lógico-Semântico, é possível considerá-la como "norma jurídica".

13. ROBLES, Gregorio. *As regras do direito e as regras do jogo...* p. 3 e ss.

Ao gosto roblesiano, é por isso que, nesse sentido, o direito pode ser comparado aos jogos, já que prevê regras de comportamento que, uma vez desrespeitadas, produzem o desequilíbrio das relações, afastando os participantes da finalidade pretendida, que é justamente o cumprimento das regras impostas.[14] Assim como os jogos, o direito comunica aos participantes, por exemplo, quem pode atuar – produzir atos de fala – (legislar, decidir), como se pode/deve atuar (procedimento), quem deve obedecer, como deve obedecer etc.

A mencionada comunicação que visa a alterar condutas intersubjetivas, assim como qualquer outra forma de comunicação, na linha dos ensinamentos de Roman Jakobson, se dá através da transmissão, por um agente emissor, de uma mensagem veiculada por um canal, para um agente receptor, segundo código comum e dentro de um contexto.[15] O citado autor, portanto, identifica seis elementos que, em conjunto, possibilitam a existência do processo comunicacional: remetente; destinatário; mensagem; contexto; código; canal.

As mensagens jurídicas, portanto, envoltas no contexto comunicacional, não fogem à regra: são transmitidas por um remetente (legislador, juiz, por exemplo), através de um canal ou meio de contato (diário oficial, por exemplo), para o destinatário da mensagem (que é a regra jurídica),

---

14. Ao discorrer sobre o enfoque teleológico ou finalista do direito, Gregorio Robles demonstra que, assim como nos jogos, os fins que geralmente são atribuídos ao direito são, na verdade, fins perseguidos pelos sujeitos participantes. Diz o mencionado autor que: *A finalidade inerente ao jogo é jogar e a inerente ao Direito é realizar ações jurídicas* (Op. cit. p, 14). Pode-se dizer, portanto, que a finalidade do direito não é a justiça. É o cumprimento de suas regras. Justiça ou injustiça é finalidade do sujeito que usa o direito. Daí se conclui que a segurança jurídica, portanto, é a regra número um do direito (entendida a segurança jurídica como a regra que garante o cumprimento adequado das outras regras do sistema).

15. JAKOBSON, Roman. *Linguística e comunicação*. São Paulo: Cultrix, 1991, p. 123.

segundo um determinado código comum (língua portuguesa, por exemplo), baseado num contexto, que são as circunstâncias histórico-culturais que envolvem os sujeitos da comunicação.[16]

Para o direito, a transmissão adequada de sua mensagem pressupõe um emissor próprio, previsto pelo sistema jurídico como competente para a produção da mesma. Essa é, digamos, uma das regras do jogo. Somente pode enviar uma mensagem prescritiva de condutas dentro do contexto jurídico aquele que tem sua ação embasada em outra regra anterior e superior que o permita assim proceder.[17] Em outras palavras, somente as "autoridades competentes" podem servir de emissores de mensagens dentro do sistema comunicacional do direito. E, por "autoridades competentes" entenda-se tanto o legislador, nas normas gerais e abstratas, quanto um juiz, uma autoridade administrativa ou mesmo o particular, nas normas individuais e concretas.

A mensagem, no entanto, não vem pronta.[18] O destinatário da regra apenas tem contato com o canal (ou meio) através do qual a mensagem é transmitida. Cabe a ele construir o conteúdo comunicado pelo emissor. Cabe a ele, com base no contexto, construir o sentido do texto.

---

16. Não é demais lembrar que a estes seis elementos Paulo de Barros Carvalho acrescenta um sétimo, a que designou de "conexão psicológica", entendida como a concentração subjetiva do emissor e receptor na expedição e na recepção da mensagem (*Op. cit.* p. 167). A fim de mantermos maior proximidade com a Teoria Comunicacional conforme proposta por Gregorio Robles, não trataremos desse sétimo elemento neste trabalho.

17. CARVALHO, Paulo de Barros. *Op. cit.*: O direito aparece "... *como um grande fato comunicacional, sendo a criação normativa confiada a órgãos credenciados pelo sistema.*" p. 169.

18. TOMAZINI DE CARVALHO, Aurora. *Op. cit.*: *A mensagem não vem pronta, como muitos pressupõem, ela é o sentido do código estruturado pelo emissor e só aparece na mente do destinatário, com sua decodificação*, p. 175.

Esse percurso de construção de sentido[19] parte do suporte físico, ou seja, do próprio meio de transmissão da mensagem, que, no caso do direito, são as marcas de tinta presentes nos documentos jurídicos (leis, sentenças, autos de infração, contratos etc.). A partir daí, o intérprete-destinatário constrói os enunciados presentes no texto, organizando-os no formato de hipótese e consequência, próprio das normas, chegando às proposições jurídicas.[20] Construídas as proposições normativas (normas em sentido estrito), o destinatário, então, incursiona pela totalidade do sistema comunicacional do direito, relacionando sua compreensão inicial da mensagem com o contexto, formado pelos demais enunciados que compõem o ordenamento e com os quais a construção linguística se relaciona em situações de hierarquia e derivação.[21]

Um contribuinte brasileiro, por exemplo, toma contato com o *Diário Oficial* e organiza os signos linguísticos lá presentes na forma de enunciados, frases que trazem informações sobre um determinado imposto, porcentagem de alíquota, base de cálculo, sujeito ativo, sujeito passivo etc. Formata, então, esses enunciados em hipótese e consequência, verificando ter sido instituído um imposto sobre a renda, uma vez que lá está dito que se auferir renda, deverá pagar uma porcentagem da renda auferida a título de imposto, para um determinado órgão, num determinado lugar e numa determinada data. Com isso em mente, o contribuinte, destinatário da mensagem, busca verificar outras mensagens do sistema jurídico na tentativa de confirmar a

---

19. CARVALHO, Paulo de Barros. *Op. cit.*, p. 181 e ss.

20. Proposições jurídicas (ou normativas), aqui, é expressão empregada no sentido atribuído pelo Construtivismo Lógico-Semântico, e não no sentido kelseniano.

21. Para uma leitura mais qualificada sobre o percurso gerador de sentido, ver, além de Paulo de Barros Carvalho, TOMAZINI DE CARVALHO, Aurora. *Curso de teoria geral do direito*, p. 240 e ss.

coerência da regra comunicada com seu contexto. Ao final desse percurso, portanto, a mensagem está pronta, construída pela interpretação de seu destinatário, o qual terá de se sujeitar à regra que o obriga a pagar o tributo instituído.

Numa visão retórica do fato comunicacional que é o direito, o emissor da mensagem jurídica sempre busca convencer o destinatário de que o conteúdo prescrito deve ser atendido. Como dito mais acima, essa é a própria finalidade do direito: o cumprimento de suas regras e, portanto, o convencimento do destinatário de que suas regras devem ser cumpridas.[22] Em outras palavras, é possível dizer que a segurança jurídica é a regra primeira e mais fundamental entre as regras jurídicas.

Como já mencionado, todo sistema de regras traz como regra principal a necessidade de observância de suas regras. Caso contrário, não haveria por que se prever regra alguma. E aqueles autorizados a produzir atos de fala[23] no sistema de regras, ou seja, aqueles autorizados a criar novas regras devem, antes de tudo, cumprir a "regra número um". Só assim, possibilitarão aos destinatários das mensagens o cumprimento das regras, pois, eles também devem cumprir a primeira de todas as regras.

Para cumprir a prescrição transmitida, o destinatário deve-se convencer, também, de que o emissor da mensagem é a autoridade competente escolhida pelo ordenamento jurídico para o envio da comunicação. Como dito, as regras do direito prescrevem quem pode atuar, ou seja, quem

---

22. Se a finalidade do direito é o cumprimento da mensagem prescritiva (sua regra), a persuasão é o objetivo da linguagem jurídica, o que faz do direito retórica. Ver, nesse sentido, ADEODATO, João Maurício. *Uma teoria retórica da norma jurídica e do direito subjetivo*. São Paulo: Noeses, 2011.

23. A expressão "atos de fala" é aqui empregada conforme os ensinamentos de Gregorio Robles, no sentido de que, após a decisão (extra ou intrassistêmica) se dá sempre um ato de fala, que é uma ação comunicativa, através da qual a mensagem é produzida.

conta com "capacidade de exercício"[24] no envio das mensagens prescritivas, quem foi legitimado pelo sistema a produzir atos de fala. A previsão da competência do emissor para atuar como tal é parte da regra de segurança jurídica.

Por essa regra, no ponto em que interessa ao presente trabalho, é definido previamente que somente determinadas pessoas podem enviar determinadas mensagens prescritivas, podem produzir atos de fala no sistema. Por ela, somente o legislador pode produzir leis, somente o juiz pode sentenciar, somente o auditor-fiscal pode lavrar auto de infração em matéria tributária etc. E por ela, somente se deve cumprir uma lei produzida pelo legislador, uma sentença prolatada por um juiz, um auto de infração lavrado por um auditor etc.

Por isso, para cumprir a regra de segurança jurídica, quando a mensagem é enviada, é necessário garantir a seu destinatário que possa reconhecer, pelo percurso gerador de sentido, quem é o remetente daquele conteúdo linguístico prescritivo. Caso contrário, o sentido do texto fica prejudicado, e inexiste o próprio texto.[25]

É preciso, portanto, que o canal, o dado material, o suporte físico, traga determinadas marcas sígnicas que garantam ao destinatário construir informação sobre quem é o remetente, podendo, na contextualização intrassistêmica,

---

24. ROBLES, Gregorio. *Op. cit.*: *O ordenamento jurídico aponta quem é o sujeito e sob quais condições pode atuar como tal*, p. 45. O poder atuar como sujeito escolhido pelo ordenamento jurídico é a *capacidade de exercício*.

25. TOMAZINI DE CARVALHO, Aurora. *Op. cit.*: "*O suporte físico de um texto é o seu dado material empírico. Na linguagem escrita são as marcas de tinta gravadas sobre um papel (...) Aquele que não sabe manusear tais marcas e que não consegue associá-las a um significado, não é capaz de construir sentido algum, olha para aquele aglomerado de símbolos e só vê marcas de tinta sobre o papel. Isto nos prova duas coisas: (i) primeiro que o sentido não está no suporte físico, ele é construído na mente daquele que o interpreta; e (ii) segundo, que não existe texto sem sentido.*" p. 177.

verificar se se trata de pessoa ou órgão a quem foi garantida competência para atuar naquele sentido, ou seja, alguém legitimado pelo sistema jurídico a fazer parte do processo comunicacional do direito ativamente.

É necessário, portanto, que o destinatário do discurso, para que construa adequadamente a mensagem transmitida e se convença da necessidade do cumprimento da prescrição nela contida, reconheça o *ethos*. Não basta o *pathos* e o *logos*.[26] Caso contrário, não será persuadido da necessidade de cumprimento da regra jurídica.

Se somente determinadas pessoas são autorizadas pelo sistema a enviar mensagens prescritivas aos destinatários do sistema jurídico, então os destinatários esperam que tais mensagens sejam efetivamente enviadas por essas pessoas, tendo de poder verificar de plano quem as transmitiu.[27] Sem poder construir a significação da mensagem com dados seguros sobre o emissor, impede-se o

---

26. Cf. ADEODATO, João Maurício. *Uma teoria retórica da norma jurídica e do direito subjetivo*. Ethos, pathos e logos são as vias clássicas da persuasão retórica (p. 109). "Segundo Aristóteles, essas são as três dimensões da retórica e compõem os meios de persuasão, posto que para ele a persuasão é o objetivo da retórica. Sua definição é clássica: 'a primeira espécie depende do caráter pessoal do orador; a segunda, de provocar no auditório certo estado de espírito; a terceira, da prova, ou aparente prova, é fornecida pelas palavras do discurso propriamente dito'. Desses termos se originaram a ética, a patética e a lógica, com todas as variações de significados a que séculos e séculos as submeteram. É por isso, afirma Aristóteles, que está equivocado dizer que as qualidades pessoais do orador em nada contribuem para seu poder de persuasão; 'ao contrário, seu caráter quase que pode ser chamado de o meio mais efetivo de persuasão que possui'." p. 294. Trazendo essa ideia para o que aqui defendemos, o "caráter" do emissor da mensagem jurídica, enquanto condição de atuar no processo comunicativo do direito, é extremamente relevante para persuadir o destinatário da regra ao seu cumprimento.

27. Esse "esperar que as regras sejam efetivamente cumpridas" e, consequentemente, que as mensagens somente sejam enviadas pelos legitimados pelo sistema jurídico a assim proceder, pode ser relacionado a um estudo sobre segurança jurídica na sua feição de expectativa de confiança legítima, cf. TÔRRES, Heleno Taveira. *Op. cit.*, p. 183 e ss, especialmente p. 215 em diante.

destinatário de verificar que a regra primeira do sistema de regras (segurança jurídica) foi atendida pelo responsável pelo ato de fala transmitido, fazendo-o desconsiderar a mensagem recebida, pois, poderá ele também descumprir a primeira das regras.

Isso fica muito fácil de comprovar quando nos deparamos com documentos legislativos (suportes físicos) que não contêm qualquer assinatura ou identificação adequada (por exemplo, sentenças sem assinatura, ainda que digital, ou somente com a rubrica do funcionário oficial de gabinete). Mas, o ponto de crise escolhido para este trabalho é um pouco mais complexo.

Se é verdade que o destinatário da mensagem prescritiva deve construí-la a partir de um percurso gerador de sentido, que tem início no contato com o suporte físico, então também é verdade que no próprio suporte físico (canal ou meio) deve constar o signo ou signos que identifique(m) o emissor. Mas, onde, no suporte físico, deve constar tal informação? Há um local específico no dado material onde tenha que estar a identificação do emissor da mensagem? Ou basta que, de qualquer ponto do suporte físico, conste tal identificação?

A identificação ou o signo identificador do remetente da mensagem não deve somente estar no suporte físico a partir do qual se inicia a atividade de interpretação do destinatário da comunicação jurídica. Mais do que isso, o signo identificador da autoridade legitimada a produzir atos de fala no sistema de regras do direito deve estar em local específico no dado material.

Para que a mensagem tenha sentido para o destinatário, a pessoa do sujeito emissor deve se relacionar harmonicamente com o conteúdo da mensagem emitida e com o reflexo que a comunicação causa no sujeito receptor.[28]

Não basta estar na mensagem. A identificação do remetente deve estar num local específico na mensagem. Abrindo um rápido parêntese, é por isso que usamos o termo *topologia* no título deste trabalho, no sentido de "estudo do local, do lugar específico" onde deve estar a identificação daquele legitimado pelo sistema jurídico a comunicar regras aos destinatários. Legitimidade jurídica, para este texto, é a qualidade daquele a quem foi atribuída competência, pelo sistema do direito, para atuar comunicacionalmente.

O direito tributário brasileiro fornece um exemplo perfeito de um suporte físico donde, apesar de constar a identificação sígnica do remetente da mensagem jurídica, não é possível construir adequadamente a mensagem em razão da incerteza quanto ao responsável pelo ato de fala.

Trata-se do denominado *mandado de procedimento fiscal (MPF)*,[29] que é um suporte físico a partir do qual é enviada uma mensagem de uma determinada autoridade competente ordenando a uma segunda autoridade, hierarquicamente inferior, iniciar um procedimento de fiscalização contra um determinado contribuinte.[30]

---

28. *Ethos, pathos* e *logos*, juntos, inseparavelmente.

29. Note-se que, após a apresentação do trabalho no Congresso Mundial mencionado e a respectiva produção deste artigo, a figura do MPF foi substituída pelo denominado Termo de Distribuição de Procedimento Fiscal – TDPF, regulado pela Portaria RFB n. 1687/2014. Como o presente trabalho foi realizado através de método de verificação empírica, pensamos ser adequada a manutenção da exposição baseada no MPF, objeto da verificação original (até porque, apesar de sua substituição, inúmeros casos concretos ainda pendentes de decisões administrativas ou judiciais se referem a nulidades do MPF). Saliente-se, no entanto, que todas as argumentações e conclusões deste artigo realizadas com base no MPF se aplicam, igualmente, ao TDPF.

30. Ato administrativo através do qual uma autoridade previamente designada atribui competência específica a outra autoridade, ordenando que esta inicie procedimentos de fiscalização contra determinado contribuinte. O mandado de procedimento fiscal estava previsto no Decreto n. 3.724/01: "Art. 2º - Os

As regras especificamente relacionadas ao MPF dizem que o procedimento de fiscalização terá um prazo limitado, que poderá, no entanto, ser prorrogado, desde que o seja pela própria autoridade emitente da ordem.[31]

O que chama a atenção, porém, e que foi o objeto da verificação empírica que norteia este trabalho, é que o próprio regramento traz como deve ser o documento (mandado de procedimento fiscal); traz, literalmente, um modelo de como deve ser o suporte físico em questão e de como devem ser suas alterações, inclusive a citada alteração de prazos.[32]

O problema verificado nesse dado material específico é que, apesar das regras que o preveem dizerem claramente que somente a autoridade que o expediu pode alterar seus prazos, no modelo previsto, não há identificação do emissor da mensagem em referência à alteração dos prazos. Há, no documento, é verdade, um campo para a identificação do emissor. No entanto, esse campo da assinatura vem antes dos

---

procedimentos fiscais relativos a tributos e contribuições administrados pela Secretaria da Receita Federal do Brasil serão executados, em nome desta, pelos Auditores-Fiscais da Receita Federal do Brasil e somente terão início por força de ordem específica denominada Mandado de Procedimento Fiscal (MPF), instituído mediante ato da Secretaria da Receita Federal do Brasil."; regrado especificamente pela Portaria RFB n. 3.014/11.

31. Dispunha a Portaria RFB n. 3.014/11: "Art. 6 º O MPF *será emitido*, observadas as respectivas atribuições regimentais, *pelas seguintes autoridades*: I – Coordenador-Geral de Fiscalização; II – Coordenador-Geral de Administração Aduaneira; III – Superintendente da Receita Federal do Brasil; IV - Delegado da Receita Federal do Brasil; V – Inspetor-Chefe da Receita Federal do Brasil; VI – Corregedor-Geral; VII – Coordenador-Geral de Pesquisa e Investigação; ou VIII - Coordenador-Geral de Programação e Estudos."; "Art. 11. *Os MPF terão os seguintes prazos máximos de validade:* (...)"; "Art. 12. *A prorrogação do prazo de que trata o art. 11 poderá ser efetuada pela autoridade emitente*, tantas vezes quantas necessárias, observado, em cada ato, os prazos fixados nos incisos I e II do art. 11, conforme o caso."

32. Os modelos de MPF constavam do artigo 19, da Portaria RFB nº 3.014/11: "*Art. 19. Ficam aprovados os seguintes modelos de Mandado de Procedimento Fiscal:* (...)". Os modelos constam publicados no Diário Oficial da União de 30.06.2011, p. 14.

campos de alterações de prazos, o que faz com que as prorrogações das fiscalizações sejam incluídas no documento sem qualquer identificação de quem lá as colocou. Para uma melhor compreensão do que aqui tentamos dizer, tomamos a liberdade de incluir a imagem do modelo do suporte físico da mensagem como previsto na legislação:

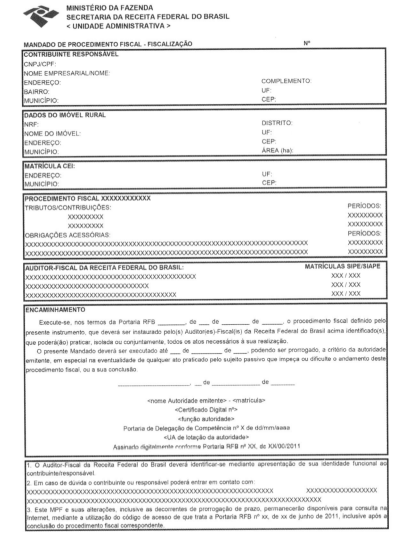

MANDADO DE PROCEDIMENTO FISCAL ALTERADO EM DD/MM/AAAA	
NATUREZA DA ALTERAÇÃO	
PROCEDIMENTO FISCAL: XXXXXXXXXXXXX	
TRIBUTOS/CONTRIBUIÇÕES INCLUÍDOS:	PERÍODOS:
XXXXXXXX	XXXXXXXX
XXXXXXXX	XXXXXXXX
OBRIGAÇÕES ACESSÓRIAS:	PERÍODOS:
XXXXXXXXXXXXXXXXXXXXXXXXXXXXXXXXXXXXXXXXXXXXXXXXXXXXXXXXXXXX	XXXXXXXX
XXXXXXXXXXXXXXXXXXXXXXXXXXXXXXXXXXXXXXXXXXXXXXXXXXXXXXXXXXXX	XXXXXXXX
RESPONSÁVEL PELA EXECUÇÃO DO MANDADO	
AUDITOR-FISCAL DA RECEITA FEDERAL DO BRASIL:	MATRÍCULAS SIPE/SIAPE
XXXXXXXXXXXXXXXXXXXXXXXXXXXXXXXXXXXXXX	XXX / XXX
XXXXXXXXXXXXXXXXXXXXXXXXXXXXXXXXXXXXXX	XXX / XXX
XXXXXXXXXXXXXXXXXXXXXXXXXXXXXXXXXXXXXX	XXX / XXX

ENCAMINHAMENTO

Fica, nos termos da Portaria RFB nº XX, de XX de junho de 2011, alterado o Mandado de Procedimento Fiscal nº < >, conforme definido acima.

_____, __ de _____ de _____

\<nome Autoridade emitente\> - \<matrícula\>
\<Certificado Digital nº\>
\<função autoridade\>
Portaria de Delegação de Competência nº X de dd/mm/aaaa
\<UA de lotação da autoridade\>
Assinado digitalmente conforme Portaria RFB nº XX, de XX/06/2011

DEMONSTRATIVO DE PRORROGAÇÕES

VALIDADE DE PRORROGAÇÃO DOS MPFs		
MPF prorrogado até:	__ de _____	de _____
MPF prorrogado até:	__ de _____	de _____
MPF prorrogado até:	__ de _____	de _____
MPF prorrogado até:	__ de _____	de _____

Vê-se, claramente, o problema. Há, no documento, uma assinatura da autoridade competente, ou seja, do emissor da mensagem. No entanto, abaixo das alterações de prazo (que, pelo sistema de regras, devem ser feitas pela mesma autoridade), não há previsão de qualquer identificação de quem possa incluir ou ter incluído a prorrogação do tempo da fiscalização no documento legal, apesar de ser a própria regra que traz a imposição sobre quem deve ser a pessoa legitimada a produzir tal ato de fala no sistema comunicacional do direito.

Esse é um exemplo que demonstra a relevância das questões formuladas anteriormente neste texto: Onde, no suporte físico, deve constar a identificação do remetente da mensagem jurídica? Há um local específico no dado material onde tenha que estar tal identificação? Ou basta que, de qualquer ponto do suporte físico, conste o signo identificador da autoridade competente?

Não é possível, a partir daquele suporte físico utilizado como exemplo, que o intérprete-destinatário da mensagem[33] consiga construir adequadamente a informação transmitida, pois, não lhe será permitido reconhecer quem é o remetente da regra prescritiva que prorroga o prazo da fiscalização.

Pode-se dizer que o local do signo identificador da autoridade competente, no dado empírico apresentado, faz com que surja no destinatário incertezas sobre se a regra de segurança foi devidamente atendida pelo emissor.[34] Sem poder construir o *ethos* da mensagem transmitida, o destinatário não será persuadido da necessidade de seu cumprimento.[35]

---

33. Interessante notar que o destinatário do MPF é tanto a autoridade subordinada, responsável pela fiscalização (auditor-fiscal), quanto o próprio contribuinte contra quem se instaurou o procedimento investigatório.

34. Pragmaticamente, estamos falando da nulidade de fiscalizações prorrogadas por mandados de procedimento fiscal inválidos em razão da impossibilidade da construção da mensagem jurídica (ausência do remetente – autoridade competente). Para solucionar o problema, bastaria a Receita Federal do Brasil modificar o regramento, prevendo novo modelo de MPF, esse com o campo de assinatura da autoridade competente abaixo das alterações de prazo. [Nota de atualização: a nulidade mencionada não foi alterada com a nova figura do TDPF].

35. Bem ao gosto roblesiano, pode-se comparar o exemplo jurídico tributário apresentado a um jogo de futebol: Imagine uma partida de futebol que seja a final de uma Copa do Mundo. Pelas regras, se o tempo normal terminar empatado, cabe ao árbitro (autoridade competente) mandar o jogo para a prorrogação. Caso o tempo extra também termine empatado, o jogo é decidido através de cobranças de pênaltis. Nessa hipótese, imagine agora que o jogo efetivamente alcançou os quarenta e cinco minutos do segundo tempo sem que nenhuma das equipes fizesse gols. O árbitro (que deve estar dentro do campo de jogo para atuar como tal), portanto, deve apitar o final do tempo regulamentar e determinar, através dessa comunicação sonora (acompanhada de gestos), que o jogo vá para a prorrogação. Para que a mensagem emitida pelo árbitro (autoridade competente) possa ser adequadamente compreendida pelos participantes do jogo, os destinatários devem ter condições de visualizar que o som estridente realmente saiu do apito do árbitro e que ele estava dentro do campo de jogo, ou seja, precisam ver que efetivamente foi a autoridade competente, numa situação válida de exercício da competência, quem mandou o jogo para a

A ideia de topologia da legitimidade, ou do lugar onde deve estar a marca do emissor competente para enviar as mensagens, envolve a atividade comunicacional humana desde sempre. É dessa ideia que vem a expressão "assinar embaixo",[36] que quer dizer que, pelo fato de colocar seu signo abaixo do conteúdo da mensagem transmitida, alguém demonstra e garante que foi quem escreveu a mensagem ou que concorda com seu conteúdo a ponto de assiná-la como se sua fosse. O "assinar embaixo" transmite a ideia de que o signo identificador do emissor foi lá colocado posteriormente aos demais signos (de conteúdo da mensagem).

E se faz extremamente necessário repensarmos essa questão nos dias atuais, uma vez que com o surgimento dos documentos jurídicos eletrônicos, a identificação dos remetentes das mensagens prescritivas fica cada vez mais duvidosa, a ponto de impossibilitar, muitas vezes, aos destinatários dessas mensagens, conseguir construir em sua mente a pessoa emitente da regra, já que os sistemas eletrônicos possibilitam a inclusão de dados por qualquer um que a eles tenha acesso.

Não se está dizendo, neste trabalho, que os signos identificadores das autoridades competentes devem estar localizados sempre abaixo dos signos de conteúdo da mensagem transmitida. O que se quer demonstrar é que, com base na compreensão do direito como um fato comunicacional, que envia mensagens a seus destinatários para que

---

prorrogação. Caso contrário, os participantes poderão interpretar que pode ter sido um gandula, ou um árbitro assistente, ou mesmo um torcedor, quem determinou a prorrogação da partida através do apito, sentindo-se livres para descumprir a mensagem transmitida.

36. O termo assinatura vem de *signo* (a-ssin-atura; ssin = *signo* – latim), estando ligado também ao grego *logos* (trad. latina *verbum*). *Logos* e *signo* carregam acepção de marca de algo em alguma coisa. *Insengnare* é marcar alguém, ensinar. Também se vinculam a *ethos*, no sentido atribuído em O Logos do mundo (como a representação de Deus, do divino), ou *Jesus como Logos*, enquanto representação de Deus na terra.

esses, partindo de suportes físicos, construam seus conteúdos, é necessário que os signos identificadores dos remetentes das mensagens estejam localizados no dado material onde permitam ao intérprete saber que ali foram colocados posteriormente aos signos de conteúdo propriamente ditos, pois, só assim, é possível dizer, com segurança,[37] que a autoridade legitimada pelo sistema comunicacional foi quem, efetivamente, transmitiu o conteúdo da mensagem.

Como já foi dito, o remetente é um dos elementos da comunicação. E num sistema comunicacional como o direito, que prevê os remetentes autorizados a produzir os atos de fala, é sem sombra de dúvidas necessário garantir, ao destinatário, conhecer o emissor da mensagem prescritiva que lhe foi transmitida, sob pena de, assim não o fazendo, não haver sentido no texto interpretado e, consequentemente, não haver regra a ser cumprida.

Para que os signos do remetente da mensagem sejam devidamente interpretados, ou em outras palavras, para que a legitimidade jurídica do remetente possa ser identificada, fazendo com que a mensagem seja adequadamente construída na mente do destinatário, a ponto de convencê-lo de que deve cumprir a prescrição transmitida, eles, signos, devem se localizar em local específico no documento legal que serve de suporte físico, mais precisamente em local que permita ao destinatário ter certeza de que tais marcas linguísticas foram produzidas após os signos de conteúdo da mensagem, conferindo-lhe, consequentemente, certeza de que a regra de segurança jurídica foi devidamente cumprida pelo remetente e que o será também por ele, destinatário.

---

37. Segurança relativa, por óbvio. De resto, a questão será matéria de embate entre provas.

O local, no suporte físico, da identificação da autoridade legitimada a produzir atos de fala no sistema comunicacional do direito é fundamental para a construção adequada da mensagem jurídica.

Referências

ADEODATO, João Maurício. *Uma teoria retórica da norma jurídica e do direito subjetivo*. São Paulo: Noeses, 2011.

CARVALHO, Paulo de Barros. *Direito tributário:* linguagem e método. São Paulo: Noeses, 2008.

JAKOBSON, Roman. *Linguística e comunicação*. São Paulo: Cultrix, 1991.

ROBLES, Gregorio. *As regras do direito e as regras dos jogos* – Ensaio sobre a teoria analítica do direito. São Paulo: Noeses, 2011.

_____. *O direito como texto* – Quatro estudos de teoria comunicacional do direito. Barueri: Manole, 2005.

SAINZ DE BUJANDA, Fernando. *Un arquétipo de derecho tributario*. Hacienda y derecho. Madrid: Instituto de Estudios Políticos, 1975, Vol. 2.

TOMAZINI DE CARVALHO, Aurora. *Curso de teoria geral do direito* – O Construtivismo Lógico-Semântico. São Paulo: Noeses, 2013.

TÔRRES, Heleno Taveira. *Direito constitucional tributário e segurança jurídica* – Metódica da segurança jurídica do sistema constitucional tributário. São Paulo: Ed. RT, 2012.

XXVI World Congress of Philosophy of Law and Social Philosophy – Human Rights, Rule of Law and the Contemporary Social Challenges in Complex Societies. Belo Horizonte: Editora Fórum, 2013.

MÉTODO Y DOGMÁTICA JURÍDICA EN LA TCD

José J. Albert Márquez[1]

1. Introducción y algunas cuestiones previas

La Teoría Comunicacional del Derecho (TCD, en lo sucesivo) de Gregorio Robles entendida como teoría hermenéutico-analítica del lenguaje de los juristas, supone en mi opinión, y por encima de otras consideraciones, un intento dogmático – en la época denominada del pos positivismo – de superar la perpetua polémica entre el iusnaturalismo y el positivismo jurídico desde la primacía de la perspectiva epistemológica. Robles no rechaza por completo y en su totalidad ninguno de los dos grandes posicionamientos sobre el derecho (aunque sí algunas tesis intermedias o conciliadoras entre ambos), pues es consciente de las limitaciones y las virtudes de cada uno de ellos. No considerándolos suficientes, propone una fórmula superadora, la TCD, sobre la base de las ciencias del lenguaje y del conocimiento.

Como es sabido, la TCD, cuya fecha de nacimiento se podría fijar en torno a 1982 (siendo aún Gregorio Robles profesor adjunto numerario de Filosofía del Derecho en la

---

[1]. Profesor de Filosofía del Derecho, Universidad de Córdoba (España).

Universidad Complutense de Madrid) con la publicación de "Epistemología y Derecho",[2] se centra en el análisis del leguaje de los juristas y en su conjunto comprende tres niveles o partes,[3] dependiendo del diverso modo o perspectiva de consideración del texto jurídico. Así, Robles, en una concepción inspirada como él mismo reconoce expresamente[4] en la obra del lingüista y filósofo norteamericano Charles Morris (como éste afirmaba en las primeras palabras de sus *Fundamentos de la Teoría de los Signos*, "los hombres son, de entre los animales que usan signos, la especie predominante"),[5] y con indudables aportaciones de John Searle,[6] distingue en primer lugar un nivel de análisis

---

2. ROBLES, G., *Epistemología y Derecho*, Pirámide, Madrid, 1982.

3. *Vid.*, p. ej., ROBLES, G., *La justicia en los juegos. Dos ensayos de teoría comunicacional del derecho*, Trotta, Madrid, 2009, pp. 12 y ss. También en *El Derecho como texto. Cuatro estudios de teoría comunicacional del Derecho*, 2ª ed., Thomson Civitas, Cizur Menor (Navarra), 2006, (especialmente en su Cap. III, "¿Qué es la Teoría Comunicacional del Derecho?"), págs. 97 y ss. O en el Capítulo VI ("La teoría del Derecho como análisis del lenguaje de los juristas") de su *Introducción a la Teoría del Derecho*, 6ª ed., Debate, Barcelona, 2003, págs. 200 y ss., especialmente en las págs. 219 a 221.

4. ROBLES, G., *Introducción, op., cit.*, p.211.

5. Charles Willian Morris (1901-1979), filósofo y semiótico norteamericano, que bajo el influjo de la obra de Pierce teorizó la semiótica como ciencia. En sus *Fundamentos de la Teoría de los Signos*, afirma Morris: "En términos de los tres correlatos (vehículo sígnico, designatum, intérprete) de la relación triádica de semiosis, pueden abstraerse – para convertirse en objeto de estúdio – una serie de relaciones diádicas. Pueden estudiarse las relaciones de los signos con los objetos a los que son aplicables. Esta relación recibirá el nombre de *dimensión semántica de las semiosis*, y la simbolizaremos con el signo «Dsem»; el estudio de esta dimensión se denominará *semántica*. Pero el objeto de estudio también pude ser la relación de los signos con los intérpretes. En este caso, la relación resultante se denominará *dimensión pragmática de la semiosis*, y la simbolizaremos como «DP»; el estudio de esta dimensión recibirá el nombre de *pragmática*." MORRIS, C., *Fundamentos de la Teoría de los Signos*, Paidós, Barcelona, 1985, p. 31. Morris mantuvo contacto personal con Rudolf Carnap (a quien ayudó a emigrar a los Estados Unidos), y en general, con el positivismo lógico del Círculo de Viena. La cita del texto es a la p. 23 de la citada obra.

6. Particularmente en lo atinente a la relación entre el derecho y los juegos. Searle clasificaba los juegos y el derecho como "hechos institucionales", puesto

que investiga los elementos básicos de todo ordenamiento jurídico y sus relaciones recíprocas, esto es, la estructura formal del derecho y las funciones formales de sus diversos elementos dentro del sistema; esta sería la *sintaxis* del derecho, de la que se ocupa la *teoría formal del derecho*.

En segundo lugar, otra parte de la TCD es la llamada *pragmática jurídica*, o *teoría de las decisiones jurídicas*, que se propone indagar, como pragmática del lenguaje de los juristas,[7] los diversos actos del lenguaje que generan las normas y los demás elementos del ordenamiento jurídico.

Y, finalmente, la tercera parte de la TCD, correspondiendo con la *semántica jurídica*, es la *teoría de la dogmática jurídica*, cuyo objetivo es reflexionar sobre los significados que tienen normas concretas de un ordenamiento jurídico determinado, construyendo el sistema que refleja y completa el ordenamiento.

Hasta el momento, en sus *Fundamentos*,[8] Robles ha

---

que presuponen la existencia de ciertas instituciones humanas. No así los "hechos brutos". *Vid.*, SEARLE, J., *Actos del habla. Ensayo de Filosofía del lenguaje*, Cátedra, Madrid, 1984, p. 60.

7. En palabras de Ignacio Sánchez Cámara, "la filosofía era para Wittgenstein, al menos en una de sus dimensiones fundamentales, crítica del lenguaje. Si esto es así, no puede extrañar la pretensión de que la Filosofía del Derecho consista en el análisis del lenguaje de los juristas". *Vid.*, SÁNCHEZ CÁMARA, I., "Derecho y lenguaje. El derecho como texto", en GREGORIO ROBLES E PAULO DE BARROS CARVALHO, *Teoria Comunicacional do Direito: Diálogo entre Brasil e Espanha*, Noeses Editora, São Paulo, 2011, p. 222.

8. Con la palabra *Fundamentos*, nos referimos a los *Fundamentos de Teoría Comunicacional del Derecho*, de los cuales hasta la fecha, como es sabido, se han publicado (en distintas ediciones) los dos primeros volúmenes. El primero, dedicado a la teoría formal del derecho, y el segundo a la dogmática jurídica (y también a la teoría del método, como se verá). La obra, como señalaba Robles en el "Prefacio para Profesores" de la 1ª edición, estaba prevista en dos Volúmenes que completaran el programa completo de la asignatura Teoría del Derecho. Un "mapa" completo de la TCD de Robles, publicada y sin publicar aún, lo encontramos en su libro *La justicia en los juegos. Dos ensayos de teoría comunicacional del derecho*, Trotta, Madrid, 2009, págs. 49 a 53. Robles divide la TCD en las siguientes partes: Introducción (Teoría del derecho natural, filosofía del

publicado la teoría formal (Volumen I, que sucesivamente ampliado ha alcanzado la sexta edición en lengua española)[9] y la teoría de la dogmática jurídica (Volumen II)[10] quedando aún por dar a la imprenta la *Teoría de la decisión jurídica*.[11] Estamos, por el momento, ante una "doctrina *in fieri*" tal y como la califica Fernando Llano.[12]

---

derecho, teoría del derecho); Primera Parte (Teoría de las decisiones jurídicas: el ordenamiento jurídico); Segunda Parte (Teoría de las instituciones jurídicas: el sistema jurídico); Tercera parte (Teoría de las normas jurídicas: los conceptos universales del derecho). Sin embargo, desde éstos primeros trabajos el carácter analítico hasta la redacción de los Fundamentos de la Teoría Comunicacional del Derecho (en lo sucesiva, *Fundamentos*) el orden expositivo de la TCD se ha alterado levemente, pues el autor decidió comenzar por la teoría formal o pura del derecho (Vol. I, *Fundamentos*), continuar con la dogmática jurídica y teoría del método (Vol. II *Fundamentos*) y acabar con la teoría de la decisión jurídica. También encontramos un plan general de la obra en el Cap. VI (la Teoría del Derecho como análisis del lenguaje de los juristas) de la *Introducción a la Teoría del Derecho*, págs. 200 a 224 (cito por la 6ª edición, revisada y actualizada). Aquí sí explicita Robles que, de tener el ánimo y el tiempo suficientes, "comenzaría por la Teoría de la estructura formal, siguiendo por la Teoría de la Dogmática jurídica, y acabando en la Teoría de la Decisión jurídica" (*Introducción a la Teoría del Derecho* pág. 219).

9. 1ª Edición, (376 páginas) Civitas Ediciones, Madrid, 1998; 2ª Edición (435 páginas), Thomson Civitas, Editorial Aranzadi, Cizur Menor (Navarra) 2006; 3ª Edición (864 páginas) Thomson Reuter, Editorial Aranzadi, Cizur Menor (Navarra) 2010; 4ª Edición (960 páginas) Thomson Reuter, Editorial Aranzadi, Cizur Menor (Navarra) 2012; 5ª Edición (974 páginas), Thomson Reuter-Civitas, Cizur Menor, septiembre 2013; 6ª Edición (956 páginas) Thomson Reuter-Civitas, Cizur Menor, mayo de 2015.

10. 1ª Edición (636 páginas), Thomson Reuter-Civitas, Cizur Menor, mayo de 2015.

11. De hecho, Robles, como se ha señalado anteriormente, parece haber alterado el plan inicial de la obra, al haber desplazado para su publicación en último lugar la teoría de la decisión jurídica. Así lo reconoce y justifica expresamente en las primeras páginas del volumen segundo de sus Fundamentos de Teoría Comunicacional del Derecho. *Vid*., ROBLES, G., *Teoría del Derecho. Fundamentos de Teoría Comunicacional del Derecho*. Volumen II, Thomson Reuter-Civitas, Cizur Menor, 2015, págs. 23 y 24.

12. LLANO ALONSO, F.H., "Experiencialismo jurídico y Teoría Comunicacional del Derecho: concepciones globales del derecho", en GREGORIO ROBLES E PAULO DE BARROS CARVALHO, *Teoria Comunicacional do Direito: Diálogo entre Brasil e Espanha*, Noeses Editora, São Paulo, 2011, p. 83.

En el fondo, y en mi opinión, toda la TCD tiene una estructura trimembre, o mejor, *triádica*[13] (nunca tridimensional)[14] que se anuncia desde su comienzo, al componerse, como se ha dicho, de tres partes que a su vez se articulan en el eje tríadico ordenamiento/ sistema/ ámbito.[15] Así, por ejemplo, son tres las partes de la TCD (teoría de la decisión jurídica, de la dogmática jurídica, y de la estructura formal del derecho) como tres son las de la hermenéutica de Morris (pragmática, semántica y sintaxis). Tres son los pilares conceptuales de la TCD (norma, decisión e institución), y tres sus metodologías (método jurídico-formal, método jurídico-dogmático y método jurídico-decisional, respectivamente). Tres son, en definitiva, las realidades que la TCD conecta de modo trialista: el ordenamiento jurídico, el sistema jurídico y al ámbito jurídico.[16] También, por ejemplo, para fundamentar el concepto de sistema, Robles alude a otra triada conceptual: conjunto, orden y sistema.[17]

Por otra parte, no hay que olvidar que, el propio autor, en su esquema programático para una teoría del derecho, consideraba que ese esquema comenzaba precisamente por una *Introducción* (publicada con anterioridad a los volúmenes de los *Fundamentos*). Es precisamente en

---

13. Si los miembros pueden conceptualmente tenerse por realidades diversas, lo triádico, alude según el diccionario de la R.A.E., al conjunto de tres cosas o seres estrechamente vinculados entre sí.

14. Robles reprocha particularmente a Bobbio que éste considere que se pueda ser positivista en el terreno de la ciencia jurídica y iusnaturalista en el plano de la ideología (*vid.*, ROBLES, G., *Introducción a la Teoría del Derecho*, op., cit., pp. 141 y 142). Por otra parte, los *tridimensionalismos* (ya sean en su vertiente genérica o específica) no son soluciones satisfactorias para Robles.

15. ROBLES, G., "Perspectivismo textual y principio de relatividad sistémica en la Teoría Comunicacional del Derecho", en GREGORIO ROBLES E PAULO DE BARROS CARVALHO *Teoría Comunicacional Do Direito: Diálogo entre Brasil e Espanha*, Noeses Editora, São Paulo, 2011, especialmente pp. 26 y ss.

16. *vid.*, para esto último, ROBLES, G., *Fundamentos*, Vol. II, p. 467.

17. *vid.*, ROBLES, G., *Fundamentos*, Vol. II, p. 546.

esta obra, *Introducción a la Teoría del Derecho* (1ª ed., 1988, sexta edición revisada 2003, que en realidad constituye la primera parte, al menos a efectos expositivos de la TCD), en el capítulo 8 y en el apéndice de *Epistemología Derecho* ("La idea de los derechos humanos como representación mítico-simbólica", Conferencia pronunciada el 24 de enero de 1980)[18] y en el volumen segundo de los *Fundamentos*, donde creemos encontrar las claves del método que Robles propone con relación al fenómeno jurídico.

Por último, creo oportuno recordar que Robles ha utilizado distintos nombres para referirse a una realidad única: su Teoría del Derecho (para nuestro autor, además, la Teoría del Derecho aparece como sustitución de la Filosofía del Derecho).[19] Ocurre que, según el enfoque concreto de que se tratara, en momentos distintos la ha denominado de diverso modo.[20] Esto puede generar alguna confusión que conviene aclarar desde un primer momento. Así, su manera de entender la Teoría del Derecho se ha denominado, cronológica y sucesivamente, *Análisis del lenguaje de los juristas,* (expresando así el abandono por parte del autor de las pretensiones ontologistas tanto del iusnaturalismo como del positivismo)[21] *Teoría de los textos jurídicos,* (con relación a su objeto de estudio) *Teoría hermenéutico-analítica del Derecho,* (en atención a la perspectiva epistemológica adoptada, esto es, al método)[22] y, finalmente, *Teoría*

---

18. Recogida en el Apéndice de *Epistemología y Derecho*, (pp. 269 y ss.) se trata de la conferencia inaugural del *Curso para una teoría crítica de los derechos humanos*, impartida por Robles durante los primeros meses del año 1980. Esta primera conferencia fue pronunciada el 24 de enero de 1980.

19. ROBLES, G., *Introducción, op.cit.*, pp. 32 y ss.

20. ROBLES, G., en el "Prólogo", a la sexta edición de su *Introducción a la Teoría del Derecho, op., cit.,* p. 18.

21. En este sentido, creo que es posible afirmar que a postura de Robles no es ontológicamente "fuerte" en relación con el concepto de derecho.

22. Robles dota de primacía absoluta entre los temas de la filosofía jurídica al

Comunicacional del Derecho – textualmente al menos desde 1988 – (como resumen unificador de todas las anteriores).

En mi opinión, esta evolución nominal demuestra también un progresivo aquilatamiento de su tesis hasta lograr dotar de un *nomen iuris* preciso a su construcción dogmática.

Por otra parte, y también con carácter previo, es preciso apuntar que Robles habla de "método descriptivo-epistemológico" en su *Epistemología* y en la *Introducción a la Teoría del Derecho* (quizás desde una perspectiva fundamentalmente descriptiva-no-ontológica) y que sin embargo es continua la alusión al "método hermenéutico-analítico" en los *Fundamentos* (probablemente acentuado su carácter constructivo). En este caso no nos encontramos, en mi opinión, ante una evolución nominal sobre el mismo objeto, como en el caso anterior, sino ante dos fórmulas metódicas para dos objetos distintos y con dos finalidades diversas. Si estamos en lo correcto, el "método descriptivo-epistemológico" es el propio para describir la realidad del fenómeno jurídico, siempre bajo la guía de la razón. El "método hermenéutico analítico", por su parte, sería el que Robles propone como el más adecuado para la comprensión profunda de lo jurídico, y particularmente para la TCD.

---

problema epistemológico, (esto es, a la teoría del conocimiento), para, a continuación, identificarlo con el problema metódico (*vid.*, *Introducción a la Teoría del Derecho, op. cit.*, p. 52) con lo que, de hecho, eleva el método a categoría fundamental (y *fundante*) de su Teoría, si bien a través de lo que el autor denomina la "descripción de la reflexión subyacente" a toda construcción jurídica (*Introducción a la Teoría del Derecho, op.cit.*, p. 56). Abandona así un análisis metodológico reflexivo (que trataría de encontrar el método siempre idóneo) por un análisis descriptivo (que se centra exclusivamente en cómo es el método realmente). Robles propone describir la evolución del pensamiento ateniéndose a las distintas estructuras epistemológicas subyacentes, reconstruyendo permanentemente los modelos de pensar hasta hacerlos más nítidos en un análisis descriptivo-epistemológico que debe engarzarse íntimamente con la historia general de la ciencia.

2. Modos de entender la epistemología-metodología

Dicho esto, en mi opinión, el problema del método, y del método jurídico en particular, se encuentran en la obra de Robles íntimamente vinculados al problema epistemológico.

En este sentido, hay que comenzar por indicar que por epistemología entiende Robles la "teoría del saber",[23] no sólo "teoría de la ciencia" en el sentido en que lo hace, por ejemplo Mario Bunge. El de Robles es evidentemente un concepto más amplio, porque para él la epistemología *describe* la perspectiva del saber de qué se trate.[24] Lo que interesa a Robles es, pues, la descripción de la reflexión, no ya la reflexión de la reflexión. Este punto de partida, como se verá, es determinante para el posicionamiento metodológico del profesor vasco.

En cualquier caso, para nuestro autor, de las cuatro partes en las que clásicamente se divide la filosofía (a saber, ontología, epistemología, axiología y "filosofía de la existencia")[25] la primacía corresponde siempre a la teoría del conocimiento. Escribe textualmente Robles en su

---

23. ROBLES, G., *Epistemología, op.cit.*, p. 275. En la Filosofía del Derecho española, la teoría de los saberes (y de los saberes jurídicos) fue desarrollada en profundidad por FRANCISCO ELÍAS DE TEJADA y JOSÉ F. LORCA NAVARRETE. Del primero, *vid.*, *Tratado de Filosofía del Derecho*, Tomo I, Parte I. Los saberes jurídicos. Publicaciones de la Universidad de Sevilla, Sevilla, 1974. El Prof. Lorca, por su parte, resume magistralmente la teoría de los saberes en las primeras páginas (pp. 48 a 62) de sus *Temas de Teoría y Filosofía del Derecho* (5ª ed., revisada, puesta al día y ampliada a cargo de la Profª. María Isabel Lorca Martín de Villodres), Ediciones Pirámide, Madrid, 2017.

24. ROBLES, G., *Epistemología, op.cit.*, p. 275.

25. Robles relaciona cada una de ellas con diversos sentimientos humanos; la teoría del conocimiento es suscitada por la duda, el problema del ser por la admiración, el problema del valor se corresponde con el sentimiento de la esperanza (que para Robles siempre es además de carácter sustancialmente religiosa) y, finalmente, al problema de la existencia le corresponde el sentimiento de angustia. *Vid.*, ROBLES, G., *Introducción, op.cit.*, pp. 44 y ss.

Introducción: "Lo que define a una filosofía o a una ciencia no es el conjunto de resultados que ha obtenido, sino el método utilizado para ello (...) por eso (...) cuando pretendamos definir con rigor una forma de conocimiento científico o filosófico tan solo lo conseguiremos si caracterizamos adecuadamente su método de conocimiento (...) dos filosofías son contradictorias cuando son contrarios sus métodos, aunque sean idénticas algunas de las «verdades» materiales propuestas por ambas."[26]

De modo que según Robles, "es preciso examinar como un todo el edificio filosófico o científico ya construido, y en ese examen descubrir cuál es realmente el método empleado."[27] A esa función precisamente se acomoda el que Robles denominó en *Epistemología y Derecho*, "método descriptivo-epistemológico". Éste consistiría, según nuestro autor, y como ya hemos apuntado, en operar de la siguiente manera; "se coloca una determinada concepción (filosófica o científica) sobre la mesa de análisis descriptivo-epistemológico, y allí, desapasionadamente, haciendo caso omiso de lo que la propia concepción expresa explícitamente acerca de su método, se analiza cómo en verdad enfrenta los problemas, qué tipo de modelo cognoscitivo subyace a sus construcciones teóricas, y, en definitiva, cuál es su método real."[28] En suma, el método descriptivo–epistemológico no pretende defender ningún contenido cognoscitivo, no defiende lo pensado, sino que sólo analiza las formas de pensar.[29]

En realidad, a través de la epistemología, es el método – como modo de alcanzar el conocimiento – el adquiere una indiscutible importancia, toda vez que, según nuestro

---

26. ROBLES, G., *Introducción, op.cit.*, p. 52.

27. ROBLES, G., *Ibídem*, p. 53.

28. ROBLES, G., *Ídem*.

29. ROBLES, G., *Epistemología, op.cit.*, p. 279.

autor "lo que define un tipo de pensamiento no es el contenido material de verdades que profesa, sino el método para llegar a aquel contenido."[30] Por eso, una forma de conocimiento es estéril cuando su método se ha anquilosado, y por eso, también, cuando pretendemos definir con rigor una forma de conocimiento científico o filosófico tan sólo lo conseguiremos, sostiene Robles, si caracterizamos adecuadamente su método de conocimiento.[31] En este sentido, se puede afirmar que Robles eleva a capital la cuestión metodológica. Así, en definitiva, y aunque se aborde el problema desde el punto de vista epistemológico, la conclusión que alcanza Robles es que de hecho, es el método condiciona, califica y determina una filosofía, o una ciencia. Otra cosa es que sea labor del dogmático descubrir cual es realmente el método empleado en cada caso.

A esta consecuencia (que podríamos calificar de formal-metódica) se llega porque, desde *Epistemología y Derecho*, Robles siempre ha distinguido dos perspectivas distintas para analizar la primacía del problema epistemológico que directamente indicen en el método.

Por una parte, es posible realizar una reflexión sobre qué es el conocimiento (teoría del conocimiento) y sobre de qué manera (o método) se puede llevar a cabo sobre un objeto determinado (así lo hicieron por ejemplo Descartes o Bacon). Por esta vía se han ensayado los clásicos métodos inductivo, causalista, deductivo, comparativo, histórico, normativo,[32] etc. A esta perspectiva epistemológica Robles la denomina *teoría del método, o métodos jurídicos,*[33] o también *método dogmático*.

---

30. ROBLES, G., *Epistemología, op.cit.*, p. 254

31. ROBLES, G., *Introducción*, p. 52.

32. ROBLES, G., *Fundamentos, op.cit.*, p. 371 y ss.

33. ROBLES, G., *Ibídem*, p. 384.

Pero por otra parte, el Prof. Robles entiende que también es posible aceptar la primacía epistemológica en el seno de una construcción (científica o filosófica) ya acabada, mediante un análisis descriptivo (no reflexivo) que prescindiría de la adecuación o inadecuación del método, para centrarse exclusivamente en *cómo* es el método empleado.[34] Además, esta descripción de las estructuras formales del conocimiento debe realizarse de modo diacrónico[35] (implicando la reconstrucción permanente de los modelos de pensar). En su modalidad diacrónica, el método descriptivo-epistemológico consiste precisamente en describir la evolución del pensamiento científico ateniéndose a las estructuras epistemológicas subyacentes, reconstruyendo así de modo permanente los modos de pensar.

Como hemos apuntado con anterioridad, Robles también sostiene que este análisis debe ir engarzado íntimamente con la historia general de la ciencia.[36] Así, señala que el método de la ciencia predominante en cada periodo histórico ayudaría a comprender el esquema jurídico y político de cada época.

---

34. ROBLES, G., *Introducción*, p. 56.

35. Aquí Robles se apoya claramente en las modalidades de enfoque lingüístico de la lengua que teorizó Ferdinand de Sausurre, quien distinguía entre un enfoque sincrónico (y por tanto estático) y diacrónico (esto es, dinámico o evolutivo a través del tiempo). *Vid.*, SAUSSURRE, F., *Curso de Lingüística General* (1916), edición a cargo de Amado Alonso, Ed., Losada, Buenos Aires, 2008. Robles entiende que un enfoque sincrónico se produce "independientemente de las formas de pensar (científicas o filosóficas) en el flujo imparable y avasallador de la historia del pensamiento". En su versión diacrónica, el método descriptivo-epistemológico se interesa por el tránsito de unos modelos de pensamiento a otros, y dentro del mismo modelo, por la evolución de los subtipos. *Vid.*, ROBLES, G., *Introducción*, pp. 58 y ss.

36. ROBLES, G., *Ibídem*, p. 62. No es así casualidad, que el derecho natural racionalista coincida con el dominio de la Geometría en el mundo de las ciencias, ni que el positivismo domine los espíritus en la época del apogeo de la Física.

En suma, traducido a términos jurídicos, lo anterior significa que para nuestro autor, no se trata de definir el derecho, sino de *mostrarlo*.

3. Derecho Natural y Derecho Positivo a la luz del método descriptivo-epistemológico

En cualquier caso, si seguimos a Robles, en la aplicación del método descriptivo-epistemológico derecho natural y derecho positivo (como modelos paradigmáticos en la historia del pensamiento jurídico) aparecen bajo una nueva luz, que permite al autor vislumbrar una vía de superación para cada modelo epistemológico.

3.1 Análisis del Derecho Natural desde el método descriptivo-epistemológico

Para empezar, y siguiendo a Verdross, Robles distingue entre el derecho natural como postura epistemológica (en cuyo caso el derecho natural sería una de tantas filosofías del derecho, siendo entones más exacto hablar en ese caso, según nuestro autor, de "teoría del derecho natural"), o bien como contenido material de esa postura epistemológica (y entonces constituye "lo pensado", esto es, el "Derecho natural", una teoría de la justicia condicionada precisamente por la postura epistemológica).

Robles opta por dar primacía a la primera vía de entender el derecho natural, pues considera que este es, primariamente, "una forma de entender el fenómeno jurídico, un método de aproximación intelectual al derecho."[37] De paso, por cierto, Robles parece hacer buena la afirmación de Wolf de que el problema del derecho natural es irresoluble,

---

37. ROBLES, G., *Introducción*, op.cit., p. 38.

pues esa idea – como la de la justicia – corresponde a un plano pre-científico.[38] Desde esta posición, Robles solo se propone "describir la estructura formal subyacente a toda teoría del derecho natural".[39]

Para nuestro autor, como sabemos, las posturas epistemológicas condicionan siempre el contenido de lo pensado y por tanto son éstas las que determinan y diferencian los distintos sistemas filosóficos. No quiere esto decir que Robles renuncie a cualquier tipo de ontología jurídica, pero sí al que él denomina "ontologismo realista", nuclear tanto en el iusnaturalismo (cuyo concepto de derecho radica en que el Derecho es lo justo) como en el iuspositivismo (cuyo concepto de derecho radica en su aspecto fenoménico, en su realidad existencial), que conciben el derecho como objeto (externo al sujeto cognoscente) susceptible de investigación. Robles, por el contrario, reivindica una "ontología convencionalista", en cuyo marco la definición de derecho se postula como un axioma hipotético, provisional y sustituible, que sirve para comprender mejor el objeto. De ahí que sostengamos que la postura ontológica de Robles, si quiere sostener su TCD, es débil; o mejor, es en extremo formal e hipotética, pues por definición, todo axioma nos remite a cada uno de los principios fundamentales e indemostrables sobre los que se construye una teoría. Así, su postura ontológica (si es que así puede llamarse) reside en la consideración como objeto de estudio del "fenómeno jurídico" (en lugar del "derecho") o más exactamente, de los diversos ámbitos jurídicos posibles[40]" entendido como el leguaje de los juristas.

---

38. WOLF, E., *El Problema del Derecho Natural*, (trad. de Manuel Entenza), Ediciones Ariel, Barcelona. 1960, pp. 16 a 19.

39. ROBLES, G., *Ibídem*, p. 39.

40. ROBLES, G., *Fundamentos, op.cit.,* p. 51.

En cualquier caso, el análisis de las estructuras formales subyacentes a toda teoría del derecho natural conduce a lo que Robles llama "fracaso epistemológico de la Teoría del derecho natural."[41] Este fracaso se debe, en opinión de nuestro autor, fundamentalmente a la confusión o identificación realizada por la Teoría del Derecho Natural entre ciencia y filosofía, lo que a su vez origina confusión de métodos y resultados,[42] y a la radical incapacidad para distinguir el mundo del ser del deber, esto es, de la facticidad y del valor. Los caracteres epistemológicos básicos de la Teoría del Derecho Natural son para Gregorio Robles los siguientes: la unión entre el ser y el deber ser (naturaleza y valor), el dualismo jurídico en cualquiera de sus manifestaciones (physis y nomos, *ius naturale* y *ius positum*, libertad y coacción), la limitación de la posibilidad de conocimiento del contenido material del derecho natural y la identificación entre axiología y ontología jurídica, construidos todos ellos sobre el paradigma científico de la Teología.

Por eso, para Robles, la Teoría del Derecho Natural puede calificarse como la concepción metafísica del derecho,[43] y es justo en la crisis de sus presupuestos metodológicos donde se encuentra la crisis de toda su doctrina,[44] concluyendo que "el fracaso de la Teoría del Derecho Natural está en su incapacidad absoluta para asimilar en su seno el carácter primario del conocimiento científico con lo que esto supone: que el dato jurídico relevante no es el dato idea del derecho natural, sino la realidad socio-histórica del derecho positivo."[45]

---

41. ROBLES, G., *Epistemología, op.cit.*, p. 199.

42. ROBLES, G., *Introducción, op.cit.*, p. 66.

43. ROBLES, G., *Ibídem*, p. 79.

44. ROBLES, G., *Ibídem*, p. 107.

45. ROBLES, G., *Epistemología, op.cit.*, p. 257.

3.2 El positivismo jurídico desde el método descriptivo-epistemológico

Por su parte, el positivismo, al separar radicalmente ciencia y filosofía convierte, de una parte, a la filosofía en una suerte de teoría de la ciencia de carácter residual, y propicia, por otro lado, la especialización de los saberes en la ciencia.

Centrado en los hechos, para el positivismo filosófico el verdadero conocimiento, observa Robles, se desplaza desde la Teología, primero hacia la geometría euclidiana y posteriormente, desde el siglo XVIII, hacia la física. Ese conocimiento es accesible a través, respectivamente, del método analítico sintético (cuyo paradigma epistemológico es la máquina) y del método científico (caracterizado éste último como es sabido por la observación descriptiva de los hechos, la generalización de estos vía inductiva, y por la posterior verificación o experimentación de los mismos). El positivismo jurídico, por su parte, se caracteriza epistemológicamente por su monismo (en consecuencia, la única realidad objeto de conocimiento es el derecho positivo), por el entendimiento de que el método científico es el de la experimentación y generalización de los resultados, por la ruptura entre el ser y el deber ser y, finalmente, por la renuncia al problema de la justicia.

Por tanto, las premisas epistemológicas del positivismo jurídico son contradictorias con las del derecho natural en cualquiera de las manifestaciones de éste (griego, romano, medieval, tomista o neotomista) y aunque junto al historicismo, el positivismo marca un giro radical en el pensamiento epistemológico general del que no es posible prescindir en un análisis actual, como Robles recuerda, la descripción positivista excluye por completo la interpretación. La realidad, los hechos, le es dada de antemano al observador, y éste ha de describirla tal cual es, de acuerdo con un método que posibilite la objetividad, la ausencia de ideología.[46] En palabras de Robles "allí donde no hay ciencia no hay interpretación, y viceversa: donde hay interpretación no hay ciencia, y, por tanto, no hay racionalidad."[47] El positivismo, así, también ha entrado en crisis precisamente por lo limitado de sus premisas epistemológicas.

4. La salida a la aporía

Por eso, ante las evidentes aporías que tanto naturalismo como iuspositivismo presentan desde el plano epistemológico, el actual pluralismo metódico podría resolverse para Robles apelando al análisis del lenguaje,[48] tomando como base la hermenéutica filosófica de Gadamer y a través del análisis del lenguaje de los juristas.

En este sentido, el Prof. Robles, en los *Fundamentos*, se centra básicamente en dos cuestiones: Primero: En analizar brevemente bajo el prisma del método hermenéutico-analítico las principales teorías de la dogmática jurídica del mismo modo que hizo en su día con la categoría de los derechos humanos.[49] Segundo: En relacionar el método hermenéutico analítico con la TCD y particularmente con la dogmática jurídica. Nos centraremos ahora en esta segunda cuestión, que se concreta en determinar cual es el método más apropiado para la dogmática jurídica según la TCD.

---

46. ROBLES, G., *Fundamentos, op.cit.*, p. 182.

47. ROBLES, G., *Introducción, op.cit.*, p. 182.

48. ROBLES, G., *Epistemología, op.cit.*, p. 135.

49. En este caso, Robles, tras aplicar a la teoría de los derechos humanos el método hermenéutico-analítico acaba por afirmar que "los derechos humanos positivizados en normas jurídicas non son un concepto, sino elementos de un género. El género es el derecho subjetivo. Son así derechos subjetivos a los que la organización política concede gran importancia, elevándolos, en consecuencia, por encima de otros derechos subjetivos que considera menos importantes", ROBLES, G., *Epistemología y Derecho, op.cit.*, p. 267.

4.1 Método Dogmático Jurídico

Como hemos señalado con anterioridad, frente a las tesis que desde un ontologismo fuerte sostienen la unidad metódica para la ciencia jurídica, bajo la fórmula del denominado "método jurídico", Robles estima que el "fenómeno jurídico" es objeto de estudio por ciencias jurídicas (*del derecho*: teoría del derecho y dogmática jurídica, *y sobre el derecho*: sociología del derecho) que necesariamente reclaman pluralidad metódica.[50]

Además, es preciso defender la pluralidad metódica para la dogmática jurídica (porque en realidad, como señala Robles, los juristas elaboran sus libros usando varios métodos y normalmente acaban por analizar conceptos, intereses y valores). Recuérdese que para el autor, la dogmática jurídica es la disciplina que tiene por objeto el estudio de los textos que componen un ordenamiento jurídico determinado, con la finalidad de presentar éste último como un "Sistema".[51]

Si ahora retomamos el concepto de método jurídico-dogmático, del método jurídico, propio de la Teoría del Derecho (o Filosofía del Derecho en el entendimiento de Robles) y lo tratamos en el seno de la TCD, ello significaría la exposición de unas reglas de procedimiento (esto es, procedimentales) con el fin de conseguir el propósito de construir un sistema jurídico que refleje el ordenamiento jurídico de referencia, toda vez que el jurista dogmático debe aspirar a que su obra sea considerada parte del Sistema.

En este sentido, la teoría del método jurídico, con carácter general, comprendería para Gregorio Robles tres esferas:

---

50. ROBLES, G., *Fundamentos, op.cit.*, p. 377.
51. ROBLES, G., *Ibídem*, p. 49.

a) La esfera de la teoría general del método jurídico, que corresponde tratar en el seno de la Teoría del Derecho y que es una disciplina básicamente *prescriptiva*, pues propone como idóneo un método cognoscitivo y unas reglas de procedimiento para la interpretación constructiva del sistema jurídico. En definitiva, unas reglas metódicas que han de seguir lo exégetas para interpretarlo

b) La esfera de los criterios interpretativos impuestos por cada ordenamiento jurídico para todo su conjunto, que son normas deónticas dirigidas a los órganos de aplicación del derecho (p. ej., los arts. 3 y 4 del C.C. español, que fijan criterios generales de interpretación de las normas).

c) La esfera constituida por preceptos que establecen criterios particulares respecto de materias o ramas jurídicas concretas (p. ej., para el derecho civil, los arts. 1281 a 1289 del C.C., sobre interpretación de los contratos).

4.2 Método Hermenéutico-Analítico

Sin embargo, como ya hemos anticipado, Robles sostiene que el método apropiado en la TCD es el denominado por él hermenéutico-analítico.[52] Es decir, que la TCD se propone aplicar dicho método, que se caracteriza básicamente por ser un método mixto o combinado insertado siempre en la tradición que le corresponde. Mixto por cuanto incluye, en el fondo, una interpretación constructiva y por tanto hermenéutica de los textos jurídicos (carácter hermenéutico). Y porque en la forma, descompone el todo analizado en sus elementos simples para construir estructuras formales (carácter analítico). Se conjugan así la tradición humanística de la hermenéutica y la científica de la analítica.

---

52. ROBLES, G., *Ibídem*, p. 389.

En suma, el método hermenéutico-analítico puede aplicarse así globalmente a toda la TCD, esto es, tanto a la sintaxis, como a la pragmática, y a la semántica jurídica, al menos en algunos aspectos básicos ya que los tres niveles de análisis de la TCD comparten algunos caracteres comunes: En primer lugar, los tres parten de la idea de que el derecho se manifiesta en ámbitos jurídicos. En segundo lugar, los tres niveles contemplan el derecho desde dentro. Y, por último, los tres hacen uso del método hermenéutico analítico aunque con matices particulares.[53]

Y en cada uno de los tres niveles, la TCD se centra como objeto en la totalidad textual que es el ordenamiento jurídico y toda vez que es imprescindible la comprensión inicial del texto para su posterior análisis, el método hermenéutico se hace omnipresente. Robles supera así el descriptivismo propio del positivismo y reclama un análisis interpretativo y constructivo de los textos jurídicos.

Por eso, como señala el autor[54] el método hermenéutico analítico realiza en el seno de la dogmática las siguientes operaciones:

I. Interpretación del texto del ordenamiento con la finalidad de construir el sistema.

II. Construcción del sistema y de las instituciones y normas del que aquel se compone.

III. Explicitación de la *precomprensión* o pre-juicios legítimos con que el jurista se aproxima a los textos jurídicos por mor de la tradición científica y profesional de la que ineludiblemente forma parte (mediante la Historia del Derecho, que Robles considera parte fundamental de la dogmática jurídica).

---

53. ROBLES, G., *Fundamentos*, Vol. II, p. 397.
54. ROBLES, G., *Ibídem*, pp. 401 y ss.

IV. Creación de normas jurídicas no explicitadas en el ordenamiento.

V. Tratamiento analítico de los denominados conceptos jurídico-dogmáticos, (de la dogmatica y referidos a un Ordenamiento Jurídico concreto) así como de los intereses protegidos y los valores (y principios) que el ordenamiento jurídico encarna.

Por nuestra parte, se podría pensar igualmente que el método hermenéutico analítico, en el seno de la Teoría Formal del Derecho realiza, al menos las funciones 1ª (básica a todo el método), y 5ª1 (por cuanto que incide directamente en aspectos formales). Y dentro de la Teoría de las Decisiones, el método hermenéutico analítico se concretaría, como poco, en las funciones 1.1ª (que entendemos, como queda dicho, de naturaleza común) , 3ª (pues esa *precomprensión* de la que habla Robles se traduce en pre-juicios que indudablemente incidirán en las decisiones que se adopten) 4ª (porque la labor creadora que en este punto conlleva la hermenéutica se verá condicionada por una determinada axiología) y 5ª (pues es obvio que trata de analizar los intereses y valores que determinado ordenamiento jurídico encarna).

En suma, para Robles, la dogmática jurídica es esencialmente metódica,[55] por cuanto que es concebida como hermenéutica, analítica, constructiva de un sistema (más inductiva que deductivamente) y con vocación práctica porque está destinada, en el fondo, a resolver problemas humanos.

5. Conclusiones y algunos interrogantes

Ni la idea del derecho (como estima Robles que quiere el Derecho Natural) ni el hecho del derecho (fundamento

---

55. ROBLES, G., *Fundamentos*, pp. 283 y ss.

del positivismo jurídico según el autor), sino el lenguaje del derecho, constituye para Gregorio Robles la vía superadora y comprensiva de la llamada Teoría del Derecho Natural y del positivismo jurídico.[56]

Así, la TCD que Robles construye, epistemológica y metodológicamente es no positivista, puesto que es constructivista; y no es iusnaturalista, puesto que no es dualista.

Si, como hemos señalado previamente, la TCD es triádica, triádico es igualmente en nuestra opinión, su método, pues está basado en la íntima relación entre hermenéutica, analítica y constructivismo dogmático. Se presenta, además como metodológicamente formalista, y por tanto compatible en principio con la perspectiva de análisis de los hechos, de los valores, y de las normas del fenómeno jurídico.

No obstante, en mi opinión, también se podría advertir de que esta metodología entraña:

I. Un punto de partida basado en la primacía de la epistemología, lo que conlleva planteamiento ontológico de carácter descriptivo. No existe en Robles, en consecuencia, un fundamento ontológico fuerte de su posición (salvo que se entienda, precisamente, que entender que el derecho se construye *mediante las palabras* constituya esa ontología);[57] esto no constituye necesariamente, en mi opinión, ningún obstáculo, pero puede plantear alguna dificultad al autor cuando afronte la construcción de su teoría de la decisión jurídica, que necesariamente deberá incidir en cuestiones de axiología jurídica.

II. La indiscutida asunción de la llamada "falacia naturalista". Robles, como gran parte de la moderna epistemología, parte en su crítica del derecho natural de la asunción

---

56. ROBLES, G., *Introducción*, p. 203.

57. Así lo reconoce expresamente el propio autor. ROBLES, G., *Introducción*, p. 199.

de la llamada falacia naturalista. Pero, como es sabido, autores como Moore, Finnis, Grisez, o García Huidobro han interpretado que el punto de vista del razonamiento práctico no está constituido, como quería Hume, por una proposición de lo que las cosas son, sino por un primer principio del razonamiento práctico (precisamente aquel según el cual debe hacerse el bien y evitarse el mal).[58]

III. La exigencia y conceptualización por parte de Robles de una dogmática constructiva probablemente implique que, de hecho, sean sólo unos pocos juristas quienes emprendan (como el propio Robles hace) la tarea de construir un sistema, una visión propia del derecho. Y, lógicamente, menos aún de entre aquellos lograrán que sus tesis efectivamente constituyan "doctrina dominante", y por tanto "verdadero" *Sistema*, tal y como Robles lo entiende. Esto reduce notablemente, al menos en la práctica, la importancia del concepto teórico de la dogmática jurídica. Es muy posible, en este sentido, que los tribunales de justicia no acaben por aplicar la mejor ni la más consistente y fundada doctrina en cada materia jurídica que aborden. Por definición, la llamada jurisprudencia menor es relativamente discrepante. Y si nos centramos en la Jurisprudencia *strictu sensu*, reduciéndola por ejemplo a nuestros Tribunales Supremo y Constitucional, se corre el riesgo de confundir la calidad de un determinado planteamiento dogmático, con criterios jurídico-políticos de conveniencia al caso enjuiciado, que precisamente determinen la no aplicación de aquella en detrimento de otra que aún no siendo técnicamente la mejor, se convierta en dominante, y por tanto, en Sistema.

---

58. En este sentido, como explica Juan Cianciardo, Carlos Ignacio Massini Correas ha sabido interpretar como la tesis de Finnis es perfectamente asumible, si se distinguen con claridad los planos ontológico y epistemológico. *Vid.*, CIANCIARDO, J., "Modernidad Jurídica y «Falacia Naturalista»", en *Dikaion-Lo Justo*, Año 18, nº 13, Bogotá, noviembre 2014, p. 41. Por otra parte, la revista española *Persona y Derecho* dedicó su volumen 29 (1993) monográficamente al estudio de la llamada "falacia naturalista".

IV. El serio problema de la determinación de los "ismos". Robles afirma que "han de delimitarse los elementos epistemológicos subyacentes en cada construcción teórica, compararlos con los correspondientes a otras, y marcar así los elementos comunes que den lugar a *tipos* de pensamiento".[59] Esta constituye para Robles una "labor de reconstrucción permanente de los modos de pensar hasta hacerlos más nítidos y convincentes".[60] La determinación de las "estructuras subyacentes de pensamiento" por parte de la dogmática entraña en mi opinión un alto grado de conceptualismo metodológico en el cual, seguramente, sea más frecuente el disenso que el consenso entre los juristas dogmáticos.

---

59. ROBLES, G., *Introducción, op., cit.*, p. 61.
60. ROBLES, G., *Ídem.*

LA TEORÍA COMUNICACIONAL DEL DERECHO Y LA HERMENÉUTICA JURÍDICA

Napoleón Conde Gaxiola[1]

Introducción

El propósito de estas líneas consiste en establecer una conexión entre la teoría comunicacional del derecho del jurista español Gregorio Robles Morchón y la hermenéutica jurídica. De hecho, nuestro autor denomina esa propuesta con el nombre de *hermenéutica-analítica* para abordar el estudio del derecho (Robles: 2006), temática que ha sido teóricamente desarrollada en algunos textos como: *Comunicación, lenguaje y derecho. Algunas ideas básicas de la teoría comunicacional del derecho* (Robles: 2009a), *Teoría del derecho. Fundamentos de teoría comunicacional del derecho* (Robles: 2012), *La justicia en los juegos. Dos ensayos de teoría comunicacional del derecho* (Robles: 2009b), entre otros. En buena medida el maestro Robles ha entendido la jusfilosofía como análisis lingüístico de los abogados, adhiriéndose de alguna forma al programa filosófico del derecho analítico del célebre "giro lingual", que exploraba en el estudio del lenguaje un modelo innovador para la terapéutica

---

[1]. Escuela Superior de Turismo. Instituto Politécnico Nacional. México, DF.

de la juridicidad. Este paradigma oscilaba entre el Círculo de Viena y Ludwig Wittgenstein en el ámbito de los saberes filosóficos, y Herbert Hart y Norberto Bobbio en el marco del derecho. Sin duda, el pensamiento analítico ha sido una de las grandes propuestas en el horizonte de la filosofía jurídica a lo largo y ancho de la centuria pasada y lo que va del nuevo milenio. Sin embargo, el profesor Robles no sólo es un jurista analítico, sino un hermeneuta del derecho. La analítica sin la hermenéutica, desde nuestra perspectiva, carece de una praxis interpretacional pertinente, la cual es completada en la teoría comunicacional del derecho o en la ya mencionada hermenéutica-analítica. En esa vía presentaremos, dada la brevedad del espacio, a manera de síntesis, algunas ideas sobre su teoría del derecho, la cual tendrá, entre otros puntos, los siguientes propósitos: 1) abordar el derecho desde el horizonte lingüístico; 2) interpretar de manera crítica los enunciados normativos y los valores; 3) cuestionar las ideas tradicionales de la teoría del derecho; 4) criticar la dimensión univocista del positivismo jurídico y del jusnaturalismo; 5) ubicar el derecho como una dimensión textual y comunicacional; 6) priorizar el papel de la acción en el derecho; 7) proponer la dimensión sintáctica, semántica y pragmática del derecho en correspondencia con su modelo jurídico; 8) demarcarse de la postura ontologista del derecho; 9) proponer un tercer camino, capaz de superar los límites del normativismo y el derecho natural, y 10) presentar un programa de investigación, un marco conceptual, una metodología y una estrategia a seguir en el estudio del derecho. En ese orden de cosas, el problema de investigación de este trabajo es el siguiente: ¿Es posible establecer un vínculo entre la teoría comunicacional del derecho y los presupuestos conceptuales de la hermenéutica jurídica? ¿Hasta qué punto los conceptos básicos de la propuesta de Gregorio Robles se enlazan con el paradigma interpretacional? ¿Cuáles son los conceptos fundamentales de ambas propuestas? ¿En qué consiste la llamada hermenéutica analítica? En ese sentido, la hipótesis de investigación es la siguiente: la teoría comunicacional del derecho y la hermenéutica jurídica adoptan posturas críticas ante la temática del derecho, pudiendo en consecuencia afirmarse, que la propuesta del profesor Robles es una práctica comprensiva e interpretacional de nuevo tipo, la cual está en condiciones objetivas y subjetivas para tipificar y caracterizar los complejos problemas de la filosofía del derecho en la epocalidad presente. Por otro lado, hemos desarrollado una hermenéutica jurídica de corte dialéctico (Conde: 2001, 2011), la cual tiene una gran vecindad y proximidad con la teoría comunicacional del derecho.

Desarrollo

A continuación, con el propósito de simplificar los diez puntos mencionados sobre la teoría del derecho del profesor Robles, presentaremos algunos ejes temáticos relevantes, que nos permitirán una cierta aproximación a su modelo de reflexión teórica sobre el derecho. Para ello abordaremos cuatro ejes temáticos: el concepto de derecho, el derecho como lenguaje, el derecho como acción y el derecho al interior de la hermenéutica-analítica.

Veamos ahora los temas que hemos mencionado:

El concepto de derecho. El paleopositivismo decimonónico ubicaba el derecho en el ámbito de la coacción, la obligación y los mandatos (Turégano: 2001); el positivismo intermedio de factura kelseniana lo contemplaba en la esfera de la imputabilidad y el deber ser (Kelsen: 1980). Los neopositivismos actuales, en el sendero del positivismo excluyente, lo encuadran como un fenómeno exclusivamente normativo (Moreso: 2007). El enfoque comunicacional y la hermenéutica cuestionan esta conceptualización del derecho, demarcándose del anterior enfoque por su orientación metonímica y objetivista. Robles dice: "En suma, puede afirmarse que el Derecho es la forma más relevante de organización social que sirve para resolver los conflictos e implantar la paz" (Robles: 2012.85). Luego dice refiriéndose a Kelsen:

> Según el autor citado, la ciencia jurídica ha de limitarse a describir las normas que componen el sistema. Normas y sistema vendrían "dados" en la realidad. El científico se limitaría a describirlos. Esta concepción es inaceptable. Primero, porque es absurda la tesis de que la ciencia jurídica sea descriptivista. Segundo, porque el Derecho no presenta en cuanto ordenamiento o texto jurídico en bruto la unidad y coherencia que se atribuye a un sistema. [...] La ciencia jurídica no es descriptiva, porque no puede serlo, sino *constructiva o interpretativa*. Empleando una palabra ya vieja, pero que está muy de moda últimamente: la ciencia jurídica es *hermenéutica*. (Robles: 2012.141).

Aquí es obvio que la idea de nuestro autor sobre la dimensión *interpretativa* del derecho cuestiona el descriptivismo y es partidario de la construcción, la creación y el descubrimiento.

En relación al positivismo normativista, se desmarca de Austin y Kelsen, así como de Hart y Bulygin, quienes suponen que las normas vienen dadas de antemano y que la ciencia jurídica sólo debe limitarse a una simple descripción. Esta postura legalista, opuesta a la dimensión constructivista y crítica del derecho, la concibe como algo ya elaborado y acabado. La posición de los positivistas es estatista en la medida que entienden, que sólo el estado puede crear derecho.

En síntesis, el derecho para Robles no es sólo la descripción normativa, sino la interpretación de las mismas. Ahora bien, la conceptualización del derecho a nivel general es examinada, en este caso, en el primer nivel de análisis de la teoría del derecho, la teoría formal del derecho, que es la esfera sintáctica o lógico-lingüística.

Este modelo es conocido como sintaxis del derecho y abarca la teoría de las reglas o normas jurídicas, la teoría del sistema jurídico, la teoría de las relaciones entre ordenamientos jurídicos diferentes y la teoría de los conceptos jurídicos fundamentales (Robles: 1993.72). Así las cosas, el concepto de derecho es visualizado a nivel puro y formal en la llamada teoría de los conceptos jurídicos fundamentales.

El siguiente nivel es conocido como semántica del derecho. Se trata de una dimensión particular donde nuestra disciplina es analizada en la teoría de la dogmática jurídica, ya que supone un determinado acto interpretacional. En este segundo horizonte se prioriza la reflexión teórica de la ciencia interpretativa del orden jurídico; es decir, la metodología de la ciencia del derecho en tanto teorización sobre el método de interpretación del derecho. (Robles: 1997.73). Aquí el derecho es entendido como "un sistema de instituciones, cuya expresión son las normas, las cuales, a su vez, encarnan determinados valores" (Robles: 1997.74). En este panorama se encuentra la teoría de la interpretación dogmática, la teoría de la sistematización, la teoría de la conceptualización, la teoría de las relaciones entre la dogmática jurídica y la práctica jurídica, y la teoría de la justicia institucionalizada o intrasistémica (Robles: 1973.74).

En un tercer nivel, llamado pragmática del derecho, se estudia en la teoría de la decisión jurídica, en su dimensión histórica y proceso de creatividad, ya que el derecho se configura mediante procesos decisionales. Aquí se encuentra la teoría de la legislación, la teoría de la justicia, la teoría de la argumentación jurídica, la teoría de la sentencia judicial, la tipología de las decisiones jurídicas y de los operadores jurídicos, y la teoría de la decisión jurídica como teoría de la decisión racional (Robles: 1997.76). Aquí se observa la contribución del profesor Robles a la teoría del derecho y se comprende las aportaciones de su hermenéutica analítica. Su modelo es puesto en tres niveles: la sintaxis, la semántica y la pragmática, a los cuales, según la hermenéutica, les corresponden tres modos de sutileza: la sutileza inteligente o implicadora, la sutileza explicante y la sutileza aplicadora.

Mauricio Beuchot, el hermeneuta mexicano, nos recuerda que en la Edad Media se le asignó a Juan Duns Escoto el nombre de *Doctor Sutil* (Beuchot: 2009). La sutileza era visualizada como la exploración de un camino, posibilidad y opción, en donde las demás personas no la encontraban. Esa sutileza o delicadeza (*subtilitas*) forma parte de una sabiduría hermenéutica que ha sido trabajada como sendero o método por la ciencia y arte de la interpretación.

El filósofo español Andrés Ortiz-Osés la ha denominado *subtilitas inteligendi, subtilitas explicandi y subtilitas applicandi* (Ortiz-Osés: 1986). A la primera corresponde la sintaxis, a la segunda la semántica y a la tercera la pragmática. Sin duda alguna, lo interesante del hallazgo consiste en relacionar las tres dimensiones de la semiótica (Morris: 1983), con los niveles de estudio del derecho. Una hermenéutica jurídica añadiría, a su vez, las tres formas de sutileza mencionadas, con el propósito de entender mejor el derecho.

Con esta propuesta se pretende superar el choque de trenes entre el jusnaturalismo y el positivismo. El primero es hegemónico desde la época postclásica romana hasta la Ilustración; el segundo ha dominado en la era decimonónica, la pasada centuria y aún tiene una presencia relevante en nuestros días. Se podría hablar de una tercera etapa, que se inserta en el momento presente, donde impera el pospositivismo, la posmodernidad, la analítica y una amplísima diversidad de hermenéuticas, entre las que destaca su hermenéutica analítica. En esta panorámica hay que ubicar a la teoría del derecho.

Robles sostiene que su teoría del derecho no se identifica con la doctrina general del derecho, ya que ésta es contemplada como la estructura global de los segmentos generales de una diversidad de asignaturas como derecho agrario, laboral, internacional, penal, civil, etc. Esta doctrina fue impulsada por el positivismo, la cual eliminó a la filosofía jurídica. A su vez impulsó una jusfilosofía que abordara la ética y los valores al margen de la ciencia del derecho. La teoría del derecho roblesiana ha roto con el modelo de separar la ciencia y la filosofía, y convertirse en una filosofía jurídica de los juristas.

Así vemos que la teoría del derecho es filosofía, pero no es una disciplina filosófica en el sentido positivista o jusnaturalista, la cual separa la ciencia del derecho de su filosofía. Así vemos que la doctrina general del derecho de los positivistas tiene una filosofía estática, ahistórica y metonímica, y la filosofía del derecho natural, una obra de carácter contemplativo, asocial y metafórico. Es por eso que buena parte de las filosofías positivistas y naturalistas del derecho han sido elaboradas por filósofos sin experiencia jurídica. Lo recomendable es elaborar una teoría del derecho realizada por un filósofo y jurista. De esta manera la teoría del derecho incorporará en su seno los problemas filosóficos del derecho. Es claro que esta teoría acoge un criterio inherente al propio derecho, demarcándose de la jus sociología que lo visualiza en una formación social históricamente determinada. No es que la teoría del derecho desprecie a la sociología, más bien sus temáticas son diferentes.

La primera aborda la diversidad de ordenamientos jurídicos que han existido, existen y existirán, es decir, estudia el derecho en toda su posibilidad. La sociología, en cambio, estudia el conjunto de condiciones societales que implican la existencia del derecho vigente. La teoría del derecho estudia su sintaxis, semántica y pragmática.

La sociología jurídica analiza la sociología formal del derecho, la sociología de las instituciones jurídicas y la sociología de la decisión jurídica.

La teoría del derecho adopta un punto de vista interno. Es ciencia y filosofía del derecho. La sociología del derecho adopta un punto de vista externo. No es ciencia del derecho, es ciencia sobre el derecho. La antropología jurídica, la pedagogía jurídica, la psicología jurídica, la historia jurídica, se encuentran en esa misma tesitura.

En el caso de la teoría del derecho, se trata de una reflexión conceptual y metodológica sobre las temáticas vertebrales del derecho como ciencia y filosofía.

Veamos el caso de la dogmática jurídica. Ésta es una ciencia interpretativa elaborada por los operadores prácticos del derecho, como jueces, fiscales, legisladores, etc. Ellos no hacen teoría de la dogmática jurídica, sino desarrollan un saber práctico dirigido a la toma de decisiones en relación a las cuestiones específicas que emergen de la realidad concreta del derecho mismo. No realizan, en sentido estricto, teoría general del derecho, ni teoría del derecho, ni análisis semántico del derecho, ni sociología jurídica.

La teoría del derecho en general y la teoría de la dogmática jurídica en particular, es un punto de vista interno del derecho que realiza un conjunto de reflexiones teóricas sobre la realidad social del derecho.

La contribución del profesor Robles estaría en este contexto:

- Establecer una crítica al positivismo al pretender separar la ciencia del derecho de la filosofía jurídica, reduciendo esta última a una oferta racionalista y cientificista, de hechura fisicalista e instrumental.

- Establecer una crítica al derecho natural al subestimar la importancia de la ciencia del derecho y priorizar una filosofía jurídica de corte metafísico, no hecha por juristas, sino por teólogos, filósofos y místicos. Enlazar la ciencia del derecho con la filosofía jurídica y construir una teoría del derecho.

- Separar temática y conceptualmente el programa de investigación de la sociología del derecho y la teoría del derecho.

- Cuestionar el concepto positivista de derecho, de ubicarlo estrictamente como coacción, mandato y obligación.

- Cuestionar el concepto naturalista de derecho basado únicamente en la dimensión de lo justo.

- Presentar el análisis del lenguaje de los juristas como denominación básica de su teoría del derecho.

- Proponer la teoría de los textos jurídicos en la que se concibe el derecho como texto como parte de su programa de investigación.

- Acuñar el nombre de teoría hermenéutico-analítica del derecho a su modelo de investigación.

- Asignar el título de teoría comunicacional del derecho a su propuesta de trabajo.

El derecho como lenguaje. El modelo de Robles es análisis hermenéutico del lenguaje de los juristas y es por ello un paradigma interpretacional y una teoría comunicacional. Lo relevante en su razonamiento es la conexión radical que establece entre derecho y lenguaje.

> Un gran número se han centrado en la conexión del Derecho con la sociedad. Otros en los conceptos que necesariamente implican un ordenamiento jurídico. Otros, en fin, en los

513

criterios de justicia que han de presidir las decisiones jurídicas. No han caído en la cuenta quizá de que las diferentes facetas del Derecho son iluminadas de una manera más intensa si se las enfoca relacionándolas con la idea centra de al *el único modo de expresión del Derecho es el lenguaje*. (Robles: 2012.86).

En esa línea es obvio que el lenguaje es la manera en que el derecho se manifiesta y la forma como existe en una estructura social determinada es, mediante un corpus de proposiciones de lenguaje orientada a sistematizar, proteger, salvaguardar y dirigir las acciones y funciones de los seres humanos. Aquí nos interesa resaltar la intencionalidad hermenéutica de nuestro autor, ya que desde Aristóteles hasta Gadamer la hermenéutica ha sido el saber que ha abordado de manera privilegiada el lenguaje. Es por eso que Robles señala la escasa minoría de juristas que han propuesto una reflexión central sobre el derecho y el lenguaje desde la analítica y la hermenéutica. Incluso los positivistas lo han manifestado de manera unidimensional al disociarlo de la comunicación y el diálogo, para caer de bruces en lo estático, pasivo y descripcional. Por otro lado, algunos autores analíticos han abordado el nexo entre lenguaje y derecho lejos de una perspectiva crítica. Robles es uno de los autores que más ha teorizado en la historia de nuestra disciplina sobre la conexión entre derecho y lenguaje. Ha logrado refuncionalizar y reconstituir el rol de la palabra, ya que en el derecho todo es posible mediante las palabras. Él señala:

> Todos los procesos de comunicación que tienen lugar en un ámbito jurídico son posibles mediante las palabras. El poder constituyente usa de las palabras para debatir y acordar el contenido del texto constitucional, y lo mismo hacen el legislador, el juez, el notario, el registrador, el abogado, y asimismo los particulares cuando celebran un contrato. No hay fenómeno jurídico que no sea expresado o expresable en palabras (Robles: 2009a.30).

El lenguaje se manifiesta en los tres horizontes de estudio del derecho. Esto significa distanciarse de las pretensiones ontologistas a nivel unívoco del derecho natural y del positivismo, así como abordar la especificidad y características de las complejas tipologías del discurso de los juristas (Robles: 2003.18). Robles, interpreto yo, no es enemigo de la ontología ni de la filosofía del hombre o antropología; lo que cuestiona es el enfoque absolutista de algunos jusnaturalismos que identifican exclusivamente el derecho con lo justo y desprecian la norma, trasladándose a la orilla del positivismo que privilegia la norma ignorando lo justo. Incluso propone una ontología de factura convencionalista, orientada a definir de manera más pertinente el derecho como lenguaje.

El derecho es una serie de discursos, lenguajes concretos o procesos comunicativos. En este término se comprende la actividad del legislador en la cámara de diputados y senadores, así como la del juzgador al establecer sus sentencias, el fiscal al dictar sus veredictos, el notario al formular un testamento o al investigador al diseñar un modelo teórico. Aquí estamos ante actos de habla peculiares adheridos a una estructura lingual determinada (Austin: 1982).

En relación a la temática del derecho como lenguaje, ¿cuáles serían las contribuciones del profesor Robles?

- Ubicar al derecho como lenguaje no desde una perspectiva positivista o analítica, o desde un horizonte unívocamente hermenéutico, sino enlazarlo en una propuesta hermenéutica-analítica.
- Reconstituir un conjunto de conceptos para abordar tal temática: acto de habla, interpretación, comprensión, diálogo, signo, discurso, etc. Si bien es cierto que dicho entramado conceptual ha sido abordado por una diversidad de autores: Gadamer, Habermas, Morris, Austin, Hart, Betti, Apel, etc., lo peculiar de nuestro autor ha sido visualizarlo

desde el punto de vista interno del derecho, es decir, desde una teoría del derecho de factura propia, y luego insertarla en el marco de una reflexión teórica global.

- Ubicar el lenguaje y el texto en su relación con el derecho al interior de una teoría comunicacional desde una perspectiva sintáctica, semántica y pragmática.

El derecho como acción. Robles nos ha enseñado que el derecho no es sólo lenguaje, sino también se expresa en la acción. Él dice:

> [...] pues el derecho no puede entenderse sólo como un conjunto de textos, sino también como un conjunto de acciones que van referidas a dichos textos. La dicotomía entre *law in the books* y *law in the action* como realidades contrapuestas ha sido trascendida por la visión unitaria de la hermenéutica filosófica que contempla la acción como texto, y por tanto, como un concepto susceptible de construcción, lo cual es posible porque la acción no es una mera realidad física, carente de sentido, sino justo lo contrario, un sentido o significado que se adscribe a una realidad física (Robles: 2009a.31).

En esta cita se observa su vocación hermenéutica, ya que plantea un nexo entre la interpretación y la transformación. Su deslinde con el positivismo es completamente lógico, ya que se aparta del descriptivismo kelseniano, sugiriendo un enlace entre textos y acciones; así como de los hechos y las interpretaciones en tanto ámbitos societales hermenéuticamente creados. Él define la acción como "la acción en general puede definirse como el significado o sentido de un movimiento o conjunto de movimientos de carácter físico-síquico" (Robles: 2009a.154). En ese sentido se opone a la idea causalista de la acción del positivismo jurídico.

> El causalismo, en este terreno de la teoría de la acción, deriva directamente del pensamiento positivista, cuyo norte es comprender todos los fenómenos en términos fisicalistas. Al igual que en la naturaleza física los fenómenos han de ser

explicados atendiendo al principio de causalidad, o sea, en términos de cadenas de causas y efectos, las acciones humanas, precisamente por pertenecer a la naturaleza (o sea, por pertenecer a las realidades fenoménicas), han de recibir el mismo tratamiento. Para la teoría causalista una acción no es sino un fenómeno natural que se desglosa en dos aspectos: la causa y el efecto causado (Robles: 2009a.157).

Así las cosas, la acción se convierte en comportamiento cuando es atravesada por el horizonte del deber. Es por eso que la acción va más allá de la conducta, ya que existen acciones que están deónticamente desvinculadas. Por otro lado, todo comportamiento implica una actividad concreta. Es por eso que la acción tiene un significado concreto para el derecho, en la medida que le asigna un sentido. Es por eso que la acción constituye una lectura que debe ser descifrada desde la hermenéutica, pues está vinculada a un sistema jurídico determinado. La acción jurídica se observa en un delito o en un contrato, pues es visualizada por el derecho; es decir, tiene un significado unitario al poseer una movilidad de carácter mental y físico. Tal como vemos, nuestro autor tiene una idea *hermenéutico-analítica* de la acción, ya que establece una compatibilización entre la sociología jurídica y la dogmática del derecho, así como entre lenguaje y lo fáctico-empírico de los hechos. Este contenido hermenéutico vincula la idea de acción separada del positivismo causalista que la relaciona de manera instrumental con las ciencias de la naturaleza. Su idea de acción es hermenéutica en la medida que la vincula a un sentido o significado. Incluso va más allá del hermeneuta francés Paul Ricoeur, el cual señala que la acción tiene un significado (Ricoeur: 1981.203). Robles sostiene:

> Nuestra idea no es que la acción tiene un significado, sino que toda acción es un significado o sentido; lo cual es una tesis cercana a la de Ricoeur, pero fundamentalmente distinta. Lo que tiene un significado es el conjunto de movimientos que conforman el soporte natural de la acción. Para

> simplificar algo las cosas solemos referirnos a los movimientos físicos, pero en realidad éstos incluyen también los psíquicos, por ejemplo, la intencionalidad o falta de intención, la buena o mala fe, la negligencia, la imprudencia y aspectos similares (Robles: 2009a.163-164).

Para él, la acción supone un corpus dinámico de sentido unitario, donde lo primordial es la significancia, ya que la acción es, ante todo, sentido. Debido a eso se traslada a la comprensión y también se expresa como lenguaje.

Esto significa que la teoría de la acción lleva a la teoría de la decisión jurídica, es decir, forma parte de la pragmática.

Entonces, ¿cuál sería la contribución del profesor Robles sobre la idea de acción?

- Añadir a la idea del derecho como lenguaje, la de derecho como acción.
- Contribuir conceptualmente al desarrollo de una teoría jurídica de la acción.
- Agregar la noción de significado, o sentido a la acción, e incorporarla como un componente fundamental en su determinación.
- Enlazar la idea de acción con la de decisión jurídica.
- Ubicar la idea de acción en relación a la pragmática.
- Recuperar la idea de acción para la teoría del derecho.

El derecho al interior de la analítica y la hermenéutica. Nuestro autor ha sentido un especial respeto por el pensamiento analítico. Él dice:

> La filosofía analítica posterior al positivismo ha abierto nuevas vías de acceso al análisis de los modelos normativos. En este marco se inserta la que hemos denominado teoría comunicacional del derecho que, como ya ha quedado subrayado

a lo largo de este trabajo, adopta como punto de partida el análisis del lenguaje de los juristas. (Robles: 2009a.98).

Sin duda alguna, la analítica ha tenido un papel primordial en la historia de la construcción de la teoría del derecho, pues ha sido, junto con la hermenéutica, el modelo que más ha contribuido al desarrollo de nuestra disciplina (Atienza: 2001). Por otro lado, Robles se declara partidario de la hermenéutica. Se adhiere a la hermenéutica en la medida que concibe el derecho como una realidad cimentada e interpretada, alejándose del descripcionismo positivista y proponiendo modelos constructivos e interpretativos. Él dice:

> Esta es justamente la pretensión de la hermenéutica: construir modelos cognoscitivos que nos permitan ver mejor el mundo que nos rodea. Por este motivo, la teoría comunicacional se entiende a sí misma como una concepción hermenéutico-analítica del derecho. (Robles: 2009a.98).

También dice:

> Frente al positivismo y al neokantismo, que en buena parte ha sustentado al primero o se ha conciliado con él, la teoría comunicacional no acepta el descriptivismo ni tampoco el axioma de la separación entre ser y deber ser ni, por tanto, la consecuencia de que todas las normas jurídicas sean impositivas de deberes. El modelo presentado por la teoría comunicacional no ontologiza la distinción entre ser y deber ser, como punto de partida para el análisis del derecho, sino que muestra un modelo normativo en el cual la pluralidad de verbos directivos se combina con las funciones intrasistémicas de las normas del derecho. (Robles: 2009a.100).

Lo interesante de nuestro autor es que agrupa ambos paradigmas y construye una propuesta original. Es claro que ambas propuestas emergen de una historicidad distinta e incluso, se han criticado mutuamente de manera ardua y constante. Tal vez, puede existir alguna convergencia, en su simpatía temática por la cuestión del lenguaje. Los analíticos lo han abordado desde una plataforma lógica, epistémica y racionalista; los hermeneutas, desde un horizonte ontológico, dialógico y *poiético*.

En esta óptica, ¿cuáles son las contribuciones al paradigma hermenéutico-analítico del derecho?

El enfoque unitario de la tradición analítica y la hermenéutica a través de un marco conceptual crítico para el estudio de la teoría del derecho. El tablado categorial de la analítica (análisis filosófico, juegos lingüísticos, programa de investigación, cognición, lenguaje, mapas conceptuales, reglas del derecho, confirmabilidad, reglas de los juegos, abducción, etc.) y el de la hermenéutica (interpretación, formación, comprensión, sentido común, capacidad de juicio, sutileza, gusto, analogía, univocidad, equivocidad, frónesis, etc.), le permite al profesor Robles configurar un paradigma alternativo, mediante la configuración de nociones reconstituidas, capaz de estudiar la teoría del derecho (función comunicacional, situación comunicacional, ámbito jurídico, texto jurídico, teoría comunicacional, etc.).

Proponer una teoría del derecho de factura crítica, capaz de enfrentar la compleja realidad de nuestro tiempo, estableciendo una línea de separación con los contenidos temáticos de la filosofía y la sociología positivista, el ontologismo jusnaturalista, el univocismo sistémico y conductual y la llamada posmodernidad jurídica.

Su propuesta es relevante como herramienta de análisis de lo jurídico, ya que la herencia hermenéutica resalta el eje de problematización o pregunta de investigación, donde lo importante es, sobre todo, el problema que se formula o plantea, más que la hipótesis o tesis que se quiera sustentar. La propuesta hermenéutica-analítica no emerge de una postura dogmática, donde se defienda unívocamente algún modelo jurídico, ni lo exige de manera unilateral a quien lo practica. Es en esa flexibilidad o dialogicidad donde se manifiesta la prudencia hermeneutizante de su creador.

La pretensión roblesiana de criticar los ontologismos absolutistas, de factura jusnaturalista o de un univocismo analítico, se manifiestan a oponerse al desvelamiento de la esencia del derecho. Para los positivistas, la esencia del derecho es el fenómeno, la realidad existencial, el hecho social total o la norma. Para los jusnaturalistas, la manifestación de lo justo. La hermenéutica analítica señala que el derecho es un texto, un lenguaje o un acto comunicacional. Él no adopta ninguna tesis ontológica fuerte, sino constituye una mínima respuesta a la pregunta hermenéutica y analítica sobre: la conceptualización del derecho. Ahí radica su contribución a la ontología, pues ni existe una sobredimensión, como se observa en los normativistas y en los posmodernos, ni tampoco una negación, como en el nihilismo jurídico.

Así las cosas, vemos que existe en el modelo de investigación del profesor Robles una articulación dialéctica entre la analítica y la hermenéutica jurídica.

Conclusión

El profesor Robles ha combinado de manera creativa el pensamiento analítico con la hermenéutica para configurar una teoría comunicacional del derecho. Sus reflexiones en torno a la teoría del derecho y el replanteamiento de algunos conceptos jurídicos fundamentales como lenguaje, comunicación, texto en el marco del derecho, lo sitúan en la dimensión comprensiva. Sus puntos de vista sobre la dimensión semántica, sintáctica y pragmática del derecho, su crítica al ontologismo y su referencia al papel de los valores y los principios, lo instalan en una postura hermenéutica. No obstante, su propuesta teórica se halla en el marco de una hermenéutica no fuerte y prudencial, por su postura interpretativa, constructiva y crítica de la juridicidad. Su propuesta es una importante contribución, la cual puede ayudar a la ciencia y filosofía del derecho a superar la crisis en el momento actual.

Bibliografía

Atienza, M. *Cuestiones judiciales*, México: Fontamara, 2001.

Austin, J. L. *Cómo hacer cosas con palabras. Palabras y acciones.* Paidós, Barcelona, 1982.

Beuchot, M. *Tratado de hermenéutica analógica*, México: UNAM, 2009.

Conde, N. *Hermenéutica analógica, definición y aplicaciones:.*México. Primero Editores, 2001.

_____. *Hermenéutica jurídica.* México: Editorial Horizontes, 2011.

Kelsen, H. *Teoría pura del derecho.* México: Porrúa, 2011.

Moreso, J.J. *Un diálogo con la teoría del derecho de Eugenio Bulygin.* Madrid: Marcial Pons, 2007.

Morris, C. *Fundamentos de la teoría de los signos.* Barcelona: Paidós, 1983.

Ortiz-Osés, A. (1986). *La nueva filosofía hermenéutica.* Madrid: Anthropos.

Ricoeur, P. *Hermeneutics and the Human Sciences.* Cambridge: Cambridge University Press, 1983.

Robles, G. *Sociología del derecho.* Madrid: Civitas, 1997.

_____. *Introducción a la teoría del derecho*, Barcelona: Debate, 2003.

_____. *El derecho como texto.* España: Thomson Civitas, 2006.

_____. *Comunicación, lenguaje y derecho*. Algunas ideas básicas de la teoría comunicacional del derecho. Gobierno de España, Madrid: Ministerio de Educación, 2009a.

_____. *La justicia en los juegos*. Dos ensayos de teoría comunicacional del derecho, Madrid: Trotta, 2009b.

_____. *Teoría del derecho*. Fundamentos de teoría comunicacional del derecho, España: Cívitas/Thomson Reuters, 2012.

Turégano, I. *Derecho y moral en John Austin*. Madrid: Centro de Estudios Políticos y Constitucionales, 2001.

NORMA JURÍDICA COMO *INFERENCE TICKET*
Ausência de Representação de Intencionalidade pela Norma Jurídica Geral e Abstrata e sua Função Inferenciadora

Pedro Henrique de Araújo Cabral[1]

1. Introdução

Na doutrina jurídica, desde os textos clássicos, até aqueles mais recentes, identifica-se norma jurídica geral e abstrata[2] como prescrição. Seja qual for a tradição jusfilosófica que em que os autores se encaixem, seja a

---

1. Advogado. Mestrando em Direito Constitucional pela Universidade Federal do Ceará – UFC. Graduado em Direito pela Faculdade de Direito da Universidade Federal do Ceará – UFC. Especialista em Direito Empresarial pela Pontifícia Universidade Católica de São Paulo – PUC/SP. Pós-graduado em nível de extensão em Direito Societário, em Direito do Seguro e Resseguro, em Processo Civil e em Inglês Jurídico, tudo, pela Fundação Getulio Vargas – FGV/RJ. Pós-graduando em Direito Tributário pelo Instituto Brasileiro de Direito Tributário – IBET/SP. Professor de Direito Societário, Direito de Falência e da Empresa em Crise, Direito Tributário, Direito Cambiário, Direito Contratual, Direito Bancário e Direito Penal Bancário na Fundação Getulio Vargas; de Metodologia do Trabalho Científico na Universidade do Vale do Acaraú – UVA; e, de Teoria do Projeto Aplicado na Fundação do Vale do Jaguaribe - FVJ. Membro Permanente do Conselho Editorial da Revista Cearense Independente do Ministério Público. Parecerista da *Revista Opinião Jurídica*. Pesquisador do Grupo de Estudo UFC/CNPq em Tributação Ambiental.

2. Doravante para os termos deste pequeno trabalho apenas "norma", ou "norma jurídica", ou simplesmente "NJGA".

juspositivista, seja a jusnaturalista, desde que se estuda a norma jurídica, esta é considerada pela maioria dos autores como espécie de comando, de ordem, estatal, ou não, que visa a regular o conduta social dos homens.

No entanto, as contribuições dos estudos em lógica, linguística e filosofia da mente, no campo das funções comunicativas, autorizam proceder a uma reavaliação ontológica da norma jurídica, por meio do manejo de instrumentos pouco utilizados pela doutrina jurídica tradicional e que prometem esclarecer melhor certos aspectos da mesma, ainda insuficientemente explorados.

Nesse contexto, o vertente trabalho faz, de saída, uma rápida alusão ao estado da arte pertinente à definição de norma jurídica para, em seguida, abordar conceitos referentes à expressão comunicativa de estados intencionais, à teoria dos atos de fala e intencionalidade comunicativa, ao próprio conceito de estados intencionais, bem como, perscrutar a noção de enunciado como objeto linguístico e de articulação de fatores enunciativos.

No item seguinte, voltar-se a atenção para os aspectos pertinentes à estrutura lógica da norma jurídica, partindo da sua identificação como elemento da linguagem, seguindo na sondagem do esquema deôntico-jurídico, analisando os respectivos descritor e prescritor, bem como, recompondo-se a tradicional classificação das normas.

Por fim, de posse de todas as premissas fixadas ao longo do texto, feita a confrontação das noções de norma jurídica com a de estado intencional e de *inference ticket*, empreende-se a delimitação sua da função linguística.

2. Do estado da arte – definição do conceito de norma jurídica

Não se pode tratar da definição de norma jurídica sem ter como referência das mais importantes a teoria pura do direito de Hans Kelsen. De fato, em sua obra, ele dedicou importância capital à norma jurídica e suas contribuições, nesse específico feixe do conhecimento, ainda gozam de grande prestígio na comunidade da científica. São também referências capitais nesse campo de investigação, Alf Ross e Norberto Bobbio. Já na doutrina nacional, merecem destaque Lourival Vilanova e Paulo de Barros Carvalho. Sendo claro que a menção a esse restrito grupo de pensadores não implica desdenhar de outros brilhantes e perspicazes autores da área.

Pois bem, para Kelsen, a norma jurídica é uma *prescrição*.[3] Diz ele que o direito é uma ordem normativa da conduta humana, ou seja, um sistema de normas que regulam o comportamento humano, esclarecendo logo após como segue

> Com o termo "norma" se quer significar que algo deve ser ou acontecer, especialmente que um homem se deve conduzir de determinada maneira. É este o sentido que possuem determinados atos humanos que *intencionalmente* se dirigem à conduta de outrem. (grifos)

Já o vocabulário de Alf Ross se refere à norma jurídica como uma espécie do gênero das enunciações *diretivas*, entendidas como expressões sem significado representativo[4] mas com a *intenção* de exercer influência no comportamento de uma pessoa.[5] Nas palavras do autor

---

3. *Teoria pura do direito*, p. 5, 2009.
4. Num contexto anteriormente construído.
5. *Direito e Justiça*, p. 31, 2007.

Agora, considerando tais antecedentes, formulamos a pergunta: à qual categoria[6] pertencem as orações encontradas nas regras jurídicas? Parece óbvio que devam ser diretivas, e não exclamações nem asserções. As leis não são promulgadas a fim de comunicar verdades teóricas, mas sim a fim de dirigir as pessoas – tanto os juízes quantos os cidadãos particulares – no sentido de agirem de uma certa maneira desejada.

Por sua vez, Lourival Vilanova associa[7] a ideia de *proposição prescritiva* àquilo que se tem por norma jurídica, no que é seguido por Paulo de Barros Carvalho, para quem a *norma é proposição prescritiva decorrente do todo que é o ordenamento jurídico*.[8]

Observe-se por imprescindível que a referência que faz, aí, Paulo de Barros Carvalho, ao *todo que é o ordenamento jurídico* informa claramente que seu conceito de norma é tomado a partir da perspectiva de sua pertinência ao ordenamento, de forma que não é o ordenamento que se define pela norma ou seu coletivo, mas, sim, a norma que se é jurídica porque atinente ao direito. Perspectiva essa que, mais ou menos explicitamente, é tomada pelos autores citados precedentemente.

O que suscita duas questões, a primeira, relativa à construção das normas em particular como o produto de uma interpretação sistêmica, que vai muito além da construção do sentido a partir de enunciados prescritivos em particular. A segunda, relativa à admissão de que a pertinência ao sistema de direito positivo é a que a distingue das outras espécies de norma.

---

6. Refere-se o autor às categorias das expressões linguísticas, que, segundo ele são três: asserção, exclamação e diretivas.

7. Adotando os referenciais da linha de pensamento que ele próprio indica como Construtivismo Lógico-semântico.

8. *Direito tributário*: linguagem e método, p. 137, 2008.

Essas são questões que, embora relevantes, não serão objeto de reflexões nesse trabalho, pois o nosso foco recai sobre a caracterização da norma como objeto linguístico que, ao contrário do que professam esse autores, não representa a comunicação de um comando, ou seja, não constitui uma prescrição.

Restando, apenas, a título de sintetização, afirma que tomando o estado da arte como referência tem-se que norma jurídica seria uma ordem, um comando, uma proposição prescritiva de conduta.

3. Instrumental linguístico

Como demonstrado, na literatura jurídica, é corriqueiro identificar-se normas como algo pertencente ao domínio da linguagem prescritiva, em contraposição às asserções que são tidas como linguagem descritiva. Ou seja, as primeiras como comandos e as outras como descrições. Tal como observa Marcelo Lima Guerra:

> Esta tradicional e consagrada categorização reunindo asserções e leis físicas numa mesma família, enquanto comandos e leis jurídicas são reunidos em outra família de usos da linguagem, costuma ser amparada numa estratégia teórica que pode ser assim caracterizada:
>
> 1. Reduzir as "funções da linguagem" a menor número possível de tipos.
>
> 2. Identificar as asserções como caso central de um desses tipos (costumeiramente rotulado "descritivo") e os comandos como caso central de outro desses tipos (costumeiramente rotulado "prescritivo").
>
> 3. Incluir as leis físicas no tipo em que as asserções são o caso central e as normas jurídicas são incluídas no tipo em que comandos são casos centrais.

No entanto, a essa classificação pode-se apresentar uma objeção que evidencia, desde já, indícios fortes de sua inadequação, qual seja, a de que em todo comando, há, sempre, uma descrição do que vem comandado, sob pena de incompreensibilidade da ordem transmitida.

Pior que isso, conforme se verá adiante, as funções linguísticas desempenhadas por comandos, descrições e normas são completamente distintas; assemelhando-se mais as norma jurídicas às leis das ciências naturais do que aos comandos. No mesmo diapasão, estes, os comandos, têm mais em comum com as descrições do que com as próprias normas,[9] pois que as primeiras estão no campo dos usos[10] expressivos da linguagem, vez que são atos que expressam um tipo de estado intencional, o que não ocorre com as últimas.

Há várias outras formas de demonstrar a precariedade da visão tradicional em tela, no entanto, pela natureza sumária da presente exposição, crê-se que bastam essas duas observações a legitimar o interesse na análise da estrutura dos arranjos lógico-linguísticos da norma jurídica, com o fito de se identificar a verdadeira função comunicativa que desempenha. Para tanto, recorre-se aqui a um referencial teórico sobre a linguagem e seus usos que seja adequado ao enfrentamento do problema relativo à diferença entre normas e comandos.[11]

Convém, desde já, repisar que asserções e comandos são atos de expressão comunicativa de estados intencionais, o que se afirma com base no vocabulário da Filosofia da Linguagem estabelecido a partir dos avanços alcançados por Wittgenstein, Ryle, Austin, Searle, Grice, Strawson, Vigotski, Chomsky, Piaget e, dentre nós, especificamente,

---

9. Já admitindo que as normas não constituem comandos.

10. Função expressiva da linguagem.

11. Prescrições ou proposições prescritivas.

no campo da teoria do direito, por Marcelo Lima Guerra.

Agora, como resta óbvio, não haverá espaço, aqui, para um aprofundamento nos fundamentos dos conceitos pertinentes a esse arcabouço teórico que serão manipulados, sendo suficiente a indicação das fontes para estudos mais completos de quem o deseje.

3.1 Teoria dos atos de fala e intencionalidade comunicativa

Pois bem, dos estudos de Austin e Searle, de forma parcial, colhe-se o instrumental pertinente aos atos de fala; das conjecturas sobre "as muitas coisas que se faz quando se diz algo a alguém" aproveitam-se os conceitos de atos locucionário, ilocucionário e perlocucionário.[12] Estes conceitos serão de fundamental importância no raciocínio que se segue. Para aclarar esses conceitos, recorre-se mais uma vez ao professor Marcelo Lima Guerra:[13]

> Uma maneira simples de explicar esse aparato de Austin (já aplicando num caso relevante para o presente trabalho), é a que se segue. João diz a Pedro: "Você iniciará seus estudos amanhã". É usual que diante de uma tal afirmação o interlocutor, Pedro, embora tenha entendido exatamente o sentido das palavras que João usou, ainda fique em dúvida sobre o que João, em dizendo aquelas palavras, "pretendia fazer" (além de, obviamente, dizer as palavras que disse):
>
> a) Uma promessa
>
> b) Uma aposta
>
> c) Uma ordem
>
> d) Uma asserção

---

12. *Relações entre funções e formas de linguagem.*
13. Originais.

E seria mesmo possível que, em diferentes contextos, a emissão da mesma sentença por João signifique ora uma promessa, ora uma aposta, ora uma ordem etc. Para tornar mais clara a exposição, imagine-se cada um desses contextos como ocorrendo simultaneamente, como quatro cenários distintos. Em cada um deles, João diz a sentença "Você iniciará seus estudos amanhã". Ter-se-ia, visualmente, algo assim:

[Cenário P] = "Você iniciará seus estudos amanhã"

[Cenário O] = "Você iniciará seus estudos amanhã"

[Cenário A] = "Você iniciará seus estudos amanhã"

Em todos eles, a sentença dita por João vai significar, como sentença, a mesma coisa. Contudo, em cada um deles, o uso[14] dessa sentença vai significar também outra coisa, sendo diversa em cada cenário: promessa, ordem etc. Sendo assim, cada uma das distintas e particulares enunciações da mesma sentença será assim caracterizada:

i) A realização do mesmo tipo de ato locucionário

ii) A realização de distintos atos ilocucionários: uma promessa, no "Cenário P", uma ordem no "cenário O" e uma asserção no "Cenário A".

Dessa forma, pode-se verificar que o que caracterizará um ato de fala como um comando ou uma descrição, não será tanto o seu ato locucionário,[15] que pode se valer, até, do mesmo enunciado em ambos os casos, mas, sim, o ato ilocucionário;[16] que revela a intenção com a qual se pronuncia determinado ato locucionário; que evidencia o que se pretende com determinada enunciação.

Um exemplo a mais... Se digo

Júlia, depois do almoço você lava os pratos.

---

14. Função.
15. Sua forma de linguagem.
16. A função da linguagem.

Temos aí um ato de fala que, tanto pode apresentar um comando, como uma descrição. Decompondo atos locucionários e ilocucionários temos

> **Ato locucionário único** – Júlia, depois do almoço você lava os pratos.
>
> **Possibilidade 1 de Ato ilocucionário** – desejo de que Júlia lave os pratos depois do almoço.
>
> ou
>
> **Possibilidade 2 de Ato ilocucionário** – crença de que Júlia lava os pratos depois do almoço.

Pelo que resta claramente demonstrado que o que caracteriza um ato comunicacional como um comando ou uma descrição (desejo ou crença) não é a sua dimensão linguística aparente,[17] a representação de um estado de coisas, em si, mas, sim, o seu uso[18] identificado pela disposição mental *contido* no ato ilocucionário.

Noutro giro, podemos verificar, agora na esteia do que lecionam Grice e Strawson, que sobre os atos locucionários (representação de estado de coisas) incide a intencionalidade representada nos atos ilocucionários. Equivale dizer, há no estado intencional comunicado, o estado de coisas representado no ato locucionário que é paciente da disposição mental particular (no exemplo usado, desejo ou crença) representado no ato ilocucional. Daí, pode-se falar de comandos e descrições enquanto expressões comunicativas de estados intencionais.

---

17. Sua forma.
18. Sua função.

3.2 Estados intencionais

Para os termos desse pequeno trabalho, grosso modo, adotamos a noção de estados intencionais como *disposições gerais para agir*. Para as modestas pretensões que nutro aqui, isso basta! Portanto, não enveredarei pelas discussões altamente controvertidas a respeito dos processos físicos da mente correspondentes a esses estados, nem por especulações de cunho metafísico pertinentes, muito menos, abordarei o mérito, mais controvertido ainda, atinente à existência ou não desses processos metafísicos e da sua correspondência com os processos físicos.

Para os fins aqui empreendidos, essas discussões são, em certa medida, irrelevantes, porque, seja como for, se de um lado a noção de *disposição de agir* não se compromete com nenhuma posição atinente a tais contendas; por outro, evidencia suficientemente bem o conceito, aqui, manipulado.

Diga-se, ainda, que é nota característica dessas disposições de agir a sua perceptividade natural, por assim dizer, pelo ser social. Perceptividade essa que de alguma forma depende de funções do aparato cognitivo do ser humano (não se pode negar), mas que, inserida na realidade da prática social, é viabilizada por certos cálculos em função da experiência intersubjetiva, tal qual, mais uma vez, elucida o Professor Marcelo Guerra:

> Por aí se compreende que quando se identifica o tipo de intenção ou propósito de alguém ("estados intencionais"), ao realizar uma ação qualquer, o que se está é identificando, simplesmente, de maneira que nem se faz necessário saber, com precisão, certa modalidade de disposição de alguém para agir de determinada maneira e não de outra, em circunstâncias de determinados tipos. Pode-se dizer, portanto, que "perceber uma disposição" é possível e em parte consiste em fazer vários "cálculos" sobre as ações futuras do agente (observado), baseados nas observações anteriores do comportamento

desse mesmo agente, do comportamento em geral das pessoas e em observações do que este agente faz agora.

O que permite a sua – dos atos intencionais – identificação e, o mais extraordinário, o compartilhamento da sua percepção por várias pessoas. Essa percepção compartilhada dos estados intencionais permite a todos identificarem ações concretas como espécies particulares de disposição de agir. Podendo reconhecer e categorizar tais estados, é certo que as pessoas tenham capacidade de comunicar umas às outras, por meio da linguagem[19] o sucesso desse ou daquele estado intencional.

Assim, forçoso é admitir que, tanto quanto os estados das coisas, possam os próprios estados intencionais ser objetos de outros estados intencionais no contexto da expressão comunicacional. O que explica a possibilidade de as pessoas poderem representar um estado intencional de outra pessoa, tanto quanto essa que o possui. De fato, do mesmo modo que eu posso pensar em mim como desejando uma pizza, qualquer pessoa pode pensar em mim como desejando uma pizza.

Mas o importante é que essa representação pode ser publicamente representada (podem ser simbolizadas) no todo, ou em parte, e isso é fundamental para a noção de expressar comunicativamente um estado intencional, o que se perscrutará à frente.

Nesse ponto, uma advertência faz-se necessária, não há de se confundir o estado intencional, que num ato de fala é representado pelo ato ilocucionário e incidente sobre o estado de coisas representado, com o estado intencional próprio e comum a todo ato comunicativo, qual seja, o estado intencional de comunicar, carreado por

---

19. Por meio de símbolos.

metarrepresentação. É que, num ato de fala, tem-se a representação do estado intencional de comunicar em paralelo a uma outra representação de estado intencional, desta feita, particular a um uso específico da linguagem (crer, desejar etc.), do qual, por sua vez, é fator um estado de coisas intencionalmente representado. O quer pode ser formalmente expresso da seguinte forma

$$Ec = Dc + Rei$$

Onde,

Ec = estado comunicativo

Dc = disposição mental de todos os atos comunicativos primários: intenções comunicativas.

Rei = representação (intencional) de um estado intencional (o qual contem uma representação de um estado de coisas).

Portanto, conclui-se que as diversas variações de atos intencionais representados pelos atos ilocucionários se manifestam no âmbito de um único tipo de uso da linguagem: o uso expressivo. Dessa forma, resta comprovado que descrições e comandos são todos atos praticados com a intenção primária e comum de expressar comunicativamente um determinado estado intencional, apenas se diferenciando pelas disposições mentais que são exibidas como objeto desse estado comunicacional.

3.2.1 Noção de enunciado como objeto linguístico produzido num ato comunicativo

Assumido que foi que os estados intencionais podem ser representados, quer dizer, que podem ser simbolizados, resta indicar que essa simbolização haverá de conter, necessariamente, *elementos que permitam identificar tanto a disposição mental, quanto o estado de coisas ao qual diz respeito.*

Os objetos-símbolos usados nas representações de estados intencionais são arranjos de palavras significantes, cuja denominação, em lógica, é *enunciado*, e em linguística, *sentença*. Aqui, ficaremos com o vocabulário linguístico, enunciado.

Oportuno advertir, embora seja intuitivo, que os enunciados, objetos linguísticos que são, nada comunicam. As pessoas é que se comunicam com o uso de enunciados. Enunciados são símbolos, são coisas que estão por outras. E como tal, podem se apresentar como símbolo total ou parcial daquilo do que simbolizam. Então, um enunciado pode representar um estado intencional de forma completa ou incompleta.

Chama-se o enunciado que carreia a representação completa de um estado intencional de enunciado fechado, em contraposição ao enunciado cuja representação do estado intencional se dá de forma parcial, dito enunciado aberto. Vamos aos exemplos.

>   **Enunciado fechado** – Júlia lava os pratos.
>
>   **Enunciado aberto 1** – alguém lava os pratos.
>
>   **Enunciado aberto 2** – Júlia lava algo.

No exemplo de enunciado fechado, tem-se a representação completa de um estado de coisas. Tem-se a representação de um sujeito, de uma ação e de um objeto dessa ação. Dessa forma, seja qual for a disposição representada pelo ato ilocucionário que se deite por sobre esse estado de coisas, o estado intencional estará representado de forma plena.

Já no exemplo de enunciado aberto 1, falta a representação de quem seja o sujeito da ação representada. E no exemplo de enunciado aberto 2, falta a representação do objeto também da ação representada. Sendo, portanto, inacabada a representação do estado de coisas, tanto num caso, como no outro. Assim, incompleto o estado de coisas sobre o qual incidiria a disposição mental, resta o próprio estado intencional representado de forma incompleta.

Agora, representar alguma coisa de forma parcial é não representar essa coisa, pelo que, a representação incompleta de um estado intencional equivale à sua não representação. Via de consequência, plenamente, legítimo afirmar que somente os enunciados fechados é que, verdadeiramente, operam a representação de um estado intencional.

Com efeito, não se pode considerar que uma representação de um estado intencional do tipo *crença*, por exemplo, seja completa, se o estado de coisas objeto da crença não estiver integralmente representado. Pelo que, a rigor, falar em enunciado aberto afigura-se uma impropriedade técnica, somente podendo assim proceder, em termos metafóricos, pois referir-se a enunciado aberto é o mesmo que falar em dente falso; nem enunciado aberto é enunciado; nem dente falso é dente. Isso posto, doravante, para me referir a esse objeto linguístico usarei da locução fator enunciativo.

3.2.2 Enunciados compostos e articulação de fatores enunciativos

Pois bem, em sequência, devo esclarecer sobre a distinção entre enunciados simples e enunciados compostos. Como visto no início do tópico anterior, os enunciados são arranjos simbólicos que representam estados mentais. Um enunciado, pois, pode representar um ou mais estados mentais.

Quando apenas um estado mental vem representado por um enunciado, diz-se que esse é um do tipo simples. Quando ele representa mais de um estado mental é do tipo composta. Os tipos de enunciados compostos mais aludidos pela literatura são: os enunciados condicionais, os conjuntivos e os disjuntivos. Vamos ao exemplos

> **Enunciado composto condicional** – se Júlia lava os pratos, então Júlia agrada o seu pai
>
> **Enunciado composto conjuntivo** – Júlia lava os pratos e Júlia agrada o seu pai
>
> **Enunciado composto disjuntivo** – ou Júlia lava os pratos, ou Júlia desagrada o seu pai

Em todos esses exemplos existem dois enunciados, cada um expressando um estado de coisas e, consequentemente, um estado intencional. Portanto, num enunciado composto haverá a representação de, no mínimo, dois estados intencionais. Agora vejamos os seguintes exemplos

> **Fator enunciativo composto condicional** – se alguém lava os pratos, então alguém agrada o seu pai
>
> **Fator enunciativo composto conjuntivo** – Alguém lava os pratos e Alguém agrada o seu pai
>
> **Fator enunciativo disjuntivo** – ou Alguém lava os pratos, ou Alguém desagrada o seu pai

Em nenhum desses casos, existe a representação de um estado mental, pois são todos articulações de fatores enunciativos, não, de enunciados.

De todas essas articulações, a que interessa diretamente ao presente trabalho é a articulação condicional presente no **Enunciado composto condicional** e no **Fator enunciativo composto condicional**, que pode ser apresentada em termos formais pela seguinte expressão

> Se P, então Q

Independente de "p" e "q" representarem estados intencionais completos.

3.2.3 Enunciados compostos condicionais como *Inference Ticket*

Note-se que as sentenças condicionais, assim como os demais, também podem representar articulações de enunciados abertos, em vez de enunciados fechados. E que as articulações condicionais de enunciados abertos desempenham função linguística quase idêntica, embora o seu uso represente caso ainda mais peculiar. Isso porque um enunciado condicional, especialmente uma enunciado condicional aberto, não representa nenhum estado intencional, vez que constituído de dois enunciados abertos, um dita *antecedente* e outro dito *consequente*, exemplo:

Se auferir renda, então pagar 27,5% de imposto de renda.

Sendo enunciados abertos, nem antecedente, nem consequente representam estado de coisas completo e, consequentemente, não carreia estado intencional completo. Veja-se o exemplo evidenciando os "gaps" respectivos:

Se

___ (alguém) auferir renda

Então

___ (alguém) pagar ___ (para alguém) 27,5% de imposto de renda

Assim sendo, tal articulação não está apta a exercer qualquer função expressiva de linguagem, quanto menos, a função prescritiva de linguagem.[20] Ao contrário, seu uso dá-se sempre em contexto bem específico; seu uso típico é na argumentação, no fornecimento de razões para se falar o que se fala. Nas palavras de Marcelo Lima Guerra (2014):

---

20. O que, a rigor, também ocorre com as sentenças condicionais fechadas.

> Primeiro passo para bem compreender este "uso típico" de sentenças condicionais abertas, é compreender o uso de sentenças que expressam, como se reconhece unanimemente, argumentos – um uso de sentenças e do que elas expressam. Quando formulamos argumentos uns aos outros (e a nós mesmos), quando oferecemos razão para algum estado intencional, ou algum ato que tenha determinado estado intencional como marca distintiva, e fazemos isto com o proferimento de sentenças etc. (...) (p. 69)

Nesse específico uso, destituída de qualquer função expressiva de estados intencionais, as molduras sentenciais abertas cumprem a função de introduzir molduras inferenciais, esquemas articulados de fatores proposicionais, que, quando têm seus espaços vazios preenchidos, formam arranjo linguístico segundo o qual uma proposição antecedente aparece como razão de uma proposição consequente, na prática social da argumentação. É o *Inference Tikect*, aquilo que autoriza uma inferência de uma posposição em face de uma outra. No dizer de Marcelo Lima Guerra (2014):

> Dessa forma, "formular um argumento", nesse restrito e específico sentido de oferecer uma razão (um estado intencional relacionado a algum estado de coisas) para um (ou a manutenção de um) estado intencional, ou para uma ação, embora seja uma ação linguística, no sentido de ser um "uso da linguagem", não é uma expressão comunicativa de estados intencionais. (p. 72)

> (...) Para bem esclarecer a função específica desse arranjo que constitui uma sentença condicional aberta, Ryle compara-o a um "bilhete-inferência" (ou um "vale-inferência", um "Inference Ticket"), uma ferramenta que legitima a "passagem" (inferência) daquilo que é asseverado como razão àquilo que é apresentado como conclusão. Esse "arranjo de esquemas" é, portanto, o que Ryle chamou de *Inference Ticket* e que será denominado, no presente estudo, de "molduras inferenciais". Ademais, ele deve ser compreendido, o arranjo em si, como um artefato simbólico e não como um dos "conteúdos" que, normalmente, as pessoas comunicam umas às outras sobre si e sobre o mundo. (p. 73)

A bem da clareza, reproduz-se a citação que Marcelo Lima Guerra fez de Ryle para fixar a noção de *Inference Ticket*:

> Law-statements belong to a different and more sophisticated level of discourse from that, or those, to which belong the statements of the facts that satisfy them. Algebraical statements are in a similar way on a different level of discourse from the arithmetical statements which satisfy them.
>
> Law-statements are true or false but they do not state truths or falsehoods of the same type as those asserted by the statements of fact to which they apply or are supposed to apply. They have different jobs. The crucial difference can be brought out in this way. At least part of the point of trying to establish laws is to find out how to infer from particular matters of fact to other particular matters of fact, how to explain particular matters of fact by reference to other matters of fact, and how to bring about or prevent particular states of affairs. A law is used as, so to speak, an Inference-ticket (a season ticket) which licenses its possessors to move from asserting factual statements to asserting other factual statements. It also licenses them to provide explanations of given facts and to bring about desired states of affairs by manipulating what is found existing or happening. Indeed we should not admit that a student has learned a law, if all he were prepared to do were to recite it. Just as a student, to qualify as knowing rules of grammar, multiplication, chess or etiquette, must be able and ready to apply these rules in concrete operations, so, to qualify as knowing a law, he must be able and ready to apply it in making concrete Inferences from and to particular matters of fact, in explaining them and, perhaps also, in bringing them about, or preventing them. Teaching a law is, at least inter alia, teaching how to do new things, theoretical and practical, with particular matters of fact. (in, Marcelo Lima Guerra, Normas como Molduras Inferenciais, 2014, p. 73)

Pelo que as molduras sentenciais compostas condicionais deveriam ser compreendidas como símbolos linguísticos de um *"motor (simbólico) de argumentos"*, isso que Ryle denominou de *Inference Ticket* e que Marcelo Lima Guerra (2014) denominou *moldura inferencial* (esquema *inferencial)*. Vale dizer, é *arranjo* de esquemas intencionais (esqueletos de estados intencionais) com a função de autorizar uma crença ou um desejo ou, mesmo, outro estado intencional. E, como tais, restam enquadradas como *objetos simbólicos*, artefatos utilizados na realização de uma atividade: justificar crença.

4. Da norma jurídica

4.1 Norma Jurídica como Elemento da Linguagem

Não há na doutrina dissidência sobre o fato de que, para vir a lume, a norma jurídica há de ser intersubjetivamente posta por meio da linguagem, ou seja, tem, na linguagem, o seu veículo introdutor. Por isso, intuo ser oportuno, antes de se lhe perscrutar os meandros estruturais, situá-la na topografia geral da comunicação.

Pois bem, de maneira, mais, ou menos, uniforme, os filósofos apontam os seguintes elementos da comunicação

» *Emissor*

» *Receptor*

» *Linguagem*

  * *Canal*

  * *Signo*

    + *Código*

    + *Mensagem*

      - *Significado*

      - *Significação*

Em que o *Emissor* é o sujeito que produz a linguagem e o *Receptor*, aquele que percebe a Linguagem. Sendo *esta*, a *Linguagem*, constituída do *canal*, suporte físico, e do *signo*, que por sua vez, compõe-se de código e mensagem. O código é o conjunto de sinais: letras, desenhos, fonemas, gestos etc.; é o significante. A mensagem encerra o significado e a significação, tais como, respectivamente, o sentido objetivo e o sentido subjetivo.

De posse dos elementos acima delineados, para situar a norma jurídica no contexto comunicacional, o mesmo esquema pode ser, assim, reconstituído:

» *Emissor – quem por meio da linguagem profere uma norma jurídica*

» *Receptor – quem por meio da linguagem percebe a norma jurídica*

» *Linguagem – canal e signo*

   * *Canal – meio – no Brasil, geralmente, a diários oficiais*

   * *Signo – código e mensagem*

      + *Código → significante, no Brasil, preponderantemente, o vernáculo nacional*

      + *Mensagem → significado e significação – a norma jurídica*

         - *Significado → sentido objetivo*

         - *Significação → sentido subjetivo*

De forma que podemos identificar o emissor da norma jurídica como sendo o detentor da competência, bem como o receptor, com aquele que capta tal prescrição. A linguagem pertinente é, preponderantemente, simbolizada por escrita, mas existem normas jurídicas que são transmitidas através de gestos ou do som. Como canal, suporte, pode-se citar texto da norma, o *Diário oficial*, a folha da sentença...

A mensagem, por sua vez, encerra a norma jurídica, e pode ser encarada de dois pontos de vista distintos: o significado, preso ao aspecto formal, o que corresponde à norma-tipo, à ideia de norma; e à significação, ligada ao aspecto substancial, correspondente à norma em particular.

Nesse momento, algumas outras noções pertinentes ao objeto desse trabalho começam a ficar mais claras. A primeira é a distinção entre o suporte introdutor de norma e ela própria. Como visto no segundo esquema, uma coisa é o meio físico pelo qual é introduzida a mensagem, outra é essa própria enquanto conjunção de significado e significação. Uma coisa, pois, é o texto normativo, outra, bem diferente, é a norma jurídica que se há de construir a partir dele. Já é lugar comum firmar que texto é uma coisa e norma é outra, no atual estado da arte, não há espaço para a confusão entre esses conceitos. Aqui, ficando clara a simetria entre as noções de norma e suporte introdutor (sentenças).

Outra distinção bem importante é a existente entre norma enquanto significado e norma enquanto significação. A norma enquanto dimensão objetiva da mensagem jurídica representa um esquema deôntico tipo. Já, ela, enquanto sentido subjetivo, consubstancia um esquema deôntico em particular. Segue-se, então, uma análise um pouco mais demorada desses esquemas.

4.2 Esquemas Deôntico-Jurídicos

Visto que norma jurídica, enquanto mensagem no contexto comunicacional apresenta duas dimensões – objetiva e subjetiva – que não se confundem, devo pontuar que ela pode ser percebida, de um lado, como uma estrutura formal lógico-sintática, de outro, como um conteúdo substancial.

Esse esquema de ordem semântico-pragmática revela um sentido em particular, cujo conteúdo só pode ser alcançado no caso concreto, diante dos termos próprios de uma dada norma situada num ponto de convergência entre o tempo e o espaço. É variável e contingente, de forma tal, que tem na heterogeneidade uma característica fundamental.

Já, aquela estrutura formal, pelo contrário, detém sintaxe ímpar. Seu arranjo lógico é invariável, o que remete ao conceito de homogeneidade. Uma norma em si, será sempre uma norma, independente do seu conteúdo subjetivo. E para que faça sentido enquanto tal, há de obedecer à mesma sintaxe em todo e qualquer caso. A bem da clareza, convém recorrer ao escol de Lourival Vilanova

> [...] O legislador pode selecionar fatos para sobre eles incidir as hipóteses, pode optar por estes ou aqueles conteúdos sociais ou valorativos, mas não pode construir a hipótese sem estrutura (sintática) e sem a função que lhe pertence por ser estrutura de hipótese. Pode vincular livremente, em função de contextos sociais e de valoração positiva e de valores ideais, quaisquer consequências às hipóteses delineadas. Mas não pode deixar de sujeitar-se às relações meramente formais ou lógicas que determinam a relação-de-implicação entre hipótese e consequência.

Pelo que, desconfio, haja ficado ressaltada a homogeneidade sintática em face da heterogeneidade semântico-pragmático do esquema deôntico-jurídico, a fim de que se tenha bem presente que toda norma jurídica apresenta, sempre, a mesma estrutura sintática, muito embora, em particular, apresente o mais diversificado cabedal de conteúdo material.

4.3 Sondagem do Esquema Deôntico-Jurídico Tipo

Na doutrina tradicional, quando se fala que a norma jurídica é uma proposição, quer-se significar que ela está disposta em termos tais, que há uma relação de implicação entre dois enunciados,[21] que encerra um juízo implicacional. Em que, dada uma HIPÓTESE deve ser uma TESE

---

21. Proposição está aí por proposição composta e termo por proposição simples. No vocabulário, aqui assumido, equivale dizer sentença composta e sentença simples, respectivamente.

Se H, então T

De forma que a HIPÓTESE há de encerrar a possibilidade de um sucesso e sua TESE a *representação* de conduta humana, por assim dizer, para o caso de referida possibilidade vir a se concretizar. O que em linguagem semiformalizada pode ser expresso da seguinte maneira

Dado fato (H), então deve ser tal conduta (T)

Mas como a conduta humana é algo que realizado no campo da intersubjetividade pode-se descerrar essa expressão lógica tendo em consideração a posição de sujeitos em relação à conduta *representada*, vide

Dado Fato (H), então Sujeito Passivo (Sa) executa Conduta (C) perante Sujeito Ativo (Sp)

O que, em linguagem inteiramente formalizada, corresponde a

$$D[H \to r(Sp, Sa)]$$

Em que, "D" é modal deôntico neutro, indica que se trata de um "dever ser" e não um "ser"; "H", hipóteses de sucesso; "→" desempenha o functor implicacional interproposicional; "Sp" é sujeito passivo, aquele que deve a prestar a conduta prescrita; "Sa" é o sujeito ativo, perante quem e deve a conduta; e, finalmente, "r" que é a variável relacional.[22]

---

22. É essa variável que indicará o modal deôntico pertinente, que admite três possibilidades segundo a lógica deôntica, quais sejam: o obrigatório, o proibido e o permitido. Estudaremos esses modais mais à frente.

4.3.1 Descritor e prescritor normativos

Pois bem, para a doutrina jurídica, a hipótese (H) constitui o antecedente lógico da *proposição normativa* e descreve *fato*[23] qualquer que implica a Tese pertinente. E se *descreve*, é um descritor. Já a tese (T) é um consequente lógico, que encerra uma *prescrição*. E, se encerra uma prescrição, é um prescritor. Esse prescritor estabelece, então, uma Relação Jurídica (Rj). De tais ideias ocupar-me-ei adiante.

4.3.2 Hipótese normativa jurídica

O descritor, segundo a doutrina, é uma proposição simples (enunciado) que descreve um *fato em abstrato*, um fato-tipo, o que, inobstante a contradição entre os termos, corresponderia à ideia de hipótese. Na simbolização do fato-tipo, a representação de um estado de coisa em que o agente de uma ação é indeterminado, como, por exemplo, "auferir renda", havendo casos, mesmo, que não só o agente da ação é indeterminado, mas, também o objeto da ação representada, como, por exemplo, "matar alguém".

Contudo, as evidências empíricas demonstram que nem sempre essa articulação proposicional, que se costuma nominar de norma jurídica, apresenta uma hipótese como antecedente. Casos há em que a norma apresenta um fato concreto como antecedente, como, por exemplo, uma norma que conceda remissão de dívidas tributárias de agricultores em virtude de uma calamidade natural, tal qual a seca ocorrida em determinado ano (*"em virtude da seca de 2012*, ficam remidas as dívidas tributárias desse exercício financeiro...").

---

23. Representação parcial de estado de coisas.

Pelo que o antecedente normativo pode representar um fato-tipo, uma hipótese, propriamente dita, ou um fato em concreto, um fato determinado

    1. Antecedente – **Fi**

    2. Antecedente – **Fd**

Diante disso, verificam-se duas espécies de antecedentes normativos. Uma cujo fato representado (**Fi**) possui algum elemento indeterminado, seja o sujeito de uma ação, seja o objeto dessa ação, podendo ser por isso chamado de antecedente indeterminado (**Ai**). A outra espécie de antecedente, chamo de antecedente determinado (**Ad**), uma vez, que todos os elementos do fato representado (**Fi**) são concorrentes.

4.3.3 Consequente normativo – relação jurídica

Também denominada como obrigação jurídica, segundo os estudiosos, a relação jurídica, representada no consequente normativo, é o liame lógico que se instala entre um sujeito ativo e o sujeito passivo e que tem, no objeto, conduta, o seu ponto de convergência. De forma que, por óbvio, apresenta esses três elementos

    1. *Sujeito ativo (Sa)*

    2. *Sujeito passivo (Sp)*

    3. *Objeto (Ob)*

Ressalto, embora que redundante, que o objeto é o centro para onde afluem as atenções dos sujeitos da relação. O sujeito ativo tem o direito subjetivo de exigir o objeto, enquanto que o sujeito passivo tem o dever subjetivo de prestar o mesmo. E, uma vez que a norma jurídica se ocuparia da regulação da conduta humana – no vocabulário corrente – tal objeto, referir-se-ia sempre a uma prestação do sujeito passivo, como dito, exigível pelo sujeito ativo.

Observe-se que, nesse tocante, tanto sujeito passivo como sujeito ativo dessa relação podem ser determinados ou indeterminados (Sa.d ou Sa.I e Sp.d ou Sp.i). Igualmente, pode haver objeto determinado ou indeterminado (Ob.d ou Ob.i), a considerar pela determinação ou não do seu objeto (objeto do objeto). Assim, em análise combinatória, revelam as seguintes possibilidades de configuração:

1. **Sa.d, Sp.d, Ob.**d
2. Sa.d, Sp.d, Ob.i
3. Sa.d, Sp.i, Ob.d
4. Sa.d, Sp.i, Ob.i
5. Sa.i, Sp.i, Ob.d
6. **Sa.i, Sp.i, Ob.i**
7. Sa.i, Sp.d, Ob.d
8. Sa.i, Sp.d, Ob.i

De tais possibilidades apresentadas, apenas a primeira possui todos de elementos representados de forma determinada, razão pela qual, passo a denominar esse tipo de relação jurídica de relação jurídica determinada (**Rj.d**). As demais combinações apresentam, pelo menos, um elemento indeterminado, havendo, mesmo, uma combinação inteiramente constituída por elementos indeterminados. No vertente texto, não farei diferença entre essas últimas, denominando-as genericamente de relações jurídicas indeterminadas (**Rj.i**)

Assim, a **Rj.d** constituirá o consequente normativo determinado (Cd) e Rj.i o consequente normativo indeterminado (Ci).

4.3.4 Normas abstratas e concretas

Já é tradicional a classificação das normas jurídicas em função da abstração ou concretude se seu antecedente normativo, pelo que se têm normas abstratas de um lado e normas concretas de outro. São identificadas abstratas, pois, aquelas cujo antecedente representa acontecimento "tipo", um modelo de sucesso, o que quer significar uma hipótese. Ou seja, abstrata que tem representado pelo seu antecedente um fato hipotético, justamente, o que identifiquei a cima como antecedente indeterminado (Ai).

Já a norma concreta seria aquela cujo antecedente representasse um fato em particular, um fato, como apontamos, determinado, com sujeito ação e objeto desde logo identificados (Ad).

4.3.5 Normas geral e individual

Outra categorização quase obrigatória na doutrina é a de normas enquanto gerais ou individuais. Fazem parte das normas gerais aquelas em que pelo menos um dos sujeitos da relação jurídica representada no consequente normativo não se possa determinar de antemão (Sa.i, Sp.i).

Já aquelas normas em que as relação jurídicas do consequente normativo apresentam sujeitos determinados (Sa.d, Sp.d) pertencem à categoria de normas individuais. Advirta-se que, a rigor, há, nessa designação de norma como individual, flagrante impropriedade técnica, já que "individual", aí, está por contraposto à geral.

Assim o é porque, primeiro, toda norma, enquanto unidade, é uma norma individual, óbvio; segundo, porque no sentido de contraposição a geral, o adequado seria denominar a norma de "particular", pois pertinente a uma relação jurídica cujos elementos estão todos determinados.

4.3.6 Classificação tradicional das normas jurídicas

Aproveitando a classificações referidas nos tópicos a cima, uma pertinente ao antecedente normativo e outra ao consequente, a tradicional classificação das normas, segundo a conjunção desses dois critérios, vide:

Concreta – Individual

Concreta – Geral

Abstrata – Individual

Abstrata – Geral

O que se pode identificar com os seguintes arranjos

Arranjo 1

Se **Ad**, então **Cd** = Concreta - Individual

Arranjo 2

Se **Ad**, então **Ci** = Concreta - Geral

Arranjo 3

Se **Ai**, então **Cd** = Abstrata - Individual

Arranjo 4

Se **Ai**, então **Ci** = Abstrata - Geral

Nesse ponto, estreito o foco de observação, pois nos concentraremos na análise do último tipo de norma jurídica, em que, tanto os elementos do antecedente, quanto os elementos do consequente são indeterminados, as, assim chamadas, normas abstratas e gerais.

5. Conclusão – Norma geral e abstrata como *Inference Ticket*

Como já deve ter restado claro, há uma correspondência estrutural entre o esquema deôntico e o fator enunciativo condicional de que se tratou no tópico 3.2.5. De fato, ambos obedecem ao seguinte esquema lógico

Se P, então Q

Agora, lembro que para que um arranjo linguístico seja considerado um enunciado, ele deve representar um estado intencional por completo, com disposição mental e estado de coisas totalmente definidos.

No entanto, assim como ocorre no fator enunciativo condicional na norma jurídica geral e abstrata não há a representação de estados intencionais, vez que nem no seu antecedente, nem seu consequente há a representação completa de um estado de coisas.

Via de consequência, a norma jurídica não pode exercer qualquer função comunicativa de expressão. E se não tem função expressiva de estado intencional, não pode validamente ser considerada uma prescrição, o que contradiz toda a tradição doutrinária do direito. Incômodo admitir, mas diante das premissas assumidas, é a verdade!

E se a norma não exerce função comunicativa de expressão, que função ela expressa então?

Encaramos a questão pelo prisma do que o receptor faz com a mensagem que capta. Vejo que diante de uma expressão de estado intencional a atitude imediata do receptor é passiva, é uma atitude meramente contemplativa. Depois de percebida, a expressão se exaure.

Tal não ocorre com a norma, pois diante dela o receptor, face da indeterminação do estado de coisas, é levado a proceder a uma atividade construtiva de sentido derivado, numa operação consistente no preenchimento das lacunas havidas na representação incompleta do estado de coisas, para a obtenção de uma representação completa de um estado de coisas que confira um sentido prático à mensagem.

E esse sentido prático, face da relação condicional entre os fatores enunciativos, denota a justificação do consequente em função do antecedente. Por exemplo, diante da seguinte norma:

Se

auferir renda (antecedente)

Então

pagar 27,5% de imposto de renda (consequente)

Tal arranjo, por não conter expressão de estado intencional completo, faz deflagrar operações mentais de preenchimento das lacunas das representações do estado de coisas, que *concretiza* o sentido originalmente abstrato da mensagem. Isso é uma pretensa explicação da atividade construtiva do receptor, ponto de partida para verificarmos a função linguística desempenhada pela norma.

Pois bem, *concretizado* o sentido da norma, ou seja, convertido seus fatores enunciativos em enunciados completos, podemos verificar que o estado de coisas do consequente está condicionado ao estado de coisas do antecedente, que aquele é em função deste, equivale dizer, que esse justifica aquele. Senão, vejamos

Se

André auferir renda (antecedente)

Então

André deve pagar 27,5% de imposto de renda à União Federal (consequente)

Há, pois, aí, uma relação de fundamentação do estado intencional representado no consequente, pelo estado intencional do antecedente. Isso é um argumento em que uma proposição justifica a outra, em que uma proposição é inferida a partir de outra, o que só foi possível a partir do manejo do arranjo de fatores enunciativos que constitui a norma.

Do que se depreende que a mesma funciona como um esquema legitimador de inferências, como um *Inference Ticket*, tal qual concebido por Ryle e descrito no item 3.2.3 Pelo que se pode afirmar, com relativa segurança, que a norma jurídica tem a função linguística inferenciadora.

Referências

ATALIBA, Geraldo. *Hipótese de incidência tributária*. 6ª ed. São Paulo: Malheiros, 2009.

ÁVILA, Humberto. *Teoria dos princípios fundamentais*. 13. ed., São Paulo: Malheiros, 2009.

BALEEIRO, Aliomar. *Direito tributário brasileiro*. 12 ed. Rio de janeiro: Forense, 2013.

BECKER, Alfredo. *Teoria geral do direito tributário*. 4ª ed. São Paulo: Noeses 2007.

BOBBIO, Norberto. *Da estrutura à função:* novos estudos de teoria do direito. São Paulo: Manole, 2007.

_____. *Teoria do ordenamento jurídico*. 10. ed. Tradução de Maria Celeste Cordeiro Leite dos Santos. Brasília: Universidade de Brasília, 2006.

_____. *O positivismo jurídico:* lições de filosofia do direito. São Paulo: Ícone, 2006.

BROGLIA MENDES, Sônia Maria. *A validade jurídica:* pré e pós giro linguístico. São Paulo: Noeses, 2007.

CARVALHO, Aurora Tomazini de. *Curso de teoria geral do direito:* o construtivismo lógico-semântico. São Paulo: Noeses, 2009.

CARVALHO, Paulo de. *Direito tributário:* linguagem e método. 5ª ed. São Paulo: Noeses, 2013.

_____. *Curso de direito tributário.* 17 ed. São Paulo: Noeses, 2006.

_____. *Derivação e positivação no direito tributário.* v. i. 1 ed. São Paulo: Noeses, 2011.

_____. *Derivação e positivação no direito tributário.* v. ii. 1 ed. São Paulo: Noeses, 2011.

_____. *Direito tributário:* Fundamentos Jurídicos da Incidência. 5ª ed. São Paulo: Saraiva, 2007.

_____. *Teoria da norma tributária.* 5ª ed. São Paulo: Quartier Latin, 2009.

GUERRA, Marcelo Lima. *Normas jurídicas como inferenciadores.* Originais, 2013.

_____. *Normas como molduras inferenciais.* Originais, 2014.

FALCÃO, Raimundo Bezerra . *Hermenêutica.* 2ª ed. São Paulo: Malheiros, 2010.

FERRAGUT, Maria Rita. *Presunções no direito tributário.* 2ª ed. São Paulo: Quartier Latin, 2005.

FERRAZ JR., Tercio Sampaio. *Introdução ao estudo do direito:* técnica, decisão, dominação. 6ª ed. São Paulo: Atlas, 2008.

HAACK, S. *Filosofia das lógicas.* Tradução de Cezar Auguto Mortari e Luiz Henrique de Araújo Dutra. São Paulo: UNESP, 2002.

HUSSERL, Edmund. *Investigações lógicas:* prolegómenos à lógica pura. v. ii. Rio de Janeiro: Forense, 2014.

IVO, Gabriel. *Norma jurídica*: produção e controle. São Paulo: Noeses, 2006

KELSEN, Hans. *Teoria pura do direito*. 3ª ed. São Paulo: Martins Fontes, 2011.

MOUSSALEM, Tárek Moysés. *Fontes do direito tributário*. 2. ed. São Paulo: Noesses, 2006.

ROBLES, Gregorio. *Teoría del derecho*: fundamentos de teoría comunicacional del derecho. V. I, Pamlona: Editorial Aranzad, 2010.

ROSS, Alf. *Direito e justiça*. 2ª ed. São Paulo: Edipro, 2007.

SEARLE, John R. *Speech Acts:* an essay in the philosophy of language. Cambridge, 1969.

TOMÉ, Fabiana Del Padre. *A prova no direito tributário*. 2ª ed. São Paulo: Noeses, 2008.

VILANOVA, Lourival. *As estruturas lógicas e o sistema de direito positivo*. 3. ed. São Paulo: Noeses, 2005.

_____. *Escritos jurídicos e filosóficos*. v. 1. São Paulo: Axis Mundi / IBET, 2003

_____. *Escritos jurídicos e filosóficos*. v. 2. São Paulo: Axis Mundi / IBET, 2003

COMPETÊNCIA TRIBUTÁRIA E A SUA ESTRUTURA NORMATIVA

Tácio Lacerda Gama[1]

Nas próximas páginas, responderemos à pergunta sobre se é possível e útil construir uma norma de competência tributária.[2] Após elucidarmos as acepções adotadas para os termos "norma" e "competência", ficará claro que a proposta é oferecer um modelo lógico-sintático de representação das normas,[3] que prescrevem como outras normas devam ser feitas. Para definir o que deve estar contido nesta representação, retomaremos algumas premissas já expostas noutros trabalhos. A primeira delas é a de que a unidade do signo é dada pela relação entre significante e significado. Com as devidas alterações, a unidade da

---

1. Mestre e doutor pela Pontifícia Universidade Católica de São Paulo – PUC-SP.

2. Este tema já foi tratado por nós em outras oportunidades, quando sustentamos a possibilidade de reunir, numa única estrutura normativa, todos os elementos necessários à regulação da conduta de criar uma norma (Cf. GAMA, Tácio Lacerda. *Contribuição de intervenção no domínio econômico*. São Paulo: Quartier Latin, 2003.). Não mudamos de ideia. Pelo contrário, a experiência adquirida nos últimos anos com a intensa utilização deste instrumento nos evidenciou a sua utilidade e operacionalidade.

3. A possibilidade de representação formal da mensagem normativa foi preconizada, no direito tributário brasileiro, por Paulo de Barros Carvalho (*Curso de direito tributário*, p. 245-350), com a concepção da regra-matriz de incidência tributária.

norma de competência deve disciplinar, integralmente, a conduta de criar outras normas. Outra premissa relevante é a seguinte: os elementos do sistema de direito positivo são dotados de heterogeneidade semântica e pragmática, mas de homogeneidade sintática, pois se organizam segundo a mesma forma.[4] Por fim, relacionaremos sete elementos que precisam ser, direta ou indiretamente, disciplinados pela norma de competência, sob pena de essa não prescrever o mínimo e irredutível de manifestação do deôntico.

Fundados nestes pontos de partida, vejamos como construir uma estrutura lógica para a norma de competência tributária.

1. Enunciados, proposições, normas em sentido amplo, normas em sentido estrito e normas em sentido completo

Enunciados são porções de texto a partir das quais se constrói um sentido. Como define Paulo de Barros Carvalho, os "enunciados" aparecem como "um conjunto de fonemas ou de grafemas que, obedecendo a regras gramaticais de determinado idioma, consubstanciam a mensagem expedida pelo sujeito emissor para ser recebida pelo destinatário, no contexto da comunicação."[5] Enunciados prescritivos, por sua vez, são fragmentos do direito positivo, a partir dos quais se constrói o sentido das mensagens normativas.

---

4. É precisa a lição de Paulo de Barros Carvalho no sentido de que: "Há homogeneidade, mas homogeneidade sob o ângulo puramente sintático, uma vez que nos planos semântico e pragmático o que se dá é um forte grau de heterogeneidade, único meio de que dispõe o legislador para cobrir a imensa e variável gama de situações sobre que deve incidir a regulação do direito, na pluralidade extensiva e intensiva do real-social." O direito positivo como sistema homogêneo de enunciados deônticos, p. 35-36.

5. *Direito Tributário* – fundamentos jurídicos da incidência, p. 20.

Quando deixamos a objetividade dos textos e passamos à subjetividade do intérprete que constrói a mensagem, transitamos do plano dos enunciados ao das proposições. Se os enunciados eram jurídicos, as proposições construídas a partir deles serão prescritivas de conduta. Numa definição: a proposição prescritiva é o sentido construído a partir dos enunciados prescritivos.[6]

Nem sempre, porém, podemos equiparar o conceito de "proposição prescritiva" com o conceito de "norma jurídica". Isso porque "norma jurídica" é conceito polissêmico, que, por isso mesmo, pode ser aplicado em diversas circunstâncias, com diferentes acepções.

Fixemos, para os fins deste trabalho, três acepções fundamentais: norma em sentido amplo, norma em sentido estrito e norma em sentido completo.

Norma jurídica em sentido amplo é sinônimo de proposição prescritiva. A simples indicação de uma alíquota, a qualificação de um sujeito passivo ou ativo, a prescrição de uma imunidade, de um princípio são, todos elas, exemplos de proposições ou normas jurídicas em sentido amplo.

Muito embora esteja próxima do senso comum, essa ideia de "norma" é vaga e, por isso, enseja imprecisão. Vejamos, por exemplo, uma norma em sentido amplo que estabeleça "a alíquota do tributo é de 10%". De imediato se questionaria: que tributo? Deve ser aplicada sobre que base de cálculo? O que torna o tributo devido? Onde e quando esse fato pode ocorrer? Quem deve pagar e quem deve receber? Entre outras questões igualmente possíveis. Toda essa sorte de dúvidas evidencia a necessidade de um

---

6. Já as "proposições" são os conteúdos, as significações, que o contato com os enunciados provoca no sujeito da comunicação. Como salienta Paulo de Barros Carvalho, um único enunciado pode provocar a construção de diversas proposições, da mesma forma que uma proposição pode ser construída a partir de enunciados diversos. *Direito Tributário* – fundamentos jurídicos da incidência, p. 20.

conceito mais preciso que agregue os elementos numa estrutura com sentido jurídico.

É justamente isso o que se propõem a "norma jurídica em sentido estrito": aglutinar os elementos necessários à expressão do mínimo e irredutível de manifestação do deôntico. Como ensina KARL ENGISH, é necessário "reconduzir a um todo unitário os elementos ou partes de um pensamento jurídico-normativo completo que, por razões 'técnicas' encontram-se dispersas – para não dizer violentamente separadas".[7] Com efeito, as proposições prescritivas devem ser reunidas, uma a uma, num juízo condicional que vincula um acontecimento a uma consequência jurídica. O acontecimento é um fato. A consequência, uma relação.[8] O vínculo entre antecedente e consequente é a expressão da vontade competente para criar a norma, é o dever ser.

O antecedente da norma jurídica pode mencionar um fato passado, sendo, nesses casos, concreta a norma.[9] Mas pode conotar atributos para um fato de futura ocorrência. Nestas situações, o antecedente da norma assume feição abstrata.[10] No antecedente abstrato, ou hipótese,

---

7. *Introdução ao pensamento jurídico*, p. 116.

8. Como explica Paulo de Barros Carvalho, a estrutura básica de uma norma seria *"um juízo hipotético em que o legislador (sentido amplo) imputa, ao acontecimento de um fato prescrito no antecedente, uma relação deôntica entre dois ou mais sujeitos, como consequência"*. CARVALHO, Paulo de Barros. *Sobre os princípios constitucionais tributários*, p. 147.

9. "Não há fato jurídico, em sentido técnico, sem norma jurídica", diz Lourival Vilanova, e, noutro ponto, mais adiante, completa: "O constituírem-se ou desconstituírem-se fatos jurídicos depende de regras de formação do sistema." VILANOVA, Lourival, *Causalidade e relação no direito*, p. 55. Noutras palavras, os fatos que não são constituídos segundo as regras do sistema não deveriam ter ingressado no sistema de direito positivo.

10. Acaso previssem fatos impossíveis ou necessários, as normas nunca ou sempre incidiriam, representando um sem sentido jurídico, daí porque Lourival Vilanova (*Causalidade e relação no direito*, p. 11) insiste: "Se o dever-ser do normativo não conta com o poder-ser da realidade, se defronta-se com o impossível-de-ser ou com o necessário-de-ser, o sistema normativo é supérfluo.

descrevem-se características, notas, que possibilitam a identificação de acontecimentos juridicamente relevantes.[11] O antecedente concreto da norma, por seu turno, volta-se para o passado, trazendo para o mundo jurídico um fato que já ocorreu no espaço e no tempo.

Não é relevante para o direito positivo o acontecimento social, todo ele, mas apenas aquele conjunto de características previstas na hipótese como sendo relevantes. Explica Pontes de Miranda: "o fato jurídico provém do mundo fático, porém, nem tudo que o compunha entra, sempre no mundo jurídico [...]". Mais adiante, conclui:

> No dizer o que é que cabe no suporte fáctico da regra jurídica, ou, melhor, no que recebe a sua impressão, a sua incidência, a regra jurídica discrimina o que há de entrar e, pois, por omissão, o que não pode entrar.[12]

Esse aspecto seletor de propriedades[13] da hipótese normativa demarca os contornos que separam o fato jurídico dos demais fatos sociais.[14]

Descabe querer impor uma causalidade normativa contrária à causalidade natural, ou contra a causalidade social."

11. "A abertura por onde entram os fatos são as hipóteses fácticas; e suas consequências em fatos se transformam pela realização dos efeitos." VILANOVA, Lourival, *Causalidade e relação no direito*, p. 55. Diferentemente dos fatos naturais, cuja relação de causa e efeito é fundamentada pela observação, os fatos jurídicos são vinculados aos seus efeitos por atos de vontade. O efectual do processo legislativo, que é um fato jurídico complexo, é a criação da lei. A vinculação entre causa e efeito, entre realizar o processo e instituir a lei, é fruto do ato de vontade estabelecido nas regras de organização do sistema, denominadas aqui de "normas de competência".

12. MIRANDA, Francisco Cavalcanti Pontes de. *Tratado de direito privado*. Par te Geral, Tomo 2. Rio de Janeiro: Borsoi, 1954, p. 183.

13. Segundo Paulo de Barros Carvalho, "ao conceituar o fato que dará ensejo ao nascimento da relação jurídica do tributo, o legislador também seleciona as propriedades que julgou importantes para caracterizá-lo". *Fundamentos jurídicos da incidência*, p. 82.

14. Mas a hipótese, em relação ao fato que a verifica (...) não o regra, não o

Vejamos, em ordem, o que acabamos de expor: *i*) o sujeito competente prescreve uma hipótese normativa; *ii*) a hipótese veicula uma escolha por certas características de um acontecimento futuro e incerto; *iii*) esse acontecimento sucede no mundo social; *iv*) ingressa no mundo jurídico não aquilo que ocorre no meio social (evento), mas a tradução de elementos deste fato social para a linguagem prescritiva das normas (fato jurídico), conforme a escolha programada normativamente pela hipótese.

Observemos, agora, o que falamos na forma de um exemplo: *i*) a União elegeu uma série de hipóteses para o Imposto sobre a Renda; *ii*) numa delas, previu circunstância de um contribuinte brasileiro, num determinado lapso de tempo, perceber renda ou provento de qualquer natureza; *iii*) Pedro, residente e domiciliado no país, percebe uma série de rendimentos no exercício financeiro de 2007; em face disso, *iv*) ele descreve os ganhos percebidos e suas respectivas origens, na forma prevista pela lei.

Essa circunstância, passada ou futura, prevista no antecedente da norma, deve ser contingente, ou seja, possível e não necessária. Fatos impossíveis não ocorrem no espaço e no tempo, por isso não se subsomem à hipótese das normas jurídicas. Fatos de ocorrência necessária independem da vontade e, portanto, seguem as leis da natureza e não do direito. Nos dois casos, não faria senso cogitar de regulação jurídica.[15]

---

preceitua, dizendo que existe ou não existe porque deve existir ou deve não existir. Se existe, se se dá o fato F: assim diz a hipótese. A hipótese da norma jurídica funciona como descritor. E o descritor assenta no modo ontológico da possibilidade." (VILANOVA, Lourival. *Estruturas lógicas e o sistema de direito positivo*, p. 83).

15. Mas a hipótese, em relação ao fato que a verifica "[...] não o regra, não o preceitua, dizendo que existe ou não existe porque deve existir ou deve não existir. Se existe, se se dá o fato F: assim diz a hipótese. A hipótese da norma jurídica funciona como descritor. E o descritor assenta no modo ontológico da possibilidade." VILANOVA, Lourival. *Estruturas lógicas e o sistema de direito positivo*.

O antecedente das normas jurídicas relata fato, de modo concreto ou abstrato, cuja ocorrência enseja a imputação de efeitos jurídicos individuais ou gerais. É abstrata a menção de acontecimento futuro contingente, ou seja, de ocorrência incerta, mas provável.

Vejamos mais: para regular a conduta, a norma prevê ou relata um fato e imputa efeitos que são, necessariamente, relações jurídicas. É uma relação jurídica o vínculo estabelecido entre dois sujeitos, na qual um deles pode exigir um comportamento do outro, sendo o primeiro denominado de sujeito ativo e o outro, passivo. Paulo de Barros Carvalho define relação jurídica como sendo "vínculo abstrato segundo o qual, por força da imputação normativa, uma pessoa, chamada sujeito ativo, tem o direito subjetivo de exigir de outra, denominada de sujeito passivo, o cumprimento de uma determinada prestação".[16] No mesmo sentido, *são as palavras de* Karl Engisch:[17] "as consequências jurídicas, que nas regras de Direito aparecem ligadas às hipóteses legais, são constituídas por direitos e deveres". É, também, ele quem ensina:

> Ser-nos-á permitido pensar aqui em direitos e deveres positivos — se bem que eventualmente possamos ainda pensar naqueles direitos e deveres que são algo negativo, um *non facere* ou omissão. Eles representam a própria substância do Direito. Em face deles as negações (slc. efeitos jurídicos) apresentam-se tão só como limitações, como algo secundário. O centro gravitacional do Direito reside nisto: em ele positivamente conferir direitos e impor deveres.[18]

São Paulo: Noeses, 2005, p. 83.

16. *Curso de direito tributário*, p. 278.
17. ENGISCH, Karl. *Introdução ao pensamento jurídico*, p. 35.
18. Idem.

O vínculo efetivo, com sujeitos individualizados e prestação igualmente determinada, se chama relação jurídica individual. Empregaremos, também, o termo "relação jurídica", para nomear aquelas previsões normativas em que os sujeitos não estão individualizados. Neste caso, todavia, a relação é geral.

O direito de inserir novas normas no sistema de direito positivo bem como o dever de cumpri-las, de forma coercitiva, surgem no seio de vínculos jurídicos mantidos entre sujeitos de direito.[19]

Combinando os atributos do antecedente e do consequente poderemos falar em normas gerais e abstratas, individuais e concretas, gerais e concretas e individuais e abstratas. Neste artigo, comentaremos as normas de competência gerais e abstratas. Descreveremos os elementos que integram o seu antecedente e o seu consequente, assim como a relação desses com a norma de inferior hierarquia.

As ideias que desenvolvemos acima deixam evidente o atributo da norma jurídica em sentido estrito de aglutinar, numa única estrutura, as referências ao fato jurídico e às suas consequências: a relação jurídica.

Esse modelo, porém, ainda não é suficiente para definir a unidade do sistema jurídico. De fato, toda e qualquer norma (i.e., ética, profissional, religiosa) é formada pela estrutura condicional do tipo "se A então B". Entretanto, só a norma jurídica tem uma sanção coercitiva para assegurar uma reação ao seu descumprimento. Só a norma jurídica é aplicada pelo aparato jurisdicional do Estado, mesmo contra a vontade dos seus destinatários. Daí porque as normas jurídicas em sentido completo, além de um antecedente e de um consequente, devem prever seu próprio

---

19. ENGISCH, Karl. *Introdução ao pensamento jurídico*, p. 32-33.

descumprimento, imputando uma consequência negativa àquele que infringir seus preceitos.[20]

Para que se possa falar numa norma jurídica em sentido completo é necessário que existam duas estruturas condicionais, sendo uma aquela que prescreve um fato e vincula uma relação jurídica e a outra, que prescreve o fato do descumprimento e imputa a ele uma sanção. Hans Kelsen, a esse respeito, é enfático:

> [...] se se pressupõe que cada norma jurídica geral seja a ligação de duas normas, das quais uma estabelece como devida uma certa conduta e a outra põe como devida a fixação de um condicional ato de coação por parte de um órgão judicial para o caso de violação desta norma.[21]

Eis o que expõe Lourival Vilanova a este respeito: "Abstratamente, se ocorre o fato G (não observância do dever), então A exigirá de B a sanção pelo não cumprimento, chegando até o limite do exercício da coação judicial para o cumprimento do devido."[22] Nesta acepção estrita, a sanção será a norma que anula o ato violador da norma primária, prescrevendo a sua aplicação coercitiva. Isso, por sua vez, é levado a efeito pelos órgãos que desempenham competências jurisdicionais.

---

20. HANS KELSEN, por exemplo, distingue o Direito da Moral afirmando que "a reação do Direito consiste em uma medida de coerção decretada pela ordem e socialmente organizada, ao passo que a reação moral contra a conduta imoral não é nem estabelecida pela moral, nem é, quando estabelecida, socialmente organizada". *Teoria geral do direito e do Estado*, p. 28.

21. KELSEN, Hans. *Teoria geral das normas*. Porto Alegre: Sergio Antonio Fabris Editor, 1986, p. 68.

22. VILANOVA, Lourival. *Causalidade e relação no direito*. 4. ed. São Paulo: Ed. RT, 2000, p. 175.

2. O verbo como núcleo de uma norma e seus âmbitos de vigência: pessoal, temporal e territorial

Um fato de possível ocorrência tem como núcleo de sua previsão o relato de um verbo. O dever que constitui o objeto de uma relação jurídica é, também, um verbo. Podemos afirmar, na linha do que propõe Ulisses Schmill,[23] que todo fato ou dever previsto, seja como causa ou como um dever, tem, sempre, um verbo como núcleo.

Vejamos alguns exemplos: "auferir renda" deve ser "pagar imposto sobre a renda"; "matar alguém" deve ser "submeter-se a pena de reclusão de 6 a 20 anos"; "não votar numa eleição para vereador" dever ser "o pagamento de multa de R$ 2,5 reais". Com isso, percebemos que há um verbo que é o núcleo do antecedente de uma norma, assim como um verbo como núcleo de seu consequente.

As ações previstas normativamente, cujo núcleo é um verbo, têm quatro âmbitos de vigência. Esses âmbitos correspondem aos sujeitos e predicados da ação, assim como aos condicionantes de espaço e de tempo. Daí falarmos em: âmbito subjetivo, material em sentido estrito, espacial e temporal da ação. O âmbito subjetivo é representado pelos sujeitos que realizam ou sofrem a ação. Os âmbitos espaciais e temporais têm que ver com as circunstâncias de espaço e de tempo na qual a conduta descrita pelo verbo pode ser realizada. O critério material em sentido estrito é o comportamento mesmo (i.e., auferir, matar, pagar) previsto pela norma jurídica.

Toda ação prevista por uma norma jurídica sujeita-se a esses âmbitos de vigência. Quando as normas jurídicas vinculam duas ações, sendo uma no antecedente e a outra

---

23. Cf. *La derrogación y la anulación como modalidades del ámbito temporal de validez de las normas jurídicas*, p. 229.

no consequente, cada uma destas ações pode, com maior ou menor precisão, ser identificada.

Nem sempre, porém, esses âmbitos de vigência são delimitados com precisão. Na maior parte dos casos, os limites são inferidos a partir de proposições como a promulgação da norma, a competência legislativa ou territorial do sujeito competente, e assim sucessivamente.

Poderíamos, inclusive, fixar uma regra segundo a qual: quanto mais geral e abstrata a norma, mais indeterminados são os seus âmbitos de vigência. Como salienta Ulisses Schmill,[24] positivar o direito, criando normas mais objetivas a partir de normas superiores mais vagas consiste, justamente, em aumentar a precisão com que se prescreve cada um dos âmbitos de validade de uma norma.[25]

Na base do ordenamento estão aquelas normas mais objetivas e que mais de perto chegam à conduta, pela circunstância de terem seus âmbitos de vigência subjetiva, material em sentido estrito ou comportamental, espacial e temporal determinados com a máxima precisão.

---

24. Cf. *La derrogación y la anulación como modalidades del ámbito temporal de validez de las normas jurídicas*, p. 230.

25. Sobre o processo de positivação das normas ressalva MARCELO NEVES que: "*o processo concretizador* não deve suscitar, de maneira nenhuma, a ilusão de plena correspondência do abstrato e do concreto, mas sim, como problema, a ser resolvido através de uma forma de não *identidade integrada entre o abstrato e o concreto*". *A constitucionalização simbólica*, p. 46 e FRIEDRICH MÜLLER comenta o processo de criação de normas inferiores a partir da concretização das normas de superior hierarquia: "*as competências* estricto sensu, *repartidas pelo ordenamento constitucional e jurídico entre os poderes Legislativo, Executivo e Judiciário não são competências para a "explicação" ["Auslegung", "Interpretation"], "recapitulação" ["Nachvollzug"] de textos de normas, mas competências para a concretização jurídica e a decisão do caso com caráter de obrigatoriedade*". *Métodos de trabalho do direito constitucional*, p. 67. Embora não se exija identidade entre a norma produzida e a que lhe serve de fundamento, não poderá haver incompatibilidade entre ambas, sob pena de restar comprometida a validade da norma editada.

3. Uma primeira aproximação do conceito de competência tributária e de norma de competência para os fins da análise estrutural

Antes de entrar, propriamente, no tema das normas de competência tributária, cabe fixar algumas das noções com as quais trabalhamos. São elas:

i. por competência tributária, entendemos ser a aptidão para criar normas jurídicas que, direta ou indiretamente, disponham sobre a instituição, arrecadação ou fiscalização de tributos;

ii. norma de competência em sentido amplo engloba toda e qualquer proposição que concorra para programar esta aptidão;

iii. norma de competência em sentido estrito é o juízo hipotético condicional que prescreve, no seu antecedente, os elementos necessários à enunciação válida e, no seu consequente, uma relação jurídica que tem como objeto a validade do texto que verse sobre determinada matéria ou comportamento;

iv. a formação da norma de competência em sentido completo pressupõe reunir, além da norma de competência em sentido estrito, uma norma jurídica que prescreva a sanção pelo exercício ilegítimo daquela, ou seja, a reação do sistema pela criação de norma jurídica sem fundamento de validade.

Uma pergunta, porém, deve ser ultrapassada: como traduzir a linguagem do direito positivo, notadamente vaga e ambígua, para o plano das fórmulas lógicas? Já vimos ser possível chegar à estrutura da competência tributária mediante a realização dos seguintes passos: *i.* partiremos da estrutura básica prevista para toda e qualquer norma jurídica, segundo a qual $(F \rightarrow Rj) \vee (-Rj \rightarrow Rj')$, ou seja, dado um fato, deve ser a instauração de uma relação jurídica e, não cumprida a relação jurídica, deve ser uma nova relação de cunho sancionatório coercitivo; *ii.* com fundamento nas ideias expostas sobre competência jurídica, promoveremos sucessivos enriquecimentos semânticos, saturando de sentido as variáveis da fórmula que acabamos de enunciar; *iii.* evidenciadas as peculiaridades da hipótese da norma de competência e da respectiva relação jurídica, ofereceremos nova estrutura simbólica, a qual chamaremos de norma de competência; assim, *iv.* deixaremos evidentes as relações mantidas entre os enunciados de direito positivo na regulação da conduta de criar outras normas.

Faremos isso, porém, sem perder de vista o propósito que anima a construção deste artigo: identificar um ponto de partida unitário para a compreensão dos dispositivos que concorrem para regulação das formas de se produzir normas jurídicas sobre tributos.

Este esquema representativo da estrutura lógica da norma jurídica é estratégia para uma intensa redução de complexidade. Oferece, em reescritura simplificada, aquilo que no direito positivo está posto em termos complexos e dispersos. Fazemos isso por estarmos convictos de que somente as normas completas podem ser consideradas elementos do sistema de direito positivo. Observadas, isoladamente, as proposições prescritivas simples não regulam a conduta humana; não oferecem critérios para serem separadas de outros enunciados normativos próprios da religião, da ética ou da moral; não são coercitivas, pois não têm sanção ligada ao seu descumprimento; e sequer indicam critérios que definam onde e quando podem ser aplicadas. É por isso que acatamos a premissa segundo a qual só a norma completa regula condutas.[26]

---

26. As constantes e variáveis desta estrutura já foram, de certa forma, apontadas pelas obras dos autores estudados no capítulo precedente. As ideias de

Esse conjunto de ideias sobre a competência sugere um roteiro para generalizações no campo do direito tributário positivo. Em meio à diversidade de textos jurídicos, mas orientados pela estrutura lógica que será apresentada, construiremos noções gerais sobre: quem pode criar normas no direito tributário, de que forma, em que circunstâncias de espaço e de tempo e acerca do que podem versar tais normas.

As proposições construídas pela abstração formalizadora oferecem ideias essenciais para a compreensão do tema. Apresentam, por conseguinte, meios de imprimir intensa redução de complexidades para esta matéria – competência tributária – que já vimos ser ampla e multifacetada. Esses benefícios, porém, não afastam a circunstância de que suas proposições são construídas com termos vagos e ambíguos.

4. Descrição hipotética do fato produtor de normas (Hj)

Quais fatos ensejam a criação de novos textos de direito positivo? Quais elementos desse evento social costumam ser destacados pela hipótese normativa para dar forma ao fato jurídico? Ao responder à primeira questão, passamos pelo problema das fontes do direito. Na segunda, investigamos a atribuição de direitos e deveres por meio da qual o sistema regula a sua própria criação.

Hans Kelsen, Herbert Hart, Alf Ross, Ricardo Guastini, Alchourrón e Bulygin, Norberto Bobbio (BOBBIO, Norberto. *Teoria do ordenamento jurídico*. 10. ed. Brasília: Editora Universidade de Brasília, 1999. p.33-34) Lourival Vilanova, Paulo de Barros Carvalho e Tercio Sampaio Ferraz Junior (FERRAZ JÚNIOR, Tercio Sampaio. Competência tributária municipal. *Revista de Direito Tributário*, São Paulo: Malheiros, ano 14, n. 54, p.158-159, out./dez. 1990) ainda que divergentes, indicam os aspectos que devem ser regulados pelas normas que outorgam competência. A seu modo, cada um desses autores põe ênfase em aspectos distintos, mas complementares, do interessante processo de autorregulação previsto pelo direito positivo.

Desta forma, se o direito positivo surge, expande-se, transforma-se, propaga-se e extingue-se na forma de textos, somos levados à conclusão de que criar direito é criar texto.[27] O sentido primeiro da atividade criadora de enunciados é a enunciação.[28] Acontecimento este que é fugaz, ocorre e se exaure, deixando no produto da sua criação apenas marcas de autoria, tempo e local da criação.[29]

A validade de novos textos jurídicos vincula-se ao cumprimento de certos requisitos formais de enunciação, sem cuja presença não se pode falar de enunciados jurídicos prescritivos.

São desta natureza as referências de autoria, modo, local e tempo de criação dos textos. É de se esperar, pois, que a hipótese da norma de competência prescreva, ainda que indiretamente, esses quatro elementos. É a partir da análise destes requisitos que verificaremos a programação formal da norma de competência. Façamos outros enriquecimentos semânticos, dando forma à estrutura da norma de competência tributária.

---

27. Aqui, aplicamos ao direito positivo e à ciência que o coloca como objeto de suas considerações as idéias de Vilém Flusser (*Língua e realidade*, passim), segundo as quais a linguagem seria, formaria, criaria e propagaria a realidade.

28. "Enunciação: é a instância de mediação entre as estruturas narrativas e discursivas que, pressuposta no discurso, pode ser reconstruída a partir das pistas que nele espalha; é também mediadora entre o discurso e o contexto sócio-histórico e, nesse caso, deixa-se apreender graças às relações intertextuais. Enunciado: é o objeto-textual resultante de uma enunciação." BARROS, Diana Luz Pessoa de. *Teoria semiótica do texto*. 4. ed. São Paulo: Ática, 2003p. 86. No mesmo sentido, José Luiz Fiorin expõe: "O primeiro sentido de enunciação é o de ato produtor do enunciado." FIORIN, José Luiz. *As astúcias da enunciação*: as categorias de pessoa, espaço e tempo. 2. ed. São Paulo: Ática, 2005, p. 31.

29. Sobre a individualização das normas Cf. RAZ, Joseph. *The concept of legal system* – an introduction to the Theory of Legal System, 2º ed., Oxford, Clarendon Press, 1997 e VILANOVA, Lourival. *Estruturas lógicas e o sistema de direito positivo*. São Paulo: Noeses, 2005.

4.1 Sobre quem pode criar normas jurídicas (S)

É competente para criar normas o sujeito **S** que, mediante a prática de um ato ou conjunto de atos **P**, introduza uma norma jurídica válida **N** no sistema de direito positivo **SP**. Para Torben Spaak, é competente o sujeito que tem possibilidade de alterar, por ato próprio, o sistema de direito positivo.[30] Jordí Ferrer Beltrán acrescenta que as normas de competência constituem esse sujeito da mesma forma que as demais normas qualificam um sujeito como capaz de realizar uma conduta qualquer.[31]

Essa função nomogenética – produtora de normas – encontra-se dividida entre vários sujeitos de direito que podem, mediante a prática de diferentes atos, inserir comandos normativos que veiculem as mais variadas mensagens.[32]

Torben Spaak,[33] com a precisão analítica que caracteriza

---

30. "(...) one who has competence is thus in a legal position and has as well the possibility of changing legal positions." SPAAK, Torben, *The concept of legal competence*: an essay in conceptual analysis, p. 77.

31. A identificação do sujeito competente é fundamental para o estudo da competência, na medida que é este sujeito que será encarregado de desempenhar a enunciação, criando normas jurídicas. JORDI FERRER BELTRÁN, destaca a identificação do sujeito pela norma de competência: "*Las normas de competencia constituyen al sujeto de las mismas en competente para realizar un determinado acto jurídico sobre una determinada materia*". *Las normas de competencia – un aspecto de la dinámica jurídica*, p. 147

32. Lourival Vilanova (*Causalidade e relação no direito*, p. 265) entende que o Estado, repartido em funções para o exercício de atividades estatais (legislar, executar e julgar), divide-se em órgãos, atribuídos de competência: "Com a repartição de funções, instituição de órgãos específicos para funções específicas, cada órgão é o centro parcial de imputação, como o Estado é o centro total de imputação, de criação e de aplicação do direito. Cada órgão é um plexo de atribuições, de faculdades, de poderes e de deveres: é um feixe de competência".

33. Em suas palavras: "[...] we must distinguish between (i) the question as what the conditions are that must be fulfilled for a person to have competence and for a legal norm to be valid and (ii) the question of what it means that a person has competence and that a legal norm is valid". SPAAK, Torben, *The concept of legal competence*: an essay in conceptual analysis, p. 65.

o seu pensamento, chama atenção para a diferença entre os requisitos que alguém deve preencher para ser sujeito competente e o sentido de ser titular de alguma competência. Para ser competente o sujeito deve atender aos requisitos da norma.[34] A primeira análise põe ênfase no que "deve ser feito para ser competente", já a segunda, no "que se pode fazer sendo competente". É competente o sujeito que atende aos requisitos previstos pelo direito positivo para ser qualificado como tal. Só assim esses sujeitos podem ser agentes da enunciação de novos textos de direito positivo.

No Sistema Tributário Brasileiro, há várias classes de sujeitos competentes, aptos, portanto, a criar normas com diferentes graus de abstração e generalidade, com conteúdos variados e voltadas ao cumprimento de funções igualmente diversas. Vejamos, por exemplo, alguns dos sujeitos competentes para editar normas na cadeia de positivação do Imposto sobre Serviços — ISS:

i) A Assembleia Constituinte outorgou aos Municípios e ao Distrito Federal a competência para instituir o ISS, segundo as regras da Lei Complementar (art. 156, III, da CR);

ii) A União, agindo em nome da Federação, editou a Lei Complementar nº 116/03,[35] que inseriu a lista de serviços e veiculou outras prescrições;

iii) O Município de São Paulo instituiu a Lei 13.476/02, prescrevendo as regras-matrizes de incidência tributária do ISS, além de instituir uma série de deveres instrumentais;

---

34. Esse aspecto atributivo da faculdade de criar normas é destacado por Daniel Mendonca quando defende que: "[...] las normas de competencia tienen por función atribuir poder a una autoridad para ejecutar determinados actos de derecho sobre ciertas materias y de conformidad con ciertos procedimientos". MENDONCA, Daniel. *Las claves del derecho*. Barcelona: Gedisa, 2000, p. 134.

35. A LC 116/2003 sofreu alterações substanciais pela LC 157/2016 (publicada no *DOU* em 30.12.2016).

iv) O Prefeito de São Paulo editou o Decreto n. 53.151/2012 para dispor analiticamente sobre temas que foram tratados sinteticamente pela lei.

v) Mévio, prestador de serviços em caráter oneroso na circunscrição da citada municipalidade, apresentou declaração relatando o fato de ter prestado serviço e se vinculando ao pagamento do ISS no valor de R$ 6.000,00 (seis mil reais) ao citado Município. Efetuou, porém, o pagamento em dia posterior ao previsto;

vi) O agente fiscal do Município, no dia seguinte ao do pagamento, constatando a sua irregularidade, lavrou auto de infração e imposição de multa;

vii) Reconhecendo a procedência da autuação, Mévio efetuou o pagamento da quantia exigida no auto, documentando-o na guia de arrecadação municipal.

No exemplo simples que acabamos de expor, houve criação de, pelo menos, sete normas jurídicas, com seis sujeitos competentes distintos. A Assembleia Constituinte, a União, o Município de Belmonte, o Prefeito da Municipalidade, Mévio e o Fiscal do Município foram os sujeitos da enunciação de cada uma destas normas. Sem que eles cuidassem de promover a sua criação, nenhum novo texto haveria surgido de forma válida.

Com efeito, na descrição abstrata do fato que enseja a produção de normas, o primeiro elemento a ser prescrito é a qualificação do sujeito que poderá criar novos textos de direito positivo.

4.2 Sobre como deve ser a criação de normas [p(p1.p2.p3...)]

O segundo enriquecimento semântico que realizaremos será sobre a forma de exercer a competência. Sim, pois uma coisa é ser sujeito competente. Outra, bem distinta, é exercer a competência de que se é titular. Para ser competente, é necessário ser qualificado, adjetivado pelo direito positivo como tal. Para exercer a competência, é necessário realizar ato, ou conjunto de atos, previstos pelo direito positivo para legitimar a enunciação de novos textos jurídicos. Nesse campo do exercício da competência, estão compreendidos todos os elementos envolvidos na enunciação dos textos de direito positivo.

De fato, ao prescrever a ação de criar outras normas, a hipótese da norma de competência toca no principal ponto da atividade enunciadora de textos: ela indica o verbo. Esse é o elemento central, assim da hipótese como do consequente das normas jurídicas.

No antecedente, o verbo descreve a conduta que precisa ser realizada para a inserção de novas normas no sistema de direito positivo.[36]

Já no consequente está a conduta atribuída como efeito da realização do fato hipoteticamente descrito. Vincula-se à realização da conduta prevista na hipótese normativa outra conduta, que surge como direito ou dever de um sujeito A perante um sujeito B.

No campo da competência tributária, o verbo descrito na hipótese normativa faz referência à atividade enunciadora de textos. Assim, quando falamos no antecedente, esse verbo constitui o seu núcleo significativo. Isso porque todos os demais critérios se vinculam a este verbo.

---

36. A enunciação seria produtora do enunciado, que consistiria, segundo Paulo de Barros Carvalho, no: "[...] produto da atividade psicofísica de enunciação. Apresenta-se como um conjunto de fonemas ou de grafemas que, obedecendo a regras gramaticais de determinado idioma, consubstancia a mensagem expedida pelo sujeito emissor para ser recebida pelo destinatário, no contexto da comunicação." Formalização da linguagem. Proposições e fórmulas. *Revista do Programa de Pós-Graduação em Direito da PUC/SP*. v. 1. São Paulo: Max Limonad, 1995, p. 143.

O critério pessoal, que citamos no item anterior, se refere ao sujeito do verbo, aquele que desempenha a conduta de enunciar, o sujeito competente.

O critério espacial é o local onde o sujeito pode realizar o verbo enunciar.

O critério temporal estabelece as circunstâncias de tempo na qual o verbo pode ser enunciado.

E não poderíamos deixar de citar, por sua absoluta pertinência ao tema, o critério procedimental, que é a referência ao modo de realização do verbo enunciar. Essa referência, por sua vez, pode ter duas espécies: ser um ato ou um procedimento, conforme prescreva o direito positivo.

Tomemos como critério o tipo de enunciação que enseja a criação da norma. Esse tipo de enunciação a que nos referimos não é mais o acontecimento social, mas a sua versão em linguagem jurídica, aquilo que o direito positivo capta do processo de enunciação, ou seja, a enunciação-enunciada. Os elementos desse fato jurídico são positivados no antecedente dos instrumentos introdutores de normas jurídicas e podem ser classificados em: primários e secundários.[37]

Os primários inserem normas jurídicas gerais e abstratas que podem inovar a ordem jurídica, dispondo sobre novos direitos e deveres. Já os instrumentos secundários inserem disposições tendentes a aplicar aquilo que se encontra previsto pelos instrumentos primários. Podem fazer isso mediante a publicação de atos infralegais gerais e abstratos, como decretos, regulamentos, instruções normativas. E podem, também, inserir normas individuais e concretas. Essas, por sua vez, podem ser produzidas por sujeitos competentes.

---

37. Cf. Carvalho, Paulo de Barros. *Curso de direito tributário*, p. 58 a 77.

TEORIA COMUNICACIONAL DO DIREITO

Vejamos o que acabamos de expor com o auxílio do exemplo dado no item anterior. Nas situações *i, ii, iii* e *vii*, temos a produção de texto constitucional, de textos de leis complementar e municipal, além da constituição de norma individual e concreta, a partir da qual se instaurou processo administrativo contra Mévio e a constituição da norma jurídica que positiva – documenta – o pagamento efetuado.

Os três primeiros têm a sua forma disciplinada sob o nome de processo legislativo,[38] no qual se pode perceber um interprocedimental, composto por uma série de atos legislativos. No último, há, também, atos que se encadeiam no tempo, iniciando com a intimação de Mévio, abertura de prazo para pagamento ou defesa, além de outros que se sucederão até o fim do processo administrativo. Não há razão para ignorar o ato de pagamento que, de forma idêntica aos demais, é um modo de produzir enunciados normativos. Em todos esses casos, o que se percebe é a possibilidade de realizar o verbo "enunciar" de diferentes modos, seja na forma de um ato isolado ou de um processo, sendo o resultado sempre o mesmo: produção de enunciados prescritivos.

Os termos "Constituição da República", "Emenda Constitucional", "Lei Complementar", "Lei Ordinária", "Lançamento de Ofício", "Norma de Pagamento" e outros tantos utilizados para denotar o "instrumento introdutor de normas", são apenas locuções diferentes para a mesma conduta. São formas de legitimar a criação de normas jurídicas, atendendo às próprias escolhas positivadas pelo Sistema Constitucional Tributário.

O modo de realizar a enunciação é, pois, um elemento fundamental na compostura interna da hipótese das

---

38. Cf. FERREIRA FILHO, Manoel Gonçalves. *Do processo legislativo*. 5. ed. São Paulo: Saraiva, 2002. *passim* e SAMPAIO, Nelson de Sousa. *O processo legislativo*. São Paulo: Saraiva, 1968, *passim*.

normas de competência tributária. Ignorado qualquer dos seus aspectos, ou seja, feita a enunciação dos textos de direito positivo sem atenção a qualquer dos elementos previstos no modo de enunciação, o texto não terá sido enunciado da forma correta. O fato enunciação não terá ocorrido de acordo com o sistema. Logo, a norma jurídica inserida por este instrumento será inválida.

Daí a relevância de se pôr em destaque os elementos essenciais da enunciação. Por isso, além do sujeito competente e do modo de se realizar a enunciação, destacaremos as referências de espaço e de tempo.

4.3 Sobre onde as normas devem ser produzidas (e)

Todo verbo descreve ação ou estado que se dá no espaço e no tempo. Isso ocorre de tal forma que seria possível e até intuitivo afirmar que os indicadores de espaço e de tempo são pressupostos à enunciação de qualquer ato. A referência de tempo delimita o lapso temporal em que a conduta pode ser realizada. Já a referência de espaço indica onde a enunciação deve ocorrer. Vejamos esse último aspecto – o espacial – para, em seguida, nos dedicarmos às referências de tempo.

Vimos que a separação de faculdades impositivas proporciona intensa variedade de sujeitos, de procedimentos e, por conseguinte, de locais para exercício da competência.[39] Podemos, contudo, analisar o direito positivo e propor critérios para a sistematização de regras que tornem possível indicar, com alguma previsibilidade, os lugares onde normas jurídicas podem ser confeccionadas. Em qualquer dos casos, a prática de ato fora da circunscrição enseja problemas.

---

39. Cf. IVO, Gabriel. *Norma jurídica*: produção e controle. São Paulo: Noeses, 2006, p. 71.

Os atos infralegais individuais e concretos podem ser praticados por agentes públicos (e.g., lavratura de autos de infração e lançamento de ofício) e por particulares (e.g., apresentação de declaração de ajuste anual). No caso dos agentes públicos, a competência é atribuída em razão do local ou da atividade que desenvolve. Já os particulares podem praticar atos com maior liberdade, embora tenham que indicar um domicílio fiscal, que equivale, juridicamente, ao local de prática de todos os atos tributários do contribuinte.

4.4 Sobre quando as normas podem ser produzidas (t)

Já adiantamos acima que a referência de tempo serve para indicar o marco temporal, aquele lapso de tempo em que a norma deve ser produzida para ser válida no sistema de direito positivo. Neste ponto, estamos falando dos condicionantes de tempo da enunciação, quando ela deve ser concluída para ser válida.[40] Vejamos o aspecto temporal do verbo "enunciar", previsto na hipótese de toda e qualquer norma de competência, com a ajuda de exemplos.

Na competência legislativa, o caso das medidas provisórias é bastante eloquente. Desde que foi promulgada a Constituição de 1988, o Presidente da República dispõe da prerrogativa de editar medidas provisórias com força de lei para tratar de certos temas, em casos que se configurem como urgentes e relevantes. Publicado o ato normativo, deve ser imediatamente convertido em projeto de lei para apreciação do Congresso Nacional, que deverá fazê-lo no prazo de sessenta dias, prorrogáveis por uma única vez. Não realizada a enunciação no prazo devido, o ato perderá sua eficácia desde a sua publicação, ressalvadas as exceções dos § 11 e § 12 do art. 62 da Constituição. O exercício

---

40. Cf. IVO, Gabriel. *Norma jurídica*: produção e controle, p. 73.

fora de prazo da enunciação cria obstáculo intransponível à validade do ato normativo.

Muitos outros exemplos podem ser relacionados para ilustrar a relevância do aspecto temporal das normas. Os prazos processuais em que se opera a figura da preclusão, por exemplo, são casos típicos em que a validade de um ato normativo está vinculada à sua criação num determinado espaço de tempo.

Com mais esses esclarecimentos delineamos a seguir a última das variáveis relacionadas com a enunciação de atos normativos.

4.5 Síntese da hipótese que descreve os fatos produtores de normas

Programar a enunciação de novos textos de direito positivo é a principal função da hipótese das normas de competência tributária. Para isso, há indicação de um verbo pessoal – enunciar –, transitivo direto ou indireto. Quem enuncia (s), enuncia algo (m), de certa maneira [**p(p1.p2.p3...)**], em determinado lugar (e) e tempo (t), para alguém que é o destinatário da enunciação. Com isso significamos que a enunciação prevista pela norma de competência deve ser desempenhada por um sujeito competente, por meio de certo procedimento, em condições de espaço e de tempo. A positivação desta hipótese faz surgir o fato jurídico de exercício da competência, que coincide com o que a doutrina vem chamando de instrumento introdutor de norma.

Em termos de análise do discurso, poderíamos falar de enunciação-enunciada, pois é a parte dos enunciados em que se projetam as marcas da enunciação, ou seja, as informações sobre a forma de produção dos textos de direito positivo.[41] A hipótese da norma de competência seleciona propriedades da enunciação-enunciada que devem estar presentes, sob pena de não ocorrer a subsunção do fato à norma. Noutras palavras, a enunciação que não corresponde à hipótese da norma de competência conflita com o próprio sistema e enseja a invalidade formal do texto.[42]

Pois bem, o antecedente da norma de competência indica, hipoteticamente, quem, onde, quando e como a norma deve ser produzida. Essas indicações, porém, só assumem sentido jurídico quando vinculadas a uma matéria.

5. O vínculo entre forma e conteúdo (→)

Uma norma jurídica em sentido estrito descreve em sua hipótese um fato a cuja ocorrência o direito positivo vincula certas consequências. Karl Engish, a esse respeito, ensina:

> Refiro-me à questão de saber qual a relação em que se encontram entre si a hipótese legal e a consequência jurídica. Até aqui limitamo-nos a caracterizar esta relação como uma relação de condicionalidade: a hipótese legal, como elemento constitutivo abstracto da regra jurídica, define conceitualmente os pressupostos sob os quais a estatuição da consequência jurídica intervém, a consequência jurídica é desencadeada.[43]

---

41. Como explica Tárek Moysés Moussallem (*Fontes do Direito Tributário*, p.139): "Não podemos denominar o fato enunciação de fato jurídico, pois jurídico é aquele fato que sofreu incidência normativa, que, como dissemos, só sobrevém com o ato de aplicação do direito, transfigurado no seio de uma norma concreta.".

42. A primeira vez que defendemos esta ideia foi em *A norma de competência tributária para a instituição de contribuições interventivas* (cf. nota 1), dissertação de mestrado defendida em 18 de agosto de 2002. Embora utilizando signos distintos, a ideia subjacente permanece inalterada.

43. ENGISCH, Karl. *Introdução ao pensamento jurídico*, p. 58.

O fato descrito pela norma de competência é a enunciação. É o antecedente da norma de competência que prescreve que fatos (sujeito, procedimento, espaço e tempo) devem concorrer para que se tenha a produção de uma norma válida. O consequente da norma de competência é a matéria sobre a qual a norma poderá versar.

Fundamentamos essas ideias afirmando que o aspecto formal de uma norma só existe em função de uma matéria. Conforme ensina Lourival Vilanova: "o que uma norma de direito positivo enuncia é que, dado um fato, seguir-se-á uma relação jurídica, entre sujeitos de direito, cabendo, a cada um, posição ativa ou passiva."[44] Não há sentido jurídico na prescrição de um tipo de ato ou processo que não seja para poder criar normas com o fito de disciplinar certos comportamentos, tratar de certa matéria.

A forma, já vimos, é descrita pela hipótese da norma de competência; a matéria, por seu turno, encontra-se delineada no objeto da relação jurídica. O vínculo entre ambas, então, só pode ser estabelecido pelo conectivo deôntico neutro (→), aquele que vincula o acontecimento A à consequência B. Destarte, o encontro entre forma e matéria é sintetizado pelo "*dever ser*" que vincula a previsão hipotética do fato – enunciação da norma – à relação jurídica entre sujeito competente e os demais que integram a sociedade, tendo como objeto a possibilidade de inserir texto jurídico versando sobre certa matéria. E esse conectivo interproposicional sintetiza a decisão, positivada na norma de competência, de submeter determinada matéria à enunciação de certo tipo.

Posto em termos formais o que acabamos de expor, teríamos:

---

44. *Causalidade e relação no direito*, p. 102.

TEORIA COMUNICACIONAL DO DIREITO

$$C = E \cdot M$$

onde se lê: competência (C) é o vínculo jurídico que se estabelece entre a programação de um tipo de enunciação (E) para disciplinar certa matéria (M). Livre da matéria, toda enunciação é possível.

De forma idêntica, todo matéria contingente (i.e., possível e não necessária) é suscetível de regulação jurídica. Os desajustes que projetam efeitos relativos à validade das normas jurídicas surgem, justamente, do descompasso entre forma e conteúdo. Isso de tal sorte que não se pode cogitar de um sem o outro. Assim, já tendo superado a exposição da forma, vejamos como se dá a programação da matéria.

6. Relação jurídica de competência (Rj)

Breve distinção: uma coisa é a relação jurídica geral, prevista para todo aquele que realizar o fato jurídico, outra é a individual, com sujeitos e objeto bem definidos.

Fazendo uma simples inferência: se o antecedente da norma programa o exercício da competência – a enunciação – o consequente define os contornos da norma que vai ser criada – os enunciados-enunciados.

Por isso, os contornos materiais da norma criada devem ser compatíveis com o conteúdo dos dispositivos que integram o consequente da norma de competência.

585

Ocorrendo o contrário, e sendo esta incompatibilidade reconhecida por quem de direito,[45] a norma será nula.

6.1 O sujeito ativo da relação de competência (s)

Na estrutura da norma de competência, o sujeito competente desempenha dois papéis fundamentais: é o agente da enunciação e é, também, quem pode dispor sobre certa matéria. O sujeito competente ocupa a posição de sujeito ativo de uma relação jurídica. Por força disso, é o titular de um direito subjetivo: criar norma jurídica para versar sobre determinado tema.

A contraface deste direito é a responsabilidade pela norma criada. Com efeito, sempre que se pretenda obstar a produção dos efeitos prescritivos de uma norma jurídica, abre-se oportunidade ao agente enunciador – sujeito ativo da competência – para se manifestar, argumentando em favor da compatibilidade da norma com o sistema jurídico e, em especial, com a norma que lhe serve de fundamento de validade. Sempre que se argumente pela invalidade – o gênero –, o agente enunciador poderá ser chamado a se manifestar como forma de preservar o seu direito de ver mantido o texto de direito positivo por ele criado, existindo e, assim, regulando condutas.

Explicaremos melhor com auxílio de algumas das circunstâncias previstas no exemplo de Mévio, um contribuinte de ISS do Município de Belmonte:

---

45. Neste ponto, reiteramos que a incidência da norma de competência, como ocorre com as demais, pressupõe decisão do sujeito competente de captar o fato social, traduzindo-o para a linguagem jurídica e imputando a ele a instauração de relações jurídicas. Assim, a incidência da norma confunde-se com a sua aplicação e, também, com a criação de mais normas para o sistema de direito positivo. CARVALHO, Paulo de Barros. *Direito Tributário:* fundamentos jurídicos da incidência, p. 9.

i) Proposta ação para reconhecimento, em controle difuso, da inconstitucionalidade parcial da Lei nº 3.227/05, pelo argumento de que uma da regras-matrizes descreve em sua hipótese fato que não se ajusta à definição do conceito de serviço, a Procuradoria Municipal, ou quem lhe faça às vezes, cuidará, neste caso, de oferecer defesa em nome do Município, buscando preservar a manutenção da Lei no sistema jurídico.

iii) Ocorrerá o mesmo, porém, em controle de legalidade, caso o Decreto nº 5.114/05, editado pelo Prefeito de Belmonte, contenha disposições contrárias aos termos da lei.

iv) É, também, a procuradoria do Município o órgão encarregado de atuar em juízo, oferecendo razões para preservar a integralidade de atos normativos proferidos pelo Secretário de Finanças, na hipótese de a validade destes atos ser questionada na esfera judicial.

v) Mévio, caso discorde do auto de infração lavrado pela autoridade municipal, será sujeito competente para apresentar defesa administrativa, expondo razões pelas quais entende que deva ser reconhecida a legitimidade da norma que lavrou para constituir a obrigação.

Nestes exemplos, e em outros que se possam relacionar sobre a atividade criadora de normas, há alguns pontos em comum que merecem destaque:

(*i*) há distinção entre ser qualificado como sujeito competente, exercer a competência e ter direito a ver o produto da enunciação produzindo seus efeitos prescritivos. Em regra, é o sujeito competente para editar a norma que é chamado, diretamente ou por meio de algum órgão que o represente, para sustentar a validade do texto jurídico produzido, sua compatibilidade com o sistema de direito positivo;

(ii) cada tipo de instrumento introdutor de norma pode ter um foro competente para análise da sua validade;

(iii) o direito do sujeito competente de realizar a enunciação e preservar a validade da norma que criou tem como contrapartida o dever dos sujeitos passivos de aceitarem o texto criado licitamente, ou seja, de acordo com os condicionantes formais e materiais do próprio sistema.

Antes, porém, de passar à figura do sujeito passivo da relação jurídica de competência, é pertinente insistir num ponto: essa relação é atributiva de direitos e deveres.[46] Cabe, porém, ressaltar que a sujeição ativa na relação de competência envolve o próprio ato de criação do direito positivo. É a posição do sujeito que edita o texto e se responsabiliza pelo produto da sua criação.

A especificidade deste lugar está na prerrogativa de exigir a juridicidade da norma criada – que é sinônimo de defender a sua validade – e não qualquer pretensão veiculada no seu texto.

Tomamos um exemplo para facilitar a compreensão: de um lado está o direito de defender a validade e aplicação da norma que instituiu o alargamento da base de cálculo da Cofins, do outro está o direito do sujeito ativo da relação jurídica tributária de perceber a majoração do tributo a ser pago em face da ampliação da base de cálculo.

---

46. "Assim como os juízos hipotéticos no sentido lógico são constituídos por conceitos, de igual modo, o são a prótase e a apódose de um imperativo jurídico condicional. Por isso, a 'hipótese legal' e a 'consequência jurídica' (estatuição), como elementos constitutivos da regra jurídica, não devem ser confundidas com a concreta situação da vida e com a consequência jurídica concreta, tal como esta é proferida ou ditada com base naquela regra. Para maior clareza chamamos por isso 'situação de fato' ou 'concreta situação de vida' à hipótese legal concretizada. Infelizmente, porém, existe qualquer designação para a consequência jurídica concreta." ENGISCH, Karl, *Introdução ao pensamento jurídico*, p. 57.

Ser sujeito ativo de qualquer outra norma, que não a de competência, diz respeito ao direito ou dever de exigir uma conduta que não seja nomogenética.

Voltemos nossas atenções para o outro termo da relação de competência, aquele ocupado pelos que devem suportar o seu exercício, nos estritos limites previstos pela norma.

6.2 O sujeito passivo da relação de competência (sp)

Define-se como sujeito passivo aquele que pode ser chamado ao cumprimento de um dever.[47] Este dever é correlato ao direito do sujeito competente de criar a norma jurídica. Desta feita, a imposição ao sujeito ativo da relação de competência é de respeitar o direito atribuído ao sujeito passivo, ou seja, não ser tributado além dos limites previstos pelo ordenamento. Há duas modalidades fundamentais para esse respeito a que acabamos de nos referir: não criar obstáculos ao exercício da competência, nem exercer a competência de outrem. Realizando esses dois deveres, que se completam sob a ideia de respeito ao direito do sujeito ativo, aquele que ocupa a posição passiva cumpre seu encargo jurídico.

Ocorre que o dever de suportar a criação de normas projeta efeitos distintos entre os sujeitos que integram a sujeição passiva. Para alguns, a criação de novos textos jurídicos é irrelevante. Sendo Mévio, por exemplo, um prestador

---

47. "Tenha-se em conta o seguinte: toda relação tem termos e tem sua relação conversa (recíproca). Se A é comprador diante de B, B é vendedor em face de A. A relação jurídica conversa de comprar é vender, e a de vender é comprar. Fundado nessa estrutura relacional é que cada termo da relação A e B tem correlativamente direito subjetivo e dever jurídico. Quando A tem dever jurídico, B tem, correlatamente, direito subjetivo. Direito subjetivo e dever jurídico são direitos correlatos: só existem na relação, não fora ou acima de relações jurídicas." VILANOVA, Lourival, *Causalidade e relação no direito*, p. 186.

de serviços do Município de Belmonte, pouco importam as alíquotas deste tributo vigentes nos Municípios de Chuí. Ressalvada alguma circunstância não prevista no exemplo, como uma viagem ou um cliente que resida nesses municípios, Mévio não será afetado por essas prescrições. E essa sujeição fraca que pintamos com cores fortes, em benefício da didática, ocorre a todo momento, num sem número de situações em que pouco ou nada vale saber de uma norma que ingressou ou não no sistema de direito positivo.

Outros, no entanto, têm, no exercício de certas competências alheias, o risco de sofrer lesões ou ameaças em seus direitos. Aqui, sim, a sujeição passiva é cheia de significado jurídico, pois os sujeitos passivos são, também, agentes legitimados a questionar, via ação judicial ou defesa administrativa, eventuais lesões ou ameaças que possam vir a sofrer. Esse é, por exemplo, o caso de Mévio, naquelas situações em que a legislação do Município de Belmonte – legislação em sentido amplo – é alterada pela inserção de novos enunciados prescritivos. Aqui, sim, Mévio pode acionar os meios que o sistema jurídico põe à sua disposição para não sofrer qualquer lesão ou ameaça a direitos que a ordem jurídica lhe assegura.

Como, então, superar a ambiguidade na sujeição passiva da competência tributária, tendo em vista a citada diferença entre o conjunto de sujeitos passivos?

Propomos, então, dividir a classe dos sujeitos passivos em: sujeição passiva fraca e sujeição passiva forte. A sujeição passiva fraca engloba todos os que simplesmente devem "saber" da existência da norma, sujeitando-se aos seus comandos. Já a sujeição passiva forte é composta apenas por aqueles que, estando no âmbito de incidência da norma criada, têm legitimidade para acionar o Judiciário, suspendendo ou afastando a juridicidade da norma criada de forma ilícita.

O critério fundamental para esta subdivisão na classe dos sujeitos passivos é a legitimidade ativa para requerer seja reconhecida a incompatibilidade da norma inferior com aquela que lhe serve de fundamento de validade ou, tão somente, a aplicação da norma sancionadora de (in)competência. Essa posição surge do fato de o exercício da competência poder causar alguma lesão ou ameaça a direitos. Sim, pois, nestes casos, é o próprio sistema constitucional que assegura a inafastabilidade de apreciação do Poder Judiciário de qualquer ato que possa causar lesão ou ameaça desta natureza (art. 5º, XXXV, da CR).

Com isso, a legitimidade ativa para requerer ao Judiciário a invalidade de uma norma é outorgada conforme exista, no caso concreto, lesão ou ameaça de lesão a direito. Esse é, pois, o caso dos tributos inconstitucionais.

O conjunto de indivíduos obrigados ao recolhimento do tributo compreende o que chamamos de sujeição forte.

Os demais integram a chamada sujeição fraca, pois embora obrigados a conhecer e respeitar a norma jurídica, não podem questionar a sua validade.

6.2.1 Sujeição passiva e outros esclarecimentos – isomorfismos com o direito de propriedade e os direitos potestativos

Para reduzir as ambiguidades e vaguidades do termo "sujeição passiva" é importante deixar clara outra distinção: o sujeito passivo da relação jurídica de competência não se confunde com aquele que ocupa a sujeição passiva numa relação jurídica tributária, seja nas relações que veiculem deveres instrumentais ou a própria obrigação tributária. Nestas, o sujeito passivo obriga-se ao cumprimento de certas e determinadas condutas.

A sujeição passiva na relação jurídica de competência,[48] por sua vez, obriga a um dever específico, que não se confunde com os demais, e está relacionado à atividade de subordinar-se ao conteúdo da norma que venha a ser criada, não impedir a sua criação e nem exercer competência própria de outrem. Como se pode notar, estruturalmente, as posições são idênticas, ambas são sujeição passiva, porém com conteúdos que não se confundem.

Para facilitar a exposição do modo como compreendemos a relação jurídica de competência, poderíamos estabelecer um paralelo com dois tipos de relação jurídica: a do direito de propriedade e a do direito potestativo.[49]

Este último caso – relação jurídica de direito potestativo – ocorre quando alguém, sujeito ativo, possui alguma prerrogativa cujo exercício deve ser suportado por todos, sem que alguém possa impor qualquer obstáculo. É justamente isso o que expõe Lourival Vilanova quando afirma que:

---

[48]. Roque Antonio Carrazza utiliza a expressão "estado genérico de sujeição" para se referir ao que se chama aqui de sujeição passiva da competência. Eis a sua lição: "a competência tributária, quando adequadamente exercida [...], faz nascer para os virtuais contribuintes, um *estado genérico de sujeição*, consistente na impossibilidade de se subtraírem à sua esfera de influência." *Curso de direito constitucional tributário*, p. 307.

[49]. Sobre o paralelo entre norma de competência e direito potestativo: "(...) el derecho posee ciertas normas o reglas relativas a la validez de un acto para producir ciertos efectos o consecuencias jurídicas (a veces llamada vigencia) que, apreciadas desde el punto de vista de su destinatario, le otorgan una potestad (a veces llamada facultad y, con menor alcance, capacidad o competencia). (...). Yo prefiero llamar estas reglas normas potestativas, precisamente por la función que cumplen, pues no se limitan a establecer quién es el órgano público encargado o apto para cumplir cierta actividad (concepto clásico de competencia en lenguaje jurídico) o el sujeto de derecho privado idóneo jurídicamente para llevar a cabo cierta acción (concepto clásico de capacidad en lenguaje jurídico), sino que su función se extiende a disciplinar quién, cómo y hasta con qué limitaciones de contenido puede realizar una acción que produzca consecuencias jurídicas." MAIER, Julio B. J. Reflexiones acerca de la vigencia del derecho. In: BULYGIN, Eugenio (Coord.). *El lenguaje del derecho*: homenaje a Genaro R. Carrió. Buenos Aires: Abeledo-Perrot, 1983, p. 241-243.

O titular passivo na relação de direito potestativo não tem dever a prestar, pois fica reduzido à posição de sujeição. Suporta os efeitos jurídicos do exercício de poderes do seu titular, que por ato unilateral, só por si, é capaz de provocar constituição, modificação ou desconstituição de relações jurídicas.[50]

O direito subjetivo imputado ao sujeito competente tem esta feição de alterar relações jurídicas por ato unilateral. Há, em contrapartida, o dever jurídico de respeito a essa modificação imputado a todos os demais sujeitos da sociedade.

Algo semelhante se passa com o direito de propriedade. O proprietário pode opor seu direito de uso, gozo, perseguição e disposição do bem contra a totalidade remanescente da sociedade. No entanto, especialmente nos âmbitos dos direitos reais, o uso e gozo devem ser exercidos segundo padrões sociais de bom uso, atendendo, sempre que for o caso, a uma função social. Essa característica, antes de comprometer a analogia que propomos, serve para reforçá-la, pois a competência jurídica deve, também, ser exercida segundo limites formais e materiais. Assim, os limites ao exercício do direito de propriedade contribuem para reforçar o paralelo estabelecido com as normas de competência.

As observações que desenvolvemos acima nos permitem afirmar que o traço comum entre o direito potestativo, o direito de propriedade e a competência jurídica está no fato de essas normas estabelecerem relações jurídicas absolutas, ou seja, disporem sobre direitos oponíveis a toda sociedade.[51] A precisa caracterização dos direitos subjeti-

---

50. VILANOVA, Lourival, *Causalidade e relação no direito*, p. 231.

51. Acerca de relações absolutas e relativas, Hermes Lima expõe que: "A relação jurídica, conforme acentuou FERRARA, é sempre relação entre pessoas, porque se ela implica um poder jurídico, aquele poder não pode dirigir-se

vos absolutos foi posta nos seguintes termos por Lourival Vilanova:

> Direitos subjetivos absolutos são relacionais. Têm-se direitos subjetivos absolutos em relação a outros titulares de deveres subjetivos — os sujeitos-de-direitos passivos totais, ou a universalidade dos sujeitos-de-direito dos quais se exige o dever de respeito. (...) Mesmo, não há prestação a cumprir para com os titulares ativos. Há o dever jurídico negativo de abster-se de interferir na esfera de licitude do direito subjetivo absoluto.[52]

Noutras palavras, e com a mesma precisão, esse autor sintetiza a ideia que pretendemos expor: "Nos direitos subjetivos absolutos (pessoais ou reais), não tendo por correlato o dever de prestar de nenhum sujeito passivo, exercita-se o direito exigindo-se o simples omitir-se do sujeito passivo."[53] Essa omissão, que percebemos nos direitos potestativos e de propriedade, é dever comum de todo sujeito que ocupe a posição de sujeito passivo da competência.

---

contra matéria inerte, insensível, mas sim contra seres sensíveis, sobre os quais unicamente pode agir, visto no direito só existir um meio de proceder: ordens às pessoas e não às coisas. A dificuldade para aceitação desse ponto de vista estaria na natureza dos direitos reais. Mas o direito real, esclarece FERRARA, só é direito enquanto exprime relação do titular com outros sujeitos, a começar pelo respeito que os demais devem ao objeto da posse: "aquilo que no direito real se considera conteúdo – a possibilidade física de dispor, gozar ou destruir a coisa – não é direito, porém simples atividade material e econômica que o direito tende a garantir. O direito protege esta esfera de poder com uma muralha, arma-se como se fora praça forte, mas a fortaleza não é o país fortificado"! Depois dessa crítica, FERRARA propõe a seguinte classificação: relações jurídicas relativas e absolutas; as primeiras só são exigíveis para determinadas pessoas, as segundas o são *erga omnes*. Relativas são as relações de família, as coorporativas, as obrigacionais; absolutas são as relações de personalidade (direito ao nome, à integridade física, à liberdade) e as relações reais". *Introdução à ciência do direito*. 18 ed. Rio de Janeiro: Freitas Bastos, 1968, pp. 56-7.

52. VILANOVA, Lourival, *Causalidade e relação no direito*, p. 219-220.

53. Idem.

Cabendo ressalvar aqui a distinção entre aqueles que estão legitimados a questionar o produto do livre exercício da competência – norma jurídica –, em face de eventuais ilícitos nomogenéticos, dos demais da sociedade que se sujeitam a observar esse exercício, pura e simplesmente.

6.3 Permissão, faculdade ou obrigação?

Na compostura interna da norma jurídica, o conectivo deôntico desempenha, pelo menos, duas funções: liga o antecedente normativo ao consequente, de forma neutra, e vincula sujeitos de uma relação jurídica de forma modalizada em permitido, proibido ou obrigatório.[54] No primeiro caso, atua como functor deôntico;[55] no segundo, como functor de functor, determinando, na condição de variável relacional, como deve ser cumprida a obrigação que é o objeto da relação jurídica.[56]

---

54. Numa síntese, Lourival Vilanova (*Causalidade e relação no direito*, p.45) propõe: "A hipótese descreve um fato de possível ocorrência (fato natural ou conduta). Depois, liga uma consequência que ordinariamente tem como referente a conduta humana. A consequência é prescritiva: proíbe, permite, obriga, faculta — o que só é possível sobre a conduta".

55. Entende-se por modal deôntico o conectivo que vincula duas proposições prescritivas, formando um juízo condicional normativo. Numa norma jurídica, é possível identificar, pelo menos, duas espécies de modais deônticos. Numa delas, chamada de modal interproposicional (functor), fica estabelecido o vínculo entre a proposição antecedente de uma norma e a proposição consequente. Essa modalização é invariável. Diversamente do que ocorre com o modal intraproposicional (functor de functor), que conecta os sujeitos ativo e passivo de uma relação jurídica. Essa conexão, sim, pode variar entre permitida, proibida ou obrigatória. Daí se falar em variável relacional, pois se trata de um modo de se vincular dois sujeitos de direito.

56. "Na proposição normativa ou deôntica, o dever-ser (que se triparte nas modalidades O, P, V, obrigatório, permitido e proibido) é constitutivo da estrutura formal, é o operador específico que conduz à proposição deôntica. Faltando, desfaz-se a estrutura, como se desfaz aquela outra estrutura se suprimimos o conectivo apofântico é." VILANOVA, Lourival. *Estruturas lógicas e o sistema de direito positivo*. São Paulo: Noeses, 2005, p. 70

Para melhor compreensão, vejamos as duas funções dos modais num exemplo: uma coisa é o estabelecimento de que, ao prestar um serviço, em caráter oneroso, um sujeito deve se sujeitar ao pagamento de uma quantia X ao Município de Belmonte a título de ISS. Essa forma de vinculação entre antecedente e consequente é neutra, invariável, trata-se de uma constante relacional. Outra coisa é a forma de vincular sujeitos perante uma obrigação determinada. Aqui não se discute mais que fato enseja o dever de pagar, mas o modo de prescrição deste dever.

Neste particular, o que se busca responder é o seguinte: a Mévio é obrigatório, permitido ou proibido entregar ao Município a quantia em dinheiro? Sendo uma relação tributária em sentido estrito, sabemos que é obrigação. Porém, em se tratando de uma relação jurídica de competência, que tem por objeto a inserção de uma norma no sistema de direito positivo, qual deve ou pode ser a modalização da conduta?

Refletindo sobre este tema, Torben Spaak[57] sustenta que "a competência pode ser reduzida a uma obrigação ou permissão". A mesma relação jurídica, conforme o ponto de vista, poderá ser tida ora como obrigação, ora como permissão. Aquilo que é dever para o agente competente é direito dos demais sujeitos passivos; inversamente, o que for dever dos sujeitos passivos é direito dos sujeitos competentes. É como o verso e anverso da mesma moeda.[58]

Conquanto existam dúvidas sobre a possibilidade de se construir uma norma de competência, o tema da

---

57. "(...) competence can be reduced to duty or permission." SPAAK, Torben, *The concept of legal competence*: an essay in conceptual analysis, p. 78.

58. "Quando A tem dever jurídico, B tem, correlatamente, direito subjetivo. Direito subjetivo e dever jurídico são direitos correlatos: só existem na relação, não fora ou acima de relações jurídicas." VILANOVA, Lourival, *Causalidade e relação no direito*, p. 186.

modalização da relação de competência não enseja grandes discussões.

Há praticamente consenso acerca de ser esta uma relação jurídica modalizada pelo conectivo deôntico permitido. Georg Henrik von Wright, por exemplo, pondera que, muito embora em meio às chamadas normas de primeira ordem, sejam predominantes as relações modalizadas em proibido e permitido, as normas superiores são predominantemente permissivas:

> Un permiso de orden superior se da para que una determinada autoridad pueda dar normas de un determinado contenido. Es, podríamos decir, una norma que concierne a la competencia de una determinada autoridad de normas. Llamará a las normas permisivas de orden superior, normas de competencia.[59]

No mesmo sentido, Paulo de Barros Carvalho[60] e Tercio Sampaio Ferraz Júnior[61] defendem ser as normas de competência do tipo permissivas. Este último autor, porém, faz uma ressalva ao inserir a distinção entre permissão forte e fraca: "[...] normas de competência têm a estrutura de normas permissivas, isto é, seu dever-ser é expresso por meio de conjuntores do tipo: 'é autorizado, é facultado, pode, cabe', que constituem as chamadas permissões fortes."[62]

Essa distinção entre espécies da modalidade "permitido" serve ao propósito de separar aquelas situações não expressamente reguladas, e por isso permitidas, daquelas em que há autorização expressa. As normas de competência

---

59. WRIGHT, Georg Henrik von. *Norma y acción*: una investigación lógica. Madrid: Tecnos, 1970, p. 198.
60. CARVALHO, Paulo de Barros, *Curso de direito tributário*, p. 221.
61. FERRAZ JÚNIOR, Tercio Sampaio. Competência tributária municipal, p. 159.
62. Idem.

estão inseridas naquelas situações em que é expressamente permitido ao sujeito realizar uma conduta.

Analisando diversas manifestações da norma de competência, é possível perceber casos em que o exercício é obrigatório. A competência jurisdicional, a competência administrativa para lavrar lançamentos de ofício, a competência do particular para apresentar declaração de tributos são exemplos de competência modalizada em obrigatório. Poderíamos, inclusive, afirmar que aquelas competências qualificadas como vinculadas, todas elas, têm o atributo de serem de exercício obrigatório, sempre que estejam presentes certos requisitos. Já as competências discricionárias seriam modalizadas em facultado. O seu exercício é uma permissão posta à disposição do sujeito competente.

Como separar então as competências modalizadas em obrigatório daquelas que são simples faculdades? A resposta é dada por Ulisses Schmill,[63] que afirma serem de exercício facultativo as competências não condicionadas e de exercício obrigatório as competências cujo exercício está sujeito ao preenchimento de certas condições. As competências vinculadas, ou de exercício obrigatório, são do tipo condicionadas, ou seja, há certos requisitos que, uma vez presentes, a competência deve ser exercida.

As demais competências modalizadas em permitido, ou de exercício discricionário, não têm como pressuposto de seu exercício o preenchimento destes requisitos.

---

63. SCHMILL, Ulisses. La derogación y la anulación como modalidades del ámbito temporal de validez de las normas jurídicas. *Doxa (Publicaciones periódicas)*. Alicante: Biblioteca Virtual Miguel de Cervantes, 1996, 19: 229-258, p. 237.

6.4 O aspecto material da outorga de competência m(s.e.t.c.)

Ao tratarmos da hipótese da norma de competência, falamos sobre quem pode exercer a competência, como, onde e quando. Vimos que o núcleo da hipótese normativa é um verbo, pessoal, transitivo direto ou indireto, voltado para o futuro. Percebemos, também, que o modal deôntico neutro vincula uma espécie de enunciação a uma conduta, prevista no núcleo de uma relação jurídica. Essa conduta, modalizada em toda e qualquer norma de competência, é a criação de novas normas, ou melhor, o direito de exigir a validade de textos jurídicos criados para dispor sobre determinado tema. Esse "tema" é o que a doutrina costuma chamar de matéria ou materialidade da norma.

Analisemos isso que acabamos de dizer por outra perspectiva: o objeto de toda e qualquer relação jurídica é uma conduta, modalizada em permitido, proibido ou obrigatório, que pode ser exigida pelo sujeito ativo do sujeito passivo. Há, então, três elementos fundamentais: os sujeitos, a modalização e a conduta. No caso das normas de competência tributária, o objeto desta relação é a possibilidade de obrigar alguém a realizar conduta X, Y ou Z, ou melhor, é a possibilidade de produzir textos jurídicos que obriguem outros sujeitos de direito a realizar condutas relativas à tributação.

Numa breve síntese: se o sujeito competente S cria um texto jurídico atendendo a todos os requisitos da enunciação (modo, espaço e tempo), pode exigir que seus textos regulem coercitivamente – sejam válidos juridicamente – a conduta de uma classe determinável de sujeitos Sp.

Genericamente, as normas jurídicas indicam situações – fatos – e atribuem efeitos a essas situações – relação. Esse modo de organizar os elementos da experiência jurídica acaba por prescrever que um sujeito (s) desempenhe um comportamento (c) em certas circunstâncias de espaço (e) e de tempo (t). O cerne desta prescrição é, pois, o comportamento, a ação (c) do sujeito. É sempre um verbo transitivo pessoal que prescreve a conduta a ser realizada. As ações referidas pelos verbos (c) ocorrem no espaço (e), no tempo (t) e são realizadas por sujeitos de direito (s). Eis o porquê de serem esses aspectos que, direta ou indiretamente, devem estar presentes nas normas que disciplinam como outras normas devem ser produzidas.

Ocorre que as normas de competência não disciplinam senão condutas de criar outras normas no sistema, sem referência direta à conduta humana propriamente dita. Na forma concebida por Alf Ross, as "normas de competência são normas de conduta indiretamente formuladas."[64] Isso porque o objeto da relação de competência é, justamente, o conjunto de condicionantes materiais aos quais a norma de inferior hierarquia deve se ajustar, para ser materialmente válida. Por isso, sob a perspectiva de quem constrói a norma de competência, não há enunciados que digam respeito ao titular de uma relação jurídica constituída no consequente da norma fundada, mas, sim, ao sujeito titular da competência.

Fixemos uma ideia importante: o consequente da norma de competência estabelece os condicionantes materiais da norma de inferior hierarquia.

Que compõe a matéria? A matéria é composta por um ou mais verbos que descrevem uma conduta. Assim, toda referência à materialidade é sempre uma referência a verbos e seus respectivos complementos. Por isso, quando falamos de condicionantes materiais, estamos falando de enunciados que programam – delimitam – a matéria da

---

64. ROSS, Alf. *Direito e justiça*, p. 76.

norma que será criada. Vejamos como pode ocorrer essa programação em casos concretos.

Retomemos o caso do ISS, já utilizado em algumas passagens. O texto constitucional optou por não especificar o verbo que expressa a conduta, apenas indicando o complemento verbal "serviço". A Lei Complementar nº 116/03, em seu art. 1º, cumprindo o papel atribuído pelo art. 156, I, da Constituição da República, cuidou de especificar o verbo previsto para desencadear a incidência desse tributo:

> O Imposto sobre Serviços de Qualquer Natureza, de competência dos Municípios e do Distrito Federal, tem como fato gerador a **prestação** de serviços constantes na lista de serviços anexa, ainda que não se constituam como atividades preponderantes do prestador. (grifamos)

Com isso, as variáveis de comportamento começam a ser delineadas. Há que se considerar os serviços constantes da lista e, além deles, o que dispõem princípios, imunidades e outros enunciados constitucionais que condicionam a validade da norma no espaço e no tempo.

A reunião de todos esses dispositivos, na conformação do aspecto material da competência, atua programando como deve ser a criação da norma de inferior hierarquia. Noutras palavras, esses dispositivos prescrevem a conduta, o sujeito desta conduta e os respectivos condicionantes de espaço e de tempo. Disso podemos extrair mais uma conclusão: no conteúdo da relação jurídica de competência está a disciplina da validade das normas de inferior hierarquia naquilo que diz respeito aos seus limites subjetivos (s), espaciais (e), temporais (t) e materiais em sentido estrito (c). Esses critérios são constantes na prescrição de qualquer norma de competência tributária. Retomaremos, com outros pormenores, o tema da prescrição material das normas de competência quando formos analisá-lo sob a perspectiva do sentido e da função.

7. Njcom = H{[s.p(p1,p2,p3...)] . (e.t)} → R [S(s.sp) . m(s.e.t.c)]

Abstraindo-se os conteúdos de significação das normas de competência, para identificar apenas os seus aspectos formais, é possível construir a seguinte estrutura lógica:

Njcom = H{[s.p(p1,p2,p3...)] . (e.t)} → R [S(s.sp) . m(s.e.t.c)]

onde se lê: norma jurídica de competência **Njcom** é igual ao vínculo que se estabelece entre um tipo de enunciação: **{[s.p(p1,p2,p3...)] . (e.t)}** onde estão prescritos o sujeito, o procedimento, as referências de espaço e de tempo. Outro ponto relevante, o vínculo entre antecedente e consequente, expressa decisão de ligar certa matéria a determinado tipo de enunciação. A programação sobre a matéria é feita por dispositivos que determinam um sujeito e uma conduta, indicando o espaço e o tempo de sua realização. Além disso, essa programação de matéria é feita no interior de uma relação jurídica, onde dois ou mais sujeitos se vinculam pelo dever de editar enunciados de forma obrigatória ou permitida.

8. Sobre a programação dos âmbitos de validade da norma inferior

As normas jurídicas completas regulam a conduta humana determinando, direta ou indiretamente, seus quatro âmbitos de vigência: o pessoal, o espacial, o temporal e o material. Alguns desses âmbitos são determinados diretamente. Nesses casos, há indicação expressa da conduta que deve ser cumprida, além dos sujeitos ativo e passivo dessas prescrições, bem como os condicionantes de espaço e tempo.

Nem sempre, porém, a indeterminação de um ou mais dos âmbitos de vigência compromete a efetiva regulação de condutas. Essas indeterminações são próprias da abstração das normas jurídicas: quanto mais abstrata é a norma, mais indeterminados são os seus critérios de validade. A contrassenso, poderíamos imaginar o processo de positivação das normas jurídicas, o fluxo incessante de produzir novas normas com base no que estabelecem as normas superiores, como um processo de determinação dos âmbitos de vigência. Neste sentido, aponta o pensamento de Ulisses Schmill quando afirma que:

> (...) todo orden normativo tiende a completar la totalidad de sus ámbitos de validez y esto lo hace por medio del establecimiento positivo de los mismos, desde la generalidad hasta la individualidad. La positividad del orden jurídico es la complementación hasta la individualidad de los ámbitos de validez de las normas que lo integran.[65]

Com isso percebemos que quanto mais concreta é a norma, mais determinados são os seus âmbitos de vigência. Interessa para a compreensão do tema da revogação, o âmbito de vigência temporal das normas jurídicas. A esse respeito, Ulisses Schmill[66] destaca a existência de *proposições normativas* com os seguintes conteúdos: *i.* data inicial da vigência; *ii.* data final de vigência, que coincide com o fim da força normativa de uma proposição; *iii.* prazo de vigência que é o lapso em que a norma foi vigente; *iv.* determinação completa do prazo de vigência, quando o texto normativo traz informações sobre o início e o fim da vigência da norma.

---

65. SCHMILL, Ulisses. La derogación y la anulación como modalidades del ámbito temporal de validez de las normas jurídicas. *Doxa (Publicaciones periódicas)*. Alicante: Biblioteca Virtual Miguel de Cervantes, 1996, 19: 229-258, p. 236.

66. Idem, p. 232.

9. Algumas conclusões sobre os papéis da estrutura da norma de competência

Tudo o que fizemos ao longo deste artigo foi sintetizar, numa estrutura lógico-simbólica de representação, os elementos que devem ser reunidos para que se tenha a regulação da conduta de criar normas jurídicas. Partimos do modelo de norma preconizado por Hans Kelsen, refinado pelas contribuições de Lourival Vilanova e Paulo de Barros Carvalho, denominado norma jurídica completa. Esse modelo é composto por dois juízos condicionais, chamados de normas primária e secundária. Na norma de competência primária, fica estabelecido o procedimento [p(p1.p2.p3...)] que deve ser desempenhado pelo sujeito competente (s), no espaço (e) e no tempo (t) para criar um texto normativo versando sobre certa matéria [m(s.v.e.t)], sem que os sujeitos destinatários da norma (sp) possam obstá-lo de exigir esta norma como válida. Desta forma, demonstra-se como a estrutura de uma norma jurídica pode, após serem realizadas sucessivas internalizações semânticas, resumir os elementos necessários à regulação da conduta de criar normas.

Noutra síntese, de ordem pragmática, relacionamos os papéis da norma de competência segundo a perspectiva de quem é competente e sob a perspectiva daqueles que devem suportar o exercício da competência. Para esses, a estrutura lógica proposta oferece: *i)* regras para a identificação do direito válido num sistema de direito positivo qualquer; *ii)* um roteiro para a organização dos enunciados que fundamentam a validade de uma norma – regime jurídico –; e *iii)* um caminho para a identificação dos enunciados que condicionam a forma de interpretar uma norma de inferior hierarquia. De forma complementar, os sujeitos competentes podem valer-se dessa estrutura para: *i)* delimitar os condicionantes formais e materiais de exercício da sua competência; *ii)* identificar como podem criar, transformar e extinguir a validade de normas jurídicas; e *iii)* perceber que sanções podem ser imputadas ao exercício indevido da sua competência.

Outro ponto fundamental: a estrutura da norma de competência tributária, na forma que propomos, evidencia o tipo de conexão que se estabelece entre os mais diversos enunciados prescritivos na regulação de como o direito deve ser produzido. Hipóteses normativas, relações jurídicas, princípios, imunidades, fato jurídico, enunciados complementares entre muitos outros conceitos acabariam por ser reconduzidos à norma de competência. Por isso mesmo, sob essa perspectiva, a norma de competência tributária pode ser entendida como mínimo denominador comum de conceitos filosóficos, fundamentais e dogmáticos que se mostram soltos e dispersos, sem nenhum vínculo aparente.

Referências

BARROS, Diana Luz Pessoa de. *Teoria semiótica do texto*. 4. ed. São Paulo: Ática, 2003.

BELTRÁN, Jordi Ferrer. *Las normas de competencia*: un aspecto de la dinámica jurídica. Madrid: CEPC, 2000.

BOBBIO, Norberto. *Teoria da norma jurídica*. 2. ed. São Paulo: Edipro, 2001.

CARRAZZA, Roque Antonio. *Curso de direito constitucional tributário*. 11. ed. São Paulo: Malheiros, 2003.

CARVALHO, Paulo de Barros. *Curso de direito tributário*. 19. ed. São Paulo: Saraiva, 2007.

_____. *Direito tributário*: fundamentos jurídicos da incidência. 5. ed. São Paulo: Saraiva, 2006.

_____. Formalização da linguagem. Proposições e fórmulas. *Revista do Programa de Pós-Graduação em Direito da PUC/SP*. v. 1. São Paulo: Max Limonad, 1995.

_____. Sobre os princípios constitucionais tributários. *Revista de Direito Tributário*. São Paulo: Ed. RT, n. 55.

ENGISCH, Karl. *Introdução ao pensamento jurídico*. 9. ed. Lisboa: Fundação Calouste Gulbenkian, 2004.

FERRAZ JÚNIOR, Tercio Sampaio. Competência tributária municipal. *Revista de Direito Tributário*, São Paulo: Malheiros, ano 14, n. 54, p.158-159, out./dez. 1990.

FERREIRA FILHO, Manoel Gonçalves. *Do processo legislativo*. 5. ed. São Paulo: Saraiva, 2002.

FIORIN, José Luiz. *As astúcias da enunciação*: as categorias de pessoa, espaço e tempo. 2. ed. São Paulo: Ática, 1999.

FLUSSER, Vilém. *Língua e realidade*. 2. ed. São Paulo: Annablume, 2004.

GAMA, Tácio Lacerda. *Contribuição de intervenção no domínio econômico*. São Paulo: Quartier Latin, 2003.

GUASTINI, Riccardo. *Das fontes às normas*. Trad. Edson Bini. São Paulo: Quartier Latin, 2005.

HART, Herbert L. A. *O conceito de direito*. 3. ed. Lisboa: Fundação Calouste Gulbenkian, 2001.

HERMES, Lima. *Introdução à ciência do direito*. 18 ed. Rio de Janeiro: Freitas Bastos, 1968.

IVO, Gabriel. *Norma jurídica*: produção e controle. São Paulo: Noeses, 2006.

KELSEN, Hans. *Teoria geral das normas*. Porto Alegre: Fabris, 1986.

_____. *Teoria geral do direito e do estado*. 3. ed. São Paulo: Martins Fontes, 2000.

MAIER, Julio B. J. Reflexiones acerca de la vigencia del derecho. In: Bulygin, Eugenio (Coord.). El lenguaje del derecho: homenaje a Genaro R. Carrió. Buenos Aires: Abeledo-Perrot, 1983.

MENDONCA, Daniel. *Las claves del derecho*. Barcelona: Gedisa, 2000.

MIRANDA, Francisco Cavalcanti Pontes de. *Tratado de direito privado*. Parte Geral, Tomo 2. Rio de Janeiro: Borsoi, 1954.

MOUSSALLEM, Tárek Moysés. *Fontes do direito tributário*. 2. ed. São Paulo: Noeses, 2006.

MÜLLER, Friedrich. *Métodos de trabalho do direito constitucional*. 2. ed. São Paulo: Max Limonad, 2000.

NEVES, Marcelo. *A constitucionalização simbólica*. São Paulo: Acadêmica, 1994.

ROSS, Alf. *Direito e justiça*. Trad. Edson Bini. São Paulo: Edipro, 2000.

SCHMILL, Ulisses. La derogación y la anulación como modalidades del ámbito temporal de validez de las normas jurídicas. *Doxa (Publicaciones periódicas)*. Alicante: Biblioteca Virtual Miguel de Cervantes, 1996, 19: 229-258.

SPAAK, Torben. *The concept of legal competence*: an essay in conceptual analysis. Trad. Robert Carroll. Vermont: Dartmouth, 1994.

VILANOVA, Lourival. *Causalidade e relação no direito*. 4. ed. São Paulo: Ed. RT, 2000.

_____. *Estruturas lógicas e o sistema de direito positivo*. São Paulo: Noeses, 2005.

WRIGHT, Georg Henrik von. *Norma y acción*: una investigación lógica. Madrid: Tecnos, 1970.

Impressão e Acabamento:
www.graficaviena.com.br
Santa Cruz do Rio Pardo - SP